Wolfgang Kawollek

Pflanzen für den Wintergarten

Wolfgang Kawollek

Pflanzen für den Wintergarten

259 Farbfotos
8 Zeichnungen
6 Tabellen

Ulmer

Inhaltsverzeichnis

6 Checklisten

Teil 2: Lexikon der Wintergartenpflanzen

1 Einführung

2 Wintergartenpflanzen von A bis Z

Vorwort

Meinem Enkel Lukas gewidmet.

Untrennbar vom Wunsch nach mehr Naturverbundenheit ist das Verlangen, die Natur auch in unmittelbarer Nähe erleben zu können. Blumen und Pflanzen um sich zu versammeln, sie zu pflegen und zu fördern, gehört zu den Selbstverständlichkeiten unserer Zeit. Wer wünscht sich nicht, beispielsweise das Frühstück zwischen Pflanzen einnehmen zu können. Im Freien ist dies nur an wenigen Tagen im Jahr möglich – anders dagegen in einem Wintergarten. Ob groß oder klein, ob kunstvolles Glashaus oder einfaches Anlehngewächshaus, ein Wintergarten ist ein herrlicher und auch architektonisch attraktiver Anbau am Haus, in dem Menschen mit Pflanzen leben können.

Wintergärten sind an sich nichts Neues. Schon im 19. Jahrhundert fügte man mit den Wohnräumen verbundene, nach Art von Schauhäusern botanischer Gärten gebaute „Räume“ an Villenhäuser an und stattete sie mit geeigneten Pflanzen, kleinen Springbrunnen, Statuen sowie Sitzgelegenheiten aus. Diese Wintergärten dienten vorwiegend der Repräsentation. Bei der Konzeption der heutigen Wintergärten steht das harmonische Miteinander von Pflanze und Mensch im Vordergrund. Wintergärten von heute sind zusätzlicher Wohnraum, verlängertes Wohnzimmer, Spielzimmer für Kinder, können aber auch Büro und Arbeitszimmer sein. Die enormen Fortschritte in der Heizungs- und Klimatechnik und bei den Baustoffen haben den Wintergarten von einst zum Bestandteil des Hauses, zum „Ganzjahresgarten“, werden lassen. Dabei geht es auch um die passive Nutzung der Sonnenenergie. Denn der Wintergarten stellt eine „Sonnenfalle“ dar. Die im Glasanbau gewonnene Wärme kann genutzt und in den Heizperioden, also im Winter und während der Übergangszeiten Frühling und Herbst, für die Heizung des Kernhauses mitverwendet werden.

Der Kreis der Wintergartenbesitzer vergrößert sich von Jahr zu Jahr. Dies lässt sich am steigenden Angebot verschiedenster Wintergartenhersteller ablesen, aber auch am zunehmenden Platz, den die Medien der zunehmenden Beliebtheit von Wintergärten einräumen.

Ziel des Buches soll es sein, dem Wintergartenbesitzer die Vielfalt der Pflanzenarten vorzustellen, die in den verschiedenen Wintergartentypen gepflegt werden können. Den Kern des Buches bildet ein Katalog mit über 350 Gattungen und mehr als 800 Arten von bekannten und weniger bekannten Pflanzen für Wintergärten. Das in alphabetischer Reihenfolge angelegte Lexikon enthält neben baum- und strauchartigen Gehölzen auch krautige Pflanzen, die sich als Bodendecker oder Ampelpflanzen eignen, neben Blatt- und Blütenpflanzen auch solche Arten, deren Früchte man nutzen kann, ferner Palmen sowie Kakteen und andere sukkulente Arten, die sich für Wintergärten besonders gut eignen.

Einmalig ist die Vielzahl der aufgeführten und im Bild dargestellten Arten, sodass sich für jeden Geschmack und für alle Umstände entsprechende Pflanzen finden lassen. Auch etwas schwieriger zu pflegende Arten sind aufgeführt.

Im allgemeinen Teil findet man Ratschläge und Hinweise für optimale Wachstumsbedingungen von Wintergartenpflanzen. Dies gilt sowohl für die Regulation von Licht und Temperatur als auch für die Wasserversorgung, die Düngung, den Pflanzenschutz, das Umtopfen und die Anordnung der Pflanzen. Der Hydrokultur, die im ganzjährig bewohnbaren Wintergarten immer mehr Einzug hält, ist ein eigenes Kapitel gewidmet.

Danken möchte ich den vielen Menschen innerhalb und außerhalb des Verlages, die das Zustandekommen dieses Buches ermöglicht haben. Ein Dankeschön gebührt auch meiner Frau Elfi: ohne ihre Rücksicht und Unterstützung wäre es mir nicht möglich gewesen, dieses Buch zu schreiben.

Kassel, im Januar 2005
Wolfgang Kawollek

Umschlagfoto: Pflanzen der Vegetationszone der Hartlaubgehölze mit Winterregen bilden den Schwerpunkt dieses Wintergartens mit mediterranem Flair.

▶ Mit ihren einmaligen, exotisch anmutenden Blüten gehören die Passionsblumen zu den schönsten blühenden Lianen, die die Pflanzenwelt zu bieten hat.

Wintergartenbepflanzung planen, anlegen und pflegen

Der Wintergarten als Kulturraum für Pflanzen

Obwohl sich dieses Buch nicht mit den Bauarten, Materialien und Bauweisen, der Planung und Bauausführung von Wintergärten beschäftigt, sondern die Wintergartenpflanzen und ihre Pflege im Vordergrund stehen, ist es notwendig, auch auf einige technische Fragen einzugehen, die insbesondere im Zusammenhang mit den Wachstumsfaktoren Licht und Temperatur stehen.

Das Licht als Wachstumsfaktor

Licht ist neben Wasser und Kohlendioxid die Grundlage der pflanzlichen Stoffproduktion (Photosynthese) und damit des Wachstums. Darüber hinaus wirkt das Licht formend auf die Pflanze und beeinflusst mit seiner Periodizität Entwicklungsverlauf und Blütenbildung.

▼ Im Idealfall richtet man einen Wintergarten nach Süden aus.

Die Helligkeit, die eine Pflanze empfängt, ergibt sich aus der Stärke des Lichtstromes (Lumen), der von einer Lichtquelle (z. B. der Sonne) auf sie ausgestrahlt wird. Wird 1 m^2 gleichmäßig von 1 Lumen erleuchtet, dann beträgt die Beleuchtungsstärke 1 Lux.

Lichtverhältnisse im Freien

In Mitteleuropa beträgt die Beleuchtungsstärke im Freien während der hellsten Monate mittags etwa 100 000 Lux (im Schatten 10 000 Lux), im Frühjahr und Herbst geht sie auf 30 000 bis 25 000 Lux zurück und im Dezember bis auf 10 000 Lux und darunter. Zu diesen jahreszeitlichen Schwankungen der Beleuchtungsstärke kommt noch die Schwankung der Tageslänge von 16 Stunden im Sommer und 8 Stunden im Winter hinzu. Durch Bewölkung kann die Beleuchtungsstärke zusätzlich um 10 % des sonst üblichen Wertes reduziert werden. Auch der Schatten angrenzender Gebäude oder Bäume reduziert die Beleuchtungsstärke um etwa 20 %.

Wie viel Licht benötigen Pflanzen?

Pflanzen haben ihrem natürlichen Lebensraum entsprechende Anforderungen an den Standortfaktor (Wachstumsfaktor) Licht, der sehr verschieden sein kann. Bei Messungen an den Spaltöffnungen verschiedener Pflanzen wurde festgestellt, dass die Mehrzahl der Pflanzen bei etwa 300 bis 500 Lux die Spaltöffnungen langsam öffnet und bei etwa 2000 bis 3000 Lux voll geöffnet hat. Daraus kann gefolgert werden, dass bei den meisten Pflanzen erst bei Werten ab 2000 Lux das Wachstum normal verlaufen kann. Der Sättigungspunkt, über den hinaus keine weitere Steigerung der Assimilationsleistung und damit des Wachstums mehr zu erwarten ist, liegt je nach Lichtverträglichkeit der Art zwischen 15 000 und 20 000 Lux.

ZUSATZINFORMATION

Zur Ermittlung der Beleuchtungsstärke bedient man sich eines Luxmeters. Im Handel sind verschiedene Ausführungen erhältlich. Für Messungen im häuslichen Bereich reichen im Allgemeinen die etwas einfacheren Geräte, die für 10 bis 30 Euro zu haben sind.

Bei ausgesprochen lichtbedürftigen Pflanzen, den so genannten Sonnenpflanzen, geht man für ein optimales Wachstum (das Blütenbildung einschließt) von einer Beleuchtungsstärke von 10 000 bis 20 000 Lux, für schattenliebende Pflanzen von 5000 bis 10 000 Lux aus. Um auf Dauer überleben zu können, benötigen Sonnenpflanzen eine Mindestbeleuchtungsstärke von 1000 Lux, schattenliebende Pflanzen von 500 Lux. Ein merklicher Zuwachs ist bei diesen Beleuchtungsstärken allerdings nicht zu erwarten.

Lichtverhältnisse in Wintergärten

Ausgehend von den Beleuchtungsstärken, die uns die Sonne im Laufe des Jahres zur Verfügung stellt, und den Ansprüchen der Pflanzen an das Licht, müsste eigentlich davon ausgegangen werden, dass die Lichtmengen unter Glas selbst im Winter ausreichen, um den Pflanzen einen geringen Assimilationsüberschuss und damit das Überleben zu sichern. Dies ist aber nicht in jedem Fall gewährleistet. Bei der Verwendung bestimmter Glas- oder Kunststoffbedachungen kann es in den Herbst- und Wintermonaten zu Lichtmangelsituationen kommen. Dies soll nachfolgend näher erläutert werden.

▲ Nach Süden ausgerichtete Wintergärten benötigen eine wirksame Schattierung, um seine „Bewohner" bei hohen Lichtintensitäten vor Überhitzung zu schützen.

Problem Wärme- und Sonnenschutzglas

Durch die Verordnung über energiesparenden Wärmeschutz und energiesparende Anlagentechnik bei Gebäuden (Energieeinsparverordnung – EnEV) vom 16. November 2001 (sie löste die Wärmeschutzverordnung von 1995 ab) dürfen für beheizte Räume aus Energiespargründen lichtdurchlässige Baustoffe (Glas, Kunststoffplatten, Folien) nur einen eingeschränkten Wärmedurchgang besitzen. Einen solchen eingeschränkten Wärmedurchgang weisen ausschließlich Spezial-Isoliergläser als Wärmeschutz- oder

Faktoren, welche die Lichtverhältnisse am Pflanzenstandort im Wintergarten beeinflussen, sind:

- die Art der Verglasung,
- die Ausrichtung (Exposition) des Wintergartens,
- die Größe der Glasflächen,
- verschattende Bauteile,
- Schattierungseinrichtungen,
- die Ausrichtung der Begrünung im Wintergarten und
- die Abstände der Begrünung zu den Glasflächen.

Im Laufe der Zeit beeinflussen auch die Verschmutzung der Glasflächen die Lichtverhältnisse.

als kombinierte Sonnen- und Wärmeschutzgläser bzw. ähnlich behandelte Stegdoppel- oder -dreifachplatten aus Kunststoff auf.

Diese speziellen Isoliergläser sind zwar energiepolitisch sehr sinnvoll, haben aber, bezogen auf Wintergärten, einen großen Nachteil, den Wintergartenbesitzer unbedingt berücksichtigen sollten. Die Lichtdurchlässigkeit (Lichttransmission) bezüglich der Wellenlängen, die für die Pflanzen besonders wichtig sind, ist gegenüber herkömmlichem Glas stark eingeschränkt.

Wärmeschutzgläser, insbesondere aber die so genannten Sonnenschutzgläser, behindern mit ihrer unterschiedlichen Beschichtung und Schichtdicke die Durchlässigkeit der für Pflan-

▼ *Lycianthes rantonnetii* (syn. *Solanum rantonnetii*) ist ein unermüdlicher Blüher.

zen wichtigen Strahlung im blauen und roten Spektralbereich.

Die selektiv beschichteten Sonnenschutzgläser sind pflanzenbaulich besonders negativ zu bewerten. Nicht nur, dass das Maximum der Lichttransmission im sichtbaren Bereich (Maximum bei 550 Nanometern = Grüner Wellenlängenbereich = menschliches Augenempfindlichkeitsmaximum) nur um 68 % liegt (bei Wärmeschutzgläsern immerhin um 80 %), sie absorbieren und reflektieren darüber hinaus die pflanzenphysiologisch wichtigen Spektralbereiche besonders stark (bis zu 70 %). Allgemein lässt sich sagen, je höher die Energieeinsparung, umso geringer ist die Lichtdurchlässigkeit.

Grundsätzlich gilt für Sonnenschutzgläser, dass das natürliche Licht nur in den Sommermonaten in ausreichender Menge zur Verfügung steht. Ab Ende August und bis Ende Mai liegt für die meisten Pflanzen Lichtmangel vor. Dieses Problem besteht auch bei der Verwendung von Mehrfachscheiben-Isoliergläsern. Eine zusätzliche künstliche Beleuchtung ist bei solchen Gläsern, zumindest bei lichtbedürftigen Pflanzen und dazu gehört die Mehrzahl der attraktiven Wintergartenpflanzen, für zwei Drittel des Jahres zwingend notwendig.

Wärmeschutzgläser, insbesondere aber Sonnenschutzgläser, absorbieren und reflektieren stark bis sehr stark wichtige Spektralbereiche des Sonnenlichts, die für das Wachstum und damit für das Überleben der Pflanzen von großer Bedeutung sind. Soweit der Wintergarten mit Sonnenschutzgläsern eingedeckt ist, bedeutet das für nahezu 70 % aller im Wintergarten verwendeten Pflanzenarten im Winterhalbjahr die Notwendigkeit einer Pflanzen-Zusatzbeleuchtung (Assimilationslicht). Diese Notwendigkeit ist umso größer, je höher in den tageslichtarmen Wintermonaten die Raumtemperatur gehalten wird.

ZUSATZINFORMATION

Die Beleuchtungsstärke (z. B. 10 000 Lux), bei der sich der Stoffaufbau durch die CO_2-Assimilation und der Stoffabbau durch die Atmung die Waage halten, bezeichnet man als Kompensationspunkt. Für ein optimales Wachstum müssen der Energiegewinn durch die Photosynthese und der Energieverbrauch durch die Atmung in einem günstigen Verhältnis zueinander stehen. Halten sich Aufbau und Abbau energiereicher Stoffe die Waage, kommt es zu keiner Größenzunahme der Pflanze – die Pflanze wächst nicht mehr. Bei unzureichenden Lichtverhältnissen überwiegt der Abbau, dann muss die Pflanze, um zu überleben, auf Reservestoffe zurückgreifen. Hält dieser Zustand über einen längeren Zeitpunkt an, verliert die Pflanze zunächst einzelne Blätter; später sterben Äste ab, bis die Pflanze schließlich ganz eingeht. Optimale Verhältnisse herrschen also, wenn der Aufbau energiereicher Stoffe größer ist als der Abbau. Tiefe Temperaturen verringern die Atmungsleistung. Deshalb sollte man nach Möglichkeit in den lichtärmeren Monaten die Nachttemperaturen im Wintergarten senken, was ja auch energiepolitisch sinnvoll ist.

Warum dieser Hinweis auf Sonnenschutzgläser? Es ist zwar davon auszugehen, dass sie für Wintergärten in der Regel nicht verwendet werden, doch die Erfahrung zeigt, dass nicht wenige Anbieter von Wintergärten immer wieder Sonnenschutzgläser empfehlen und auch einbauen. Wintergartenbesitzer, die nicht wissen, welche Art von Bedachung bei ihren Wintergärten eingebaut wurde, sollten mit ihrem Bauunternehmen Kontakt aufnehmen. Am besten ist es, wenn man sich über seine Wintergartenfirma vom Hersteller oder Händler des Bedachungsmaterials eine Expertise über die Strahlungsdurchlässigkeit seiner Bedachung erstellen lässt. Sollte sich herausstellen, dass Sonnenschutzgläser verwendet wurden, ist die Installation einer Zusatzbeleuchtung unabdingbar.

Hausbesitzer, die erst an den Bau eines Wintergartens denken, sollten hinsichtlich der Bedachung auf UV- und lichtdurchlässige Gläser bestehen und nicht auf die letzte Ausreizung der Wärmeeinsparung.

Hinsichtlich künstlicher Lichtquellen ist zu beachten, dass nicht jede Lampe, die im Handel angeboten wird, zur Pflanzenbelichtung geeignet ist (z. B. Glühlampen).

▲ *Pistacia lentiscus, Ficus carica* und *Podocarpus macrophyllus* (von links nach rechts) sind typische Vertreter des kühlen, aber frostfreien Wintergartens (Wintergartentyp 3).

Die Temperatur als Wachstumsfaktor

Neben dem Licht ist der Wachstumsfaktor Temperatur für einen Wintergarten von besonderer Bedeutung. Von der Heiztemperatur in der kalten Jahreszeit hängt es ab, welche Pflanzenarten oder -gruppen sich für einen Wintergarten eignen. Die Temperaturbedingungen im Wintergarten haben aber auch Einfluss auf die Nutzung durch die Familie, oder umgekehrt, die Nutzung durch die Familie hat Einfluss auf die Temperaturführung.

Wintergartentypen

In Anlehnung an die Temperaturverhältnisse, denen Pflanzenarten, die für Wintergärten in unseren Breiten in Frage kommen, an ihren natürlichen Standorten ausgesetzt sind, wird in diesem Buch zwischen den folgenden vier Wintergartentypen unterschieden:

- **Typ 1:** der ständig warme (zimmerwarme) oder ganzjährig bewohnbare Wintergarten,
- **Typ 2:** der temperierte Wintergarten,
- **Typ 3:** der kühle, aber frostfreie Wintergarten,
- **Typ 4:** der nicht sicher frostfreie Wintergarten oder Solarwintergarten.

Typ 1: Der ständig warme (zimmerwarme) oder ganzjährig bewohnbare Wintergarten zeichnet sich im Jahresgang durch ein gleichmäßiges Temperaturprofil mit einer durchschnittlichen Temperatur von 20 bis 25 °C aus. Die meisten der für diesen Wintergartentyp geeigneten Pflanzenarten sind Bewohner tropischer Klimazonen. Die Kältetoleranzgrenze dieser Pflanzen liegt bei 15 °C. Temperaturen darunter in der Raumluft oder im Wurzelbereich führen zu Kälte- oder Erkältungsschäden an den Pflanzen, die in der Regel das Absterben der Pflanzen zur Folge haben.

Typ 2: Der temperierte Wintergarten zeichnet sich durch ein schwankendes Temperaturprofil zwischen Sommer und Winter aus. Die Heiztemperatur liegt zwischen 12 und 15 °C, die Kältetoleranzgrenze der für diesen Typ geeigneten Pflanzen liegt in der Regel um 10 °C. Den Sommer über kann dieser Wintergartentyp aufgrund der herrschenden Temperaturverhältnisse wie der ganzjährig bewohnbare Wintergarten als Wohnraum genutzt werden, in der kälteren Jahreszeit kommt er dafür nur eingeschränkt in Frage. Die für diesen Wintergartentyp geeigneten Pflanzenarten sind in der Mehrzahl in subtropischen Klimazonen beheimatet.

Typ 3: Der kühle, aber frostfreie Wintergarten, der dem traditionellen Wintergarten entspricht, unterliegt einem stark schwankenden Temperaturprofil zwischen Sommer und Winter. Im Sommer auf üblichen Zimmertemperaturen gehalten, werden die Temperaturen im Winter (in der Regel aus Energiespargründen) möglichst niedrig, zwischen 5 und 10 °C gehalten. Den Sommer über kann dieser Wintergartentyp aufgrund der herrschenden Temperaturverhältnisse wie der ganzjährig bewohnbare Wintergarten als Wohnraum genutzt werden, in der kälteren Jahreszeit kommt er dafür nicht mehr in Frage. Für diesen Wintergartentyp eignen sich besonders Pflanzen mediterranen Ursprungs oder ähnlicher Klimagebiete anderer Kontinente. Die Kältetoleranzgrenze dieser Pflanzen liegt in der Regel bei 0 °C.

Typ 4: Der nicht frostfreie Wintergarten oder Solarwintergarten ist im Zusammenhang mit dem ökologischen Hausbau von Bedeutung. Dieser Wintergartentyp wird dem Haus vorgebaut, dient in dieser Form als Wärmeschleuse und kann den Energiebedarf des eigentlichen Hauses stark reduzieren. Da in der Regel keine Zusatzheizung vorgesehen ist, können in solchen Räumen die Innentemperaturen in einem strengen Winter, und hier vor allem in der Nacht, auch schon mal unter 0 °C fallen. Die Kältetoleranzgrenze für Pflanzen dieses Wintergartentyps ist mit −5 °C anzugeben. Die Auswahl an Pflanzen für diesen Wintergartentyp ist jedoch nicht besonders groß. Neben einigen mediterranen Pflanzenarten sind es Pflanzen gemäßigter Gebiete, die eine geringe Kältetoleranz besitzen.

ZUSATZINFORMATION

Hinsichtlich der Mindesttemperaturen für die unterschiedlichen Wintergartentypen ist darauf hinzuweisen, dass diese Temperaturen überall im Wintergarten erreicht werden müssen. Bei geringer Luftumwälzung im Wintergarten sind in Bodennähe und im Bereich der Außenwände stets niedrigere Temperaturen festzustellen als in der Wintergartenmitte. Deshalb ist zu empfehlen, das Thermostat, welches die Heizung regelt, in Bodennähe oder in der Nähe der Außenwände anzubringen, d. h. dort, wo die niedrigsten Temperaturen herrschen. Die Differenzen zwischen Hausmitte und Außenflächen bzw. dem Boden können umso größer sein, je exponierter der Wintergarten ist und je höher.

Der richtige Wintergartentyp

Bei der Frage, welcher Typ Wintergarten im speziellen Fall der richtige ist, steht die Art der Nutzung durch die Familie im Jahresverlauf in aller Regel an erster Stelle. Soll der Wintergarten das

TIPP

Pflanzen der Wintergartentypen 2, 3 und 4 stehen im Sommer auch gut im Freien.

▼ In solch schmalen Wintergärten beanspruchen Sitzplatz und Wege den meisten Raum, umso wichtiger ist die Auswahl der Pflanzen, zu starkwüchsige Pflanzen darf man hier nicht verwenden.

ganze Jahr hindurch als Wohnraum, Kinderspielzimmer oder Arbeitszimmer dienen, oder soll er diese Funktion vornehmlich nur während der wärmeren Monate einnehmen?

Die Nutzung als Auswahlkriterium

Wer ganzjährig mit Pflanzen zusammenleben möchte, um der eigenen Behaglichkeit willen, und zusätzliche Heizkosten in Kauf nimmt, der entscheidet sich für Wintergartentyp 1. Wem daran gelegen ist, die Heizkosten niedrig zu halten, und wer auf den Wintergarten als Wohnraum nicht angewiesen ist, für den sind die Wintergartentypen 2 oder 3 ideal. Steht die Nutzung als Wärmeschleuse im Vordergrund, um den Energiebedarf des eigentlichen Hauses zu reduzieren, für den ist der nicht sicher frostfreie Wintergarten der richtige.

Wurden früher überwiegend kühle, aber frostfreie Wintergärten (Wintergartentyp 3) gebaut, hat sich die Situation in den vergangenen Jahren gewendet. Heute steht der ständig warme (zimmerwarme), ganzjährig bewohnbare Wintergarten (Wintergartentyp 1) ganz oben auf der Wunschliste potentieller Bauherren. Ein wesentlicher Grund dafür ist sicherlich, dass die Wintergartenbesitzer ihren Wintergarten ganzjährig ganztägig als Lebensraum zum Wohnen und Arbeiten unter Pflanzen nutzen wollen. Ein nicht unwesentlicher Grund ist aber auch, dass sich durch Isolierverglasung und andere wärmedämmende Maßnahmen, verbunden mit energiesparenden Heiz-

Ein Wintergarten, der dem Wohnen und Arbeiten unter Pflanzen dienen soll. Dominierende Pflanzen sind (von links nach rechts) *Strelitzia reginae*, *Sparrmannia africana*, *Schinus molle* und *Eriobotrya japonica*.

systemen, eine Notwendigkeit zu niederen Temperaturen nicht zwangsläufig ergibt.

Die Pflanze als Auswahlkriterium

Steht zwar häufig die Nutzung durch den Wintergartenbesitzer bei seiner Entscheidung für die Temperaturführung im Jahreslauf und damit für einen bestimmten Wintergartentyp im Vordergrund der Überlegungen, ist es selbstverständlich auch möglich, die Pflanzen einer bestimmten Klima- oder Vegetationszone oder eines Lebensraums an die erste Stelle zu setzen und die Beheizung des Wintergartens darauf abzustellen. Dies wird man beispielsweise dann tun müssen, wenn man die Pflanzenauswahl mit Ferienerinnerungen in Verbindung bringen möchte. Diese Vorgehensweise ist allerdings in der Praxis, wie die Erfahrung zeigt, selten der Fall.

ZUSATZINFORMATION

Ein Wintergarten ist nicht in jedem Fall mit einem Gewächshaus vergleichbar. Hinsichtlich des Klimas eines Wintergartens müssen die Verhältnisse für Menschen und Pflanzen möglichst passen – im Gegensatz zum Gewächshaus, dort muss nur auf die Pflanzen Rücksicht genommen werden. Die Planung der Bepflanzung und damit die Pflanzenauswahl sollte nicht erst dann beginnen, wenn die Handwerker den Wintergarten verlassen haben, das Gebäude also bereits fertig gestellt ist, sondern am besten schon mit der Planung des Wintergartens einhergehen. Die enge Zusammenarbeit zwischen Architekt, Bauherr und gegebenenfalls dem Gärtner schon bei der Planung ermöglicht es, für die Nutzer und die Pflanzen optimale Bedingungen zu schaffen.

2

Begrünungssysteme für Wintergärten

Für Wintergärten gibt es sehr unterschiedliche Begrünungssysteme. Die Wahl sollte sehr sorgfältig getroffen werden, denn das Begrünungssystem entscheidet mit über den Pflegeaufwand, den man seinem Wintergarten bzw. seinen Wintergartenpflanzen widmen muss.

Gefäße oder Pflanzbeete

Grundsätzlich ist zwischen der Kultur in Gefäßen (Töpfen, Kübeln) und der Kultur der Pflanzen auf Beeten zu unterscheiden. In der Mehrzahl bestehender Wintergärten ist die Kultur in Gefäßen vorherrschend, doch gewinnt die Kultur auf Beeten besonders in größeren Wintergärten immer mehr an Bedeutung. Beide Möglichkeiten haben ihre Vorteile. Pflanzbeete sind insbesondere aus gestalterischen Gesichtspunkten interessant, da auf ihnen ein Vegetationsbild nachgestaltet werden kann. Die Begrünung wirkt natürlicher als die in Einzelgefäßen. Auch die Versorgung mit Wasser und Nährstoffen ist einfacher zu gestalten. Die Vorteile einer Begrünung in Gefäßen liegen in der Flexibilität, weil sie leicht veränderbar ist. Fehler bei der Pflanzenzusammenstellung lassen sich leichter beheben; durch Umgruppieren oder auch durch Entfernen nicht passender oder nicht mehr passender Pflanzen. Auch aus Sicht des Pflanzenschutzes ist die Begrünung in Gefäßen von Vorteil, weil in Pflanzbeeten bei einem Krankheitsbefall sehr schnell die gesamte Pflanzung betroffen sein kann. Dies gilt besonders bei Pilzerkrankungen, die vom Boden ausgehen. Bei der Gefäßbepflanzung bleiben solche Erkrankungen weitgehend isoliert, und kranke Pflanzen können leicht entsorgt bzw. ausgewechselt werden.

Hinsichtlich der Wasserversorgung und der damit verbundenen Gießarbeit haben wiederum Pflanzbeete Vorteile. Die pauschale Bewässerung von Pflanzbeeten, die sich außerdem vergleichsweise einfach automatisieren lässt, vermindert den Zeitaufwand gegenüber der Einzelpflanzenbewässerung bei der Kultur in Gefäßen. Hinzu kommt, dass die Pflanzen im Vergleich zu Töpfen ein viel größeres Substratvolumen erschließen können, Wasser- und Nährstoffmangel treten nicht so schnell auf. Eng damit verbunden ist

▼ In der Mehrzahl der Wintergärten ist die Kultur in Gefäßen vorherrschend (im Bild *Crassula arborescens*).

ein stärkeres Wachstum auf Pflanzbeeten im Vergleich zum Wachstum im Kübel. Bei kleineren Wintergärten mit geringer lichter Höhe kann dies auch ein Nachteil sein, weil die Pflanzen vergleichsweise schnell die gewünschte Höhe bzw. das Wintergartendach erreichen und verstärkt geschnitten werden müssen.

Erd- oder Hydrokultur

Hinsichtlich des Wurzelmediums unterscheidet man bei den Begrünungssystemen für Wintergärten zwischen

- Erdkultur,
- Hydrokultur (Kultur in Blähton oder Blähschiefer) und
- SERAMIS®-Kultur.

Zwischen Erd- und Hydrokultur stehen dann noch die auch als „Halbhydrokulturen" (Semihydrokulturen) bezeichneten Erdkultursysteme mit Wasserbevorratung.

ZUSATZINFORMATION

Systeme mit Wasserbevorratung, wie die Hydrokultur, bezeichnet man auch als geschlossene Systeme. Systeme, bei denen das überschüssige Wasser abfließen kann – bei Gefäßen (Kübeln, Töpfen) gewährleisten Löcher (Wasseraustrittsöffnungen) im Topfboden den Abzug überschüssigen Wassers, in Pflanzbeeten der Aufbau auf gewachsenem, durchlässigem Boden oder über eine Verbindung zum Abwassersystem –, nennt man offene Systeme.

Da die Kultur in Gefäßen bei der Begrünung von Wintergärten noch immer im Vordergrund steht, sollen die vorstehenden Kultursysteme mit ihren Vor- und Nachteilen nachfolgend auf der Grundlage der Gefäßkultur näher beschrieben werden. Die Spezifika der Kultur auf Pflanzbeeten werden ab Seite 32 behandelt.

ZUSATZINFORMATION

Während bei der Erdkultur in der Regel Mischungen aus mehreren gepufferten Stoffen oder Mischungen aus gepufferten und ungepufferten Stoffen verwendet werden, aus denen auch die Nährstoffversorgung erfolgt, kommen für die Hydrokultur nur ungepufferte Materialien in Frage, bei denen die Nährstoffversorgung der Pflanzen ausschließlich aus der Nährlösung erfolgt. Stoffe mit Nährstoffsorptionsfähigkeit und pH-Wert-Stabilisierung, wie Weißtorf, Rindenhumus und Ton, bezeichnet man als gepufferte, Materialien, wie Blähton, Blähschiefer, Lava und Tongranulat (SERAMIS®), die diese Fähigkeit nicht besitzen, als ungepufferte Stoffe.

Hydrokultur im Wintergarten

Bei der Hydrokultur (die Übersetzung des Wortes bedeutet „Wasserkultur"), stehen die Pflanzen in einem ungepufferten Substrat (in der Regel Blähton oder Blähschiefer), das allein die Aufgabe hat, den Pflanzen Halt zu geben. Die nötigen Nährstoffe werden von den Wurzeln aus einer Nährlösung entnommen.

Vorteil der Hydrokultur gegenüber der Kultur in Erde ist die sichere, saubere und simple Handhabung. Gießzeitpunkte sind über einen Wasserstandsanzeiger ablesbar, ein Substratabbau und damit eine Verdichtung des Substrates findet nicht statt.

Es gibt aber auch Nachteile. Die Hydrokultur ist auf ganzjährig warme Räume und somit auf Wintergartentyp 1 beschränkt. Für die drei anderen Wintergartentypen ist die Hydrokultur ungeeignet, da Pflanzen einen durchnässten Wurzelbereich bei gleichzeitig niedrigen Temperaturen nicht vertragen. Ein weiterer Nachteil ist, dass das Hydrokultursortiment nur wenige Pflanzen enthält, die durch ihre Blüten die Aufmerksamkeit auf sich ziehen. Auch ist das Hydrokultursystem im Vergleich zur Erdkultur anfälliger gegen unsachgemäße Düngung. Dies hat damit zu tun, dass das Füllsubstrat keine bodenchemischen Aufgaben erfüllt, die Nährlösung nicht im chemischen

▲ Bei der Hydrokultur hat das Substrat allein die Aufgabe, den Pflanzen Halt zu geben (links: *Ficus benjamina* 'Starlight', rechts: *Beaucarnea recurvata*).

Austausch mit dem Substrat steht. Dieser Nachteil lässt sich allerdings weitgehend dadurch beheben, dass man Ionenaustauschdünger zur Nährstoffversorgung der Hydropflanzen einsetzt.

Wer sich für die Blähtonkultur mit Nährlösungsanstau entscheidet, muss auch wissen, dass keine Erdballen-Pflanzen eingesetzt werden können. Die Wurzelballen müssen völlig frei von Erdkomponenten sein.

Wie funktioniert die Hydrokultur?

Von der Konstruktion her ist die Hydrokultur ein Topf-in-Topf-System, bei dem die Pflanzen in einem mit Blähton gefüllten „Kulturtopf" wurzeln, der mit großen Öffnungen versehen ist. Durch diese Öffnungen tritt die Nährlösung ein bzw. wachsen die Wurzeln nach außen. Der Kulturtopf wird in das eigentliche Hydrokulturgefäß gestellt, das je nach Größe für Einzelpflanzen oder Pflanzenarrangements gedacht ist. Bei Hydrokultur auf Beeten stellt das allseitig abgedichtete Pflanzbeet praktisch ein Großgefäß dar.

Der Wasserstand bzw. der Stand der Nährlösung wird über einen Wasserstandsanzeiger kontrolliert, der bei Einzelpflanzen in der Regel in einer speziellen Halterung an der Seite des Kulturtopfes befestigt ist. Er besteht unten aus einer undurchsichtigen Hülle und oben aus einem durchsichtigen Schauglas mit den Markierungen Minimum (Min.), Optimum (Opt.) und Maximum (Max.) In der Hülse befindet sich der Anzeigestab mit Schwimmer, der sich je nach Wasserstand auf und ab bewegt. Für Großgefäße bzw. Pflanzbeete gibt es Wasserstandsanzeiger mit Sockel, die an beliebiger Stelle im Gefäß eingebaut werden können. An der Seite ist eine Öffnung vorgesehen, durch die man die Nährlösung bei Bedarf herauspumpen bzw. auswechseln kann.

Welches Substrat wird verwendet?

Ein als Füllsubstrat für die Hydrokultur geeignetes Material muss ohne relevante Anlagerungs- und Austauschmöglichkeiten für Nährstoffionen sein, es muss chemisch indifferent, faulungsfest, frei von Krankheitserregern, locker und formfest sein und eine gewisse Kapillarwirkung ausüben. Diese Voraussetzungen haben die heute ausschließlich verwendeten Materialien Blähton und Blähschiefer. Ein Blähtonkügelchen hat im Inneren eine poröse Struktur, woraus sich sein relativ geringes Gewicht erklärt. Die Außenhaut ist vergleichsweise glatt und weitgehend wasserdicht. Da die gebrannten Kügelchen selber wenig Wasser aufnehmen (die Wasserspeicherfähigkeit liegt bei etwa 20 % des Materialgewichts), kommt durch die Poren nur ein relativ geringer kapillarer Wasseranstieg zustande. Das ist erwünscht, denn nur durch diese Eigenschaft ist ein Wasserdepot am Gefäßgrund überhaupt möglich. Diese Eigenschaft bedingt aber auch, dass in einem Gefäß bzw. Pflanzbeet nur Kulturtöpfe gleicher Höhe verwendbar sind, da der Anschluss an die wasserführende Zone

VORSICHT!

Im Handel (z. B. in Baumärkten) gibt es Blähton- und Blähschieferherkünfte, die schädlich für Pflanzen sind, weil sie Salze in das Wasser abgeben. Es darf nur speziell für Hydrokulturen hergestellter Blähton oder Blähschiefer verwendet werden.

immer gegeben sein muss. Würde man einzelne Töpfe höher setzen, wäre der Wasseranschluss nicht mehr gegeben, die Pflanzen würden vertrocknen. Deshalb sind auch Oberflächenprofilierungen in flächigen Begrünungen nur begrenzt möglich.

Blähton gibt es in verschiedenen Körnungen. Für Wintergartenbegrünungen in Hydrokultur wird Blähton in der Körnung 8/16 (8–16 mm) oder Blähschiefer 4/16 (4–16 mm) verwendet.

Gefäße für Hydrokulturpflanzen

Als Gefäßmaterialien ist alles geeignet, was folgende Anforderungen erfüllt. Das Gefäß muss absolut wasserdicht sein, es muss lichtundurchlässig sein, da durch das Tageslicht die Algenbildung im Gefäß angeregt würde, und das Material muss chemisch indifferent sein, d. h., es darf keine schädlichen Stoffe an die Nährlösung abgeben. Erfüllt ein Material diese Anforderungen, ist es auch für die Hydrokultur verwendbar. Standfestigkeit, Stabilität, Unempfindlichkeit gegenüber Reinigungsmitteln, Farbbeständigkeit und Bruchsicherheit sind weitere Anforderungen.

Soweit nicht speziell für Hydrokulturen gefertigte Gefäße verwendet werden sollen, muss auf die Höhe des Gefäßes geachtet werden. Größere Hydrokulturpflanzen werden in Kulturtöpfen angeboten, die nach Norm genau 19 cm hoch sind. Danach muss sich die Tiefe des Gefäßes richten, sodass man auf 22 bis 25 cm kommt.

Bei den Materialien der fertig angebotenen Hydrokulturgefäße stehen die Kunststoffe im Vordergrund, nicht zuletzt wegen ihres geringen Gewichts und dem vergleichsweise niedrigen Preis. Daneben gibt es im Handel Gefäße aus Keramik, Steinzeug, Marmor, Naturstein, Plexiglas und Metall (Stahl-Lochblech), ebenso wie Korb-, Rattan- und Holzgefäße mit wasserdichtem Kunststoffeinsatz. Es gibt außerdem eine große Formenvielfalt, neben runden werden auch quadratische, rechteckige, dreieckige, sechseckige und achteckige Gefäße angeboten, die vielfältige Kombinationsmöglichkeiten zulassen.

Während die Höhe des Gefäßes für die Aufnahme der Pflanzen durch den Kulturtopf vorgegeben wird, ist es an manchen Standorten wichtig, andere Höhen zu erreichen. Hierzu bieten die Hersteller von Großgefäßen Zwischen- und/oder spezielle Bodenteile an.

Anforderungen an das Wasser für Hydrokulturen

Die Qualität des Gießwassers ist für die Hydrokultur von ausschlaggebender Bedeutung. „Hartes" Wasser ist ebenso ungeeignet wie „weiches" Wasser (z. B. reines Regenwasser). Folgende Grenzwerte sollten möglichst eingehalten werden (Näheres zur Wasserqualität siehe Seite 38):

- Karbonathärte < 1,8 mmol/l,
- Gesamthärte < 3,6 mmol/l,
- Salzgehalt, berechnet als KCl < 450 mg/l.

Bei Verwendung von Ionenaustauschdüngern darf das Wasser härter sein und mehr gelöste Salzen enthalten, da diese am Austauscher gegen Nährstoffionen eingetauscht werden (siehe auch Seite 23).

Soweit das vorhandene Wasser von den angegebenen Grenzwerten abweicht, sollte das Gießwasser aufbereitet werden (siehe Seite 41). Vorübergehend kann man sich behelfen, indem man die Nährlösung in kürzeren Abständen (etwa alle vier Wochen) vollständig erneuert.

Hydrokulturen reagieren auf niedrige Temperaturen, d.h. auf „kalten Fuß" sehr empfindlich, darauf wurde schon hingewiesen. Deshalb darf auch kein kaltes Gießwasser verwendet werden. Kälter als 18 bis 20 °C sollte das Wasser beim Nachfüllen nicht sein.

FÜR SCHNELLE LESER

Der Aufbau eines Hydrokultursystems mit Wasseranstau, wasserführender und luftführender Zone bedingt, dass Hydrokulturbegrünungen nur in absolut waagerechter Lage und mit einheitlicher Schichtdicke aufgebaut werden können. Profilierungen der Oberfläche oder der Einsatz unterschiedlich großer „Topfballen" sind nur bedingt möglich.

FÜR SCHNELLE LESER

Für Hydrokulturen sind nur solche Gefäße geeignet, die folgende prinzipiellen Kriterien erfüllen: wasserundurchlässig, lichtbeständig, lichtundurchlässig, farbbeständig, standfest, korrosionsfest und chemisch indifferent. Bei problematischen Materialien ist ein Kunststoffeinsatz erforderlich.

FÜR SCHNELLE LESER

Noch folgenschwerer als bei Erdpflanzen wirkt sich kaltes Wasser bei Hydrokulturen aus, denn es wird immer eine relativ große Wassermenge auf einmal eingefüllt. Die Verwendung von kaltem Wasser steht mit an erster Stelle bei Misserfolgen bei der Hydrokultur.

▶ Der Wasserstandsanzeiger ist bei der Hydrokultur ein unentbehrliches Instrument (*Beaucarnea recurvata*).

Wasserstandshöhe beachten

Der Wasserstandsanzeiger ist in der Hydrokultur nicht nur ein wichtiges, sondern auch ein unentbehrliches Instrument. Mit seiner Hilfe wird festgestellt, ob und wie viel Wasser in einem Gefäß ist. Für die Hydrokultur ist der technisch einwandfrei arbeitende Wasserstandsanzeiger ähnlich wichtig, wie für einen Autofahrer eine gut funktionierende Bremsanlage. Grundsätzlich falsch ist es, wenn man meint, den Wasserstand im Gefäß ständig auf Maximum halten zu müssen. Dieser Fehler wird häufig gemacht, weil man ja von der konventionellen Pflanzenpflege her gewohnt ist, alle zwei bis drei Tage zu gießen. Die Folge eines dauerhaft hohen Wasserstandes ist Sauerstoffmangel im Wurzelbereich. Die Wurzeln können nicht mehr atmen, es fehlt ihnen die Energie um Nährstoffe aufzunehmen. Hält dieser Zustand an, sterben die Wurzeln ab und beginnen zu faulen. Damit gelangt organische Masse in das Substrat, wo sie die Quelle vieler Krankheiten bildet. Eine Kettenreaktion!

FÜR SCHNELLE LESER

Ausreichende Wurzelatmung gehört zu den Voraussetzungen für eine erfolgreiche Hydrokultur. Wer seine Hydropflanzen möglichst schnell umbringen will, muss nur ständig einen hohen Wasserstand im Gefäß halten. Den Wasserspiegel immer wieder auf Minimum absinken lassen, bevor wieder Wasser nachgefüllt wird, das ist der richtige Weg.

Auf Optimum auffüllen

Grundsätzlich gilt, den Wasserstand nicht höher als auf „Optimum" aufzufüllen und erst wieder nachzufüllen, wenn der Pegel auf „Minimum“ abgesunken ist. Noch besser ist es, wenn man, nach dem Absinken des Wasserstandsanzeigers auf Minimum, mit dem Auffüllen noch ein bis drei Tage wartet. Auch wenn der Anzeiger auf Minimum steht, befindet sich noch eine bis 2 cm hohe Wasserschicht im Gefäß. Die meisten Pflanzen vertragen in der Regel einige Tage mit sehr niedrigem Wasserstand besser, als längere Zeit einen Wasserstand an der Marke „Maximum“ oder gar darüber. Auf die Marke „Maximum“ sollte man nur auffüllen, wenn man längere Zeit von zu Hause abwesend ist.

Wann Wasser nachgefüllt werden muss, ist nicht in Tagen anzugeben, denn der Wasserverbrauch hängt nicht nur von der Pflanzenart, der Pflanzengröße und der Raumtemperatur ab, sondern auch von der Größe des Gefäßes und damit der beim jeweiligen Gießvorgang eingebrachten Wassermenge. Bei Großgefäßen sollte der Wasservorrat unter Berücksichtigung eines hellen Standortes mindestens 14 Tage ausreichen. Müssen Gießintervalle verkürzt werden, damit die Pflanzen nicht vertrocknen, ist dies überwiegend auf zu kleine bzw. zu klein gewordene Gefäße zurückzuführen.

Die Düngung der Pflanzen in Hydrokultur

Während bei der Erdkultur die Nährstoffverfügbarkeit von den Wechselwirkungen zwischen der Nährstoffkonzentration in der Bodenlösung und den sorbierenden Bestandteilen des Substrates abhängt, werden Pflanzen in Hydrokultur ausschließlich über die Nährlösung versorgt. Zur Auswahl stehen spezielle Flüssigdünger, wasserlösliche Salzdünger und Ionenaustauschdünger.

Der einfachen und sicheren Anwendung wegen sollte den Ionenaustauschdüngern der Vorzug gegeben werden.

Ionenaustauschdünger

Ionenaustauschdünger, sie wurden speziell für den Einsatz bei Hydrokulturen entwickelt, können die Ernährung über einen Zeitraum von bis zu sechs Monaten sicherstellen. Ihre Funktionsweise beruht darauf, dass die an Kunststoffharzen mit positiven und negativen Ladungsträgern gebundenen Nähr-Ionen gegen im Gießwasser enthaltene Ionen abgegeben werden. Durch Bindung von Ballast-Ionen wird gleichzeitig deren Anreicherung in der Nährlösung verhindert. Die Abgabe von Nähr-Ionen setzt somit einen ausreichenden Salzgehalt des Gießwassers voraus. Deshalb ist auch in der Regel salzarmes Regenwasser zur Bewässerung in der Hydrokultur nicht geeignet. Um aber auch bei niedrigem Salzgehalt des Gießwassers eine ausreichende Nährstofffreisetzung zu gewährleisten, wurde das Produkt Lewatit HD5 plus entwickelt. Im Unterschied zu Lewatit HD5 ist zusätzlich ein natürliches Kalzium und Magnesium enthaltendes Mineral enthalten, das für die erforderliche Menge an austauschbaren Ionen sorgt und die Versorgung mit Kalzium und Magnesium sicherstellt.

Wird abweichend von dieser Empfehlung Lewatit HD5 dennoch im Härtebereich 1 und 2 eingesetzt, kommt es zu einer Unterversorgung der Pflanzen an Kalzium und Magnesium und mittelfristig zur Ausbildung von Mangelsymptomen.

Zu beachten ist, je höher der Salzgehalt des Gießwassers, umso mehr Nährstoffionen werden ausgetauscht, d. h. freigesetzt, wodurch sich die Wirkungsdauer des Düngers verkürzt. Auch hoher Wasserverbrauch, einhergehend damit ein verstärkter Eintrag an Ballastsalzen, hat eine raschere Erschöpfung des Düngers zur Folge. Bei guten Wachstumsbedingungen ist in der Praxis eine Nachdüngung in der Regel nach etwa drei Monaten erforderlich. Die notwendigen Aufwandmengen, sie orientieren sich an der Anzahl der Pflanzen pro Pflanzbeet oder Gefäß und an der Größe bzw. der Wachstumsgeschwindigkeit der Pflanzen, sind der Tabelle zu entnehmen.

Empfehlung für die Anwendung der Ionenaustauschdünger Lewatit HD5 und Lewatit HD5 plus in Abhängigkeit vom jeweiligen Härtebereich (Näheres siehe Seite 40) des Gießwassers (nach MOLITOR, in VETH 1998)

Härtebereich	Düngertyp
1	Lewatit HD5 plus
2	vorzugsweise Lewatit HD5 plus
3	Lewatit HD5
darüber	Lewatit HD5

Düngeempfehlung für Ionenaustauschdünger Lewatit HD5 und HD5 plus (nach MOLITOR, in VETH 1998)

Situation	Düngemenge	Häufigkeit der Düngergabe
Normalfall	25 bis 35 ml/Pflanze	alle 3 bis 4 Monate
stark wachsende Pflanzen ab 50 cm Höhe	50 ml/Pflanze	alle 3 Monate
langsam wachsende Pflanzen (z. B. Sukkulenten/ Kakteen)	35 ml/Pflanze	alle 6 bis 8 Monate

Verabreichung

Der Dünger sollte vorzugsweise unmittelbar in die Anstauzone verabreicht werden. Das Ausstreuen des Düngers auf die Blähtonoberfläche mit anschließendem Einspülen hat den Nachteil, dass ein Großteil des Düngemittels im Wurzelsystem hängen bleibt und im Verlauf der Zeit die luftführenden Hohlräume zwischen den Blähtonkugeln ausfüllt. Auch die Nährstofffreisetzung ist behindert.

Ionenaustauschdünger, der sich in der Anstauzone mit der Zeit ansammelt, wirkt sich unmittelbar meist nicht schädlich aus. Die Austauscherharze nehmen weiter an Austauschprozessen mit den in der Nährlösung enthaltenen Ionen teil. Dabei kann es je nach Gleichgewichtsbedingung auch zu einem teilweisen Rücktausch von Ionen kommen. Im Fall von Kalzium und Magnesium ist dies positiv zu bewerten. Werden dagegen gebundene Schwermetalle, beispielsweise Zink, wieder freigesetzt, könnte dies in Einzelfällen auch nachteilig sein.

Ob die Ernährung über einen längeren Zeitraum wirklich optimal verläuft, lässt sich nur durch eine Analyse der Nährlösung feststellen. Wenn Probleme auftreten, sollte man sich an einen Fachbetrieb für Hydrokultur wenden. Wertvolle Informationen können Messungen des pH-Wertes ergeben, die man mit entsprechenden Teststäbchen selbst leicht durchführen kann. Hohe pH-Werte sind erfahrungsgemäß ein deutliches Indiz für eine Nährstoffunterversorgung.

ZUSATZINFORMATION

Hydrokulturen sollten, um das Risiko einer Fehlernährung auszuschließen, regelmäßig durchspült werden. Ein Durchspülen des Blähtons empfiehlt sich alle ein bis zwei Jahre. Dabei wird das gesamte Gefäß bzw. Beet ein- bis zweimal vollständig mit Wasser geflutet und anschließend – vor dem Nachfüllen mit frischem Wasser bzw. frischer Nährlösung – leergepumpt.

Probleme bei der Hydrokultur

Als sehr unspezifische Symptome treten an Hydropflanzen oft Chlorosen, also Vergilbungen, aber auch Blattfall und Absterbeerscheinungen auf. In den meisten Fällen sind die Ursachen für die gelben und abfallenden Blätter im Wurzelraum zu suchen. Nimmt man die kränkelnden Pflanzen aus ihren Gefäßen, so schlägt einem oft ein widerlicher Gestank entgegen, und die Wurzeln sind mehr oder weniger stark verfault. Statt eines weißen, gesunden Wurzelfilzes findet man nur noch eine schwarze, schleimige Masse. Nur selten sind Krankheitserreger für solche Schäden verantwortlich. Häufig wird die Wurzelfäule durch zu viel oder zu kaltes Wasser verursacht. Längerfristig führt ein zu hoher Wasserstand im Pflanzgefäß zu Sauerstoffmangel, der letztlich diese Schäden entstehen lässt. Denn auch Pflanzen in Hydrokultur sind auf eine ausreichende Wurzelatmung angewiesen, damit genügend Energie zur Aufnahme von Nährstoffen und Wasser zur Verfügung steht. Außerdem wird Sauerstoff benötigt, um die Anreicherung pflanzenschädlicher Substanzen, wie Nitrit, zu verhindern.

Was tun, wenn der beschriebene Schaden erst einmal aufgetreten ist? Bei rechtzeitigem Einschreiten lassen sich die Pflanzen meist noch retten. Gründliches Entfernen der verfaulten Wurzelteile durch sorgfältiges Ausspülen ist die erste Maßnahme. Anschließend sollten die Pflanzen in die gründlich gereinigten und eventuell desinfizierten Gefäße, möglichst mit neuem Blähton, gepflanzt werden. Der Wasserstand ist dann besonders sorgfältig zu kontrollieren.

ZUSATZINFORMATION

Eine wichtige Maßnahme bei Hydrokulturen ist die regelmäßige Kontrolle des Wasserstandsanzeigers. Wenn durch eingewachsene Wurzeln oder Kalkablagerungen die Beweglichkeit des Zeigers gestört ist, wird unter Umständen zu viel Wasser bzw. Nährlösung aufgefüllt.

Halbhydrokulturen

Erwähnt werden sollen auch die „Halbhydrokulturen". Mit diesem Begriff bezeichnet man Erdkultursysteme mit Wasserbevorratung. Diese Systeme sind ein Zwitter aus Erd- und Hydrokultur. Die Pflanzen stehen wie bei konventionellen Systemen in Erde (gepufferte Substrate), während die Wasserversorgung wie bei den Hydrokulturen über ein Wasserreservoir im Gefäß erfolgt.

Auf dem Gefäßboden befindet sich ein Wasserspeicher, darüber ein geschlossener Zwischenboden. In den Wasserspeicher ragen Dochte aus Glasfaser oder Vliesstreifen, Steinwolle oder synthetischen Fasern. Sie befördern durch Kapillarkräfte das Wasser zum Topfballen, der sich über dem Zwischenboden befindet. Wasserstandsanzeiger zeigen die Wasserstandshöhe an.

Erdkultursysteme mit Wasserbevorratung sind, wenn überhaupt, wie Hydrokulturen nur für ständig warme Wintergärten (Wintergartentyp 1) geeignet, denn Folgendes ist zu beachten:

- Die Pflanzen stehen in der Regel immer im gleichfeuchten Boden. Für eine langjährige Bepflanzung unter den relativ stark schwankenden Lebens- bzw. Klimabedingungen eines Wintergartens ist dies ungünstig.
- Die Versalzung der Substrate verläuft schneller als bei einer Bewässerung von oben, da permanent Feuchtigkeit an die Oberfläche gesogen wird. Dabei steigen die aus dem Substrat gelösten Salze mit an die Oberfläche. Ein jährliches Auswaschen der Nährlösung oder Auswaschen der Gefäße bzw. Beete ist in der Regel notwendig.
- Bei Pflanzungen auf Beeten ist die Durchmischung einer flächigen Bepflanzung mit großen Solitärs und kleinen Bodendeckern kaum möglich. Bis die kleineren Pflanzen mit den Wurzeln im Feuchtbereich sind, müssen sie von Hand nachgegossen werden.

Das SERAMIS®-System

Das patentierte SERAMIS®-System stellt ein eigenes System mit Langzeitbewässerung bzw. Wasserbevorratung dar. Das System ist vom Grundaufbau her ein geschlossenes System mit wasserdichtem Pflanzgefäß, einem speziellen Pflanzsubstrat mit substratinterner Wasserbevorratung und einem Feuchtemesser. Aufgrund der einfachen Handhabung, mit der Möglichkeit Erdpflanzen zu verwenden, ist dieses System nicht nur eine gute Alternative zur Hydrokultur, sondern auch zur Erdkultur.

Vorteile des SERAMIS®-Systems

Vorteilhaft bei diesem System ist, dass, im Gegensatz zur Hydrokultur, Pflan-

Beim SERAMIS®-System können auch Pflanzen mit Erdballen verwendet werden.

zen mit Erdballen verwendet werden können und das System nicht nur auf Wintergärten des Typs 1 beschränkt ist. Auch Topfballen unterschiedlicher Höhe können miteinander kombiniert werden, was bei der Hydrokultur auf große Schwierigkeiten stößt. Damit können bei größeren Gefäßen, insbesondere aber bei Pflanzflächen, auch Profilierungen der Substratoberfläche vorgenommen werden. Da das Wasser im Tongranulat bis zu 26 cm durch Kapillarität aufsteigt, ist die Schichtdicke des Substrates bei flach wurzelnder Unterpflanzung auf 30 cm begrenzt, falls nur kapillar bewässert wird. Über 30 cm Schichtdicke hinaus muss individuell von oben bewässert werden, z. B. mit Tropfschläuchen, Schlauch oder Gießkanne.

Die Gefäße

Die Anforderungen an die Gefäße für das SERAMIS®-System sind identisch mit denen, die an Hydrokulturgefäße zu stellen sind – wasserdicht und chemisch indifferent. Ansonsten ist alles erlaubt, um auch die ungewöhnlichsten Gestaltungen zu ermöglichen. Größere Landschaften und Ebenen oder der Einsatz von Gefäßen mit ausgefallenen Formen und Größen sind mit SERAMIS® möglich.

Das Pflanzgranulat

Das SERAMIS®-Pflanzgranulat besteht aus hochporösem Ton und hat eine Wasserspeicherkapazität von über 100 % des Eigengewichts. Für die Produktion des Pflanzgranulates werden Tone aus dem Westerwald verwendet. In einem speziell entwickelten Verfahren wird der Ton so porosiert, dass ein Porenvolumen von über 80 % entsteht. Im Rahmen der Aufbereitung wird beim Brennprozess das im Ton befindliche Eisen oxidiert, wodurch SERAMIS® seine rotbraune Farbe erhält.

Geringes Eigengewicht, vergleichbar mit Blähton, und hohes Porenvolumen, je zur Hälfte für Luft- und pflanzenverfügbares Wasser, sowie chemische Neutralität sind die kennzeichnenden Eigenschaften dieses Substrates.

ZUSATZINFORMATION

Der Effekt der Langzeitbewässerung beim SERAMIS®-System resultiert aus der hohen Wasserspeicherfähigkeit des Substrates. Freies Wasser ist im Gegensatz zur Hydrokultur nicht vorhanden, d. h., das Substrat selbst stellt den Wasserspeicher dar.

Der Feuchtemesser

Die Feuchtemessung erfolgt im Substrat. Dazu bietet SERAMIS® einen Gießanzeiger an. Dieser Gießanzeiger funktioniert über ein Vlies, das die Feuchte im Erdballen der Pflanze aufnimmt und durch einen optischen Effekt im Sichtfenster blau erscheint, wenn das Vlies feucht ist. Ist es trocken, erscheint das Sichtfenster rot und zeigt so an, dass die Pflanze wieder gegossen werden muss. Die Gießmenge beträgt ein Viertel des Topfvolumens, um erstens die optimale Speicherkapazität des Granulats auszunutzen und zweitens ein Übergießen in den geschlossenen Töpfen zu vermeiden. Für professionelle Raumbegrüner steht auch ein elektronischer Feuchtemesser zur Verfügung.

Die Düngung

Abgerundet wird das System durch einen speziell abgestimmten Dünger. Dieser Flüssigdünger beinhaltet alle notwendigen Haupt- und Spurenelemente in ausgewogener Konzentration. Neben dem Flüssigdünger beinhaltet das SERAMIS®-System auch einen granulierten Langzeitdünger an, der über einen Zeitraum von etwa drei Monaten wirksam ist. Nähere Informationen zur Anwendung sind der entsprechenden Gebrauchsanweisung zu entnehmen.

Wintergartenbegrünungen in Gefäßen mit Erde

Das vorherrschende Begrünungssystem in Wintergärten ist jedoch nach wie vor die Erdkultur in Gefäßen, bei denen über Löcher im Topfboden überschüssiges Wasser nach unten abfließen kann (so genanntes offenes System). Die Vorrangstellung der Erdkultur hängt besonders damit zusammen, dass die Mehrzahl der Wintergartenpflanzen kühle Wintertemperaturen verlangt, für die deshalb die Hydrokultur nicht in Frage kommt. Außerdem werden die meisten für Wintergärten geeigneten Pflanzenarten ausschließlich in Erde angeboten.

Gefäße für Erdkultur

Damit es seine repräsentative Funktion im Wintergarten erfüllt, kommt dem Pflanzgefäß hohe ästhetische Bedeutung zu. Die Schmuckwirkung des Gefäßes ist gleichzusetzen mit den darin befindlichen Pflanzen. Gefäß und Pflanze sind als gleichwertig einzustufen und sollten gleichermaßen hochwertig sein.

Das heißt, Pflanzgefäße sind nicht nur Behälter für das lebensnotwendige Substrat, sie tragen in ihrer Größe, Form, Oberflächenstruktur und Materialauswahl erheblich zur Raumwirkung der Pflanzung bei. Das Pflanzgefäß kann die Harmonie zwischen Raum und Begrünung fördern oder erheblich stören. Eine Pflanze in einem schwarzen Plastikkübel auf einem Bodenbelag aus Keramik-Fliesen wäre solch ein Negativbeispiel.

Bei den Gefäßen für Erdkultur gibt es auf dem Markt eine große Vielfalt hinsichtlich Material, Ausstattung und Größe. Neben Gefäßen aus Ton (Terrakotta), Keramik und Kunststoffen gehören auch Holz-, Beton-, Stein-, Glas-, Kupfer-, Aluminium- und Edelstahlgefäße zum Sortiment.

Die Gefäße stellen jedoch auch einen Kostenfaktor dar, den es zu berücksichtigen gilt. Auf der anderen Seite kann durch geschickte Wahl auch ein erheblicher ästhetischer und dekorativer Mehrwert realisiert werden. Dieser Tatsache wird oft zu wenig Beachtung geschenkt.

Terrakotta

Für Gefäße aus Ton bzw. Terrakotta sprechen sowohl das traditionsgemäße und gewohnte Aussehen als auch das nicht unbeträchtliche Eigengewicht, was insbesondere bei größeren und höheren Pflanzen für eine gute Standfestigkeit sorgt. Allerdings kann es bei Töpfen aus Ton aufgrund der Durchlässigkeit der Wandungen für Wasser (der Grad der Durchlässigkeit ist vom Brennvorgang abhängig) zu Ausblühungen kommen. Darunter versteht man das Hindurchwandern von Kalk und Salzen durch die Topfwand, wodurch an der Außenwand unschöne, graue oder grauweiße, fleckige Beläge entstehen. Meist werden sie als negativ empfunden, es gibt aber auch Zeitgenossen, für die diese „Ausblühungen“ eine hübsche Patina darstellen. Bei hoher Luftfeuchtigkeit können sich darüber hinaus Algen ansiedeln, eine grüne, schmierige Schicht, die sich nur schwer abwaschen lässt. Wenn Ausblühungen und/oder Algen nicht gewünscht sind, gibt es zwei Möglichkeiten, um Tongefäße wasserundurchlässig zu machen. Die Töpfe können mit einem Folieneinsatz versehen werden oder mit geeigneten Lacken, die pflanzenverträglich sein müssen, behandelt werden.

Als negativ ist bei Tongefäßen jedoch die Bruchgefahr beim Hantieren und Transportieren zu sehen. Auch durch Wurzeldruck können Tontöpfe gesprengt werden.

Kunststofftöpfe

Der Kunststofftopf, der heute nicht nur in Schwarz, sondern auch in anderen Farben angeboten wird, so z. B. als Ter-

FÜR SCHNELLE LESER

Wenn man die unterschiedlichen Eigenschaften beider Materialien berücksichtigt, können Wintergartenpflanzen in Ton- und Kunststofftöpfen gleich gut gehalten werden.

FÜR SCHNELLE LESER

Stabilität und Haltbarkeit der Gefäße sind in Abhängigkeit vom jeweiligen Material sehr unterschiedlich. Verluste durch Bruch treten bei Terrakotten und Gefäßen aus Steingut bei einer unsachgemäßen Handhabung, z. B. während des Transportes, relativ schnell auf.

FÜR SCHNELLE LESER

In glatten Kunststofftöpfen sitzen die Wurzelballen locker, sodass sie beim Umtopfen mühelos herauszunehmen sind. Mit Tontöpfen (Terrakotta) ist dies mitunter schwierig, da sich die Wurzelhaare fest an die Topfwand heften können.

rakotta-Imitat, unterscheidet sich in mancher Hinsicht vom Tontopf, vor allem aber dadurch, dass seine Wände für Wasser und Luft undurchlässig sind. Er ist dünnwandiger, sehr viel leichter und vergleichsweise preisgünstig. Seine Wände sind fast senkrecht, sodass sich bei gleichem oberen Durchmesser eine größere Standfläche ergibt, wodurch der Nachteil des geringeren Gewichts ausgeglichen werden soll. Die glattwandigen Kunststoffflächen nehmen kaum Schmutz an und lassen sich auf jeden Fall leichter reinigen. Als sehr negativ muss das leichte Gewicht im Zusammenhang mit der Standfestigkeit der Pflanzen angesehen werden. Das gilt vor allem für größere, höhere oder ältere Pflanzen. Die Bruchfestigkeit ist, je nachdem, welcher Kunststoff verwendet wird, nicht immer befriedigend. Auch unterliegen Kunststoffe einer gewissen Alterung, vor allem dann, wenn die Töpfe von der Sonne direkt bestrahlt werden. Der Kunststofftopf wird dann weniger elastisch, schließlich spröde und zuletzt bilden sich Längsrisse, oder es brechen Stücke aus dem Rand heraus.

ZUSATZINFORMATION

Sollen Holzgefäße für die Wintergartenbegrünung verwendet werden, müssen sie mit einem Einsatz aus Folie oder einem zusätzlichen Innengefäß ausgestattet sein. Nur so lässt sich ein Verrotten des Holzes auf Dauer vermeiden.

Form der Gefäße

Die Form des Gefäßes ist im Zusammenhang mit dem Verpflanzen von Bedeutung. Das Herausnehmen der Pflanzen kann bei bauchigen Gefäßen, die sich zum oberen Rand hin verjüngen, zu großen Schwierigkeiten führen. Wegen der schmalen Öffnung lässt sich der Wurzelballen nur mit großer Mühe und unter Verlust eines nicht geringen Wurzelanteils herausnehmen. Gegebenenfalls muss das Gefäß zerstört werden, um der Pflanze im Wurzelbereich keinen großen Schaden zuzufügen.

ZUSATZINFORMATION

Bei der Auswahl der Gefäße sind neben gestalterisch-ästhetischen Gesichtspunkten auch die Robustheit und Handhabbarkeit für Aus- und Umtopfarbeiten und bei mobilen Gefäßen die ausreichende Belastbarkeit und Funktionstüchtigkeit der Rollenfüße bzw. die Unterfahrbarkeit mit entsprechenden Transportfahrzeugen zu beachten.

Gestaltung mit Gefäßen

Eine klar definierte Zuordnung von Pflanzenarten zu bestimmten Gefäßen bzw. Materialien gibt es nicht. Sie ist auch nicht sinnvoll, da eine Auflistung allzu rezepthaft wirken würde. Dass aber der im Mittelmeer heimische Oleander zu einem Terrakotta-Gefäß besser passt, als zu asiatischer Keramik, kann wohl jeder nachvollziehen. Dagegen bilden asiatische Wintergartenbepflanzungen, z.B. aus *Ficus*-Arten und verschiedenen Bambusarten, den richtigen Hintergrund für unglasierte, erdbraune Siam-Land-Keramik oder die erlesene Siam-Königs-Keramik. Die meisten Pflanzen verhalten sich allerdings neutral und können nicht stilspezifisch eingestuft werden.

Übertöpfe

Die Verwendung von Übertöpfen in Wintergärten, um beispielsweise unattraktive Töpfe aus schwarzen Kunststoffen zu verschönern bzw. um den teuren Bodenbelag vor Wasser und Nährlösung zu schützen, ist verständlich, doch nicht ohne Probleme. Denn Pflanzen in Übertöpfen sind extrem staunässegefährdet, weil sich, wie die Erfahrung zeigt, vor und nach den Gießvorgängen kaum jemand die Mühe macht, zu kontrollieren, ob im Übertopf Wasser stehen geblieben ist. Ste-

Gefäße aus Terrakotta sind für Wintergartenpflanzen in Erdkultur besonders beliebt.

hen Pflanzen in Erdkultur längere Zeit im Wasser, sind Wurzelschäden vorprogrammiert. Dem Problem der Staunässe kann man jedoch etwas begegnen, indem die Kulturtöpfe auf eine Dränageschicht, z. B. aus Kies, Blähton oder Weinkorken, gesetzt werden. Eine solche Dränage schafft zumindest etwas Raum für überschüssiges Wasser.

Erden (Substrate) für Wintergartenpflanzen in Gefäßen

Im Gegensatz zur Hydrokultur, bei der das Substrat (Blähton oder Blähschiefer) eine reine Stützfunktion übernimmt, sind die Anforderungen an Erdsubstrate für die Wintergartenbegrünung wesentlich umfangreicher. Die Erde soll der Pflanze einen sicheren Halt geben; sie soll die Wasserversorgung der Pflanzen sicherstellen und sie soll genügend Nährstoffe festhalten und bei Bedarf abgeben können. Um diese Aufgabe optimal erfüllen zu können, sind an eine gute Erde folgende Anforderungen zu stellen:

- hohe Luftkapazität,
- hohe Wasserkapazität,
- hohe Strukturstabilität (Setzungsstabilität, Verschlämmungsfestigkeit),
- hohes Nährstoffabsorptionsvermögen bei guter Verfügbarkeit,
- gute Pufferkraft und
- günstiger pH-Wert.

Hohe Luftkapazität

Die hauptsächlich im Wege des Ionenaustausches stattfindende Nährstoffaufnahme unter gleichzeitiger Abgabe von Wasserstoff- und Hydroxid-Ionen beinhaltet energetische Prozesse, zu deren Ablauf Sauerstoff benötigt wird. Sauerstoff ist deshalb eines der wichtigsten Elemente in der Pflanzenernährung. Er begünstigt nicht allein den Austausch der Elemente, sondern fördert in Substraten und Erden auch das rasche Wachstum und eine gute Ver-

TIPP

Damit überschüssiges Wasser nicht den Wintergartenboden beschmutzt, sollte es selbstverständlich sein, Untersetzer zu verwenden, die der Markt in großer Vielfalt bereithält.

TIPP

Im Gegensatz zum so genannten temporären Grün auf Tischen und Fensterbänken, werden bei Wintergartenpflanzungen an das Substrat und die hierfür verwendeten Materialien besonders hohe Anforderungen gestellt.

zweigung des Wurzelwerkes. Ein hoher Anteil an luftgefüllten und strukturstabilen Poren ist somit eine wesentliche Voraussetzung für ein optimales Pflanzenwachstum.

Hohe Wasserkapazität

Ohne Wasser sind Pflanzenwachstum, Aufnahme von Nährstoffen und andere Stoffwechselvorgänge nicht möglich. Ein gutes Wasserhaltevermögen im Porenraum des Substrates ist deshalb genauso wichtig, wie eine entsprechende Luftkapazität. Eine Wassersättigung darf aber nur insoweit stattfinden, wie noch genügend Luftporen zur Deckung des Sauerstoffbedarfes und für die Wärmespeicherung verbleiben. Überschüssiges Wasser muss abgeleitet und fehlendes durch kapillaren Aufstieg aufgenommen werden können.

Hohe Strukturstabilität

Strukturstabilität bezeichnet den Erhalt des Verhältnisses von skelettbildenden groben Bestandteilen, Feinanteilen sowie Porenvolumen über einen möglichst langen Zeitraum. Durch Setzungen einzelner Erdbestandteile oder Zersetzung organischer Bestandteile oder den Einfluss von Wurzelwachstum kann es im Laufe der Zeit zu einem Verlust von wasser- und luftführenden Poren kommen, die nicht nur für das Pflanzenwachstum, sondern auch für die Pflanzengesundheit von ausschlaggebender Bedeutung sind. Bei Weißtorf z. B. ist die Strukturstabilität für etwa zwei Jahre gegeben. Blähton und Blähschiefer sind Materialien mit einer praktisch unbegrenzten Strukturstabilität. Schwarztorf hat dagegen eine schlechte Strukturstabilität.

Hohes Nährstoffabsorptionsvermögen bei guter Verfügbarkeit für die Wurzeln

Die in den Substraten enthaltenen Nährstoffe müssen so festgehalten werden, dass sie einerseits nur begrenzt ausgewaschen werden, andererseits der Pflanze möglichst widerstandslos zur Verfügung stehen. Dieses Verhältnis liegt in günstiger Form in Substraten mit Ton- und Humus-Komponenten vor. Am Tonkomplex mit seiner großen Oberfläche werden wichtige Nährstoffe, wie Kalium, Kalzium, Ammonium, Magnesium, Phosphorsäure und viele Spurenelemente, besonders gut angelagert (adsorbiert) oder eingebaut. Ton und organische Stoffe (z. B. Kompost, Rindenhumus und Schwarztorf) haben ein besonders hohes, Blähton, Sand und Perlite ein sehr niedriges bzw. kein Nährstoffabsorptionsvermögen.

Gute Pufferkraft und günstiger pH-Wert

Der Nährstoffhaushalt, die Aufnahme der Nährstoffe und die biologischen Wachstumsvorgänge in der Pflanze sind in starkem Maße von der Säurereaktion des Bodens, dem pH-Wert, abhängig. Der pH-Wert ist der Gradmesser für den Säurezustand des Bodens, der durch den mehr oder weniger großen Anteil von Wasserstoffionen in der Bodenlösung bestimmt wird. Er beeinflusst die Beweglichkeit und die Aufnahmefähigkeit der Nährstoffionen. In einem sauren, also wasserstoffionenreichen Boden geht die Aufnahme von Kationen (z. B. Kalzium-, Magnesium-, Kalium-, Ammonium-Ionen) wesentlich schwieriger vonstatten, als in einem neutralen oder alkalischen Boden, da das Austauschion Wasserstoff (ebenfalls ein Kation) bereits in gesättigter Menge vorhanden ist. Dagegen ist die Beweglichkeit der Anionen (z. B. Phosphor) verstärkt.

Für das Substrat und die Pflanze ist aber nicht nur das Vorhandensein einer bestimmten Bodenreaktion wichtig. Mindestens ebenso bedeutsam ist zugleich die Beständigkeit der günstigen Reaktion oder die Fähigkeit des Substrats, Reaktionsverschiebungen Widerstand zu leisten. Diese Widerstandsfähigkeit wird als Pufferung bezeichnet. Der Begriff entstammt der physiologischen Chemie. Man versteht darunter die Eigenschaft bestimmter chemischer Systeme, ihre Wasserstoffionenkonzentration bei Zusatz von Säuren oder Laugen (Basen) nicht wesentlich zu verändern. Eine gute Pufferkraft besitzen Ton sowie huminstoffreiche organische Substanzen (z. B. Torfe), Sand und Blähton jedoch nur eine geringe. In diesem Zusammenhang ist es wichtig zu wissen, dass stärkere pH-Wert-Schwankungen abträglicher sind als ein nicht ganz optimaler Wert.

Selbst hergestellte Erden

Die Pflanzen erweisen sich unter Berücksichtigung der genannten grundsätzlichen Anforderungen im Allgemeinen toleranter gegenüber dem Substrat, als man gelegentlich wahrhaben will. Daher ist es in der Regel nicht nötig, für jede Pflanzenart eine eigene Erdmischung zu verwenden. Mischt man tonigen Lehm, Torf oder Rindenhumus und Blähton bzw. Blähschiefer im richtigen Verhältnis, erhält man ein Substrat, das den Ansprüchen der meisten Wintergartenpflanzen gerecht wird.

Toniger Lehm besitzt ein großes Pufferungsvermögen und in der Regel ein hohes Nährstoffabsorptionsvermögen. Er verbessert die Nährstoffsituation im Substrat umfassend und nachhaltig. Nachteilig ist die in der Regel geringe Luftkapazität (um 20 %). Die Wasserkapazität beträgt im Durchschnitt 33 %.

Als Weißtorf wird der jüngere Hochmoortorf bezeichnet. Er besitzt ein hohes Porenvolumen und eine hohe Wasserkapazität (60 bis 70 %) bei gleichzeitig hoher Luftkapazität (20 bis 30 %) und hoher Sorptionskraft. Die Strukturstabilität ist beim Weißtorf für etwa zwei Jahre gegeben. Dann verliert er sie rasch, da er als organisches Material dem mikrobiellen Abbau unterworfen ist. Je feiner der Torf im Ausgangsmaterial, desto schneller gehen seine guten physikalischen Eigenschaften verloren. Daher sollten niemals Schwarztorfe verwendet werden, sie sind sehr fein und neigen schnell zur Verschlämmung. Anstelle von Weißtorf kann auch Rindenhumus verwendet werden.

Durch Beimengungen von Blähton oder Blähschiefer werden der Grobporenanteil und damit auch der Lufthaushalt (die Luftkapazität beträgt etwa 60 %) eines Substrates dauerhaft erhöht. Bei beiden Materialien erfolgt die Wasseraufnahme nur in den äußeren Schichten der Kugeln (die Wasserkapazität liegt bei etwa 20 %). Deshalb nimmt Blähton je nach Korngrößenfraktion pro Liter nur zwischen 100 und 250 ml Wasser auf. Blähton und Blähschiefer gibt es in verschiedenen Korngrößenklassen. Zur Substratbeimischung empfiehlt sich die gebrochene Korngrößenfraktion 2 bis 4 mm.

Für selbst hergestellte Substrate ist eine Mischung zu empfehlen, die zu gleichen Teilen aus tonigem Lehm, Weißtorf oder Rindenhumus und Blähton (2–4 mm) besteht. Diese Mischung kann, falls erforderlich, variiert und den speziellen Ansprüchen diverser Pflanzen bzw. Pflanzengruppen angepasst werden.

Einstellen des pH-Wertes. Neben den physikalischen Eigenschaften besitzen Erden eine Reihe chemischer Eigenschaften, die für die Nährstoffversorgung der Pflanzen von Bedeutung sind, darauf wurde zuvor schon hingewiesen (siehe Seite 30). Als wichtigste chemische Eigenschaft gilt der Säuregehalt der Erde, der im pH-Wert ausgedrückt wird. Erde, die weder sauer noch alkalisch ist, also neutral reagiert, hat einen pH-Wert von 7. Erden für Wintergartenpflanzen werden in der Regel auf einen pH-Wert im mittleren bis leicht sauren Bereich von 6,0 bis 6,5 eingestellt. Um das Substrat auf einen günstigen pH-Wert einzustellen, muss zunächst der pH-Wert der Mischung ermittelt werden. Dazu verwendet man so genannte pH-Teststäbchen, die der Gartenbedarfshandel anbietet. Man schwemmt zunächst etwas Erde in einem Gefäß mit destilliertem Wasser im Verhältnis 1 : 2 auf. Dann hält man ein Teststäbchen in die Flüssigkeit und kann nach kurzer Zeit anhand seiner Verfärbung, die man mit der mitgelieferten Farbskala vergleicht, den pH-Wert der Erde ablesen. Ist der pH-Wert zu niedrig, muss er durch Aufkalken mit Kohlensaurem Kalk erhöht werden. Um den pH-Wert um 0,5 bis 0,75 zu erhöhen, benötigt man je Liter Erde 1 g Kohlensauren Kalk (Faustzahl). Wichtig ist, dass der Kalk erst kurz vor dem Umpflanzen zusammen mit dem Grunddünger der Erde beigemischt wird. Zur Senkung des pH-Wertes verwendet man Torf.

Grunddüngung. Da die aufgeführten Substratkomponenten Lehm, Torf (oder Rindenhumus) und Blähton von Natur aus nur einen geringen Nährstoffgehalt besitzen, der für eine optimale Ernährung der Pflanzen nicht ausreicht, muss die Erde eine Grunddüngung erhalten. Als Grunddünger verwendet man am besten einen Langzeitdünger. Näheres zur Wirkungsweise und Anwendung von Langzeitdüngern siehe Seite 56. Zu beachten ist, dass Langzeitdünger der Erde immer erst direkt vor Gebrauch beizugeben sind, denn die Freisetzung der Nährstoffe erfolgt unmittelbar, nachdem der Dünger mit der Erde Kontakt bekommen hat. Wird eine mit Langzeitdüngern aufgedüngte Erde über einen längeren Zeitraum gelagert, kommt es zur Anhäufung von Nährstoffionen, Überdüngungsschäden sind mögliche Folgen. Selbstverständlich kann die Grunddüngung entfallen, wenn man frühzeitig mit der Nachdüngung beginnt.

Rein mineralische Dünger, z. B. Blaukorn, sollten nicht verwendet werden. Sie wirken zwar schnell, sind aber auch schnell aufgebraucht. Insbesondere aus hygienischen Gründen sind auch organische Dünger für Wintergartenpflanzen nicht zu empfehlen (siehe Seite 53).

Gekaufte Erden

Wer den relativ hohen Aufwand scheut, kein Risiko eingehen möchte oder keine Möglichkeit hat, seine Erde selbst herzustellen, sollte auf Fertigerden, so genannte Industriesubstrate, zurückgreifen. Die seit Jahrzehnten mit Erfolg verwendeten Industriesubstrate (es gibt verschiedene Hersteller) erhält man in Gartenbaubetrieben oder im gut sortierten Fachhandel als „Einheitserde“. Einheitserden werden von den Erdewerken in gleich bleibender Qualität geliefert. Sie unterliegen einer ständigen Kontrolle hinsichtlich Salzgehalt und pH-Wert. Sie sind auf einen schwach sauren pH-Bereich (pH 5,6 bis 6,5) eingestellt, sind keimfrei und enthalten in der Regel 30 % keimfreien, krümelfesten Ton und 70 % Weißtorf. Für Wintergartenpflanzen sind diese Erden aufgrund der langen Standzeiten allein nicht geeignet, da eine ausreichende Luftkapazität auf Dauer nicht gewährleistet wäre. Diesem Mangel kann entgegengewirkt werden, indem man den Erden auf das Volumen bezogen 30 % Blähton oder Blähschiefer in der Körnung 2 bis 4 mm beimischt.

Wer seine Erde auf diese Weise nicht selbst herstellen will, sollte Spezialerden für Kübelpflanzen verwenden, die von verschiedenen Erdewerken angeboten werden. In diesem Zusammenhang ist darauf hinzuweisen, dass Blumenerden für Zimmer- oder Balkonpflanzen, die in den verschiedenen Geschäften in recht unterschiedlichen Zusammensetzungen angeboten werden, die Anforderungen, die an eine Erde für Wintergartenpflanzen zu stellen sind, nicht erfüllen.

Wintergartenbegrünungen auf Beeten

Im Rahmen dieses Buches kann nicht in aller Ausführlichkeit auf die Konstruktion und mögliche technische

Ausstattungen von Pflanzbeeten eingegangen werden. Angesprochen werden sollen an dieser Stelle jedoch einige grundsätzliche Dinge, die bei der Planung und Ausführung aus pflanzenbaulicher Sicht zu berücksichtigen sind.

Form und Positionierung der Beete

Beete sind, abhängig von der verfügbaren Wintergartendimension, in ihrer Größe unbegrenzt. Hinsichtlich der Form sind aufgrund der üblichen Wintergartengrößen regelmäßige, geradlinige Formen zu bevorzugen. Will man den Eindruck einer Landschaft erwecken oder durch die Architektur gegebene strenge Formen auflösen, sind geschwungene Beete geeigneter.

Bei der Positionierung der Beete im Wintergarten sollte an die spätere Pflege gedacht werden. Dabei geht es nicht nur um die Pflege der Begrünung. Legt man beispielsweise die Beete direkt im Anschluss an die Glasflächen, was die Regel sein wird, kann die von Zeit zu Zeit notwendige Reinigung der Fensterflächen zum Problem werden, herablaufendes Putzwasser, Trittschäden im Beet und ähnliche Nebeneffekte können Schäden an Pflanzen hervorrufen. Um Schwierigkeiten von Anfang an auszuschließen, müssen schon in der Planungsphase praktikable Lösungen erarbeitet werden. Lässt sich beispielsweise das Betreten eines Beetes oder das Aufstellen von Leitern im Beet nicht vermeiden, sollten diese Flächen zumindest mit Trittplatten versehen werden.

◀ Grundbeete sind aus gestalterischen Gründen interessant, weil auf solchen Pflanzbeeten Vegetationsbilder besonders gut nachgezeichnet werden können.

Grundbeete

Grundbeete sind Pflanzbeete, die in den Boden eingelassen sind. Bei ihnen ist die Abgrenzung der Beete zu den anschließenden Flächen ein wichtiger Punkt, an den gedacht werden muss. Ohne Abgrenzung, und sei es nur durch eine minimale Erhöhung des direkt angrenzenden Bodenbelags von wenigen Zentimetern, wird die Begrünung sehr leicht zum Auffangbecken für Putzwasser, Bodenpflegemittel und Kehricht. Deshalb sind höhere Abgrenzungen und Aufkantungen von Vorteil.

Bankbeete

Bankbeete, man nennt sie auch Hochbeete, werden dem Boden in Form eines Beckens aufgesetzt. Sie haben den pflanzenbaulichen Vorteil, dass der Boden besonders im Bereich der Außenwände in der Regel wärmer ist, als der in Grundbeeten. Bei der Pflege muss man sich also nicht so bücken und die Beetkanten lassen sich wunderbar als Sitzflächen ausführen. Nachteilig bei Bankbeeten ist, dass die Pflanzen von Anfang an näher an der Bedachung stehen und damit rascher das Dach erreichen als auf Grundbeeten. Bei Wintergärten mit geringer lichter Höhe kann dies ein Problem

▲ Die Ränder der Bankbeete lassen sich als Sitzplätze nutzen. Da die Pflanzen erhöht stehen, sind Bankbeete nur für Wintergärten mit ausreichender Höhe geeignet.

sein, wenn man auch größere Pflanzen (Bäume) verwenden will.

Erd- oder Hydrokultur?

Bei flächigen Begrünungen überwiegt im Wintergarten die Erdkultur. Dies hängt insbesondere damit zusammen, dass für die Wintergartentypen 2, 3 und 4 die Hydrokultur aufgrund der Temperaturführung in diesen Wintergärten nicht in Frage kommt, worauf schon hingewiesen wurde (siehe Seite 19). Darüber hinaus ergeben sich bei der Hydrokultur Probleme mit der Wasserversorgung der Pflanzen, wenn Pflanzen mit verschieden großen Wurzelkörpern eingesetzt werden. Während die größeren Pflanzen mit ihren Wurzeln die Feuchtzone erreichen, würden die kleineren weitgehend trocken stehen. Diese Probleme hat man bei Erdkultur nicht, die Kapillarwirkung der Erde sorgt für eine gleichmäßige Durchfeuchtung des Substrats. Das heißt, bei der Erdkultur können Pflanzen mit großem Wurzelballen und Bodendecker problemlos nebeneinander verwendet werden. Auch die Geländemodellierung führt dabei nicht zu Problemen, ausgenommen bei sehr hohen Substratschichten.

FÜR SCHNELLE LESER

Ein großer Vorteil der Erdkultur im Gegensatz zur Hydrokultur liegt in der Kapillarität der Substrate. Wasser wird aufgrund des Anteils kleiner Korngrößen kapillar nach oben gezogen. Dadurch ist es möglich, tief wurzelnde Leitpflanzen mit einer dekorativen, flach wurzelnden Unterpflanzung zu umgeben, was in der Hydrokultur Schwierigkeiten bereitet.

Offene oder geschlossene Beete?

Bei den Beeten für Erdkultur ist zwischen offenen Beeten, also mit Anschluss an den Unter- bzw. gewachsenen Boden, und geschlossenen Beeten, d. h. Beeten ohne Erdanschluss, sowie zwischen Beeten mit ein- und mehrschichtigem Aufbau zu unterscheiden.

Beete mit Erdanschluss

Sofern es die Lage des Wintergartens erlaubt, können die Beete mit Anschluss an den gewachsenen Boden ausgeführt werden. Das bedeutet, dass der Fußboden im Bereich der Beete unterbrochen ist und die Beete mit dem anstehenden Erdreich verbunden sind. Um das Aufsteigen von Feuchtigkeit aus dem Beet zu verhindern, ist an den Übergängen zu sich seitlich anschließenden Wänden für eine Abdichtung zu sorgen. Um Staunässe auszuschließen, muss der Untergrund für Wasser ausreichend durchlässig sein bzw. eine Verbindung zur Dränage haben, damit überschüssiges Wasser abgeführt werden kann. Soweit dies nicht gewährleistet werden kann, muss, wie bei Beeten ohne Erdanschluss, über einen Anschluss an die Hausentwässerung sichergestellt werden, dass Überschusswasser abgeführt wird (siehe nächsten Abschnitt). Wenn Überschusswasser nicht oder nur ungenügend ablaufen kann, kann das Pflanzbeet sehr schnell zu einem Sumpfbeet werden. Dieser Hinweis ist wichtig, weil die Erfahrung zeigt, dass Wintergärten in der Regel auf stark verdichtetem und damit undurchlässigem Untergrund stehen.

Bodenbeete mit Anschluss an das gewachsene Erdreich haben den Vorteil, dass sich die Wurzeln der Pflanzen über die eigentliche Beetgrenze hinaus ins Erdreich ausdehnen können, was sich auf die Vitalität der Pflanzen in der Regel positiv auswirkt.

Beete mit Erdanschluss kommen allerdings nur für die Wintergartentypen 2, 3 und 4 in Frage, da bei Pflanzen des

Wintergartentyps 1 die Bodentemperaturen wie auch die Lufttemperaturen 15 °C nicht unterschreiten dürfen. Das sind Temperaturen, die bei Beeten mit Erdanschluss im Winter nicht gewährleistet werden können, es sei denn, man baut in die Beete eine Bodenheizung ein.

ZUSATZINFORMATION

Die Tiefe von Pflanzbeeten ist so zu wählen, dass auch größere Pflanzen noch auf die Dränageschicht gesetzt werden können. 40 cm sollten es schon sein.

Geschlossene Beete

Überall dort, wo der Untergrund verdichtet oder kein Anschluss an das Erdreich möglich ist, sind geschlossene Beete notwendig. Letzteres ist beispielsweise der Fall, wenn sich unter dem Wintergarten ein Raum (Keller usw.) befindet. Diese Beete sind ganzflächig und gegen andere Gebäudeteile dauerhaft wasserdicht, durchwurzelungs- und säurefest auszubilden. Aufwendig und kostenintensiv sind Betonwannen, weniger aufwendig und kostengünstiger ist die Auskleidung der durch Ausgrabung geschaffenen „Erdwanne" mit Teichfolie.

Bei geschlossenen Beeten ist ein Ablauf bzw. ein Anschluss an das Abwassersystem des Hauses unbedingt vorzusehen. Die Abläufe müssen über einen Kontrollschacht kontrollierbar und zugänglich sein, um Verstopfungen durch Substratbestandteile, durch Einwurzelung oder Aussinterung feststellen und beseitigen zu können.

Bei bestehenden Wintergärten ohne Abwasseranschluss bzw. bei denen ein nachträglicher Anschluss an das Abwassersystem des Hauses zu kostenaufwendig wäre, sind Kontrollschächte einzubauen, über die überschüssiges Wasser (durch übermäßiges Gießen entstanden), wenn erforderlich, abgesaugt werden kann.

Abläufe bzw. Kontrollschächte über die Wasser abgesaugt werden kann, sind auch deshalb unerlässlich, weil im Abstand von einigen Jahren das Erdsubstrat von oben durchgespült wer-

FÜR SCHNELLE LESER

Staunässe ist zu vermeiden. Deshalb muss für eine gute Wasserdurchlässigkeit des Untergrunds gesorgt werden. Solange das Material unter der Vegetationsschicht ausreichend wasserdurchlässig ist, wird kein Ablauf bzw. Anschluss an die Hausentwässerung notwendig.

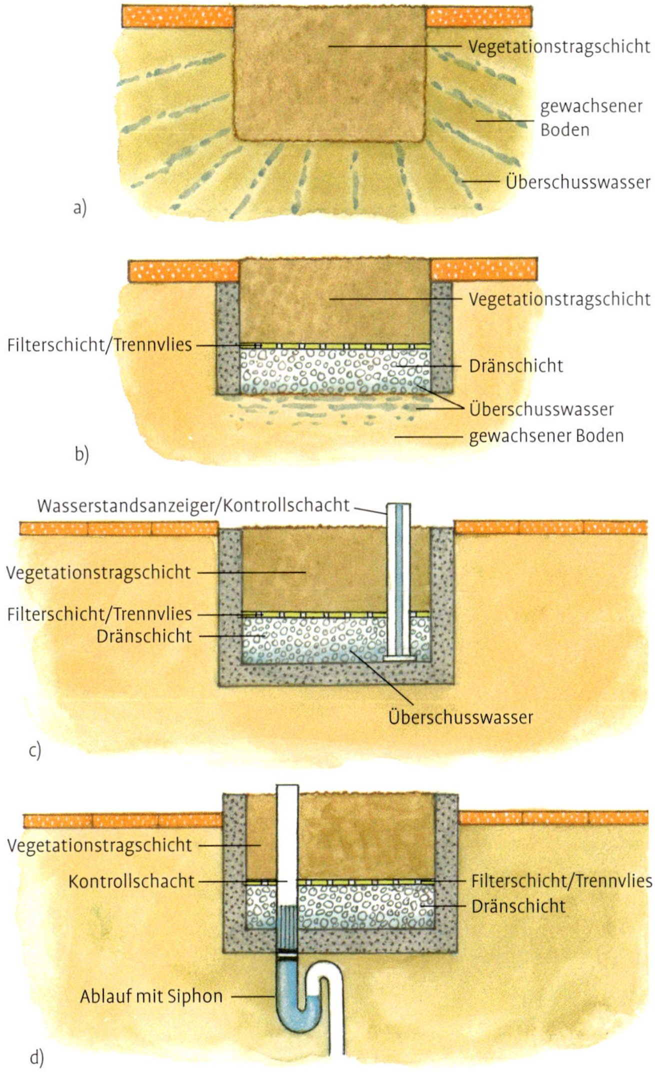

▶ Offene und geschlossene Beete mit und ohne Erdanschluss:
a) Bodenbeet mit Erdanschluss (einschichtiger Aufbau),
b) Bodenbeet mit Dränschicht und Erdanschluss (mehrschichtiger Aufbau),
c) geschlossenes Grund- oder Bankbeet mit Wasserstandsanzeiger und Kontrollschacht,
d) geschlossenes Grund- oder Bankbeet mit Ablauf und Kontrollschacht.

FÜR SCHNELLE LESER

Bei Pflanzbeeten muss durch die Substratzusammensetzung bzw. den Schichtaufbau sichergestellt werden, dass anaerobe Bedingungen an der Wurzel nicht auftreten.

TIPP

Ist der Bodenablauf mit dem Kanalnetz verbunden, so ist unbedingt ein Geruchsverschluss notwendig.

FÜR SCHNELLE LESER

Die einschichtige Bauweise, bei der die gesamte Schichthöhe den Pflanzen als Vegetationstragschicht zur Verfügung steht, ist bei Beeten mit Erdanschluss die Regel. Bei geschlossenen Bodenbeeten muss der Aufbau dreischichtig ausgeführt werden.

den muss. Ohne diese Maßnahme würde der Boden im Laufe der Zeit versalzen und das Wachstum und die Vitalität der Pflanzen wären erheblich gestört, bevor sie schließlich eingehen würden. Die Anreicherung mit Salzen ist darin begründet, dass überschüssige Salze des Gießwassers sowie Ballaststoffe der Dünger nicht wie im Freien durch Regen in den Untergrund ausgewaschen werden.

Damit sich das Wasser sammeln und ungehindert abfließen bzw. abgesaugt werden kann, muss der Aufbau der Substratschicht bei geschlossenen Beeten mehrschichtig erfolgen, wie nachfolgend noch beschrieben wird.

Mehr- oder einschichtiger Beetaufbau?

Hinsichtlich des Beetaufbaus wird zwischen einschichtigem und mehrschichtigem Aufbau unterschieden. Bei Beeten mit Erdanschluss reicht ein einschichtiger Aufbau aus. Einschichtig heißt, dass der Beetinhalt ausschließlich aus Pflanzsubstrat besteht.

Bei geschlossenen Pflanzbeeten ist, um die Gefahr der Verschlämmung oder Stauwasserbildung auszuschließen, ein mehrschichtiger Aufbau, von oben nach unten bestehend aus Vegetationstragschicht (dem eigentlichen Pflanzsubstrat), Filterschicht und Dränschicht, erforderlich.

Dränschicht

Die Dränschicht dient der Aufnahme und Speicherung und somit der Ableitung des Überschusswassers. Als Materialien eignen sich verschiedene, an organischen Bestandteilen freie, pflanzenverträgliche mineralische Stoffe, wie Kies, Bims, Lava, Blähton und Blähschiefer. Die Stärke der Dränschicht sollte ein Fünftel des Gesamtaufbaus betragen.

Filterschicht

Die Filterschicht soll das Eindringen feiner Erdbestandteile in die Dränschicht verhindern, weil diese dadurch ihre Wirkung verlöre. Man verwendet hierzu pflanzenverträgliche Geotextilien, die sich im Erdbau und bei der Dachbegrünung bewährt haben.

Vegetationstragschicht

Wie der Name sagt, ist es die Schicht, in der die Pflanzen wurzeln. Ihre Höhe muss sich nach den Pflanzen mit dem größten Ballendurchmesser richten, weil sonst die Gefahr besteht, dass der Ballen in den Dränschichtbereich eintaucht, was zu einer Vernässung der Pflanze führt. Bei hohen Tragschichten kann es allerdings bei Verwendung von Pflanzen mit unterschiedlicher Wurzelballengröße bei denen mit deutlich kleinerem Wurzelballen zu Trockenschäden kommen. Dies kann durch Modellieren von Hügeln im Bereich der größeren Pflanzen verhindert werden.

Erden für Pflanzbeete

Auf Seite 29 wurden die Anforderungen an Erden für Wintergartenpflanzen in Gefäßkultur schon beschrieben. Diese Aussagen gelten uneingeschränkt auch für Erden für Pflanzbeete. Allein in der Zusammensetzung der zu verwendenden Substrate gibt es Unterschiede hinsichtlich des Anteils der organischen Substanz.

Bei organischer Substanz sind gute bodenchemische Eigenschaften mit schlechtem bodenphysikalischem Verhalten verknüpft. Positiv zu bewerten sind die Sorptionskapazität und das Pufferungsvermögen für Nährstoffe und den pH-Wert. Nachteilig ist jedoch die nach einiger Zeit schwindende Strukturstabilität, die durch die weitergehenden Abbauprozesse verursacht wird, wodurch es auch zu einem nicht unerheblichen Substanzverlust kommt. Das heißt, organische Substanz lockert aufgrund der mikrobiellen Zersetzung nur vorübergehend feinkörnige mineralische Erdbestandteile, wie Lehm, Schluff und Ton, und schafft damit luftführende Poren bei gleichzeitiger Wasserhaltekraft. Die Geschwindigkeit der mikrobiellen Umsetzungsprozesse nimmt mit der Temperatur zu, deshalb sind hohe organische Bestandteile in Erden für den ganzjährig warmen Wintergarten (Wintergartentyp 1) besonders nachteilig zu bewerten.

Die kurz- oder mittelfristige mikrobielle Zersetzung von 20 oder 30 % eines Substrates ist beim Anspruch einer Begrünung auf Dauerhaftigkeit, wie sie für Pflanzbeete gewünscht ist, nicht zu tolerieren. Wenn man darüber hinaus noch berücksichtigt, dass Wintergartenpflanzen aus dem Anzuchtgefäß schon einen Topfballen mit Erde, der reich an organischer Substanz ist, mitbringen, sollte der Anteil bei Pflanzbeeten auf maximal 5 bis 10 % organische Substanz begrenzt sein. Zur Verzögerung der Zersetzung muss darüber hinaus besonders strukturstabile grobe organische Substanz eingesetzt werden, wie Weißtorf, Reisspelzen, Kokosfasern oder Rindenhumus.

Auch bautechnische Faktoren, wie Trittfestigkeit und Entmischungsstabilität, sind bei Erden für Pflanzbeete wichtig, die, je höher der Anteil an organischer Substanz, umso schlechter sind. Auch der mögliche Schädlings- und Krankheitsbefall kann bei einer rein mineralischen Zusammensetzung deutlich reduziert werden, wie die Erfahrung zeigt.

Es kann deshalb nicht empfohlen werden, die Erde selbst herzustellen. Man sollte besser bei der Beschaffung auf Fachfirmen vor Ort zurückgreifen, wobei auch Substrate für Dachbegrünungen den oben genannten Anforderungen entsprechen und als Substrate für Beete verwendet werden können.

Einbau des Substrates

Um unnötigen Verdichtungen vorzubeugen, sollte das Substrat beim Einbau möglichst nicht mit bloßen Schuhen betreten werden. An derartig verdichteten Stellen sind später auch Zersetzung und Strukturverlust am höchsten. Das Andrücken der Wurzelballen mit beiden Händen reicht völlig.

Es ist sinnvoll, das Substrat nur so hoch einzufüllen, wie der größte Ballen tief ist. Sind die größten Pflanzen aufgestellt, wird weiter verfüllt, bis die nächste Ballentiefe erreicht ist. Das Substrat wird zuletzt so hoch eingefüllt, dass es uhrenglasförmig 10 cm aufgewölbt ist. Es soll sich beim Angießen und im Laufe der Folgemonate von allein setzen. Ein Festtreten der Erde um den Wurzelballen herum, wie im Garten üblich, ist nicht zu empfehlen.

FÜR SCHNELLE LESER

Bei Substraten für Pflanzbeete soll der Anteil an organischer Substanz 10 % nicht übersteigen. Nur so kann eine weitgehende Strukturstabilität über lange Zeit gewährleistet werden.

3

Die Pflege der Wintergartenpflanzen

Mit der Auswahl der Pflanzen und ihrer Anordnung im Wintergarten ist es nicht getan, Pflanzen bedürfen der regelmäßigen Pflege, um auf Dauer existieren zu können und schön auszusehen. Die Pflegearbeiten müssen, wenn man sie richtig plant, nicht zur Last werden.

Das Gießen

Von keiner anderen Pflegemaßnahme hängt das Wohl und Wehe der Pflanzen so sehr ab, wie von der Wasserversorgung.

In den einzelnen Organen der Pflanze muss ein ständiges Gleichgewicht zwischen Wasserabgabe und -aufnahme erhalten bleiben. Reicht das Wasser im Substrat nicht aus, um die Wasserbilanz im Gleichgewicht zu halten, welkt die Pflanze und geht ein, falls dieser Zustand länger anhält. Andererseits kann ein Überschuss an Wasser die Pflanzen ebenfalls gefährden. Staut es sich in den Hohlräumen der Erde, kommt es zu einer ungenügenden Durchlüftung und somit zu Sauerstoffmangel für die Wurzeln. Hält dieser Zustand längere Zeit an, kann es zu schwerwiegenden Wachstumsstörungen bzw. zum Absterben der Pflanze kommen. Die ersten Schadsymptome treten in Form von Verfärbungen und Nekrosen an älteren Blättern auf und dehnen sich bei anhaltend hohem Wasserstau auf die jüngeren Blätter aus. Aber nicht nur ein Zuviel oder ein Zuwenig an Wasser kann das Wachstum der Pflanzen negativ beeinflussen oder diese schädigen, sondern auch das Wasser selbst, d. h. seine Qualität ist von großer Bedeutung. Dies gilt gerade und besonders für Wintergartenpflanzen, weil eine Wintergartenbepflanzung langfristig angelegt ist.

Die Wasserqualität

Kein Wasser, egal welcher Herkunft, ist chemisch rein. Immer enthält es eine Vielzahl anorganischer und organischer Stoffe in Lösung oder Suspension. Die Art, Anzahl und Menge dieser Stoffe beeinflussen die Qualität und damit die Eignung des Wassers für einen bestimmten Verwendungszweck. Je nach Nutzungsart können die Anforderungen an die Qualität des Wassers sehr verschieden sein. So werden an Waschwasser andere Qualitätskriterien gestellt, als an Trinkwasser oder an das Gießwasser für Pflanzen.

In der Regel müssen Wintergartenbesitzer zum Gießen ihrer Pflanzen auf Leitungswasser der örtlichen Wasserversorgung zurückgreifen. Die Verwendung von Trinkwasser zum Gießen der Pflanzen ist aber nicht völlig frei von Vorbehalten. Obwohl für den menschlichen Genuss geeignet, muss es nicht gleichermaßen als Gießwasser für Pflanzen ideal sein, denn die im Leitungswasser gelösten salzartigen Stoffe können das Wachstum und die Entwicklung der Pflanze unter Umständen negativ beeinträchtigen.

Die Qualität des Gießwassers ist abhängig vom Gesamtsalzgehalt aller im Wasser gelösten Mineralstoffe (speziell vom Gehalt einzelner besonders kritischer Ionen, wie Na^+, Cl^-, SO_4^{2-}, ggf. NO_3^+, bzw. vom Gehalt einzelner erwünschter Ionen, wie Ca^{2+}, Mg^{2+} und NO_3^-), der Gesamthärte und der anteiligen Karbonathärte oder Säurekapazität. Alle drei Faktoren sind eng miteinander gekoppelt, denn hartes

Leitungswasser hat in der Regel einen höheren Gesamtsalzgehalt als weiches Wasser und weiches Wasser hat eine höhere Säurekapazität als hartes. Darüber hinaus können der pH-Wert, die freie Kohlensäure (Basenkapazität), der Gehalt an organischem Kohlenstoff, der Sauerstoffgehalt oder auch der Besatz mit Mikroorganismen von Bedeutung sein.

Der Gesamtsalzgehalt

Der Gesamtsalzgehalt des Wassers ist eine wichtige Größe, weil Pflanzen nur eine begrenzte Salztoleranz in der Wurzelumgebung haben. Dabei gibt es zwischen den einzelnen Pflanzen Unterschiede. So ist die Salztoleranz bei Farnen niedriger als bei Subkulturen. Ist der Gesamtsalzgehalt zu hoch, steigt der osmotische Druck der Bodenlösung an, die Wasseraufnahme wird gebremst oder gar unmöglich gemacht. Hohe Salzkonzentrationen führen zu Störungen im Wasser- und Ionenhaushalt oder sogar zu Gewebeschäden und zum Absterben der Pflanze. Entscheidend dafür, ob sich bei den Pflanzen Schäden einstellen, ist aber nicht nur die Höhe des Gesamtsalzgehaltes, sondern auch seine Zusammensetzung. Besonders gefährlich wirken sich Natrium und Chlorid aus. Bereits bei relativ niedrigen Konzentrationen sind Blattverbrennungen unvermeidlich. Diese zeigen sich zunächst an den Blattspitzen, bevor sie auf die gesamte Spreite übergreifen.

Die Tabelle zeigt Grenzwerte für einzelne Salze (Inhaltsstoffe) nach der Trinkwasserverordnung mit einer Beurteilung aus Sicht der Pflanzenernährung. Sie macht deutlich, dass Trinkwasser, obwohl für den menschlichen Genuss geeignet, nicht gleichermaßen als Gießwasser für Pflanzen ideal sein muss. Dies gilt insbesondere für Chlorid und Kupfer. Bei der Frage nach der Beurteilung der Gießwasserqualität im Zusammenhang mit dem Gesamtsalzgehalt und dem, was Pflanzen vertragen, ist außerdem zu berücksichtigen, dass zu der Salzfracht im Gießwasser noch der Salzanteil der Dünger kommt.

Bezogen auf den Gesamtsalzgehalt sollte in gepufferten Substraten (d. h. in Erdkultur) der Gesamtsalzgehalt 500 mg/l nicht übersteigen, dies entspricht einer elektrischen Leitfähigkeit von etwa 0,8 mS/cm bzw. EC.

ZUSATZINFORMATION

Der Gesamtsalzgehalt wird allgemein in mg/l oder mmol/l angegeben oder als elektrische Leitfähigkeit gemessen. Je höher der Salzgehalt einer Flüssigkeit, desto besser leitet diese den Strom, d. h., desto kleiner ist ihr Widerstand und desto höher die Leitfähigkeit. Die Leitfähigkeit ist der Kehrwert des Widerstandes und wird in Siemens oder einfach EC (= electrical conductivity bzw. elektrische Leitfähigkeit) angegeben. 1 mS/cm (oder 1000 µS/cm) = 1 EC. Dabei entspricht 1 mS/cm 650 mg Kaliumchlorid (KCl) pro Liter (Kaliumchlorid wird als „Bezugssalz" verwendet, um Vergleiche zu ermöglichen).

Für einen groben Vergleich des Gießwassers mit einer Vollanalyse im Labor kann zur Bewertung des Gießwassers folgende Umrechnungsformel benutzt werden: EC x 570 (Umrechnungsfaktor) = mg/l Gesamtsalzgehalt (Gießwasser).

Wichtig zu wissen ist, dass die Leitfähigkeit ein unspezifischer Wert ist, der keine Rückschlüsse über die Art der Ionen im Wasser zulässt. Dennoch ist die Kenntnis der Leitfähigkeit wichtig, um die Höhe der osmotischen Grundbelastung abzuschätzen.

Richtwerte für einige Inhaltsstoffe nach der Trinkwasserverordnung (nach MOLITOR, in VETH 1998)

Inhaltsstoffe	Grenzwert mg/l	Grenzwert mmol/l	Beurteilung aus Sicht der Pflanzenernährung
Fluorid (F^-)	1,5	0,079	zu hoch
Bor (B)	1,0	0,090	zu hoch
Chlorid (Cl^-)	250	7,000	viel zu hoch
Natrium (Na)	150	6,500	zu hoch
Kupfer (Cu)	3,0	0,047	viel zu hoch
Zink (Zn)	5,0	0,076	zu hoch

Die Wasserhärte

Die Härte des Wassers ist gekennzeichnet durch seine Kalzium- und Magnesiumsalze. Als Gesamthärte bezeichnet man die Summe von Karbonathärte (sie wird auch als vorübergehende oder temporäre Härte bezeichnet) und Nichtkarbonathärte (auch als bleibende, permanente oder Gipshärte bezeichnet).

ZUSATZINFORMATION

Die Karbonathärte wird auch als Säurekapazität bezeichnet (abgeleitet von der Fähigkeit, Säuren zu neutralisieren), da die Hydrogenkarbonate Wasserstoffionen binden und dadurch den pH-Wert im Substrat erhöhen (alkalische Wirkung).

Für Pflanzen ist besonders eine hohe Karbonathärte nachteilig. Der im Gießwasser enthaltene doppelkohlensaure Kalk verwandelt sich im Boden unter Abgabe von Kohlendioxid und Wasser in kohlensauren Kalk $CaCO_3$, der nicht mehr wasserlöslich ist und sich mit den Säuren des Bodens verbindet. Dies führt im Laufe der Standzeit der Pflanzen zum Ansteigen des pH-Wertes, oft um mehrere pH-Einheiten, wodurch das Wachstum und die Nährstoffaufnahme ungünstig beeinflusst werden. Je länger die Pflanzen in der gleichen Erde stehen, desto mehr Kalk reichert sich an. Dies kann besonders bei Wintergartenpflanzen aufgrund der langen Standzeiten, insbesondere auf Beeten, zum Problem werden. Auch Bewässerungseinrichtungen bleiben von den Kalkablagerungen nicht verschont. Besonders dort, wo Wasser verdunstet, wenn die Zufuhr unterbrochen ist, muss mit Verstopfungen gerechnet werden.

ZUSATZINFORMATION

Die traditionelle Angabe der Gesamthärte in °dH (Grad deutscher Härte, wobei 1 °dH 10 mg CaO oder 7,2 mg MgO in 1 l Wasser bedeutet) ist auf dem wissenschaftlichen Sektor inzwischen durch die Angabe mmol/l bzw. mol/m² Erdalkali-Ionen für Gesamthärte und mmol/l bzw. mol/m² Säurekapazität für die Karbonathärte abgelöst worden.

Die Nichtkarbonathärte hat dagegen auf den pH-Wert im Boden nur einen geringen Einfluss. Der Gips ist ein neutrales Salz aus einer starken Lauge und einer starken Säure, welches kaum dissoziiert. Es bleibt im Boden, wo es zu Kalk- und Magnesiumanreicherungen in Sulfatform kommen kann. Beide Nährstoffe werden von den Pflanzen meist verwertet. Ablagerungen verursacht die Nichtkarbonathärte kaum.

Bei Trinkwasser wird gemäß Waschmittelgesetz zwischen vier Härtebereichen unterschieden: weich – mittel – hart – sehr hart. Diese Einteilung reicht für die Beurteilung eines Gießwassers im Allgemeinen aus. In der nachfolgenden Tabelle sind die für die vier Härtebereiche gemäß Waschmittelgesetz entsprechenden Vergleichswerte in mmol/l bzw. °dH angegeben.

Auskunft über die Zusammensetzung und die Qualität seines Leitungswassers erhält man von den zuständigen Wasserwerken. Zu beachten ist

Umrechnungsfaktoren für die verschiedenen Einheiten der Wasserqualität

Härtebereich	Wasserhärte	Gesamthärte mmol/l	Grad deutscher Härte (°dGH oder nur °dH)
1	weich	0,0 bis 1,3	0 bis 7
2	mittel	1,3 bis 2,5	7 bis 14
3	hart	2,5 bis 3,8	14 bis 21
4	sehr hart	über 3,8	über 21

dabei, dass in vielen Städten von Stadtteil zu Stadtteil erhebliche Schwankungen in der Wasserqualität durch unterschiedliche Wasserherkünfte bestehen.

ZUSATZINFORMATION

Gesamthärte:
1 mmol/l (Ca + Mg) = 1 mol/m² = 5,61 Grad deutscher Härte (°dGH oder nur °dH). 1 °dGH = 0,179 mmol/l (Ca + Mg)
Karbonathärte (Säurekapazität):
1 mmol/l Säurekapazität = 2,804 Grad deutscher Karbonathärte (°dKH). 1 °dKH = 0,357 mmol/l Säurekapazität (HCO_3).

Anforderungen der Pflanzen an die Wasserqualität

Die Anforderungen an die Qualität des Wassers für Pflanzenkulturen können bezüglich der Härte sehr verschieden sein. Sie hängen insbesondere von der Pflanzenart, dem verwendeten Substrat bzw. dessen Bestandteilen und der Kulturdauer ab. Insofern ist es nicht einfach, im Hinblick auf tolerierbare Gehalte an Inhaltsstoffen allgemein gültige Angaben zu machen. Grundsätzlich steigen jedoch die Anforderungen an die Gießwasserqualität je länger Pflanzen in ihrem Substrat stehen. Allgemein gilt, dass das Gießwasser 12 °dH nicht übersteigen sollte. Wasser der Härtebereiche 3 und 4 ist deshalb zur Bewässerung der Pflanzen auf Dauer nicht geeignet.

Wasseraufbereitung

Erfüllt das für die Bewässerung zur Verfügung stehende Wasser nicht die notwendigen Mindestanforderungen, so ist seine Aufbereitung unumgänglich.

Bei der Wasseraufbereitung unterscheidet man zwischen chemischen und technischen Verfahren. Die chemische Wasseraufbereitung, die mit Säuren, so z. B. mit Schwefel- und Oxalsäure arbeitet und der Erniedrigung der Karbonathärte dient, kann, da der Umgang mit den Säuren nicht ungefährlich ist, im häuslichen Bereich nicht empfohlen werden. Deshalb sollten technische Verfahren bevorzugt werden.

Entscheidend bei der Wahl des Verfahrens ist das zu lösende Problem. Ist der Gesamtsalzgehalt zu hoch, bietet sich die Umkehrosmose oder die Vollentsalzung mittels Ionenaustausch an, zur Entfernung der Karbonathärte (Säurekapazität) die „Teilentsalzung“ durch Ionenaustauscher.

Achtung! Es ist zu beachten, dass nicht alle Aufbereitungsmethoden, die der Markt anbietet, sich auch zur Verbesserung der Gießwasserqualität eignen. So ist das Verfahren der Entkarbonisierung grundsätzlich von der „Enthärtung“ zu unterscheiden. Bei der Enthärtung ist der Kationenaustauscher mit Natrium-Ionen beladen. In diesem Fall werden Natrium-Ionen gegen die im Rohwasser enthaltenen Kationen ausgetauscht. Derart aufbereitetes Wasser ist wegen der hohen Natriumgehalte als Gießwasser unbrauchbar.

Die Entscheidung für eine Aufbereitung des Gießwassers muss sorgfältig geprüft werden. Dies gilt im Hinblick auf die Notwendigkeit dieser Maßnahme genauso wie für die Wahl des richtigen Verfahrens. Erfahrungsgemäß wird häufig die Notwendigkeit falsch eingeschätzt und möglicherweise viel Geld in teure und nicht selten falsche Anlagen investiert. Entscheidend bei der Wahl des richtigen Verfahrens der Wasseraufbereitung ist das zu lösende Problem.

Vollentsalzung mit Kunstharz

Die Vollentsalzung mittels Ionenaustausch arbeitet mit zwei hintereinander geschalteten Ionenaustauschern. Zuerst wird das Wasser durch einen mit H^+-Ionen beladenen, stark sauren Kationenaustauscher geleitet. Dabei werden alle Kationen entfernt und gegen H^+-Ionen ausgetauscht. Neben Natrium werden also auch Kalzium und Magnesium entfernt. Anschließend wird das Wasser durch einen mit OH-

TIPP

Welche Enthärtungsmethoden man auch anwendet, auf keinen Fall dürfen die im Wasser gelösten Salze völlig beseitigt werden. Ein kleiner Rest muss erhalten bleiben, damit das Gießwasser nicht unversehens sauer wird. Das heißt, vollständig entsalztes Wasser ist zum Gießen ebenso unbrauchbar wie „sehr hartes“ Wasser.

Ionen beladenen, stark basischen Anionenaustauscher geleitet. Hier werden die im Wasser vorhandenen Anionen, wie Chlorid-, Sulfat-, Fluorid- und andere Ionen, gegen OH-Ionen ausgetauscht. Die freigesetzten H- und OH-Ionen verbinden sich dann wieder zu Wasser.

Die Funktion der Anlage wird über die Messung der Leitfähigkeit überwacht und gesteuert. Je nach Ausstattung der Anlage werden die erschöpften Harze halb- oder vollautomatisch mit Salzsäure (Kationentauscher) und Natronlauge (Anionentauscher) regeneriert.

Vollentsalzung durch Umkehrosmose

Bei der Umkehrosmose wird das Wasser mit hohem Druck (bis 55 bar) durch eine halbdurchlässige Membran gepresst. Diese Membran hält die großen Salzmoleküle zurück. Die Inhaltsstoffe des Wassers fließen mit dem Restwasser in die Kanalisation. Im Erwerbsgartenbau ist dieses Verfahren weit verbreitet. Aber auch für den Hausbedarf (u. a. für Aquarianer) gibt es Geräte, die nach diesem Prinzip arbeiten.
Das Verfahren der Umkehrosmose ist allerdings vergleichsweise teuer, da es ja zu Spülwasserverlusten kommt.

Entkarbonisierung (Teilentsalzung)

Zur Entfernung der Karbonathärte bietet sich die Entkarbonisierung durch Ionenaustauscher an. Hier wird das Wasser, ähnlich wie bei der Vollentsalzung beschrieben, mittels Ionenaustauscherharzen aufbereitet. Im Unterschied zur Vollentsalzung durchläuft das Rohwasser allerdings nur einen stark sauren Kationenaustauscher. Dabei werden aus dem Rohwasser alle Kationen, wie Kalzium-, Magnesium-, Kalium- und Natriumionen, entfernt und gegen H^+-Ionen ausgetauscht. Zu beachten ist, dass bei diesem Verfahren im Wasser Kohlensäure zurückbleibt, die den pH-Wert senkt.

Mit Regenwasser „verschneiden“

Eine einfache und dabei kostengünstige Möglichkeit, ein für Pflanzen ungeeignetes Trinkwasser zu verbessern, ist das Verschneiden mit Regenwasser. Dazu wird das „harte“ Leitungswasser mit „weichem“ Regenwasser gemischt, wodurch die Härte bzw. der Gesamtsalzgehalt erniedrigt wird. Für diesen Zweck benötigt man allerdings, zumindest bei größeren Wintergärten, entsprechend dimensionierte Vorratsbehälter.

Das Auffangen von Regenwasser erfordert erhöhte Sauberkeit. So gehört zum Sammeln des Regenwassers auch die regelmäßige Reinigung der Dachrinne, besonders nach dem Laubfall im Herbst. Für das Fallrohr der Regenrinnen bietet der Fachhandel ein spezielles Aufsatzsieb an, das Blätter und Zweige in der Rinne zurückhält.

Um Schwebstoffe aus dem Wasser zu entfernen, ist bei größeren Wassermengen ein Sandfilter angebracht. Sandfilter für den Hausgebrauch sind Miniaturausgaben der in öffentlichen Wasserwerken gebrauchten Filter. Sie werden gereinigt, indem man entweder den ganzen Sand oder einen Teil davon austauscht oder diesen im Gegenstrom mit Leitungswasser, welches die Schmutzpartikel ausschwemmt, reinigt.

Allerdings sind die Schwebstoffe nur die eine Seite der Verunreinigung des Regenwassers, denn es nimmt außerdem noch Stoffe auf, die chemische Veränderungen hervorrufen. Die „Reinigung“ des Wassers von solchen Stoffen ist kaum möglich. Eine gewisse Abhilfe schafft eine im Fallrohr installierte Umschaltvorrichtung, die es bei stärkeren Niederschlägen ermöglicht, die ersten Liter in den Abfluss bzw. den Abwasserkanal zu leiten, und das Wasser erst dann in die Sammelbehälter zu lassen, wenn Luft und Dachflächen sauber gewaschen sind.

Die Versorgung der Pflanzen mit Wasser

Eine Pflanze besteht zu 75 bis 90 % aus Wasser. Daraus lässt sich ableiten, dass Wasser für sie unentbehrlich ist. Erst das Vorhandensein von Wasser, seine Bewegung in der Pflanze und die regulierende Verdunstung (Transpiration) ermöglichen die komplexen Lebensvorgänge. Eine Pflanze kann an einem Tag bis zur Hälfte ihres eigenen Gewichts an Wasser verdunsten. Soll sie nicht vertrocknen, muss also ausreichend bewässert werden.

Auf die Wasserversorgung von Pflanzen in Hydrokultur und in SERAMIS® wurde schon eingegangen (siehe Seite 21 und Seite 25). Nachfolgend geht es um die Bewässerung von Pflanzen in Erdkultur in offenen Systemen, in Gefäßen und auf Beeten.

Gießregeln für manuelles Wässern

1. Pflanzen täglich kontrollieren.
2. Die Erde nie völlig austrocknen lassen. Schrumpft das Erdvolumen vom Beet- oder Gefäßrand her zusammen, ist es höchste Zeit zu wässern.
3. Nicht mit kaltem Wasser gießen. Das Wasser sollte mindestens der Lufttemperatur des Wintergartens entsprechen. So stellen die Wurzeln tropischer Pflanzenarten ihre Funktion bei Temperaturen unter 15 °C ein.
4. Kein hartes Wasser verwenden. Im Gießwasser enthaltene Salze steigern den Salzgehalt der Erde. Durch den Kalkgehalt des Wassers kann sich die Bodenreaktion ändern und es kommt zur Festlegung von Nährstoffen.
5. Die Blätter der Pflanzen möglichst nicht benetzen. Bei sonnigem Wetter fokussieren die Sonnenstrahlen wie ein Brennglas und es kommt zu Verbrennungen, bei trübem Wetter ist die Gefahr von Pilzerkrankungen groß.

Richtiges Gießen

Es gibt keine allgemein gültige Gießregel, die besagt, wie oft und in welchen Mengen man gießen muss. Gießregeln, wie „Man gieße täglich einmal oder zweimal oder nur jeden zweiten Tag", können bei der einen Pflanze dazu führen, dass sie totgegossen wird, bei einer anderen, dass wegen fehlender Feuchtigkeit das Wachstum stockt. Solchen Rezepten steht entgegen, dass zu viele Faktoren die Häufigkeit der Wassergaben beeinflussen.

Der jeweilige Wasserbedarf ist vom Sämling bis zur ausgewachsenen Pflanze unterschiedlich hoch. Ebenso erfordern verschiedene Pflanzenarten unterschiedliche Wassergaben. Eine Kaktee benötigt beispielsweise weniger Wasser als das Zypergras. Der Wasserbedarf hängt außerdem vom Standort der Pflanzen ab. Eine Pflanze, die viel Licht erhält und bei hoher Temperatur steht, benötigt mehr Wasser als eine Pflanze an einem schattigen, kühlen Standort. Ebenso schwankt der Wasserbedarf mit der jeweiligen Witterung: bei trübem, regnerischem Wetter werden die Pflanzen im Wintergarten auch weniger Wasser benötigen als bei sonnigem Wetter. Aber auch das Erdvolumen im Pflanzgefäß spielt eine Rolle. Eine Pflanze in einem großen Topf mit viel Erde benötigt weniger häufig Wasser als eine Pflanze in einem flachen Pflanzgefäß. Beachtet werden muss ebenso das Material des Gefäßes. Eine Pflanze in einem Tontopf benötigt, da Ton wasserdurchlässig ist, mehr Wasser als in einem Kunststofftopf oder in einem glasierten Steinzeugtopf.

Wie oft gegossen werden muss, hängt nicht zuletzt von den individuellen Gießgewohnheiten des Einzelnen ab. Wer das Wasser nur in kleinen Mengen verabreicht, muss häufiger Wasser geben. Nutzt man dagegen die Wasserkapazität der Erde voll aus, braucht man weniger oft zur Gießkanne oder zum Schlauch zu greifen.

TIPP

Für das Gießen von Pflanzen gibt es keine allgemein gültigen Regeln. Wie man Pflanzen richtig wässert, muss man durch Erfahrung lernen. Ziel des Gießens muss es sein, die Wasserversorgung den Bedürfnissen der Pflanze anzupassen.

Einfache Bewässerungstechniken

Für die Wasserversorgung weniger Pflanzen ist immer noch die Gießkanne das beste Gerät. Einfacher und schneller geht es mit dem Schlauch, der mit einem Gießgerät ausgestattet sein sollte, um so den Wasserfluss beliebig regulieren zu können. Das Gießen mit dem Schlauch kann aber nicht uneingeschränkt empfohlen werden. So ist ein Wintergarten, der Wohnzwecken dient, mit seinem wohnlichen Bodenbelag wasserempfindlicher als ein Wintergarten, der mehr als Gewächshaus genutzt wird, vom Wohnraum getrennt ist und eventuell einen offenen Boden oder einen durchlässigen Belag besitzt.

Das Gießen in größeren Wintergärten mit vielen Pflanzen ist sehr zeitaufwendig und kann in den Sommermonaten zur Qual werden. Noch größere Probleme bringt die Wasserversorgung der Pflanzen während des Urlaubs. Häufig sind Nachbarn oder Freunde, die das Gießen übernehmen würden, zur gleichen Zeit im Urlaub oder einfach überfordert, noch für zusätzliche Pflanzen zu sorgen. So verwundert es nicht, wenn der Wunsch nach einer Vereinfachung oder gar Automatisierung der Gießarbeit entsteht.

In den letzten Jahren hat es auf dem Sektor der Bewässerungssysteme für Pflanzen eine Fülle neuer Entwicklungen gegeben. Die für den Wintergarten in Frage kommenden Bewässerungstechniken für Erdkulturen in offenen Systemen sind die Bewässerung über Wasserpilze und die Tröpfchenbewässerung.

ZUSATZINFORMATION

Bei der Frage, welche Bewässerungstechnik die beste ist, ist die Anzahl der zu versorgenden Pflanzen wohl das wichtigste Kriterium. Bei einer größeren Anzahl zu versorgender Pflanzen und bei Kultur auf Beeten ist eine langfristige und zugleich bedarfsgerechte Bewässerung mit der über einen Feuchtefühler gesteuerten Tröpfchenbewässerung am besten zu erreichen. Diese relativ aufwendigen und teuren Einrichtungen lohnen sich immer dann, wenn die Pflanzen oft und über einen längeren Zeitraum nicht betreut werden können. Sollen jeweils nur einige Tage ohne Pflege überdauert werden, ist die Bewässerung mit Hand ausreichend.

Wasserpilzbewässerung

Die Wasserpilzbewässerung ermöglicht die selbständige Steuerung des Gießvorganges. Die Funktion der Wasserpilze ist einfach, sie folgt nur physikalischen Gesetzmäßigkeiten. Die Geräte arbeiten ohne Stromanschluss oder elektrische Steuerung. Der Wasserpilz (im Handel als „Tropf-Blumat") besteht aus einem Keramiksensor und einem Gießkopf mit Membrane. Über einen dünnen Kunststoffschlauch wird das Wasser in den Gießkopf geleitet. Die Membrane wird durch Unterdruck bewegt, sie öffnet und schließt den Wasserdurchgang mit einem Quetschventil. Der Unterdruck, die so genannte Saugspannung, entsteht bei trockener Erde. Dabei wird die flexible Membrane nach unten gezogen und der Wasserdurchgang freigegeben, der Tropfschlauch beginnt zu tropfen. Bei ausreichend durchfeuchteter Erde saugt der Unterdruck im Sensor das Wasser wieder zurück, die Membrane geht in die Ausgangslage hoch und quetscht mit einem Stift den Tropfschlauch ab, der Wasserdurchgang ist verschlossen. Jeder Wasserpilz ist Sensor und Tropfer zugleich. Die Schließposition des Ventils wird über einen Drehknopf eingestellt. Damit wird bestimmt, wann der Tropfschlauch geschlossen ist und bei welcher Saugspannung, bei welcher Trockenheit also, die Bewässerung beginnt und bei welcher Feuchtigkeit die Bewässerung endet.

Beim Einsatz der Wasserpilze ist zu berücksichtigen, dass jeder Tonkörper nur eine bestimmte Wassermenge transportieren kann. Deshalb werden für größere Töpfe bzw. Pflanzen mit hohem Wasserbedarf und abhängig von dem im Wintergarten herrschenden Klima mehrere Tonkegel benötigt, um die Pflanze ausreichend mit Wasser zu versorgen. Dies eröffnet aber gleichzeitig die Möglichkeit, bedenkenlos Pflanzen mit unterschiedlichem Wasserverbrauch im Wintergarten zu kombinieren, was ein großer Vorteil gegenüber anderen Systemen ist.

Der Wasserfluss zu den Wasserpilzen ist über Wassertanks oder über einen Anschluss an die Wasserleitung mit Druckreduzierer möglich. Soweit mit Wasservorratsbehältern gearbeitet wird, ist die Bewässerung mit Wasserpilzen allerdings keine Lösung des Gießproblems über lange Zeiträume, da der Wasservorrat durch die Größe des Wasservorratsbehälters begrenzt ist.

ZUSATZINFORMATION

Ein Vorteil der Wasserpilzbewässerung ist, dass die Pflanzen durch die langsame, dosierte Wasserabgabe immer abgestandenes, nicht zu kaltes Wasser erhalten.

Tröpfchenbewässerung

Die wohl beste Bewässerungstechnik für Pflanzen in Erdkultur ist die Tröpfchenbewässerung. Das Grundprinzip der Tröpfchenbewässerung besteht darin, dass das Wasser in Tropfenform an die Pflanzen gebracht wird.

Tropfbewässerungssysteme, die es in verschiedenen Ausführungen auf dem Markt gibt, können zur Einzeltopf- bzw. Einzelpflanzenbewässerung oder zur Beetbewässerung eingesetzt werden. Sie haben den Vorteil, dass sie die Pflanzen selbst nicht mit Wasser benetzen und nur einen geringen Wasserdruck benötigen. Da nur kleine Wassermengen pro Zeiteinheit ausgebracht werden, ist ein unmittelbares Eindringen des Wassers in das Substrat gegeben. Die Verluste durch Verdunstung sind gering. Mit Tropfbewässerungssystemen lässt sich also Wasser sparen.

Im Handel sind Tropfbewässerungssysteme von verschiedenen Herstellern erhältlich. Die Ausführungen unterscheiden sich je nach Hersteller in Qualität, Komfort, Gestaltung und Vielfalt sowie natürlich im Preis. Grundsätzlich werden zwei Systeme unterschieden: Tropfrohre bzw. Tropfschläuche und Systeme, bei denen die Wasserfeinverteilung über spezielle Einzeltropfschläuche erfolgt. Für die Bewässerung von Pflanzen in Gefäßen kommen nur Einzeltropfschläuche in Frage. Für Pflanzbeete werden meist Tropfrohre eingesetzt, es können aber auch Einzeltropfschläuche verwendet werden.

Einzeltropfschläuche. Es gibt verschiedene Fabrikate auf dem Markt, wobei das Grundprinzip bei allen gleich ist: Aus einem Verteilerrohr führen ein oder mehrere dünne Tropfschläuche von 0,7 bis 1,8 mm Durchmesser zu den einzelnen Pflanzgefäßen oder sind auf dem Beet verteilt. Jeder Topf bzw. jede Pflanze bekommt somit einen eigenen Wasseranschluss. Angesichts der vielen Tropfschläuche spricht man auch vom Spaghetti-System. Der Austritt des Wassers aus den Tropfschläuchen wird bei den einzelnen Fabrikaten unterschiedlich reguliert. Bei einem System wird in das Ende des dünnen Tropfschlauches ein Kunststoffstab mit einer Rille eingeschoben. Das spitze Ende des Stäbchens steckt man in das Substrat. Aus den Kapillaren, gebildet von den Rillen und der Innenwand des dünnen Schlauches, tritt das Wasser aus und rieselt an dem Stäbchen entlang in die Erde. Einzelne Tropfschläuche können bei Bedarf durch Einschieben eines vollrunden Rinnenstabes von der Bewässerung ausgeschlossen werden. Bei anderen Fabrikaten haben die Tropfschläuche beispielsweise einen Tröpfchenkörper aus Kunststoff- oder Messingschrauben, die das Wasser zwischen den Gewindegängen tropfenweise austreten lassen.

Dem unterschiedlichen Wasserbedarf der einzelnen Pflanzenarten wird man am besten gerecht, wenn man bei kleinen Gefäßen einen, bei größeren Kübeln nach Bedarf zwei oder mehr Tropfschläuche installiert. Bei Beetbepflanzung richtet sich der Abstand der Tropfstellen auch nach dem Substrat: Bei stark durchlässigen Substra-

TIPP
Für die zuverlässige Funktionsweise einer Tropfbewässerung sind eine exakte Druckberechnung und eine fachkompetente Montage Voraussetzung.

ten liegt er bei 20 bis 30 cm. Je feinporiger der Boden ist, desto größer kann der Tropfstellenabstand sein. Zu beachten ist allerdings auch, dass, je größer der Abstand der Tropfstellen ist, desto länger zu bewässern ist. Allerdings sickert dann auch desto mehr Wasser nach unten. Bei einschichtigen Systemen ist außerdem die Staunässegefahr zu beachten.

Das Wasser muss, soweit nicht Trinkwasser verwendet wird, sorgfältig gefiltert werden, um ein Verstopfen durch Verunreinigungen zu vermeiden. Darüber hinaus ist der Vordruck je nach Fabrikat auf 0,5 bis 1,0 bar zu reduzieren, weil die Schläuche oder Düsen nicht den vollen Wasserleitungsdruck abbauen können.

Tropfrohre. Auch hier gibt es auf dem Markt verschiedene Fabrikate. Von sich aufblähenden Dünnwandschläuchen bis zu trittfesten, druckkompensierenden PE-Rohren reicht die Palette. Sind für ebene Beete vergleichsweise preisgünstige Dünnwandschläuche ausreichend, ist ansonsten in der Regel zu empfehlen, zu den stabileren Tropfrohren zu greifen. In die Tropfrohre sind in der Regel Verwirbelungskörper integriert, die verhindern, dass die Austrittsöffnungen verkalken oder von Düngesalzen zugesetzt werden. Diese Tropfrohre werden mit unterschiedlichen Tropfabständen angeboten. Zu empfehlen sind solche mit einem Tropfabstand von 20 cm, entsprechend also fünf Tropfer pro laufendem Meter. Der Abstand von Rohr zu Rohr variiert je nach Art der Bepflanzung und des Substrates. Bei intensiver Begrünung mit dichtem Bodenbewuchs und gut durchlässigem Substrat ist ein Abstand von 25 bis 30 cm angebracht. Bei dichterem Substrat und offenem Boden kann der Abstand sogar bis 50 cm betragen.

Automatische Tropfbewässerung

Möchte man sich lediglich die Handbewässerung erleichtern, genügt eine passive Tröpfchenbewässerung, bei der Beginn und Ende der Bewässerung von Hand geschaltet werden. Das heißt, bei Trockenheit wird der Wasserhahn aufgedreht und wenn der Boden durchfeuchtet ist, wieder abgedreht. Eingespart wird hierbei allein das mühsame Tragen schwerer Gießkannen oder Ziehen des Schlauches.

Wirklich Sinn macht eine Tropfbewässerung aber erst dann, wenn sie automatisch, möglichst vollautomatisch, arbeitet. Dabei zählt nicht nur der Wunsch nach Bequemlichkeit, sondern auch nach einer dauerhaft funktionierenden Begrünung.

Bei der automatischen Regelung sind verschiedene Steuerungsmechanismen möglich. Die Wassergaben können dabei in Abhängigkeit von der Wassermenge, der Zeit oder der Feuchtigkeit in der Erde erfolgen. Steuerungen über Strahlungsfühler oder in Abhängigkeit von der Verdunstung können für Wintergärten nicht empfohlen werden.

Mengenabhängige Regelung. Bei der halbautomatischen Regelung der Steuerung in Abhängigkeit von der Wasser-

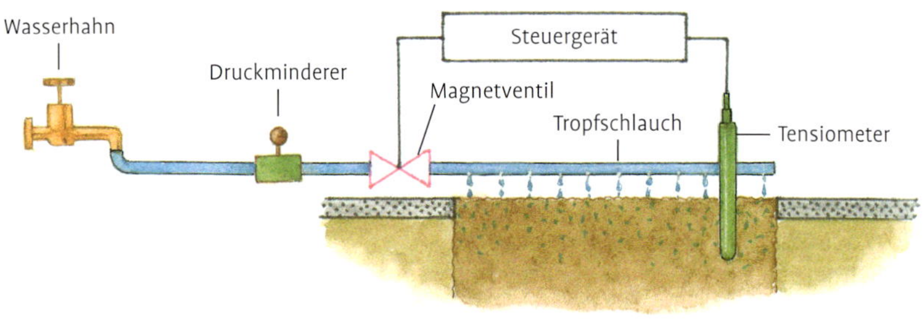

▶ Grundprinzip einer automatischen Bewässerung mit Tropfbewässerung und Feuchtefühler (Tensiometer).

menge wird in die Zuleitung zur Tröpfchenbewässerung ein Mengenventil eingebaut. Dieses wird mit Hand geöffnet, wenn die Pflanzen trocken sind. Das Ventil schließt sich, wenn die auf dem Gerät vorher eingestellte Wassermenge durchgeflossen ist.

Zeitabhängige Regelung. Bei Ventilen mit Zeituhr werden an der Schaltuhr die Dauer der Bewässerung und die Pausen zwischen den einzelnen Wassergaben eingestellt. Die Schaltuhr wird an den Haushaltsstrom angeschlossen. Es gibt aber auch batteriebetriebene Schaltuhren, sodass man von der örtlichen Stromversorgung unabhängig ist. An diese Schaltuhren wird ein Magnetventil angeschlossen, welches den Wasserzufluss entsprechend der eingestellten Zeiten bzw. Zeitintervalle sperrt oder frei gibt.

Nachteilig bei der Bewässerung nach Menge und Zeit ist, dass die Pflanzenbedürfnisse und die Witterung bei beiden Systemen nicht berücksichtigt werden. Wer aber ein Gefühl für den Wasserbedarf der Pflanzen entwickelt und rechtzeitig die entsprechenden Korrekturen vornimmt, kommt auch mit der Mengen- und Zeitregelung zurecht. Für eine begrenzte Urlaubszeit können diese Systeme auch ohne Korrekturen eingesetzt werden.

Regelung in Abhängigkeit von der Feuchtigkeit. Optimal ist die Regelung der Wassergaben in Abhängigkeit von der Feuchtigkeit. Hierzu setzt man Feuchtefühler ein, die über Regelgeräte das Öffnen eines Magnetventils immer dann veranlassen, wenn Feuchtigkeit benötigt wird. Das Magnetventil bleibt so lange geöffnet, bis das Substrat im Topf oder auf dem Beet wieder ausreichend mit Wasser versorgt ist.

Dabei werden folgende Varianten unterschieden:

- mechanisch, mittels Saugspannung über Tensiometer,
- elektrisch, mittels Leitfähigkeit oder Kapazität.

Tensiometer. Das Tensiometer hat sich als Feuchtefühler besonders bewährt. Es besteht aus einem Tonkörper, einem Plexiglasrohr und einem Vakuumschalter. Der Tonkörper des Tensioschalters wird neben eine Pflanze in das Substrat gesteckt (sie dient als Leitpflanze). Verdunstet nun die Pflanze Wasser, wird die Erde trockener. Bei Erreichen einer bestimmten Trockenheit schließt sich ein elektrischer Kontakt im Schalter. Jetzt fließt ein elektrischer Strom, der das Magnetventil an der Wasserleitung öffnet und den Pflanzen Wasser zukommen lässt. Sobald der Tensioschalter wieder ausreichende Feuchtigkeit im Boden misst, wird der elektrische Kontakt unterbrochen, das Magnetventil in der Zuführungsleitung schließt sich.

Je nach Substrat, Messtiefe und Bepflanzung kann am Tensiostat die Saugspannung eingestellt werden. Erscheint das Substrat zu trocken – trotz funktionierender Automatik –, dann ist der eingestellte Feuchtewert (er wird in Hektopascal angegeben) nach unten zu korrigieren. Ein kleinerer Wert bedeutet mehr Feuchtigkeit, ein größerer Wert mehr Trockenheit. Für trockenheitsliebende Pflanzen ist also grundsätzlich ein höherer Einstellwert zu wählen, für feuchtigkeitsliebende Pflanzen ein niedrigerer.

Für den Wert, der am Feuchtefühler einzustellen ist, muss der Wintergartenbesitzer ein Gefühl entwickeln und seine Erfahrung, den „grünen Daumen" einsetzen. Die Feuchtewerte verändern sich zwar im Laufe des Wachstums, sie pendeln sich aber im Laufe der Zeit auf einen individuellen, den Standortverhältnissen und der Bepflanzung gemäßen Wert ein.

Voraussetzung für ein störungsfreies Funktionieren des Tensiometers ist ein guter Kontakt zwischen Tonzelle und Pflanzsubstrat. Bei groben Substratbestandteilen ist der Kontakt zur Tonzelle nicht ausreichend gegeben. Außerdem ist der richtige Standort des Feuchtefühlers wichtig: Am Anfang sollte er 10 cm von der nächsten Tropfstelle betragen. Ein größerer Abstand bedeutet längeres, intensiveres Bewässern. Soll das Substrat bis zum nächsten Bewässern von oben stärker abtrocknen, wird der Fühler tiefer eingesteckt.

Bei der Bewässerung von Gefäßen wird man nicht nur aus Kostengründen nicht jedes der Gefäße mit einem Feuchtefühler und damit auch separaten Wasseranschluss ausstatten. Man wird die vorhandenen Gefäße mit der gleichen Anlage bewässern. Hier muss der Feuchtefühler in das Gefäß gebracht werden, welches hinsichtlich des Wasserverbrauchs den Durchschnitt der Gefäße darstellt. Abweichungen im Wasserverbrauch müssen durch eine unterschiedliche Anzahl von Tropfstellen je Gefäß ausgeglichen werden.

Leitfähigkeitsmesser. Die andere Möglichkeit der Feuchtemessung beruht auf der elektrischen Leitfähigkeit im Boden: Über den Leitwert zwischen zwei Elektroden im Substrat wird rechnerintern auf den Wasserbedarf geschlossen. Trotz bestimmter Vorteile des Leitwertfühlers – so ist er gegen Beschädigung fast sicher, denn er wird völlig in den Boden gesteckt – ist seine Handhabung nicht ganz einfach. Zum einen müssen die Werte am Anfang mehrmals überprüft und nachgeregelt werden, zum anderen hat jedes Wasser einen spezifischen Leitwert, auf den der Fühler eingestellt werden muss. Weil die Werte des verwendeten Wassers schwanken können, muss möglicherweise ständig nachgeregelt werden. Auch Düngesalze können die Messergebnisse des Leitwertfühlers beeinträchtigen. Außerdem ist diesem Messverfahren eigen, dass zwar die Wassermenge im Substrat, nicht aber deren Verfügbarkeit für die Pflanze erfasst wird. Leitfähigkeitsmesser erfordern also eine langwierige Eichung unter den jeweiligen Bedingungen.

Sicherheitsvorkehrungen bei automatischen Bewässerungssystemen

Eine automatische Pflanzenbewässerung, egal ob zur Einzeltopfbewässerung oder zur Bewässerung von Pflanzbeeten bedarf bestimmter Sicherheitsvorkehrungen, um eine Überschwemmung im Wintergarten zu vermeiden. So muss der Regler die Wasserzufuhr zwangsweise abschalten und darf den Vorgang ohne Rückmeldung des Fühlers nicht selbsttätig wiederholen. Optimal ist es, wenn zwei Magnetventile getrennt geschaltet werden. Das mindert das Risiko eines mechanischen Nichtschließens von nur einem Ventil.

Darüber hinaus sollte unbedingt ein Bodenablauf zum festen Bestandteil eines Wintergartens gehören. Der Bodenablauf dient dabei nicht nur der Sicherheit, sondern hat auch noch den Vorteil, dass der Boden des Wintergartens auch einmal richtig gewaschen werden kann. Auf die Tatsache, das in geschlossenen Pflanzbeeten auf jeden Fall ein Sicherheitsüberlauf vorzusehen ist, wurde schon hingewiesen (siehe Seite 35).

ZUSATZINFORMATION

Alle uniform arbeitenden Bewässerungssysteme sollte man nicht über einen längeren Zeitraum hinweg täglich verwenden, weil sonst sicher ein Teil der Pflanzen falsch gegossen wird. Zu verschieden sind die Ansprüche der einzelnen Pflanzenarten im gemischten Bestand eines Wintergartens. Theoretisch wäre es möglich, jede einzelne Pflanze mit einem Feuchtefühler zu versehen, sodass man eine recht optimale Bewässerung erreicht. Es würde jedoch nicht nur unschön aussehen, sondern wäre zudem auch wirtschaftlich nicht vertretbar. Jedes Gefäß bzw. jede Pflanze benötigt nämlich nicht nur einen eigenen Feuchtefühler, sondern auch eine eigene Zuleitung mit eigenem Magnetventil, sodass die optische Wirkung der Pflanzen in einem Gewirr von Zuleitungen verloren ginge.

Die Luftfeuchtigkeit im Wintergarten

Wenn die Pflanzen danach ausgewählt werden, welche der von ihnen gestellten Ansprüche erfüllt werden, darf nicht nur an das Licht und die Temperatur gedacht werden. Die relative Luftfeuchtigkeit hat ähnliche Bedeutung. So werden Nährstoffaufnahme und Nährstoffweiterleitung von der Luftfeuchtigkeit beeinflusst. Trockene Blattspitzen und -ränder sowie erhöhte Anfälligkeit für verschiedene Schädlinge (beispielsweise Spinnmilben) sind häufig die Ursache einer zu niedrigen Luftfeuchtigkeit. Bei zu hoher Luftfeuchtigkeit ist die Nährstoffaufnahme beeinträchtigt, zahlreiche Pilzkrankheiten und Bakteriosen finden gute Ausbreitungsmöglichkeiten.

Absolute und relative Luftfeuchtigkeit

Wasser verdunstet auch schon bei niedrigen Temperaturen, also nicht erst bei 100 °C. Deshalb enthält die Umgebungsluft immer Wasser in gasförmigem Zustand. Die Menge Wasser, die die Luft aufnehmen kann, ist dabei abhängig von der Lufttemperatur. Dabei wird zwischen zwei Größen unterschieden: der absoluten und der relativen Luftfeuchtigkeit.

Die absolute Luftfeuchtigkeit gibt an, wie viel Gramm Wasser 1 m^3 Luft enthält. Wichtiger ist aber die relative Feuchte, die in Prozent angibt, wie hoch der Sättigungsgrad der Luft ist, d. h., wie viel Prozent des möglichen maximalen Gehaltes an Wasserdampf die Luft tatsächlich enthält. Bei 0 °C kann die absolute Feuchte (= Wassergehalt in g/m^3 Luft) maximal 3,8 g, bei 10 °C maximal 7,8 g und bei 20 °C maximal 14,8 g/m^3 Luft betragen. Die Unterschiede sind also erheblich. Bezieht man diese Werte auf einen Wintergarten mit 50 m^3 Rauminhalt, so enthält die mit Wasser gesättigte Luft bei 0 °C 190 g Wasser, bei 10 °C 390 g, bei 20 °C 740 g. Aus diesen Zahlen wird der Zusammenhang zwischen Temperatur und Luftfeuchtigkeit deutlich.

Die relative Luftfeuchtigkeit wird in einem Wintergarten erniedrigt, wenn sie beim Lüften mit kalter Außenluft vermischt wird, die relativ gesehen viel, absolut jedoch wenig Wasser enthält. Beträgt in einem Wintergarten mit 50 m^3 die relative Luftfeuchtigkeit 90 % und sinkt die Temperatur von 25 auf 15 °C ab, dann schlagen annähernd 395 g Wasser als Tau nieder. Diesen Niederschlag bemerkt man an den kühlsten Stellen des Wintergartens, beispielsweise den Sprossen, in denen das Glas liegt, oder den Außentüren. Es ist nun aber auch vorstellbar, welche Wassermengen verdunsten müssen, um die Luftfeuchte zu erhöhen.

Einflussfaktoren auf die Luftfeuchte

Die Luftfeuchte wird zunächst von den Pflanzen selbst beeinflusst, denn durch ihre Verdunstungsleistung wird die Luftfeuchtigkeit auf natürliche Weise erhöht. Die Höhe der Verdunstungsleistung der Pflanzen ist von der Pflanzenanzahl, deren Verdunstungsfläche und der Pflanzenart selbst abhängig. Eine Engelstrompete verdunstet mit ihren großen Blättern ein Vielfaches mehr an Wasser als beispielsweise eine Kaktee oder eine hartblättrige Pflanze.

In den Monaten, in denen nicht geheizt wird, wird die Luftfeuchtigkeit im Wintergarten vom Klima im Freien beeinflusst. Sie richtet sich also weitgehend nach den äußeren Bedingungen. Dabei wird man feststellen, dass bei schönem, trockenem Wetter im Wintergarten etwa 50 %, bei trüber, feuchter Witterung 60 bis 80 % relative Luftfeuchtigkeit herrschen. Zunehmendes Licht und steigende Temperatur – also sonniges, warmes Wetter – fordern in der Regel eine Erhöhung der Luftfeuchtigkeit, während umgekehrt trübes, kühles Wetter keine Steigerung der relativen Luftfeuchte erfordert oder eine Erhöhung sogar ausschließt. Sobald die Heizperiode im Wohn-Wintergarten beginnt, wird der Einfluss der äußeren Witterungsverhältnisse weitgehend ausgeschaltet. Die Bedingungen werden im Hinblick auf die Luftfeuchtigkeit für die Pflanzen un-

TIPP

Neben einem Thermometer gehört ein Hygrometer zu den unentbehrlichen Utensilien eines Wintergartens. Es zeigt an, ob die Luftfeuchtigkeit ausreicht oder ob man etwas zur Verbesserung unternehmen muss.

günstiger und man muss in der Regel durch entsprechende Maßnahmen für eine Erhöhung der Luftfeuchtigkeit sorgen.

Werden Wohnräume in Wintergärten entlüftet, wird deren Raumluft nachhaltig getrocknet. In diesen Fällen sollte man möglichst nur Pflanzen verwenden, die keine hohen Ansprüche an die Luftfeuchtigkeit stellen.

Für die Mehrzahl der Wintergartenpflanzen reicht eine relative Luftfeuchtigkeit von 50 bis 60 % aus. Diese Werte sind nicht nur den Pflanzen zuliebe anzustreben, denn eine relative Luftfeuchtigkeit in dieser Größenordnung fördert auch das menschliche Wohlbefinden. So verringern beispielsweise Luftfeuchtigkeitswerte über 50 % die Empfindlichkeit gegenüber Erkältungskrankheiten. Hinsichtlich der optimalen Luftfeuchtigkeit für die einzelnen Pflanzenarten werden bei der Beschreibung der Pflanzen im lexikalischen Teil entsprechende Angaben gemacht.

TIPP

In der Regel kann man es den Pflanzen ansehen, ob sie trockene Luft vertragen oder nicht. Weiche Blätter, die von keiner Wachsschicht geschützt sind, deuten auf starke Verdunstung und hohe Ansprüche an die relative Luftfeuchte hin. Ledrige Blätter mit einer glänzenden Oberfläche, wie sie z. B. der Gummibaum besitzt, lassen eine größere Widerstandsfähigkeit erkennen. Ähnliches gilt für stark behaarte Blätter oder Nadelblätter.

Erhöhung der Luftfeuchtigkeit

Die einfachste Art der Luftbefeuchtung ist das Besprühen der Pflanzen und der Bodenflächen von Hand mit Feinsprühgeräten oder einer Pflanzenschutzspritze. Mit Düsenanlagen lässt sich der Wintergarten auch vollautomatisch besprühen. Diese Art der Luftbefeuchtung ist allerdings nur in von den eigentlichen Wohnräumen getrennten Wintergärten, die mit einem offenen Boden oder einem durchlässigen Belag ausgestattet sind, zu empfehlen. In einem Wintergarten mit einem wohnlichen Bodenbelag, der in den Wohnraum übergeht, ist eine solche Befeuchtung der Luft nicht geeignet.

Will man die Luftfeuchtigkeit wirkungsvoll verbessern, ist dies nur mit elektrischen Luftbefeuchtern möglich. Man unterscheidet vier verschiedene Systeme: Zerstäuber, Verdampfer, Verdunster und Ultraschall-Luftbefeuchtungstechnik.

Zerstäuber

Der Zerstäuber „zerreißt" mittels einer rotierenden Scheibe das Wasser und die Zentrifugalkraft schleudert die feinen Tröpfchen in den Raum. Diese Geräte sind allerdings ziemlich laut. Außerdem kommt es bei Verwendung von hartem Wasser auf Möbeln und anderen Wohnungsgegenständen zu Kalkablagerungen.

Verdampfer

Ein Verdampfer ist nichts anderes als ein thermostatisch gesteuerter Wasserkocher. Das Wasser wird erhitzt und Dampf entweicht durch die Austrittsöffnung. Kalkablagerungen im Wintergarten treten bei diesem Prinzip nicht auf, allerdings verkalkt der Verdampfer und muss häufig gereinigt werden, wenn nicht ausschließlich entkalktes Wasser verwendet wird. Verdampfer verbrauchen darüber hinaus viel Strom. Für Haushalte mit Kindern sind Verdampfer nicht zu empfehlen, da sich Kinder an dem heißen Wasserdampf verbrühen könnten.

Verdunster

Besser sind Verdunster. Sie sammeln bei Systemvergleichen mit Zerstäubern und Verdampfern die meisten Pluspunkte. Bei Verdunstern bläst oder saugt ein Ventilator Luft durch einen ständig feucht gehaltenen Filter. Die Verdunstungsintensität steht in Abhängigkeit zur herrschenden relativen Luftfeuchtigkeit. Ist die Luft feucht genug, verdunstet kein weiteres Wasser. Zu einem „Sprühregen" kann es nicht kommen. Kalk und Staub setzen sich am Filter ab, der deshalb alle sechs bis zwölf Wochen ausgewechselt werden sollte. Er ist dann je nach Wasserhärte verkalkt oder in Abhängigkeit von der Raumluft, unter anderem durch Zigarettenrauch, verbraucht und kann nicht mehr die volle Leistung bringen. Verdunster sind sehr sparsam in der Unterhaltung und leise. Sie sind überall dort aufzustellen, wo die Luft rundum zirkulieren kann und sollten etwa

30 cm Abstand von Wänden, Pflanzen oder anderen Gegenständen haben.

Ultraschall-Luftbefeuchtungstechnik
Empfohlen werden kann auch diese Technik. Durch Ultraschall werden von einer Wasserfläche kleinste Wasserteilchen hochgeschleudert und durch einen Ventilator verteilt.

Senkung der Luftfeuchtigkeit

Zu hohe Luftfeuchtigkeitswerte lassen sich in der Regel nur durch „Trockenheizen" senken. Man öffnet dazu vorübergehend die Lüftung etwas, sodass von außen kühle Luft, deren absolute Feuchte niedrig ist, in den Wintergarten eindringt. Durch die Erwärmung im Gewächshaus sinkt die relative Feuchte und das Sättigungsdefizit wird so erhöht.

ZUSATZINFORMATION

Über die notwendige Luftbefeuchterleistung bestehen oft falsche Vorstellungen. Bei Festlegung der erforderlichen Leistung ist zu berücksichtigen, dass gegenüber geschlossenen Räumen in einem Wintergarten ein sehr viel höherer Luftwechsel stattfindet und somit sehr viel Luftfeuchtigkeit verloren geht.
Welche Befeuchterleistungen erforderlich sind, um eine ausreichende Luftfeuchtigkeit zu schaffen, soll das folgende Beispiel zeigen: Bei 20 °C und 30 % relativer Luftfeuchte enthält 1 m^3 Luft 4,4 g Wasser; bei 20 °C und 60 % relativer Feuchte muss die Luft bereits 8,8 g Wasser aufnehmen. Es fehlen also pro m^3 4,4 g Wasser.
Für 50 m^3 müssen pro Stunde demnach 0,220 l Wasser zugeführt werden, da in normalen Wohnräumen stündlich ein einfacher Luftwechsel stattfindet. In einem Wintergarten mit fünffachem Luftwechsel sind bereits 1,1 l pro Stunde für 50 m^3 erforderlich. Dieses Beispiel zeigt, dass für Wintergärten nur Luftbefeuchter mit entsprechend hoher Leistung geeignet sind.

Die Düngung der Wintergartenpflanzen in Erdkultur

Pflanzen brauchen, um existieren zu können, wie jedes andere Lebewesen Nahrung, die ihnen in unterschiedlicher Form und auf verschiedene Art und Weise zugeführt werden kann.

Ziel der Düngung

Pflanzen benötigen für ihr Wachstum eine Reihe von chemischen Elementen bzw. Ionen (die so genannten Nährelemente), die ihnen bei Kultur in Töpfen und auf Pflanzbeeten gezielt zugeführt werden müssen. Eine ausreichende und harmonische Nährstoffversorgung stellt eine Grundvoraussetzung für Wachstum, Entwicklung und Gesundheit der Pflanzen dar. Dies gilt bei Pflanzen in Töpfen, Kübeln und anderen Gefäßen oder auf Beeten ausgepflanzt im besonderen Maße, verfügen hier doch die Pflanzen nur über einen kleinen Bruchteil der Erdmenge, die ihnen bei freiem Wachstum in der Natur zugänglich wäre.

Keine oder auch nur unzureichende Nährstoffversorgung der Pflanze führt zu reduziertem Wachstum bzw. zu Mangelkrankheiten, die sich u. a. in Blattverfärbungen und Kümmerwuchs äußern und die Gesundheit der Pflanzen gefährden und im Extremfall zum Absterben der Pflanzen führen können. Andererseits kann es durch eine erhöhte Nährstoffzufuhr zu Überdüngungsschäden kommen. Die Folge sind Störungen im Stoffwechsel der Pflanzen, die bei weiterer Verschärfung schließlich zu äußerlich sichtbaren Schadsymptomen führen. Oberstes Ziel der Düngung ist es deshalb, die Pflanzen ausgewogen und harmonisch zu ernähren.

Welche Nährstoffe brauchen Pflanzen?

Pflanzen brauchen zum Wachsen eine Reihe von Nährelementen, die sie mit ihren Wurzeln der Erde entnehmen. Nach heutigem Wissensstand sind neben Kohlenstoff (C), Wasserstoff (H) und Sauerstoff (O) folgende Elemente für das Pflanzenwachstum unentbehrlich:

FÜR SCHNELLE LESER

Zufriedenstellendes Spross- und Blattwachstum sowie eine gute Blüten- und gegebenenfalls Fruchtbildung sind auf Dauer nur zu erwarten, wenn das Nährstoffangebot dem Bedarf der Pflanzen angepasst wird und die Nährstoffe in der richtigen Zusammensetzung, in ausreichender Menge und Löslichkeit bereitstehen. Diesem Anspruch gerecht zu werden, ist nicht ganz einfach.

▲ Magnesiummangel an *Datura.*

- Stickstoff (N),
- Phosphor (P),
- Schwefel (S),
- Kalium (K),
- Kalzium (Ca),
- Magnesium (Mg),
- Eisen (Fe),
- Mangan (Mn),
- Kupfer (Cu),
- Zink (Zn),
- Molybdän (Mo),
- Bor (B) und
- Chlor (Cl).

Die einzelnen Nährstoffe werden von den Pflanzen in unterschiedlicher Menge benötigt, davon Stickstoff und Kalium am meisten, es folgen Kalzium, Phosphor, Magnesium und Schwefel. Diese sechs Nährstoffe werden auch als Hauptnährelemente oder Makroelemente bezeichnet. Dagegen sind Eisen, Mangan, Bor, Zink, Kupfer, Chlor und Molybdän nur in geringen Mengen für das Pflanzenwachstum erforderlich, man nennt sie deshalb Spurennährelemente oder Mikronährelemente. Als so genannte nützliche Elemente für manche Pflanzenarten sind Silizium, Natrium, Kobalt und Nickel bekannt.

Für ein normales Wachstum kommt es entscheidend darauf an, dass die einzelnen Nährstoffe den Pflanzen zur richtigen Zeit und in ausreichender Menge zur Verfügung stehen.

Nährstoffansprüche der Pflanze und Ermittlung des Düngerbedarfs

Bei der Ermittlung des Düngerbedarfs spielen die Nährstoffansprüche der Pflanzen eine entscheidende Rolle. Sie werden charakterisiert durch den Gesamtnährstoffbedarf, den zeitlichen Nährstoffbedarf sowie die Nährstoffverhältnisse in der Pflanze.

Gesamtnährstoffbedarf

Hierunter versteht man die Menge an einzelnen Nährstoffen, die eine optimal ernährte Pflanze in einem bestimmten Zeitraum aufnimmt. Solche Nährstoffbedarfszahlen werden in Düngungsversuchen bestimmt.

Zeitlicher Nährstoffbedarf

Hiermit ist gemeint, dass Pflanzen die Nährstoffe nicht kontinuierlich in gleicher Menge benötigen, sondern dass der Bedarf, abhängig von Wachstums- und Ruhephasen (die bei den einzelnen Pflanzenarten verschieden ausgeprägt sind), sehr differenziert sein kann. Dabei spielen insbesondere die Wachstumsfaktoren Licht und Temperatur eine Rolle. Je mehr Licht zur Verfügung steht, desto besser ist das Wachstum und desto mehr Nährstoffe werden benötigt.

Nährstoffverhältnisse in der Pflanze

Die einzelnen Nährstoffe (Stickstoff, Phosphor und Kalium) werden von den Pflanzen in der Regel in unterschiedlichen Mengen benötigt. Die Verhältnisse der Nährstoffe zueinander, die eine Pflanze benötigt, finden im Nährstoffverhältnis ihren Niederschlag. Bei den meisten Pflanzenarten liegt das Mengenverhältnis zwischen Stickstoff (N), Phosphat (P_2O_5) und Kalium (K_2O) bei etwa 3 : 1 : 2. Auf die praktische Düngung bezogen, wäre für die Pflanzen ein Dünger mit 9 (15) % Stickstoff, 3 (5) % Phosphor und 6 (10) % Kalium ideal.

Selbst in der gärtnerischen Pflanzenproduktion ist es nicht möglich, die Nährstoffansprüche der Pflanzen sowohl hinsichtlich des Gesamtnährstoffbedarfs, des zeitlichen Nährstoffbedarfs als auch der Nährstoffverhältnisse in der Pflanze vollständig zu erfüllen. Viel weniger ist dieses Ziel bei dem vielfältigen Pflanzenbestand eines Wintergartens zu erreichen. Also müssen Kompromisse eingegangen werden, die in den folgenden Ausführungen in Erfahrungswerten bzw. „Faustzahlen" ihren Ausdruck finden. In diesem Zusammenhang ist anzumerken, dass die meisten Pflanzen Abweichungen von den für sie geltenden Optimalwerten um 50 % nach oben oder unten tolerieren.

Düngemittel für Wintergartenpflanzen in Erdkultur

Für die Nährstoffversorgung der Pflanzen steht eine große, fast unüberschaubare Palette von Düngern zur Verfügung. Nach der Bindungsform der Nährelemente wird zwischen organischen und mineralischen Düngemitteln unterschieden. Obwohl grundsätzlich auch organische Dünger für Wintergartenpflanzen in Frage kommen, sollten nur wasserlösliche, also mineralische Düngemittel verwendet werden. Dies hat folgenden Grund: Bei organischen Düngern liegen die Nährstoffe in Bindungsformen vor, in denen die Pflanze sie nicht ohne weiteres aufnehmen kann. Sie müssen in der Erde erst von Mikroorganismen in eine für die Pflanzen verfügbare Form umgewandelt werden. Wie schnell die Umsetzung erfolgt, ist von der Temperatur und der Menge der Mikroorganismen im Substrat abhängig. Je mehr Mikroorganismen vorhanden sind und je höher die Temperatur, desto schneller die Umsetzung. Diese mehr oder weniger unkontrollierte Freisetzung der Nährstoffe ist auf Wintergartenbepflanzungen bezogen, negativ zu beurteilen. Auch lässt sich ein akuter Nährstoffmangel mit organischen Düngemitteln nur langsam beheben. Organische Düngemittel sind für Wintergärten auch deshalb nicht zu empfehlen, weil es je nach Ausgangsmaterial zu mehr oder weniger starken Geruchsbelästigungen kommen kann. Auch aus hygienischer Sicht sind organische Düngemittel bei der Anwendung in Räumen nicht ganz unbedenklich.

Mineralische Dünger haben den Vorteil, unmittelbar nach der Verabreichung ihre Wirkung zu entfalten. Ein weiterer Vorteil ist die Möglichkeit der genauen Dosierung, wodurch man auch individuellen Ansprüchen der Pflanzen gerecht werden kann.

Mineralische Mehrnährstoffdünger für Wintergartenpflanzen

Hinsichtlich der Anzahl der enthaltenen Nährstoffe unterscheidet man die Dünger in Einzel-, Zwei- und Mehrnährstoffdünger (bzw. Volldünger). Die Verwendung von Ein- und Zweinährstoffdüngern kommt im Wintergarten nur in Ausnahmefällen in Betracht, z. B. wenn ein akuter Mangel eines bestimmten Nährstoffes zu beheben wäre. In der Regel wird man Mehrnährstoffdünger verwenden, die alle wichtigen Haupt- und Spurennährelemente enthalten.

Wenn man Volldünger einsetzt, besteht die Frage, wie hoch der Anteil der einzelnen Nährstoffe im Dünger sein soll bzw. wie soll das Nährstoffverhältnis zueinander sein? Zuvor wurde schon darauf hingewiesen, dass Pflanzen die einzelnen Nährstoffe in unterschiedlichen Mengen benötigen. So gibt es Pflanzen, die ein relatives Nährstoffverhältnis der lebenswichtigen Elemente Stickstoff (N) zu Phosphor (angegeben in P_2O_5) zu Kali (K_2O) von 6 : 1 : 2 schätzen. Das bedeutet, dass diese Pflanzen sechsmal mehr Stickstoff als Phosphor brauchen und an Kalium nur ein Drittel der Stickstoffmenge. Bei anderen Pflanzen soll ein Verhältnis von 3 : 1 : 2 günstig sein. Die Formulierung „soll" weist schon darauf hin, dass selbst Wissenschaftler sich da nicht immer einig sind und bei Versuchen auch durchaus zu unterschiedlichen Ergebnissen kommen. Unabhängig vom Streit der Wissenschaftler müssen nicht nur im Hinblick auf das Nährstoffverhältnis des Düngers Kompromisse eingegangen werden.

Als Kompromiss orientiert man sich am besten daran, welches Nährstoffverhältnis für die Mehrzahl der Pflanzen in einem Wintergarten zuträglich ist, ohne dass Pflanzen, für die ein anderes Nährstoffverhältnis optimal wäre, dadurch einen nicht heilbaren Schaden davontragen würden. Die Mehrzahl der Pflanzen benötigt Stickstoff und Kalium am meisten, es folgen Kalzium, Phosphor, Magnesium, Schwefel und schließlich die Spurennährelemente.

Drei Formulierungen, die zur Düngung von Wintergartenpflanzen empfohlen werden können, sollen beispielhaft aufgeführt werden:

- 15 N : 10 P : 15 K + Magnesium + Spurennährelemente,
- 10 N : 4 P : 7 K + Magnesium + Spurennährelemente,
- 6 N : 3 P : 6 K + Magnesium + Spurennährelemente.

„Blumendünger" oder „Profidünger"?
Bei den auf dem Markt angebotenen Düngemitteln ist zwischen den für den Hobbybereich angebotenen so genannten „Blumendüngern" und den „Profidüngern" zu unterscheiden, die im erwerbsmäßigen Gartenbau eingesetzt werden. Während die „Profidünger" dem Düngemittelgesetz unterliegen und eindeutig deklariert sein müssen, also sehr detailliert Auskunft über Inhalt, Zusammensetzung und Anwendung der Dünger geben müssen, ist dies bei den „Blumendüngern" für den Hobbybereich nicht der Fall. Hinzu kommt, dass die Anwendungsempfehlungen bei „Blumendüngern" von Hersteller zu Hersteller sehr unterschiedlich sind, wodurch ein Vergleich zwischen den Düngemitteln sehr erschwert wird. Das ist zwar im Interesse der Hersteller, aber sicher nicht im Interesse der Verbraucher. Auch ist die Dosierung technisch teilweise schlecht gelöst, sodass es leicht zu Fehldosierungen kommen kann. Aus diesen Gründen ist zu empfehlen, nur eindeutig deklarierte Düngemittel, d. h. möglichst „Profidünger", zu verwenden. Diese Profidünger erhält man im einschlägigen Gartenbedarfshandel oder bei seinem Gärtner.

ZUSATZINFORMATION

Nicht nur in älteren Pflanzenbüchern ist immer wieder zu lesen, dass während der Blattentwicklung (vegetatives Wachstum) stickstoffbetont zu düngen sei, zur Blütezeit (generatives Wachstum) aber phosphorbetont. Diesem Rat zu folgen, würde nicht nur das Düngen der Pflanzen komplizieren, es ist außerdem unnötig, wie man heute weiß. Es gibt zwar Pflanzen, die zur Blütenbildung und -entwicklung einen geringen Stickstoffbedarf haben, bei anderen ist es aber gerade umgekehrt. Die pauschale Behauptung „für das vegetative Wachstum mehr Stickstoff, für das generative mehr Phosphor und Kali" ist somit falsch.

Düngemethoden (Düngungssysteme)

Die Zufuhr der Düngemittel bzw. der Nährstoffe zu den Pflanzen kann in fester oder flüssiger Form erfolgen. Für Wintergartenpflanzen empfehlen sich insbesondere folgende drei Möglichkeiten, dabei ist die Anzahl der Düngetermine das wesentliche Unterscheidungskriterium:

- Bewässerungsdüngung,
- Intervalldüngung,
- Langzeitdüngung (Vorratsdüngung).

Bewässerungsdüngung

Bei der Bewässerungsdüngung werden die Nährstoffe dem Gießwasser bei jedem Bewässerungsvorgang in Form von Flüssigkonzentraten oder leicht löslichen Salzen (so genannte Mikrogranulat-Dünger) in niedriger Konzentration zugesetzt. Diese Form der Düngung ist für Pflanzen besonders günstig, da starke Schwankungen im Nährstoffangebot und beim pH-Wert vermieden werden.

Intervalldüngung

Bei der Intervalldüngung werden höhere Nährstoffkonzentrationen (wie bei der Bewässerungsdüngung in Form von Flüssigkonzentraten oder leicht löslichen Salzen), die sich an der Verträglichkeit der Pflanzen orientieren, in größeren Zeitabständen verabreicht. Zeitliche Abstände von einer Woche bis etwa sechs bis acht Wochen lassen sich auf diese Weise überbrücken. Für die Pflanzen ergibt sich ein gewisser Nachteil aus den starken Schwankungen im Nährstoffangebot zwischen den Düngeterminen.

Langzeitdüngung

Bei der Langzeitdüngung werden Spezialdünger (so genannte Langzeit- oder Depotdünger) ein- bis dreimal jährlich verabreicht. Langzeitdünger geben langsam die Nährstoffe ab, wodurch eine mehr oder weniger gleichmäßige, aber doch kontinuierliche Nährstoffversorgung sichergestellt wird.

ZUSATZINFORMATION

Granulierte Salzdünger (z. B. Blaukorn), die zur Düngung im Garten auf die Bodenoberfläche gestreut werden, eignen sich zur Düngung von Wintergartenpflanzen nicht.

Flüssigkonzentrate

Bei den Flüssigdüngern handelt es sich um mehr oder weniger starke Nährlösungskonzentrate. Der Vorteil der flüssigen Formulierung besteht in der leichten Dosierung nach Volumen. Flüssigdünger können alle Nährstoffe enthalten mit Ausnahme von Kalzium (Ca) und Magnesium (Mg). Diese beiden Nährstoffe können aus technischen Gründen nicht in nennenswerten Mengen enthalten sein, weil beide Ionen mit dem Phosphat schwer lösliche Verbindungen eingehen, die zu Ausflockungen führen würden. Dieses Wissen ist wichtig, denn bei Verwendung von weichem Leitungswasser oder Regenwasser muss es zwangsläufig zu Schäden an den Pflanzen durch Kalzium- und Magnesiummangel kommen. Als untere Grenze für den Einsatz von Flüssigdüngern gilt näherungsweise eine Gesamthärte des Wassers von etwa 1,5 mmol/l (Ca + Mg), was etwa 8 °dH (siehe Seite 40) entspricht. Dem entsprechend wäre hinsichtlich der Härtebereiche nach Waschmittelverordnung Wasser des Härtbereichs 1 zur Bewässerung nicht geeignet. Nährlösungskonzentrate sollten deshalb zur Düngung nur dann eingesetzt werden, wenn das Gießwasser ausreichende Mengen an Kalzium und Magnesium enthält oder wenn durch eine zusätzliche Düngung mit Kalk und Magnesium für eine ausreichende Versorgung mit diesen beiden Nährstoffen gesorgt wird.

Mikrogranulat-Dünger (Salzdünger)

Mikrogranulat-Dünger werden wie die Flüssigkonzentrate zur flüssigen Düngung eingesetzt. Diese in Form von Nährsalzen gelieferten Dünger lösen sich in Wasser rückstandsfrei auf. Mikrogranulat-Dünger enthalten in der Regel zwar Magnesium, aber kein Kalzium. Auch sie sind, wie Flüssigdünger, deshalb für weiche Gießwässer (Härtebereich 1, siehe Seite 40) nicht geeignet bzw. es muss auf andere Weise für eine ausreichende Versorgung mit Kalk und Magnesium gesorgt werden. Aus Salzdüngern lassen sich mit Wasser vermischt so genannte Stammlösungen herstellen, die, meist 100fach konzentriert, dann wie Flüssigkonzentrate eingesetzt werden können.

TIPP

Es bleibt jedem selbst überlassen, ob er Flüssig- oder Langzeitdünger einsetzt. Wer seine Pflanzen sorgfältig pflegt und aufmerksam beobachtet, kann insbesondere mit der Bewässerungsdüngung die Versorgung besser dem jeweiligen Bedarf anpassen. Wer aber das Düngen als lästige Pflicht betrachtet oder es häufig vergisst, dem sind Langzeitdünger zu empfehlen.

Langzeitdünger (Depotdünger)

Das Prinzip der Langzeitdüngung beruht auf der Sicherung des Nährstoffbedarfs über einen langen Zeitraum ohne Pflanzenschäden durch zu hohen Salzgehalt des Substrates zu provozieren.

Vom Grundsatz her können zwei Typen von Langzeitdüngern unterschieden werden: Bei dem einen Typ ist der Dünger von einer Kunststoffhülle umgeben, durch die ein kontinuierlicher Strom aller Nährstoffe fließt. Bei dem zweiten Typ enthalten die Langzeitdünger den Stickstoff als Harnstoff-Kondensat, der erst nach einem chemischen Umwandlungsprozess frei wird.

Für die Wintergartenbegrünung sollten bevorzugt kunststoffummantelte Dünger eingesetzt werden. Die Langzeitdünger auf der Basis langsam fließender Stickstoffquellen können wegen der weniger steten und teilweise unkontrollierten Freisetzung der Nährstoffe für die Wintergartenbegrünung nicht empfohlen werden.

Kunststoffumhüllte Depotdünger vermögen, je nach Dicke der Hülle, die Nährstoffe unterschiedlich schnell abzugeben. Die Angaben 4 M, 6 M oder 8 M auf den Düngerpackungen beziehen sich auf die Zeitdauer der Nährstoffabgabe in Monaten bei 20 bis 21 °C. Dabei ist zu beachten, dass höhere Temperaturen die Nährstoffabgabe beschleunigen, niedrigere Temperaturen die Nährstoffabgabe verlangsamen.

Ein Teil der angebotenen Depotdünger enthält keine Spurenelemente. Diese Dünger sind deshalb für Wintergartenpflanzen nur dann geeignet, wenn die Spurennährstoffe den Pflanzen auf andere Weise, z. B. durch Flüssigdüngung, bereitgestellt werden.

Nachfolgend ist eine Auswahl von Langzeitdüngern, die Spurennährstoffe enthalten, zusammengestellt, sie können sowohl zur Bevorratung der Pflanz- bzw. Umtopferden (= Grunddüngung) als auch zur Nachdüngung eingesetzt werden:

- Basacote 6 M mit 14 + 10 + 13 + 2 + Spurennährstoffe,
- Mannacote 6 M und 8 M mit 18 + 6 + 12 + 1 + Spurennährstoffe,
- Osmocote Plus 5–6 M mit 15 + 10 + 12 + 2 + Spurennährstoffe,
- Osmocote Plus 8–9 M mit 16 + 8 + 12 + 2 + Spurennährstoffe,
- Osmocote 12–14 M mit 15 + 8 + 11 + 2 + Spurennährstoffe,
- Plantacote Mix 4 M, 6 M, 8 M mit 15 + 10 + 15 + 2 + Spurennährstoffe.

ZUSATZINFORMATION

Zu den Langzeitdüngern sind auch Düngestäbchen zu zählen, die meist in Kombination mit Pflanzenschutzpräparaten auf dem Markt erhältlich sind. Sie können aus wirtschaftlichen Gründen nur bei sehr kleinen Pflanzenbeständen empfohlen werden.

pH-Wert und Düngung

Eine wichtige Einflussgröße bei der Ernährung der Pflanzen ist der pH-Wert. Er beschreibt die Konzentration der Wasserstoffionen und ist somit ein Maß dafür, wie sauer oder alkalisch die Bedingungen sind. In einem Bereich zwischen pH 5,0 und 6,5 ergeben sich für die Pflanzen optimale Bedingungen. Dies ist auch der Bereich, in dem die verschiedenen Nährstoffe optimal verfügbar sind. Bei deutlichem Unter- oder Überschreiten des optimalen pH-Wert-Bereiches nimmt die Löslichkeit oder Verfügbarkeit bestimmter Nährstoffe ab. So wird bei pH-Werten oberhalb von 6,5 besonders die Verfügbarkeit von Eisen und Mangan drastisch vermindert. Als Folge treten Chlorosen an den jüngsten Pflanzenteilen auf, die die äußere Qualität einer Pflanze wesentlich mindern. Auch zu niedrige pH-Werte haben eine deutliche Wirkung auf Pflanzen. Mit sinkendem pH-Wert nimmt die Aufnahme von Kalzium und Magnesium durch die Pflanze ab, was sich in ausgeprägten Nekrosen und dem Abstoßen von Blättern äußern kann.

Nährstoffmangel ist häufig die Folge einer falschen Bodenreaktion. So tritt Eisenmangel dann auf, wenn der Boden zu viel Kalk enthält bzw. der pH-Wert zu hoch ist. Ist der Boden sauer, der pH-Wert also niedrig, kann beispielsweise Molybdänmangel auftreten.

Spurenelementdünger

Für das Wachstum der Pflanzen sind die Spurennährelemente genauso wichtig wie die Hauptnährelemente, darauf wurde schon hingewiesen. Ein Mangel oder gar vollständiges Fehlen kann ernsthafte Entwicklungsstörungen hervorrufen. In der Regel beruht eine Unterversorgung an Spurenelementen auf Nährstofffestlegungen, ausgelöst durch zu hohen oder zu niedrigen pH-Wert, etwa wenn mit saurem (z. B. Regenwasser) oder hartem Leitungswasser gegossen wurde. Auch ein disharmonisches Nährstoffverhältnis oder mangelhafter Luftaustausch in der Erde kann eine Unterversorgung auslösen.

Da der Laie oft nur schwer herausfindet, welcher Nährstoff fehlt und wie sich dieser Mangel beheben lässt, ist zu empfehlen, seinen Fachhändler oder Gärtner um Rat und Hilfe zu bitten. Ist die Ursache erst einmal ermittelt, so steht zur Korrektur des Mangels eine Auswahl von mehreren Düngerprodukten zur Verfügung.

Das können beispielsweise Einzelspurenelementdünger sein, mit denen man den offensichtlichen Mangel eines bestimmten Spurenelements beheben kann. So setzt man beispielsweise Fetrilon oder Sequestren bei Eisenmangel ein. Es gibt aber auch so genannte Spurenelement-Volldünger (Radigen, Hotrilon, Fetrilon-Combi, Mikromax), mit denen man gegen einen verdeckten Mangel vorgehen kann und die auch dann eingesetzt werden können, wenn man nicht weiß, was für ein Nährstoffmangel vorliegt. Ihre Anwendung erfolgt also rein „auf Verdacht“. In derartigen Kombinationsprodukten sind in der Regel Eisen, Kupfer, Mangan und Molybdän besonders betont und die Gehalte an Bor und Zink etwas geringer bemessen.

Wie stark düngen?

Das richtige Düngen erfordert schon ein wenig Erfahrung, weil insbesondere bei ausgewachsenen Pflanzen ein möglichst geringer Zuwachs bei optimalem Gesundheitszustand der Pflanze erzielt werden soll. Düngt man zu stark, werden die Internodien, sprich die Abstände zwischen den Blättern, sehr lang, und die Pflanze schießt aus der Form. Es bilden sich große und sehr mastige Blätter, die Pflanzen sind besonders krankheitsanfällig. In Extremfällen können bei zu viel Dünger Verbrennungserscheinungen an den Blättern auftreten, wobei meist zuerst die Ränder absterben. In weniger extremen Fällen zeigt die Pflanze kräftigen, aber gestauchten Wuchs und verringerte Blühwilligkeit. Düngt man zu wenig, kümmern die Pflanzen und haben nur noch einen geringen Zuwachs, Blätter vergilben und fallen schließlich ab. Gerade der Abwurf von älteren Blättern und schwacher Zuwachs mit hellgrünen Blättern während der Wachstumszeit sind ein sicheres Zeichen für einen Düngermangel – ein intaktes Wurzelsystem vorausgesetzt. Die Pflanze zieht dann gespeicherte Stoffe aus den älteren Blättern ab, um junges Gewebe bilden zu können. Blüten werden kaum entwickelt oder sind von schlechter Qualität.

Bei der Besprechung der Düngerarten für Wintergartenpflanzen wurde schon darauf hingewiesen, dass die Pflanzen, bezogen auf die einzelnen Nährstoffe, teilweise unterschiedliche Ansprüche haben und man bei der Düngung diesbezüglich Kompromisse eingehen muss. Gleiches gilt auch für die Düngermenge, die Pflanzen für gu-

FÜR SCHNELLE LESER

Wintergartenpflanzen sind keine „Hochleistungspflanzen“, die, um einen hohen Ertrag zu bringen, stets reichlich Nährstoffe brauchen, zumal maximales Wachstum, da mit zusätzlichem Pflegeaufwand (viel Schnittaufwand) verbunden, im Wintergarten eher unerwünscht ist. Vorrangiges Ziel der Düngung im Wintergarten ist der Erhalt der Pflanzen sowie ein optisch gutes Aussehen.

tes Wachsen und Blühen benötigen. Auch hier gibt es Unterschiede zwischen den Pflanzen und auch hier müssen Kompromisse eingegangen werden, um das Düngen nicht zu sehr zu komplizieren. Man greift deshalb bei der Menge an Dünger, die zu verabreichen ist, auf so genannte „Faustzahlen" zurück, die Durchschnittswerte darstellen und für die Mehrzahl der Wintergartenpflanzen eine optimale Ernährung ermöglichen. Soweit es bei einzelnen Pflanzenarten sinnvoll oder notwendig ist, von diesen Werten abzuweichen, wird im lexikalischen Teil ein Hinweis bei den speziellen Pflanzen gegeben.

Die folgenden „Faustzahlen" für die Bewässerungsdüngung, die Intervalldüngung und die Langzeitdüngung sind Anhaltswerte, sie ersetzen nicht die Angaben in den Gebrauchsanleitungen der Düngemittelhersteller. Sie gelten auch nur für „Profidünger" (siehe Seite 54). Bei Verwendung von „Blumendüngern" für den Hobbybereich sind die Angaben der jeweiligen Gebrauchsanleitung maßgebend.

TIPP

Kranke oder anderweitig geschwächte Pflanzen erhalten keine Düngung. Nicht selten wird gerade dann gedüngt, weil der Pflanzenfreund meint, seinen Pfleglingen damit Lebenskraft zuzuführen.

Bewässerungsdüngung

Hinsichtlich der Höhe der Düngermenge, die dem Wasser zuzugeben ist, dient bei Volldüngern der Stickstoff (N) als Leitelement. Er wird deshalb als Leitelement herangezogen, weil einerseits sein Einfluss auf das Wachstum besonders groß ist und andererseits der Optimalbereich im Vergleich zu anderen Hauptnährstoffen sehr eng ist. Fußend auf dem Stickstoff ergeben sich dann bei Volldüngern die entsprechenden Nährstoffmengen der anderen Nährelemente.

Für Stickstoff gilt in der gärtnerischen Pflanzenproduktion im Durchschnitt eine Konzentration um 100 mg/l als optimal. Für Wintergartenpflanzen, bei denen es, wie schon erwähnt, nicht um maximales Wachstum geht, gelten 30 bis 50 mg Stickstoff pro Liter Wasser als Kompromisswert. Daraus ergeben sich bei Verwendung von Volldüngern mit 15, 10 und 6 % Stickstoff folgende Düngermengen (auf- bzw. abgerundet) je Liter Wasser (siehe Tabelle links unten).

Bei der Verwendung von Flüssigkonzentraten ist zu beachten, dass Flüssigdünger in der Regel volumenbezogen in Millilitern abgemessen werden, während Mikrogranulat-Dünger abgewogen werden.

Zur exakten Berechnung des Nährstoffangebotes müssten in diesem Fall die auf dem Düngerbehälter angegebenen Nährstoffgehalte, die in Gewichts-% angegeben sind, mit dem spezifischen Gewicht des Flüssigdüngers multipliziert werden. Beträgt das spezifische Gewicht beispielsweise 1,13 g/ml, resultieren daraus für einen Mehrnährstoffdünger mit 15 % N, Nährstoffgehalte von 16,95 Vol.-% Stickstoff. 1 Milliliter (ml) auf 1 l Wasser er-

Höhe der Düngermenge in Abhängigkeit vom Reinnährstoffgehalt (Stickstoff) des Düngers und dem Nährstoffbedarf der Pflanze

Stickstoffgehalt	Mehrnährstoffdünger / Liter Wasser bei 50 mg N / l Wasser	30 mg N / l Wasser
15 %	0,3 g	0,2 g
10 %	0,5 g	0,3 g
6 %	0,8 g	0,5 g

Der Reinnährstoffbedarf berechnet sich nach der Formel:
(Reinnährstoffbedarf mg/l : % Nährstoffgehalt des Düngers) × 100 = Düngermenge mg/l Wasser : 100 = Düngermenge g/l Wasser.

ZUSATZINFORMATION

Nach dem Verpflanzen ist erst dann wieder zu düngen, wenn die Nährstoffe im Substrat aufgebraucht sind. Bei einer Grunddüngung mit leicht löslichen mineralischen Salzdüngern ist dies nach etwa vier bis sechs Wochen der Fall. Beim Einsatz eines organischen oder eines organisch-mineralischen Düngers und bei ausschließlicher Verwendung von Langzeitdüngern braucht in den folgenden sechs Monaten in der Regel nicht mehr nachgedüngt werden.

gibt in diesem Fall eine Nährlösung von 16,95 mg Stickstoff. Auf den Kompromisswert von 50 mg Stickstoff je Liter Wasser bezogen, wären bei einem Mehrnährstoffdünger mit 15 % Stickstoff pro Liter Wasser 0,3 ml Dünger beizugeben.

Zeitlicher Nährstoffbedarf. Pflanzen haben nicht nur einen absoluten, sondern auch einen zeitlichen Nährstoffbedarf, der vom Wachstumsrhythmus der Pflanzen abhängig ist und von den Wachstumsfaktoren Licht und Temperatur beeinflusst wird. So muss bei tropischen Pflanzenarten, die das ganze Jahr über wachsen, wenn ausreichend Licht vorhanden ist, auch ganzjährig eine ausreichende Nährstoffversorgung gesichert sein, was für subtropische und mediterrane Pflanzenarten, die den Winter über eine Ruhezeit durchmachen und dabei kühler stehen, nicht in gleichem Maße zutrifft. Aber auch bei tropischen Pflanzenarten verläuft das Wachstum nicht gleichmäßig über das ganze Jahr verteilt. Steht viel Licht zur Verfügung, ist ein intensives Wachstum möglich, und die Pflanzen brauchen vergleichsweise viele Nährstoffe. Deshalb werden in den Frühjahrs- und Sommermonaten mehr Nährstoffe benötigt, als in den lichtarmen Herbst- und Wintermonaten. Eine Düngung muss daher in der richtigen Dosierung, der Jahreszeit und damit dem Wachstumsrhythmus der Pflanzen entsprechend durchgeführt werden.

Eine ausreichende Berücksichtigung des zeitlichen Nährstoffbedarfs, d. h. in Zeiten hoher Wachstumsraten viel Dünger geben und in Zeiten niedriger Wachstumsraten den Pflanzen weniger Dünger zur Verfügung stellen, ist bei der Bewässerungsdüngung weitgehend dadurch gewährleistet, dass bei viel Licht und damit auch viel Wärme (in den Frühjahrs- und Sommermonaten) öfter gegossen werden muss, als bei wenig Licht und niedriger Wärme (in den Herbst- und Wintermonaten).

ZUSATZINFORMATION

Bei längeren Zeiten hoher Sonneneinstrahlung, insbesondere in den Sommermonaten, übersteigt der Wasserverbrauch leicht den Nährstoffbedarf der Pflanzen und es kann bei fortgesetzter Bewässerungsdüngung in gleicher Höhe zu einem Nährstoffüberschuss und damit zu einer Überdüngung kommen. Schäden an den Pflanzen sind nicht ausgeschlossen. Deshalb muss in Zeiten hohen Wasserbedarfs entweder die Konzentration der Nährlösung abgesenkt oder zwischendurch mit „reinem" Wasser gegossen werden. Umgekehrt können längere Abschnitte schwacher Einstrahlung (z. B. im Winter), in denen nur wenig gewässert wird, möglicherweise eine Konzentrationserhöhung erforderlich werden lassen.

Intervalldüngung

Bei der Intervalldüngung wird die Nährstofflösung in Abständen von ein, zwei, drei oder mehr Wochen gegeben, unabhängig vom Wasserbedarf der Pflanzen. Da diese in den lichtarmen Wintermonaten entsprechend ihrem Wachstumsrhythmus weniger Nährstoffe benötigen, sind die Düngungsintervalle entsprechend zu strecken.

Für Pflanzen des Wintergartentyps 1 (überwiegend tropische Pflanzenarten) gelten folgende Faustzahlen:

- Anfang April bis Ende September wöchentlich 3 ‰ = 3 g bzw. 3 ml/l Wasser,
- Anfang Oktober bis Ende März alle zwei Wochen 3 ‰ = 3 g bzw. 3 ml/l Wasser.

Für Pflanzen der Wintergartentypen 2, 3 und 4 gilt Folgendes:

- Anfang April bis Ende September wöchentlich 3 ‰ = 3 g bzw. 3 ml/l Wasser,
- Anfang Oktober bis Ende März alle drei bis vier Wochen 3 ‰ = 3 g bzw. 3 ml/l Wasser.

Pflanzen mit trockenen Erdballen darf man nicht düngen. Die Nährlösung würde die feinen Haarwurzeln „verbrennen", eine Wasseraufnahme wäre nicht mehr möglich und die Pflanzen würden Schaden nehmen. Trockene Wurzelballen sind deshalb vor dem Düngen mit „reinem" Wasser gut anzufeuchten.

TIPP

Mikrogranulat-Dünger zur Flüssigdüngung (so genannte Salzdünger, wie Flory oder Hakaphos) sind grundsätzlich in Wasser aufzulösen. Sie dürfen unter keinen Umständen einfach auf die Erdoberfläche gestreut werden, da sonst die Gefahr der Überdosierung besteht.

Langzeitdüngung

Die Aufwandmengen kunststoffumhüllter Langzeitdünger (Depotdünger) sind abhängig von der Wirkungsdauer und vom Nährstoffbedürfnis der Pflanzen. Für die Bevorratung von Pflanzerden (die so genannte Grunddüngung) als auch die Nachdüngung legen die Düngemittelhersteller folgende Aufwandmengen zugrunde (die erste Zahl gilt für Pflanzen mit geringem, die zweite für Pflanzen mit hohem Nährstoffbedarf):

- 2,5 bis 5 g/l Substrat bei 4-Monatsdüngern,
- 3 bis 6 g/l Substrat bei 6-Monatsdüngern,
- 3 bis 7 g/l Substrat bei 8-Monatsdüngern.

Wintergartenpflanzen auf Pflanzbeeten sollten mit der geringeren Düngermenge versorgt werden, d. h. mit 2,5 g/l Substrat bei 4-Monatsdüngern, 3 g/l Substrat bei 6-Monatsdüngern und mit ebenfalls 3 g/l Substrat bei 8-Monatsdüngern.

Für Wintergartenpflanzen in Gefäßen gilt eine mittlere Menge als Faustzahl für die Düngung. Das wären 3,5 g/l Substrat bei 4-Monatsdüngern, 4,5 g/l Substrat bei 6-Monatsdüngern und 5 g/l Substrat bei 8-Monatsdüngern.

Warum diese Unterschiede? Auf Pflanzbeeten ist das den Pflanzen zur Verfügung stehende Substratvolumen im Vergleich zu den in Gefäßen wachsenden Pflanzen in der Regel größer. Außerdem treten auf Pflanzbeeten kaum Auswaschungsverluste auf.

ZUSATZINFORMATION

Die Mobilisierung der Nährstoffe hängt bei den kunststoffumhüllten Langzeitdüngern von der Temperatur und der Bodenfeuchtigkeit ab. Hohe Temperaturen erhöhen die Abgaberate, bei Temperaturen von 5 °C erfolgt dagegen kaum noch eine Nährstoffmobilisierung. Deshalb kann in den Wintergartentypen 2, 3 und 4 in den Herbst- und Wintermonaten von einer längeren Wirkdauer ausgegangen werden, die bei etwa 50 % liegt. Bei Verwendung eines 8-Monats-Depotdüngers muss somit erst nach 12 Monaten nachgedüngt werden.

Neuer Dünger muss ausgebracht werden, wenn die oben angegebenen Zeiträume abgelaufen sind. Zur Bemessung der jeweils benötigten Düngermenge muss das Erdvolumen des Beetes bekannt sein bzw. berechnet werden.

Damit die in der Kunststoffhülle befindlichen Nährstoffe gelöst werden können, muss das Granulat in Kontakt mit der Bodenlösung stehen. Deshalb reicht es nicht aus, den Dünger nur gleichmäßig auf der Oberfläche auszustreuen, sondern er muss leicht in die Substratoberfläche eingearbeitet werden. Bei größeren Pflanzbeeten nimmt man dazu am besten einen schmalen Rechen (Harke), bei kleineren Pflanzbeeten oder Gefäßen ein entsprechendes Handgerät für Blumentöpfe. Alternativ kann man mit einem Holz- oder Metallstab flächenmäßig gleichmäßig verteilt Löcher in die Erde stechen bzw. bohren, den Dünger verteilen und mit einem Besen einkehren. Einfacher in der Anwendung sind zu mehreren Gramm zusammengeklebte Langzeitdünger in Pelletform (Kegelform), die von verschiedenen Herstellern angeboten werden.

ZUSATZINFORMATION

Bei Tröpfchenbewässerung kann es bei Verwendung mit Langzeitdüngern mit der Freisetzung der Nährstoffe Probleme geben, wenn das tropfenförmig abgegebene Wasser sich im Substrat nicht ausreichend ausbreitet.

Das Umtopfen der Wintergartenpflanzen

Gut aussehende, gesunde Pflanzen sind von einer guten Wurzelentwicklung abhängig. Eine wichtige, nicht zu vernachlässigende Pflegemaßnahme bei in Erdsubstraten stehenden Wintergartenpflanzen in Gefäßen ist deshalb das Umtopfen.

Warum und wie oft umtopfen?

Eine immer wiederkehrende Pflegemaßnahme bei Wintergartenpflanzen, die in Gefäßen in Erdsubstraten stehen, ist das Umpflanzen oder Umtopfen. Viele Wintergartenbesitzer meinen ihre Pflanzen jedes Frühjahr umtopfen zu müssen. Diese Ansicht ist nicht richtig. Natürlich muss man Jungpflanzen, die sich noch in der Entwicklung befinden, jedes Jahr in einen neuen größeren Topf setzen, bis sie ihre endgültige Größe erreicht haben. Ältere, „ausgewachsene" Pflanzen wollen aber möglichst lange ungestört bleiben. Es ist jedoch nicht möglich, für eine Pflanzenart bezüglich der Zeitabstände für das Umtopfen allgemein gültige Hinweise zu geben, denn die Häufigkeit wird von verschiedenen Faktoren beeinflusst. Mit diesen Faktoren, die im engen Zusammenhang mit der Gesundheit der Pflanzen stehen, wollen wir uns nachfolgend näher beschäftigen.

Die Erde ist ausgelaugt

Da das Wachstum einer Pflanze in einem Gefäß allein schon durch dessen Enge eingeschränkt ist, verwundert es nicht, dass der Topf mit der Zeit zu klein für die Pflanze wird, da die Wurzeln die Erde bald völlig durchdringen. Wenn aber das Wurzelwachstum aufhört, fängt die Pflanze früher oder später an zu kränkeln. Solch eine Pflanze besitzt keine Kraftreserven mehr, weil die Erde vollkommen ausgelaugt ist und keine Nährstoffe mehr speichert. Außerdem kann kaum noch Luft in die Wurzelmasse eindringen. Wenn die Wurzeln eines Gummibaums, Ölbaums oder einer Palme langsam die Erde über den Topf hinaus anheben oder die Wurzeln gar das Pflanzgefäß sprengen, ist es höchste Zeit umzutopfen.

Das Bodengefüge ist zerstört

In dem Zeitraum, in dem eine Pflanze im Gefäß steht, verändert sich insbesondere durch die Tätigkeit der Mikroorganismen die Bodenstruktur je nach Ausgangserde mehr oder weniger schnell. Dies hat zur Folge, dass bisherige Hohlräume durch feinste Erdteilchen ausgefüllt werden. In einer solchen Erde ist die Nachlieferung von Sauerstoff, insbesondere bei Vernässung, so langsam, dass das Wurzelwachstum gehemmt und die Pflanze in ihrem Gedeihen beeinträchtigt wird.

Die Pflanze kann in einer solchen Erde trotz regelmäßigen Gießens im Extremfall vertrocknen. Beim Gießen füllen sich die wenigen Hohlräume, die sich noch in der Erde befinden mit Wasser und die Wurzeln sterben schließlich infolge Sauerstoffmangels ab. Die Pflanze kann dann, obwohl genügend Feuchtigkeit zur Verfügung steht, kein Wasser mehr aufnehmen, weil die Faserwurzeln abgestorben sind. Folge ist das Vertrocknen der Pflanze. Dies kann man äußerlich daran erkennen, dass die Blätter zunächst schlaff herabhängen. Da eine zu trocken gehaltene Pflanze das gleiche Erscheinungsbild zeigt, kommt es nicht selten zu falschen Schlussfolgerungen. Den Zeitpunkt, wann es für Wasser und Luft schwierig wird, in den Boden einzudringen, die Struktur der Erde also vom optimalen Zustand abweicht, erkennt man daran, dass das Gießwasser nicht mehr gleichmäßig aufgesaugt wird, sondern an der Oberfläche kleine Lachen bildet.

Versalzung der Erde

Durch Versalzung der Erde kann es zu Wachstumsstörungen kommen, wodurch im Extremfall die Pflanze ebenfalls absterben kann. Eine Versalzung der Erde entsteht insbesondere durch die im Gießwasser gelösten Salze. Düngemittel sind weniger daran beteiligt. Wasser aus dem örtlichen Wassernetz enthält je nach Ursprung in verschiedenen Mengen Kalzium-, Magnesium- und Schwefelsalze, ferner Nitrate und Chloride (siehe auch Seite 39). In der freien Natur werden Salze, die sich im Boden befinden, durch die Nie-

FÜR SCHNELLE LESER

Jüngere Pflanzen bis zu einem Alter von fünf bis zehn Jahren sind jährlich umzutopfen, denn bei jungen Pflanzen geht es vor allem darum, möglichst schnell eine ansehnliche Pflanze zu erhalten. Und da das Wachstum der Sprossteile nicht zuletzt vom durchwurzelbaren Raum abhängig ist (jedem Triebwachstum geht Wurzelwachstum voraus), ist es sinnvoll, jüngere Pflanzen jährlich umzutopfen.

derschläge ausgewaschen. In einem Topf oder Kübel verbleiben diese Salze dagegen in der Erde, lagern sich an den Innenwandungen oder am Boden, bei porösem Material auch in den Wandungen ab. Sehr deutlich ist dies bei Tontöpfen zu sehen: Aufgrund der Durchlässigkeit der Wände dringen im Laufe der Zeit Salze durch die Wände hindurch. Erkennen kann man dies an dem weißlichen kristallinen Belag auf den Außenwänden. Solche Töpfe müssen vor einer Wiederverwendung gründlich gesäubert werden.

Schäden an Pflanzen durch hohe Salzkonzentrationen in der Erde treten jedoch nicht abrupt auf, sondern nach und nach. Zunächst verlangsamt sich das Wachstum, die Blätter hängen schlaff herab, weil die Wurzeln absterben und dadurch keine Wasseraufnahme mehr möglich ist, schließlich rollen sich die Blattränder auf. Im fortgeschrittenen Stadium werden die Ränder der Blätter braun und sehen wie verbrannt aus.

Wann umtopfen?

Theoretisch kann das ganze Jahr über umgetopft werden. Aus pflanzlicher Sicht sind die Frühjahrsmonate, wenn das Wachstum wieder richtig einsetzt, der beste Zeitpunkt. In dieser Jahreszeit erholen sich die Pflanzen auch am schnellsten von einem möglicherweise notwendigen Wurzelrückschnitt.

Wie groß sollten die Gefäße sein?

In den ersten Jahren wird man in der Regel in ein größeres Gefäß umpflanzen. Dabei sollte man nicht den Fehler begehen, den neuen Topf allzu knapp zu bemessen, im Durchmesser sollten es schon 5 cm mehr sein. Andererseits darf das neue Gefäß aber auch nicht zu groß gewählt werden, denn dort, wo ein Wurzelballen zu reichlich von Erde umgeben ist, wird die Erde leicht zu nass und versauert, bevor die Pflanze eingewurzelt ist und ein neues dichtes Wurzelwerk ausgebildet hat. Später, bzw. bei älteren Pflanzen, wird man sein Augenmerk vor allem darauf richten, dass die Pflanzen transportabel bleiben. Daher ist es üblich, ältere Pflanzen, die ihre gewünschte Endgröße erreicht haben, wieder in den alten Kübel zurückzupflanzen, soweit es der Zustand des Gefäßes zulässt, oder in ein gleich großes neues Gefäß.

Die Gefäße sollten in der Regel mehr breit als hoch sein. Wenn auch bauchige Formen besonders gut aussehen, sollte auf sie besser verzichtet werden, denn beim Umtopfen ist der Wurzelballen nur unter großen Mühen und nicht selten mit Schäden herauszuholen. Will man nicht den Verlust der Pflanze in Kauf nehmen, wird man das Gefäß häufig zerschlagen müssen.

Wie umtopfen?

Bei fest durchwurzelten Ballen löst sich der Ballen nicht so einfach von den Topfwandungen. Eventuell muss durch Klopfen mit dem Handballen auf den Topfrand (bei Kunststoff- und Holzkübeln leistet ein Gummihammer gute Dienste) nachgeholfen werden. Löst sich der Wurzelballen trotzdem nicht, hilft ein langes Messer (Tapeziermesser sind recht gut geeignet), welches man senkrecht an der Gefäßwand entlangführt, um den Wurzelballen zu lösen. Wurzelballen in Tontöpfen lassen sich in der Regel leicht lösen, wenn der Ballen tropfnass ist. Umgekehrt ist es bei Kunststofftöpfen und glasierten Gefäßen. Hier sollte man die Pflanzen einige Tage vor dem Umtopfen nicht gießen.

Setzt man ältere Pflanzen wieder in den alten Kübel zurück, muss man den Ballen reduzieren, um frische Erde an die Wurzeln bringen zu können. Dies muss in der Regel sehr vorsichtig geschehen, da nur wenige Pflanzen einen radikalen Wurzelrückschnitt vertragen. Bei robusteren Pflanzen kann ohne Schaden für die Pflanzen der alte

Ballen unten und an den Seiten mit einem scharfen Messer verkleinert werden.

Unter größtmöglicher Schonung der Wurzeln ist anschließend der Wurzelballen mit einem spitzen Holz oder ähnlichem Gegenstand (auch längere Schraubenzieher eignen sich gut) so aufzulockern, dass genügend frische Erde eingefüllt werden kann. Alte und abgestorbene Wurzeln müssen mit einer scharfen Schere sauber abgeschnitten werden.

Die einzelnen Arbeitsgänge sollten gut vorbereitet sein und schnell ausgeführt werden. Dies gilt insbesondere für das Herausnehmen der Pflanzen, das Beschneiden der Wurzeln und das Eintopfen. Schon oft sind Pflanzen nur deshalb nicht weitergewachsen, weil sie nach dem Herausnehmen und dem Wurzelschnitt zu lange herumgelegen haben und die Wurzeln eingetrocknet sind.

Bei jungen Pflanzen, die noch jährlich umgetopft werden, ist eine Reduzierung des Wurzelballens nicht erforderlich und auch nicht zu empfehlen. Allerdings muss man die Oberfläche des Wurzelballens auflockern und gegebenenfalls von Moosen befreien. Vor dem Einsetzen in das neue Gefäß sollte bei größeren Töpfen eine etwa 5 cm hohe Dränageschicht, z. B. aus Tonscherben, Kies oder Blähton, auf den Boden aufgebracht werden. Über die Dränageschicht wird dann etwas Erde ausgebreitet. Nun kann die Pflanze in den neuen Kübel gehoben und abgesetzt werden. Danach füllt man nach und nach rings um den Ballen frische Erde ein. Mitunter kann es schwierig werden, an alle Wurzelteile Erde zu bringen. Durch vorsichtiges Stochern mit einem Holzstab und leichtes Klopfen gegen die Wandungen des Gefäßes lassen sich die Hohlräume zwischen den Wurzeln aber auffüllen. Außerdem ist darauf zu achten, dass der Ballen nicht zu tief in den neuen Topf kommt und ein genügend tiefer (etwa 3 cm) Gießrand verbleibt.

▲ Beim Umtopfen sind alte und abgestorbene Wurzeln mit einer scharfen Schere sauber abzuschneiden.

Die Pflege der Pflanzen nach dem Umtopfen

Bei einem Wurzelrückschnitt ist der Wasserhaushalt der Pflanze empfindlich gestört. Der Wasserbedarf kann in der Regel durch das verringerte Wurzelvolumen nicht im vollen Umfang gedeckt werden. Besonders bei Lufttrockenheit, Zugluft, hoher Temperatur und Sonneneinstrahlung wirken sich dann Verluste durch Verdunstung negativ auf das Wachstum aus. Diese Verdunstungsverluste können aber durch geeignete Maßnahmen herabgesetzt werden:

- Die Pflanzen sind die ersten zwei Wochen vor direkter Sonne und

Zugluft geschützt aufzustellen. Dazu sollte man die Schattierung zuziehen.

- Es ist außerdem sehr wichtig, frisch umgetopfte Pflanzen die erste Zeit über nur sehr vorsichtig zu gießen. Hält man die Erde die ersten zwei Wochen schwach feucht, so bilden sich sehr schnell neue Wurzeln und die Pflanze übersteht die kritische Periode schneller.

Pflanzenschutz im Wintergarten

TIPP

Die beste Pflege kann die Vorbeugung von Pflanzenkrankheiten durch eine fachgerechte Planung der Begrünung und eine sorgfältige Pflanzenauswahl nicht ersetzen. Nur wenn möglichst viele Raumparameter mit den Pflanzenansprüchen übereinstimmen, kann eine Begrünung langfristig gedeihen.

Ungetrübte Freuden sind bekanntlich selten. Dies gilt nicht nur für das Leben im Allgemeinen, sondern auch für den Wintergarten, denn eine Vielzahl belebter (parasitärer) und unbelebter (nicht parasitärer) Ursachen können Schäden an Pflanzen hervorrufen.

In der ungestörten Natur stehen alle Lebewesen im ständigen Konkurrenzkampf untereinander. Es besteht ein ökologisches Gleichgewicht, das aber keine friedliche Idylle ist. Alle Teile dieses Systems sind an ihre Umwelt angepasst. Pilzkrankheiten, Blattläuse, Spinnmilben, Schnecken und viele andere Schädlinge gibt es auch dort, nur kann keiner von ihnen durch die vielseitigen Wechselwirkungen überhand nehmen. Dieses ökologische Gleichgewicht fehlt im Wintergarten, sodass es trotz guter Kulturbedingungen immer wieder zu einem Befall durch Krankheiten und Schädlinge kommen kann.

WICHTIG

Treten Schädlinge erst einmal in Massen auf, dann bleibt oft nur das Entfernen der ganzen Pflanze oder der Griff zum Pflanzenschutzmittel, als letzte Maßnahme. Da die Palette der Pflanzenschutzmittel, die für einen Einsatz in Wintergärten zugelassen sind, sehr beschränkt ist, führen auch intensive Spritzbehandlungen oft nicht zum gewünschten Erfolg. Für die Wintergartenbegrünung sind deshalb die vorbeugenden Pflanzenschutzmaßnahmen und vor allem die gründliche Kontrolle und Überwachung der Pflanzen von besonderer Bedeutung.

Bevor wir uns den wichtigsten Schadursachen, den Krankheiten und Schädlingen, die im Wintergarten auftreten können, näher zuwenden und für verschiedene Krankheiten und Schädlinge spezifische Möglichkeiten der Bekämpfung beschreiben, sollen nachfolgend zunächst die zur Verfügung stehenden Pflanzenschutzmaßnahmen mit ihren Vor- und Nachteilen näher beschrieben werden.

Vorbeugende Maßnahmen

Ursache einer Krankheit oder Schädigung ist nicht immer allein die Anwesenheit eines Parasiten. In vielen Fällen spielt auch der Zustand der Pflanze eine wesentliche Rolle. Die Pflanze muss sozusagen „empfänglich" sein. Verschiedene äußere Einflüsse, wie schlechte Ernährung, Überdüngung, Trockenheit, übermäßige Nässe, Verletzungen, anhaltender Lichtmangel usw., können diesen Zustand herbeiführen. Gerade das Ausschalten dieser Faktoren, welche die Krankheit oder Schädigung erst ermöglichen, ist als vorbeugende Maßnahme meist viel wichtiger als die Bekämpfung selbst. Deshalb gilt der Grundsatz: Das Schaffen optimaler Wachstumsbedingungen für die Pflanzen ist eine der wichtigsten Voraussetzungen für ihre Gesunderhaltung. So können tropische Pflanzenarten unmöglich in einem Wintergarten gedeihen, der nicht heizbar ist bzw. bei dem die Temperaturen niedrig gehalten werden, und Pflanzen, die in einem Substrat stehen, das zum Vernässen neigt, werden unweigerlich von Wurzelkrankheiten befallen.

Neuankömmlinge

Um das Einschleppen von Krankheiten und Schädlingen in die Pflanzengemeinschaft des Wintergartens zu verhindern, ist bei einem Neuerwerb von Pflanzen besonders auf den Befall mit Schädlingen und Krankheiten zu achten. Es kann auch hilfreich sein, „Neuankömmlinge“ für eine gewisse Zeit einer „Quarantäne“ zu unterziehen.

Vorbeugende Maßnahmen sind alle Kulturmaßnahmen, die der Sicherung eines ausreichenden Wachstums und einer guten Vitalität dienen:

- Auswahl geeigneter Pflanzen für die vorgegebenen Standortbedingungen bzw. Schaffung geeigneter Standortbedingungen für die ausgewählten Pflanzen, d.h., Beachtung der Ansprüche an Temperatur und Licht, an Luft- und Bodenfeuchtigkeit, an Wasser und Nährstoffe.
- Verwendung von gesunden, akklimatisierten Pflanzen und gründliche Kontrolle der Pflanzen beim Kauf, denn eingeschleppte Schädlinge und Krankheiten gefährden nicht nur die betroffene Einzelpflanze, sondern später den gesamten Wintergarten.
- Verwendung strukturstabiler Substrate, welche die Sauerstoffversorgung der Wurzeln für längere Zeit sicherstellen.
- Kontinuierliche Durchführung von Pflegemaßnahmen, wie Wässern, Düngen, Ausputzen, Schneiden.
- Kontinuierliche und sorgfältige Kontrolle auf Schädlingsbefall und Mangelerscheinungen.

Überwachung und Kontrolle

Bei „fertigen“ Bepflanzungen ist ein wachsames Auge wichtig. Insbesondere kommt es darauf an, so genannte Befallsnester frühzeitig zu entdecken. Dies gilt vor allem für Schädlinge, die wenig aktiv sind, d. h., oft längere Zeit auf einzelne Pflanzen oder gar Pflanzenteile beschränkt bleiben, wie Schild- und Schmierläuse oder auch Spinnmilben. Entfernt man solche Befallsnester durch gezielten Rückschnitt oder manchmal auch durch das Entfernen ganzer Pflanzen frühzeitig und unterstützt diese Maßnahme gegebenenfalls noch durch eine Herdbehandlung mit einem biologischen Pflanzenschutzmittel oder die Freilassung von Nützlingen, dann ist der Erfolg meist größer als mit routinemäßigen chemischen Behandlungen der ganzen Bepflanzung.

Pflanzenstärkungsmittel

Zu den vorbeugenden Maßnahmen gehört auch die Behandlung mit so genannten **Pflanzenstärkungsmitteln auf der Basis ätherischer Öle** (Eukalyptus, Kiefernnadeln, Pfefferminze, Thymian, Rosmarin, Melisse und Salbei), Kräuterextrakten oder Extrakten aus Braunalgen. Diese Mittel enthalten in der Regel wachstumsstimulierende Wirkstoffe, welche die Pflanze aufbauen und bei regelmäßiger Anwendung Krankheiten und auch Schädlinge verhüten können. Die meisten dieser Mittel zeichnen sich auch durch einen angenehmen Duft aus. Diese Bio-Therapie, die zunächst für die Hydrokultur „entdeckt“ wurde, kann man aufgrund ihrer natürlichen Wirkstoffe als wirklich biologisch bezeichnen. So kann ein Extrakt aus dem Sacchalin-Staudenknöterich, das unter dem Handelsnamen „Milsana“ verkauft wird, den Echten Mehltau unter einer gewissen Schadensschwelle halten.

Blattglanzmittel haben **aufgrund ihrer öligen Bestandteile** (Paraffin- oder Silikonöle) im Allgemeinen eine gute Wirkung gegen tierische Schädlinge, z. B. gegen Spinnmilben. Dabei ist jedoch Voraussetzung, dass die Schädlinge direkt getroffen werden. Dies erfordert in der Regel, so z. B. bei Spinnmilben, eine gründliche Behandlung der Blattunterseiten. Allerdings muss darauf hingewiesen werden, dass diese Mittel nicht uneingeschränkt eingesetzt werden können, denn es können Unverträglichkeiten zwischen Pflanze und Mittel bestehen, wie wir es auch von chemischen Pflanzenschutzmitteln her kennen.

Mechanische Pflanzenschutzmaßnahmen

Zu den mechanischen Pflanzenschutzmaßnahmen gehören das **Absammeln**, **Abklopfen**, **Abspritzen**, **Abkratzen** oder **Abbürsten der Schädlinge** von den Pflanzen, das **Entfernen einzelner kranker Pflanzen** und das **Ausbrechen** oder **Abschneiden befallener Pflanzenteile**, bevor die Krankheit auf die übrigen, noch gesunden Pflanzenteile übergreifen kann. Dazu müssen auch durch natürlichen Blattfall abgefallene Blätter und eingetrocknete Blüten, gegebenenfalls auch Früchte rechtzeitig entfernt werden.

Eine sehr interessante Methode der mechanischen Schädlingsbekämpfung stellt das **Absaugen** tierischer Schädlinge von den Pflanzen dar. Hierzu eignen sich besonders Staubsauger, bei denen die Saugluft stufenlos eingestellt werden kann. Es ist jedoch mit möglichst niedriger Saugstufe zu arbeiten, denn die Blüten, Blätter und Triebe dürfen selbstverständlich nicht verletzt werden.

Biotechnische Verfahren

Unter biotechnischen Verfahren versteht man Maßnahmen, bei denen natürliche Reaktionen der Schädlinge auf physikalische oder chemische Reize mit dem Ziel ausgenützt werden, ihre Population bis zur Bedeutungslosigkeit zu verringern. **Gelbtafeln** oder **weiße Kunststofffolien** bzw. **-bänder**, die fertig vorgeleimt gekauft werden können, werden im Wintergarten gegen Trauermücken, Blattläuse, Weiße Fliege und Blasenfüße eingesetzt. Der Wirkungsmechanismus beruht darauf, dass sich alle Insekten bevorzugt auf gelben bzw. hellen Gegenständen niederlassen und von der stark klebenden Oberfläche festgehalten werden. Ähnliche Effekte erzielen kleine, quittegelbe Plastikschälchen, die mit Wasser gefüllt zwischen die Pflanzen gestellt werden. Einige Tropfen eines handelsüblichen Geschirrspülmittels verringern die Oberflächenspannung des Wassers, wodurch anfliegende Insekten sofort untergehen.

Lichtfanggeräte locken Fluginsekten mit UV-reichem Licht an ihre elektrisch geladenen Gitter, wo diese dann direkt verglühen. Gewisse Bekämpfungserfolge können so bei Weißer Fliege und Trauermücken erzielt werden.

Für andere biotechnische Verfahren, wie die **Verwendung von Sexual-Duftstoffen** (so genannte Pheromon-Fallen) zur Schädlingsbekämpfung, die im Obstbau und im Forst eine gewisse Bedeutung haben, gibt es derzeit für den Einsatz in Gewächshäusern und Wintergärten noch keine praxisreifen Methoden.

Biologische Pflanzenschutzmaßnahmen

Die biologische Bekämpfung, die sich auf natürliche Feinde oder Widersacher der Schädlinge stützt, findet auch in Wintergärten immer größeres Interesse. Im Gartenfachhandel gibt es in der Zwischenzeit eine Reihe von **Nützlingsarten** zu kaufen, die gezielt gegen eine Reihe von Schädlingen eingesetzt werden können. In der Mehrzahl sind diese Nützlinge auf bestimmte Schädlinge spezialisiert. Die **Raubmilbe** ist beispielsweise auf die Spinnmilbe spezialisiert; die Schlupfwespe, auch Erz- oder Zehrwespe genannt, wird zur Bekämpfung der Weißen Fliege; die Florfliege (Goldauge) und die räuberische Gallmücke zur Blattlausbekämpfung eingesetzt.

◀ Goldgelb leuchten die Blüten von *Senna corymbosa* var. *corymbosa*. Bei optimalen Bedingungen erscheinen sie vom Frühling bis zum Herbst.

▼ Die Florfliege wird zur Blattlausbekämpfung eingesetzt.

Zu beachten ist, dass der Einsatz der meisten Nützlinge an bestimmte klimatische Bedingungen gebunden ist. So sind in der Regel Temperaturen von mindestens 15 °C und eine hohe Luftfeuchte erforderlich. Das schränkt den Einsatz von Nützlingen in den Wintergartentypen 2, 3 und 4 erheblich ein.

Pilzliche Erreger, Bakterien und Viren können bisher noch nicht mit biologischen Verfahren bekämpft werden. Verfahren zur Bekämpfung bodenbürtiger Pilze mit Hilfe eines Bakteriums sind zwar in der Entwicklung, aber noch nicht praxisreif bzw. zugelassen. Eine Vorbeugung gegen Pilzinfektionen ist derzeit nur durch optimale Wachstumsbedingungen und zusätzlich eventuell durch prophylaktische Behandlung mit Stärkungsmitteln möglich.

ACHTUNG

Es ist besonders notwendig und auch möglich, biologischen Pflanzenschutzmethoden in Wintergärten, wo Menschen und Pflanzen täglich zusammentreffen, den Vorrang zu geben. Bei besonderen raumklimatischen Bedingungen und beim Auftreten neuer Schädlingsarten sind der biologischen Schädlingsbekämpfung mit Nützlingen allerdings Grenzen gesetzt.

Chemischer Pflanzenschutz

Das Anwenden chemischer Pflanzenschutzmittel in Wintergärten ist außerordentlich problematisch und erfordert eine hohe Verantwortung des Anwenders, denn chemische Mittel sind nicht ungefährlich. Die meisten chemischen Pflanzenschutzmittel wirken nicht nur spezifisch auf den zu bekämpfenden Organismus, sondern können bei unsachgemäßem Einsatz auch die Gesundheit des Menschen beeinträchtigen oder Tiere gefährden, die in Volieren, Aquarien oder Terrarien gehalten werden. Darüber hinaus haben Pflanzenschutzmittel auch „Nebenwirkungen", so in Form von unangenehmem Geruch oder in Form von Spritzbelägen auf Boden, Gegenständen und Pflanzen.

Hinzu kommt, dass die überwiegende Zahl der für den Gartenbau verfügbaren Pflanzenschutzmittel aufgrund gesetzlicher Bestimmungen in Innenräumen, d. h. auch Wintergärten, nicht eingesetzt werden dürfen, was auch im Interesse der Nutzer der Wintergärten ist. Es bleibt deshalb nur eine sehr begrenzte Auswahl an Präparaten, die für Innenräume zugelassen sind. Welche Mittel für welche Schädlinge oder Krankheiten aktuell angewendet werden dürfen, erfährt man bei den örtlichen Pflanzenschutzdienststellen, bei seinem Gärtner oder im einschlägigen Fachhandel.

Wer auf chemische Pflanzenschutzmittel nicht verzichten will, sollte bevorzugt so genannte **Biologische Pflanzenschutzmittel** einsetzen. Dazu gehören beispielsweise Kaliumsalze natürlicher Fettsäuren (im Handel ist das Mittel „Neudosan" erhältlich) oder Paraffin- und Rapsölpräparate (z. B. Promanal) gegen tierische Schädlinge oder lecithinhaltige Präparate gegen Pilze (z. B. BioBlatt Mehltaumittel gegen Echten Mehltau).

ZUSATZINFORMATION

Mit Inkrafttreten der Gebotsindikation für chemische Pflanzenschutzmittel ab dem 1. Juli 2001 wurde die Anwendung von chemischen Pflanzenschutzmitteln für Wohnräume und damit auch Wintergärten stark eingeschränkt. Es ist nur die Anwendung von Mitteln zulässig, die für den Bereich „Hydrokulturen in Zimmern und Büroräumen", „Zimmer, Büroräume und Balkone" (jeweils auch im Haus- und Kleingartenbereich) sowie „Zimmer und Büroräume" ausgewiesen sind. Weitere Informationen hierzu, und um welche Mittel es sich dabei handelt, sind über die Biologische Bundesanstalt im Internet abrufbar. Die aktuelle Adresse lautet: *www.bba.de.*

Die wichtigsten Schadursachen, Krankheiten und Schädlinge in Wintergärten

Nachfolgend werden Schadbilder wichtiger nicht parasitärer Schadursachen sowie von Krankheiten und Schädlingen, die an Wintergartenpflanzen auftreten können sowie die Möglichkeiten ihrer Bekämpfung, näher beschrieben. Bei den Bekämpfungsmöglichkeiten wird dem vorbeugenden, mechanischen, biotechnischen und biologischen Pflanzenschutz der Vorzug gegeben. Chemische Pflanzenschutzmittel mit toxischer Wirkung werden nicht genannt, weil das Angebot geeigneter Mittel einem ständigen Wandel unterliegt. Wer auf solche Mittel nicht verzichten will oder kann, kann sich über den aktuellen Stand des Angebots vom Fachhandel und den Pflanzenschutzämtern beraten lassen.

Hinsichtlich der **Schadursachen** unterscheidet man im Pflanzenschutz zwischen **unbelebten** und **belebten Ursachenkomplexen**. Es mag vielleicht unverständlich erscheinen, aber die Mehrzahl der Schadensfälle im Wintergarten wird meist nicht von Krankheitserregern oder Schädlingen verursacht, sondern beruht auf ungünstigen Standortvoraussetzungen oder anderen abiotischen Schadfaktoren. Insofern muss bei allen Schadensfällen, deren Ursache nicht auf Anhieb zu erkennen ist, z. B. ein Befall durch Blattläuse, Schritt für Schritt die Einwirkung möglicher Schadfaktoren abgeklärt werden. Dies ist nicht ganz einfach.

ZUSATZINFORMATION

Es ist nicht immer leicht, die Ursache einer Pflanzenkrankheit oder -schädigung richtig zu erkennen. Bei ersten Anzeichen eines Befalls wird man zunächst versuchen, selbst eine Diagnose zu stellen. Wer aber die Ursache einer Krankheit oder Schädigung nicht selbst klären kann, hat die Möglichkeit, bei seinem Gärtner oder beim Pflanzenschutzdienst der Pflanzenschutzämter und ihren Bezirksstellen Auskunft einzuholen.

Unbelebte Schadursachen

Unbelebte Schadursachen rufen nicht nur unmittelbare Schäden hervor, sondern schaffen in vielen Fällen erst die Voraussetzung für den Befall durch Krankheitserreger oder Schädlinge, indem sie entweder Wunden an den Pflanzen hervorrufen oder zu einer allgemeinen Schwächung des pflanzlichen Gewebes führen. In den Fällen, wo man nicht weiter kommt, sollte man sich Rat bei den örtlichen Pflanzenschutzämtern holen.

Zu den unbelebten Schadursachen an Pflanzen zählen insbesondere die negativen Einwirkungen

- zu hoher oder zu niedriger Temperaturen,
- zu hoher oder zu niedriger Luftfeuchte,
- zu viel oder zu wenig Lichts,
- von Wassermangel oder Wasserüberschuss,
- der Substratbeschaffenheit (geringes Porenvolumen, stauende Nässe oder Trockenheit),
- von Ernährungsstörungen bei Mangel oder Überschuss,
- einer sauren oder alkalischen Bodenlösung (pH-Wert),
- durch die unsachgemäße Anwendung von Pflege- und Pflanzenschutzmitteln.

Temperatur

Erkältungen durch zu niedrige, aber oberhalb der Frostgrenze liegende Temperaturen werden im Gegensatz zu Frostschäden infolge ihres mehr schleichenden Charakters nicht immer richtig erkannt. Die meisten tropischen Pflanzenarten werden schon bei Temperaturen unter 15 °C geschädigt. Niedrige Temperaturen können u. a. zu gelblichen Flecken und Ringen auf den Blättern führen. Zu hohe Temperaturen in Verbindung mit hohen Lichtintensitäten führen zu braunen, nekrotischen Blatträndern oder Blattspitzen.

Luftfeuchte

Trockene Luft hat zur Folge, dass Blüten und Blätter eintrocknen, abfallen, vergilben oder andere Beeinträchtigungen entstehen. Außerdem begünstigt Lufttrockenheit die Entwicklung mancher tierischer Schädlinge. So fühlen sich beispielsweise Spinnmilben bei trockener Luft besonders wohl. Zu hohe Luftfeuchtigkeit erhöht die Gefahr, dass Pilzkrankheiten auftreten. Viele Pflanzen, insbesondere Sukkulenten, reagieren auf zu hohe Luftfeuchtigkeit durch Polsterbildungen und Verkorkungserscheinungen an Blättern und Stängeln.

Licht

Lichtmangel führt bei lichthungrigen Pflanzen zum Vergeilen, zu Aufhellungen (Chlorosen), Blattfall und einer allgemeinen Schwächung der Pflanzen. Lichtmangel kann auch an relativ hellen Standorten bestehen, wenn beispielsweise eine spezielle Wärme- bzw. Sonnenschutzverglasung angebracht wurde, die das pflanzenverfügbare Lichtspektrum herausfiltert (Näheres hierzu siehe Seite 11).

FÜR SCHNELLE LESER

Selbst Sonnenpflanzen können unter zu viel Licht leiden, nämlich dann, wenn kein ausreichender Luftaustausch über die Lüftung gewährleistet ist und die Luft im Wintergarten stagniert.

Schattierungseinrichtungen

Die von der Industrie angebotenen Schattierungseinrichtungen sind sowohl hinsichtlich des Materials als auch der technischen Handhabung außerordentlich mannigfaltig, sodass die Entscheidung, welches System vorzuziehen ist, oft schwerfällt. Besonders zu empfehlen sind aufrollbare Schattierungen, die inner- oder außerhalb des Wintergartens angebracht sein können. Außenschattierungen mit vertikal verstellbaren Lamellen haben den großen Vorteil, dass sich im Wintergarten kein Wärmestau bildet und das Licht, ähnlich wie im Urwald, „wandert". Haltbarer sind jedoch Innenschattierungen aus Kunststoffbahnen, die in Längs- oder Querrichtung zusammengezogen werden können. Da die Strahlungsintensität beispielsweise an bewölkten Tagen unter den für die Pflanzen optimalen Wert sinkt, sollten Wintergartenbesitzer, die tagsüber nur selten zu Hause sind, ein über Photozellen automatisch steuerbares Schattierungssystem installieren.

Aber auch zu viel Licht, d. h. intensive Sonneneinstrahlung, kann zu Schäden führen. Die Pflanzen zeigen eine mehr oder minder starke gelbliche Verfärbung, da das Blattgrün (Chlorophyll) ausbleicht, oder sie reagieren mit direkten Verbrennungen auf dem Laub. Die Blätter verbräunen von den Rändern her oder es bilden sich kreisförmige, braune Flecken auf der Blattspreite. Dabei entsteht ein irreparabler Teil- oder Totalverlust. Es ist jedoch verkehrt zu meinen, nur Schattenpflanzen seien von solchen Schäden betroffen, auch Sonnenpflanzen können bei hohen Lichtintensitäten Schäden erleiden.

Zwei Ursachen kommen für **Schäden durch zu viel Licht** in Frage. So können bei hohen Lichtintensitäten die Temperaturen im Wintergarten mangels Konvektion (z. B. aufgrund nicht ausreichender Lüftungsmöglichkeiten) so stark ansteigen, dass die Pflanzen den stabilen Wasserhaushalt nicht mehr aufrechterhalten können. Viel öfter ist die Ursache aber die örtliche Überhitzung der direkt von der Sonne bestrahlten Blätter aufgrund der Absorption des Lichts und seiner Umwandlung in Wärme. Messungen haben ergeben, dass die Temperatur von der Sonne direkt bestrahlter Blätter bis zu 15 °C über der Lufttemperatur liegen kann. Blatttemperaturen von 40 °C und mehr sind im Sommer aufgrund der geringen Luftbewegung in Wintergärten (die Luft stagniert) keine Seltenheit. Temperaturen über 40 °C können von Pflanzen aber immer nur kurze Zeit ertragen werden, anderenfalls zersetzt sich das eiweißhaltige Zellplasma und die betroffenen Sprossteile sterben ab.

Die Wärmeaufnahme des Blattes hängt allerdings von seiner Stellung zum Licht, seiner Dicke und Oberflächenbeschaffenheit ab. So erwärmen sich behaarte Blätter oder Blätter mit wachsig weißer Bereifung und von Pflanzen mit dicker Kutikula nicht so stark wie dünnere Blätter.

Die Tatsache, dass die Blatttemperatur bei direkter Sonnenbestrahlung in der Regel weit über der der Lufttemperatur liegt, zeigt, wie wichtig in den Sommermonaten eine Schattierung ist. Im Winter ist aus pflanzenbaulichen Gründen eine Schattierung in der Regel nicht erforderlich. Gefährlich für viele Pflanzen sind allerdings die nach der winterlichen Dunkelperiode plötzlich einsetzenden hohen Strahlungsintensitäten im Februar/März. Pflanzen, auch Sonnenpflanzen, die dicht am Glas stehen, verlangen in dieser Zeit unbedingt eine Abschirmung.

Wassermangel und Wasserüberschuss, Substratbeschaffenheit

Bei Wassermangel können die normalen Lebensfunktionen der Pflanze nicht aufrechterhalten werden. Die Blätter welken, das Triebwachstum stagniert. Die betroffenen Pflanzen reagieren mit Spitzendürre, Laubabwurf, Blüten öffnen sich nicht oder fallen vorzeitig ab. **Anhaltender Wassermangel** ist zumeist irreparabel, die Pflanze vertrocknet und stirbt ab. Dabei bleiben die Blätter in der Regel an der Pflanze haften.

Welkeerscheinungen, Blattabwurf und Blattverfärbungen können wir aber auch bei **Wasserüberschuss** (stauender Nässe) und/oder verdichtetem Boden beobachten. Die Durchlüftung der Erde und damit die Atemtätigkeit der Wurzeln werden beeinträchtigt. Die feinen Haarwurzeln sterben ab. In der Folge ist das Wachstum gehemmt, die Pflanzen welken und sterben im Extremfall ab (siehe auch Seite 43).

Wasserüberschuss bei Hydrokultur

In Hydrogefäßen bewirkt ein zu hoher Wasserstand eine Behinderung der Wurzelatmung, wichtige Wurzelfunktionen, wie die Aufnahme von Wasser und Nährstoffen, sind gestört. Außerdem kommt es im Wurzelraum zur Anreicherung pflanzenschädlicher Substanzen. Ist die Nährlösung braun oder schwarz verfärbt, trüb und übel riechend und sind die Wurzeln angefault, ist es meist zu spät – die Pflanzen können nicht mehr gerettet werden.

Ein besonderer Risikofaktor bei Wasserüberschuss ist der Wasserstandsanzeiger. Durch Fehlfunktion oder falsche Bedienung bzw. Wartung wird oft zu viel Wasser bzw. Nährlösung nachgefüllt. Es ist deshalb sehr wichtig, die Wasserstandsanzeiger regelmäßig zu kontrollieren und ihre Funktionsfähigkeit zu prüfen.

Nährstoffmangel und Nährstoffüberschuss

Nährstoffmangel lässt die Pflanzen kümmern. Er äußert sich oft in recht typischen Erscheinungsbildern. Kleine gelbliche Blätter weisen auf **Stickstoffmangel** hin. Bei Aufhellungen der Blattränder oder Bildung gelber Flecken zwischen den Adern muss vor allem geprüft werden, ob ein **Kaliummangel** vorliegt. Man beachte dabei, dass Kalküberschuss die Kaliumaufnahme hemmen kann, dass also trotz an sich genügender Kaliumversorgung Mangelschäden auftreten können. **Mangel an Phosphorsäure** führt oft zu rötlichen oder violetten Verfärbungen der Blätter, doch können sehr ähnliche Erscheinungen auch durch zu tiefe Temperaturen herbeigeführt werden.

TIPP

Keine Schattierung ist bei solchen Pflanzenarten erforderlich, die aufgrund der besonderen Bedingungen am heimatlichen Standort an hohe Lichtintensitäten angepasst sind. Dies gilt insbesondere für Kakteen und andere Sukkulenten.

Wurzelschäden

Schäden an Wurzeln zeigen die Pflanzen oft erst mit zeitlicher Verzögerung. Das können sein, Chlorosen, Blattfall und leichte Welkeerscheinungen. Es ist deshalb wichtig, entweder routinemäßig oder spätestens bei den ersten Anzeichen der beschriebenen unspezifischen Symptome den Wurzelzustand zu kontrollieren. Wurzelschäden sind in erster Linie auf zu viel Wasser, also Staunässe zurückzuführen. Aber auch Ernährungsstörungen, zu niedrige Wurzelraumtemperaturen und diverse Pilzkrankheiten können die Wurzel schädigen.

Blattschäden

Blattschäden beruhen zwar sehr oft auf einer gestörten Wurzelfunktion, können aber auch durch direkte Einwirkungen auf den Spross verursacht sein. Treten unspezifische Symptome auf, ohne dass Wurzelschäden zu beobachten sind, ist zu fragen, ob die Standortbedingungen, wie Temperatur, Licht und Luftfeuchte, den Ansprüchen der jeweiligen Pflanze gerecht werden.

Nährstoffüberschuss oder ein **zu hoher Salzgehalt** im Substrat kann sich ebenso schädlich auswirken wie Nährstoffmangel. Eine **allgemeine Übersalzung** führt zunächst zu Wurzelschädigungen, die an den oberirdischen Organen Welke- und Absterbeerscheinungen, Blattrandschäden usw. zur Folge haben. Ursachen sind übermäßig hohe Düngergaben oder ein zu hoher Salzgehalt des Gießwassers.

Hohe Stickstoffgaben führen zu einem weichen und schwammigen Gewebe und die Pflanzen zeigen wenig Widerstandsfähigkeit gegenüber Krankheiten und Schädlingen.

pH-Wert

Hinsichtlich der Pflanzengesundheit ist auch der richtige Säuregrad des Substrates (pH-Wert) von großer Bedeutung. Ungünstige Bodenreaktionen haben Einfluss auf die Nährstoffverfügbarkeit. Die hierdurch verursachten Schäden äußern sich vor allem in Störungen des Wurzel- und Triebwachstums und Vergilbung des Blattwerks (siehe hierzu auch Seite 30).

Chemische Stoffe

Eine Reihe chemischer Substanzen, die im Wintergarten zum Einsatz kommen, können Schäden an Pflanzen hervorrufen. So entstehen Schäden beim unvorsichtigen Hantieren mit Fenster- oder Möbelputzmitteln. Daneben können gasförmige Schadstoffe (wie Weichmacher und Lösungsmittel), die unter Umständen aus Inneneinrichtungen, Teppichböden, Farben usw. ausdünsten, die Pflanzen schädigen.

Pflege- und Pflanzenschutzmittel

Auch durch Pflege- und Pflanzenschutzmittel können Pflanzen geschädigt werden. Die Empfindlichkeit der einzelnen Pflanzenarten gegenüber Wirkstoffen und Begleitmitteln kann sehr unterschiedlich sein. Besonders empfindlich sind Pflanzen mit feinen Blättern (z. B. Farne) oder solche mit behaarten Blättern. Soweit Pflanzenschutz- und Pflegemittel eingesetzt werden, ist die Gebrauchsanleitung aufmerksam zu lesen. Bei Verwendung von Spraydosen ist der vorgeschriebene Sprühabstand unbedingt einzuhalten, um Schäden durch die Verdunstungskälte des Treibmittels zu verhindern.

Belebte Schadursachen

Belebte Schadursachen, wie Pilzkrankheiten, Bakterien und verschiedene tierische Schädlinge, können in Wintergärten besonders unangenehm sein. Sie frühzeitig zu erkennen, um schnell Gegenmaßnahmen ergreifen zu können, setzt Kenntnisse über die Schadbilder, die sie verursachen, voraus.

Pilzkrankheiten

Pilze der verschiedenartigsten Formen und Lebensweisen spielen leider auch im Wintergarten als Erreger von Krankheiten eine Rolle. Alle Pflanzenteile können von Pilzen befallen werden. In die Pflanzen dringen die Pilze durch Spaltöffnungen, andere natürliche Öffnungen oder Wunden ein. Sie können aber auch unmittelbar mit Hilfe verschiedenartiger Organe in die Pflanzenzellen vordringen, sich dort ausbreiten und vermehren bzw. der Pflanze die von ihnen benötigten Nährstoffe entnehmen. Dadurch oder auch durch stoffliche Ausscheidungen der Pilze kommt es zu den unterschiedlichsten Krankheitserscheinungen an Wurzeln, Stängeln, Blättern, Blüten und Früchten.

Wurzel- und Stängelhalsfäule. Der Wurzelhals oder Stammansatz ist meist dunkelbraun verfärbt oder geschwärzt, trocken- oder nassfaul. Rinde und Holzkörper an der Stammbasis sind mehr oder weniger zersetzt. Auch die Wurzeln sind nicht selten teilweise von Fäulnis befallen. Da den betroffenen Pflanzen infolge der Zerstörung des Stammgrundes, des Wurzelhalses und oft auch eines Teiles der Wurzeln die

Wasser- und Nährstoffzufuhr vom Boden her abgeschnitten ist, welken sie und sterben ab. Als Ursache von Wurzel- und Stängelhalsfäulen kommen verschiedene Pilze in Frage, wobei die Pilze in der Regel sekundär auftreten. Primär sind die Schäden meist auf zu viel Wasser, also Staunässe, auf Ernährungsstörungen oder zu niedrige Wurzelraumtemperaturen zurückzuführen. Dies gilt für alle Systeme von der Erdkultur über Tongranulate bis zur klassischen Hydrokultur.
Bekämpfung: Die wichtigste Bekämpfungsmöglichkeit besteht in der Schaffung optimaler Bedingungen für die Pflanze. Allgemein heißt das: Keine „nassen oder kalten Füße". Kranke Pflanzen und Pflanzenteile müssen sofort entfernt werden. Eine „Heilung" von Pflanzen mit Wurzelschäden ist nur möglich, wenn die Schäden sehr frühzeitig erkannt werden. Ein Vergilben oder leichte Welkeerscheinungen bei hoher Temperatur sollten stets Anlass sein, den Wurzelzustand zu überprüfen. Durch Entfernen verfaulter Wurzelteile lassen sich die Pflanzen häufig noch retten. Zur Bekämpfung von Wurzelpilzen gibt es für die Verwendung in Wintergärten derzeit kein zugelassenes Pflanzenschutzmittel.

Gefäßparasitäre Welke- und Vergilbungskrankheiten. Wie schon der Name andeutet, äußern sich die hierzu gehörenden Krankheiten in einem Welken der Pflanze, oft in Verbindung mit Graugrünverfärbung oder Vergilbung der Blätter. Diese Erscheinungen treten plötzlich mitten im vollen Wachstum ein und führen meist zu raschem Absterben der Pflanzen. Sonst ist äußerlich an den befallenen Pflanzen (im Unterschied zur Wurzel- und Stängelhalsfäule) keinerlei Schädigung zu erkennen. Sowohl Wurzeln als auch Wurzelhals, Stammgrund und der ganze übrige Stamm erscheinen – zumindest in den Frühstadien der Krankheit – äußerlich gesund. Man könnte annehmen, dass lediglich Wassermangel in der Erde Ursache des Welkens und der Verfärbung des Laubes ist. Beim Durchschneiden des Stammes oder der Zweige erweisen sich jedoch – und das ist kennzeichnend für diese Krankheiten – die Wasserleitungsbahnen (die so genannten „Gefäße") als geschädigt. Sie sind fast immer mehr oder weniger deutlich bräunlich bis dunkelbraun verfärbt. Verursacht werden diese Krankheiten durch verschiedene pilzliche oder auch bakterielle Erreger. Der Befall erfolgt im Allgemeinen vom Boden her über die Wurzeln.
Bekämpfung: Siehe Wurzel- und Stängelhalsfäule (Seite 72).

Wurzelfäule. Die Pflanzen kümmern, vergilben und welken. Die Wurzeln sind zuerst stellenweise, später ganz gebräunt, wobei die Spitzen davon zuletzt erfasst werden. Auch am Wurzelhals finden sich oftmals Faulstellen. Das Wurzelgewebe wird von außen angegriffen, die Rinde fault, und schließlich bleiben oft nur noch die faserigen Gefäßbündel oder auch nur Wurzelstumpen übrig. Erreger ist in der Regel der Pilz *Thielaviopsis*, der die Rinde der Wurzel durchwuchert und dann auch in tiefer gelegene Wurzelschichten eindringt.
Bekämpfung: Zunächst ist eine optimale Bodenreaktion zu schaffen, starke Düngung und übermäßiges Gießen sind zu unterlassen. Außerdem darf kein kaltes Gießwasser verwendet werden, um eine plötzliche Erniedrigung der Bodentemperatur zu vermeiden.

Grauschimmel (Botrytis). An Blättern, Blüten und krautigen Stängeln der Pflanzen entstehen braun-faule Stellen, die sich mit weißgrauem Schimmel überziehen. Ursache ist der Pilz *Botrytis cinerea*. Er befällt bevorzugt junge und geschwächte Pflanzen, die beispielsweise schlecht ernährt wurden. Der Pilz dringt in das Pflanzengewebe ein und das zerstörte Gewebe färbt sich braun. Später bildet sich dar-

▲ Starke Temperaturschwankungen fördern das Auftreten des Echten Mehltaus.

auf ein grauer Schimmelbelag, der aus Sporenträgern des Pilzes besteht. In Verbindung mit geringer Luftbewegung begünstigt hohe Luftfeuchtigkeit die Entwicklung dieses Pilzes.
Bekämpfung: Abgestorbene Pflanzenteile und absterbende Pflanzen sofort entfernen. Auf angemessene Temperaturen achten. Mit aller Vorsicht gießen, dabei die oberirdischen Pflanzenteile nicht benetzen. Stehende Luft durch reichliches Lüften vermeiden. Gegebenenfalls Ventilatoren zur Luftbewegung einsetzen.

Falscher Mehltau. Auf der Unterseite der Blätter ist ein weißgrauer Schimmelrasen zu sehen. Auf der Blattoberseite zeigen sich zunächst bleichgelbe Flecken, die später eine dunklere Farbe annehmen. Auch die Stängel werden befallen. Stark erkrankte Pflanzenteile vertrocknen und sterben ab. Der Pilz wächst in der Pflanze und treibt nach außen durch die Spaltöffnungen bäumchenförmige Sporenträger, die in ihrer Gesamtheit als schimmelartiger Belag sichtbar werden. Hohe Luftfeuchtigkeit begünstigt die Entwicklung des Pilzes.
Bekämpfung: Hohe Luftfeuchtigkeit ist zu vermeiden. Beim Gießen dürfen die Pflanzen nicht benetzt werden. Gegebenenfalls ist bei gleichzeitigem Lüften zu heizen oder es sind Ventilatoren zur Luftumwälzung einzusetzen.

Echter Mehltau. Die Ober- und Unterseiten der Blätter und Stängel sind mit einem weißlichen, mehlartigen Belag bedeckt, der sich abwischen lässt. Es kommt zu Wachstumsstörungen und zum Verkümmern der Blätter. Bei starkem Befall färben sich die erkrankten Pflanzenteile braun und sterben ab. Den weißen Belag bilden die netzartigen Zellketten des Pilzes (Myzel), die außen auf den Pflanzen wachsen. Mit Saugfortsätzen dringt der Pilz in Pflanzenzellen ein und entnimmt den Wirtszellen die Nährstoffe. Starke Temperaturschwankungen und hohe Stickstoffgaben fördern das Auftreten des Echten Mehltaus.
Bekämpfung: Siehe vorstehend Falscher Mehltau.

Blattfleckenpilze. Verursacher von Blattflecken sind verschiedene Schadpilze (z.B. *Colletotrichum*, *Coniothyrium*, *Alternaria*). Die Befallsmerkmale sind verstreute gelbliche, braune, graue, rötliche oder schwarze Flecken verschiedener Größe auf den Blättern, die oft dunkel umrandet sind. Die Blattflecken treten zunächst vereinzelt auf, breiten sich dann aber mehr oder weniger schnell aus und die Blätter sterben allmählich ab.

Die Blattfleckenpilze benötigen zu ihrer Entwicklung in der Regel eine hohe Luftfeuchte und meist mehrstündige Blattbenetzungen, damit sie infizieren können.
Bekämpfung: Blattfleckenpilze sind typische Schwächeparasiten. Sie befallen Pflanzen nur dann, wenn die Wirtspflanze durch widrige Umstände geschwächt ist. Die beste Vorbeugung ist die Einhaltung optimaler Wachstumsbedingungen. Befallene Blätter sind umgehend zu entfernen.

Gelbsucht. Die Gelbsucht beruht auf einer Störung in der Ausbildung des

Blattgrüns. Sie äußert sich dadurch, dass sich die Blätter ungesund, gelbgrün oder gelb, in schweren Fällen weißlich gelb färben und die Pflanzen mehr oder weniger kümmern. Die Ursachen dieser Erscheinung können verschiedener Art sein: Einerseits kann das Gelbwerden der Blätter eine Begleiterscheinung von Wurzelerkrankungen sein, von denen am häufigsten Wurzelfäule infolge Bodennässe in Frage kommt. Andererseits kann allgemeiner Nährstoffmangel oder speziell das Fehlen des für die Blattgrünbildung notwendigen Eisens (bzw. Vorliegen des Eisens in einer für die Pflanze nicht aufnehmbaren Form) sowie gelegentlich Mangan- oder Magnesiummangel im Substrat Ursache sein. Schließlich kann die Gelbfärbung des Laubes auch durch Kälteeinwirkung oder übermäßige Belichtung der Pflanzen eintreten.

Bekämpfung: Optimale Kulturbedingungen sind zu schaffen. Bei Eisenmangel ist mit einem Eisendünger (z. B. Fetrilon oder Sequestren) zu gießen.

Rußtau. Man versteht darunter den mehr oder weniger dichten, tiefschwarzen, rußartigen Pilzbelag, der sich auf Blättern und Stängelteilen der verschiedensten Pflanzenarten ansiedelt. Das Auftreten der Pilze ist an das Vorkommen von „Honigtau" gebunden. Als Honigtau bezeichnet man zuckerreiche Säfte, die von Blatt-, Schild- und Mottenschildläusen (Weiße Fliege) ausgeschieden werden. Auf diesem Honigtau siedeln sich die Rußtaupilze an, ohne in das Pflanzengewebe selbst einzudringen und es zu schädigen. Die indirekte Schädigung der Pflanze liegt in der Beeinträchtigung der Assimilationsfähigkeit und der verringerten Zierde.

Bekämpfung: Bekämpfung der Honigtau liefernden Schadinsekten (siehe ab Seite 76). Das Spritzen von Pilzbekämpfungsmitteln ist nicht sinnvoll, weil man die Schwärzepilze damit zwar töten, aber nicht beseitigen kann. Sind die Blätter ausreichend groß, kann das Abwaschen des Belages empfohlen werden.

Tierische Schädlinge

Der durch tierische Schädlinge verursachte Schaden zeigt sich auf vielfältige Weise, ist aber fast immer mit der Nahrungssuche oder -aufnahme verknüpft. Die Schädigung kann direkt erfolgen, indem Pflanzenteile als Nahrung dienen; sie kann auch eine indirekte Folge sein, wenn Pflanzen oder Pflanzenteile sekundär auf die Einwirkung des Schädlings reagieren.

Trauermücken. Die erwachsenen Trauermücken (*Sciara*- und *Lycoria*-Arten) sind nur wenige Millimeter groß und schwärzlich oder schwarz gefärbt. Die ausgewachsenen Tiere selbst verursachen keinen Schaden. Schaden verursachen die aus den Eiern schlüpfenden Larven, die sich von organischem Material ernähren. Sie gehen aber auch an die Wurzeln und bohren sich in die unteren Stängelteile der Pflanzen. Befallene Pflanzen beginnen zu welken. Ausgewachsene Pflanzen vertragen eine solche Schädigung in relativ großem Ausmaß, während sie für jüngere Pflanzen meist tödlich sind.

Bekämpfung: Die wirksamste Bekämpfung der Trauermücken besteht darin, sie vor erneuter Eiablage abzutöten. Als vorbeugende Maßnahme hat sich das Aufhängen oder Aufstellen von Gelbtafeln bewährt. Als Nützling zur Bekämpfung der Trauermückenlarven wird die parasitäre Nematode *Steinernema feltiae* eingesetzt. Eine wichtige Voraussetzung für die erfolgreiche Anwendung des Nützlings ist eine ausreichende Bodenfeuchtigkeit für vier bis sechs Wochen nach der Anwendung.

Dickmaulrüssler. Während die Larven des Dickmaulrüsslers (*Otiorhynchus sulcatus* F.) im Boden leben und sowohl die Pflanzenwurzeln als auch den Stammgrund der Pflanzen anfressen, was zu Wachstumshemmungen oder bei stärkerem Befall zum Absterben führt, schädigen die flugunfähigen Käfer in erster Linie durch ihren Blattfraß. Sie fressen dabei die Blätter vom Blattrand her an. Das Fraßbild wird als so genannter Buchtenfraß bezeichnet. Die etwa 0,5 bis 1 cm langen Dickmaulrüssler-Larven besitzen eine braune Kopfkapsel und sind zumeist bäuchlings gekrümmt.

Bekämpfung: Der nachtaktive Käfer ist tagsüber selten an den Pflanzen anzutreffen. Es hat sich daher bewährt, ihn abends abzusammeln. Durch die in der Erde sitzenden Larven geschädigte, kränkelnde oder welkende Pflanzen nimmt man am besten aus der Erde heraus, sammelt die Larven auf und tötet sie. Falls das Wurzelwerk noch nicht zu stark beschädigt ist, setzt man die Pflanzen in neue Erde. Dickmaulrüssler-Larven lassen sich auch erfolgreich biologisch durch den Einsatz von Nematoden (*Heterorhabditis* sp.) bekämpfen. Diese mikroskopisch kleine Nematoden-Art lebt ausschließlich von bestimmten Insekten im Boden. Die Nematoden suchen die Schädlingslarven aktiv auf und dringen durch die Haut oder durch Körperöffnungen in sie ein. In die Larven eingedrungen, geben sie ein für Warmblütler harmloses Bakterium in das Insektenblut ab, welches sich stark vermehrt und in wenigen Tagen zum Tod der Larven führt. Voraussetzung für einen erfolgreichen Einsatz dieser Nematoden sind eine gleichmäßige Bodenfeuchtigkeit und eine Bodentemperatur von mindestens 10 °C.

Thripse. Thripse, auch Fransenflügler oder Blasenfüße genannt, sind sehr schlanke, maximal 1,5 mm lange Insekten, die an allen Pflanzenteilen saugen. Sie sind bräunlich gefärbt, im Larvenstadium gelblich. Am häufigsten treten der **Gewächshausthrips** (*Thrips tabaci*) und der **Kalifornische Blütenthrips** (*Frankliniella occidentalis*) auf, der sich vorzugsweise in Blüten aufhält. Beim **Gewächshausthrips** findet man auf den Blattoberseiten kleine, rundliche, silbrig glänzende Flecken. An den Blattadern verkorken die Saugstellen. Sowohl blattoberseits als auch blattunterseits findet man zusätzlich kleine schwarze Kotkrümel. Diese Kotflecken sind neben den Saugstellen immer ein untrügliches Zeichen für Thripsbefall und gleichzeitig das Unterscheidungsmerkmal zum äußerst ähnlichen Schadbild der Spinnmilben. Der **Kalifornische Blütenthrips** verursacht verkrüppelte Blüten. Ein Befall lässt sich leicht durch Ausklopfen der Blüten in die Handinnenfläche feststellen.

Bekämpfung: Ein natürlicher Gegenspieler der Thripse ist die *Amblyseius*-Raubmilbe, die sich allerdings nur von jungen Thripslarven ernährt. Zusätzlich sollten Florfliegen (*Chrysoperla carnea*) eingesetzt werden, die sich von älteren Thripsen ernähren und darüber hinaus auch Blattläuse und Milben vernichten.

Wichtig ist ein frühzeitiges Ausbringen dieser Nützlinge, da sie sich vergleichsweise langsam vermehren. Für ihre Beutezüge brauchen die Nützlinge Temperaturen von mindestens 18 bis 20 °C. Die relative Luftfeuchte sollte nicht unter 60 % liegen, um einen Bekämpfungserfolg zu gewährleisten. Eine wiederholte Freilassung der Nützlinge macht ihn sicherer.

Schild-, Woll- und Schmierläuse. Diese Läuse-Arten, die der gleichen Ordnung wie die Blattläuse und die Weiße Fliege angehören, zählen zu den weitaus widerstandsfähigsten Schädlingen im Wintergarten und können sich sehr schnell vermehren. Es sind Insekten mit saugenden Mundwerkzeugen, die an einer Vielzahl von Pflanzen auftreten können. Man findet sie am Wurzelhals, an den Stängeln, in Blattachseln und auf den Blattunterseiten befallener Pflanzen. Hier schwächen sie die Pflanzen durch den Entzug von Zell-

◀ Wollläuse kann man leicht an ihren weißen Wachsausscheidungen erkennen.

saft. Die Blätter können sich gelb verfärben und bei starkem Befall abfallen. Oft wird ein Befall erst durch die klebrigen Ausscheidungen (Honigtau) an den Blättern der Pflanzen erkannt. Die Blätter verschmutzen besonders dann, wenn sich auf dem Honigtau die Rußtaupilze ansiedeln.

Zu unterscheiden sind **Deckel-** und **Schalenschildläuse**. Bei den zuerst genannten Tieren kann man den Schild wie einen Deckel vom Leib der Laus abheben. Im Gegensatz dazu ist der Schild der Schalenschildläuse nicht abnehmbar, sondern besteht aus der verdickten Rückenhaut der Tiere.

Ebenso hartnäckig wie Schildläuse sind auch die **Wollläuse**. Diese Tiere sind ohne Schild und nur mit mehlig feinen, weißen Wachsausscheidungen auf der Körperoberseite versehen. Im Gegensatz zu den Schildläusen, die nur im Jugendstadium frei beweglich sind, sind es die Woll- oder Schmierläuse ihr ganzes Leben.

Schild-, Schmier- und Wollläuse treten vor allem an hartlaubigen, verholzenden oder sukkulenten Pflanzenarten auf.

Bekämpfung: Gute Bekämpfungserfolge sind mit Paraffinölen zu erreichen. Die Handelspräparate sind Austrieb-Spritzmittel Weißöl, Para-Sommer oder Promanal. Bei der Behandlung ist darauf zu achten, dass die Pflanzenverträglichkeit nur bei hartlaubigen Pflanzen gegeben ist. Zum Zeitpunkt des Neuaustriebes sollte nicht behandelt werden. Gute Bekämpfungserfolge bei Wollläusen erzielt man auch mit Kaliumsalzen natürlicher Fettsäuren (z. B. Neudosan).

Als Nützling zur Bekämpfung von Woll- und Schmierläusen wird der Australische Marienkäfer (*Cryptolaemus montrouzieri*) eingesetzt. Der Käfer ernährt sich von allen Arten oberirdischer Woll- und Schmierläuse und nimmt teilweise auch Blattläuse und Larven anderer Insekten an, wenn Woll- und Schmierläuse in nur geringer Zahl vorkommen. Die älteren Larven sind wie die Woll- und Schmierläuse von wachsartigen Ausscheidungen bedeckt und daher von ihren Beutetieren oft nur schwer zu unterscheiden. Die Larven ernähren sich durch das Aussaugen von Eiern und jungen Woll- und Schmierläusen, während die ausgewachsenen Marienkäfer alle Schädlingsstadien vertilgen. Die Tagestemperaturen im Pflanzenbestand sollten mindestens 18 °C, besser jedoch 20 °C betragen. Hilfreich ist auch eine höhere Luftfeuchtigkeit. Bei Temperaturen unter 10 °C stellen die Tiere die Nahrungsaufnahme ein und sterben schließlich ab. Bei schwachem Befall können auch *Leptomastix-dactylopii*-Schlupfwespen eingesetzt werden. Sie benötigen tagsüber 18 °C. Darüber hinaus kann auch die Florfliege *Chrysoperla carnea* eingesetzt werden, die schon ab 15 °C tätig wird.

Zur Bekämpfung von Schildläusen stehen folgende Nützlinge zur Verfügung: *Metaphycus-flavus*-Schlupfwespen, die besonders gut im Frühjahr und Herbst einsetzbar sind und geringe Ansprüche an die Luftfeuchtigkeit haben. Für Deckelschildläuse sind insbesondere *Chilocorus*-Käfer (benötigt hohe Luftfeuchte) und *Rhyzobius*-Käfer (verträgt auch geringere Luftfeuchte) geeignet. Alle diese Nützlinge brauchen Tagestemperaturen von 20 °C.

▶ Spinnmilben kann man biologisch mit Raubmilben bekämpfen.

Spinnmilben (Rote Spinne). Bei den Spinnmilben handelt es sich um etwa 0,5 mm große Tiere, die sich besonders gut bei trockener und warmer Witterung entwickeln können. Sie halten sich bevorzugt an der Blattunterseite auf. Die Tiere können gelblich, grünlich oder rötlich gefärbt sein. Die Larven besitzen sechs Beine, ausgewachsene Tiere dagegen acht. Die Spinnmilben, die einzelne Pflanzenzellen aussaugen, erkennt man zunächst an kleinen, weißlich gelben, punktförmigen Aufhellungen auf den Blattoberseiten, die sich in kurzer Zeit ausweiten, zu größeren Flecken zusammenfließen und schließlich zur Verfärbung und zum Absterben der Blätter führen. Bei starkem Befall entstehen auch „Gespinste“, die unter Umständen ganze Pflanzenteile überziehen können.

Bekämpfung: Zur Spinnmilbenbekämpfung lassen sich im Wintergarten hervorragend Raubmilben (*Phytoseiulus persimilis*) einsetzen. Jede Raubmilbe saugt täglich etwa fünf ausgewachsene Spinnmilben oder 20 Spinnmilbeneier bzw. Jungtiere aus. Raubmilben sollte man bereits dann aussetzen, wenn die ersten Spinnmilben sichtbar geworden sind. Sie werden auf Bohnenblättern geliefert, die man entweder ganz oder in Stücke geschnitten auf den befallenen Pflanzen auslegt. Je dichter der Pflanzenbestand ist, umso besser können die Raubmilben überwandern. Optimal für eine gute Entwicklung der Raubmilben sind 20 bis 25 °C und mindestens 60 % relative Luftfeuchte (notfalls Pflanzen mehrmals übersprühen und vor direkter Sonneneinstrahlung schützen). Zur chemischen Bekämpfung stehen Präparate auf der Basis von Kaliumsalzen natürlicher Fettsäuren zur Verfügung (z. B. Neudosan). Auch der Einsatz von Paraffinölen ist effektiv.

▼ Weißlich gelbe, punktförmige Aufhellungen auf der Blattoberseite, sind typisch für einen Befall durch Spinnmilben.

Blattläuse. Blattläuse, man unterscheidet mehrere Arten, gehören zu den saugenden Insekten. Sie befallen Blätter, Triebe, Triebspitzen und Blüten, einige sogar die Wurzeln der Pflanzen. Beim Anstechen des Pflanzengewebes geben die meisten Arten pflanzengiftige Stoffe ab, was zu krankhaften Veränderungen, wie gekräuselten und eingerollten Blättern, führen kann. Häufig kommt es zusätzlich zur Übertragung pflanzlicher Viruskrankheiten. Die zuckerhaltigen, klebrigen Ausscheidungen (Honigtau) der Blattläuse locken nicht nur Ameisen an, sondern führen durch die Ansiedlung von Rußtaupilzen auch zur Verschmutzung der Blätter und Früchte. Blattläuse vermehren sich durch Eier, im Wintergarten auch durch Jungfernzeugung und Lebendgeburt. Aufgrund der sehr hohen Vermehrungsrate und der Bildung mehrerer Generationen pro Jahr können Blattläuse äußerst lästig werden.

Bekämpfung: Ein natürlicher Gegenspieler der Blattläuse ist die Räuberische Gallmücke *Aphidoletes aphidimyza*. Die etwa 2 mm großen erwachsenen Gallmücken-Weibchen legen ihre Eier gezielt in der Nähe von Blattläusen ab (etwa 100 Eier pro Weibchen). Aus den Eiern schlüpfen nach etwa zwei Tagen kleine orangerote Larven, die sich ausschließlich von Blattläusen ernähren. Über einen Zeitraum von fünf bis zehn Tagen können von einer einzigen Larve bis zu 50 Blattläuse abgetötet werden. Dabei stechen die Gallmücken-Larven die Blattläuse an, spritzen ihnen ein Gift ein und saugen sie aus. Danach wandern die mittlerweile etwa 3 mm großen Larven zur Verpuppung in den Boden bzw. in die Pflanztöpfe. Nach etwa 10 bis 14 Tagen kommt es zum erneuten Schlupf erwachsener Gallmücken und der Kreislauf beginnt von vorn. Die erwachsenen Mücken leben etwa zwei Wochen, sind nachtaktiv und ernähren sich ausschließlich vom Honigtau der Blattläuse. Für einen heimischen Nützling wie die Gallmücke spielen die Temperaturen eine weniger entscheidende Rolle. Die Luftfeuchtigkeit darf aber nicht unter 60 % liegen.

Die Blattlausschlupfwespe *Aphidius colemani* hat sich ebenfalls zur Blattlausbekämpfung bewährt. Eingesetzt werden auch *Chrysoperla*-Florfliegen.

Weiße Fliege. Im Wintergarten treten bevorzugt zwei Arten der Weißen Fliegen auf: die so genannte Gewächshaus-Mottenschildlaus (*Trialeurodes vaporariorum*) und die Süßkartoffel- bzw. Baumwoll-Mottenschildlaus (*Bemisia tabaci*). Sie sind nur mit einer Lupe zu unterscheiden; Biologie und Schadbild sind sehr ähnlich. Ein Befall mit Weißer Fliege ist relativ leicht festzustellen, denn die erwachsenen Stadien der Weißen Fliegen – etwa 2 mm lange, geflügelte und mit weißem Wachsstaub bepuderte Insekten – fliegen sofort auf, wenn die Pflanzen angestoßen werden. Da ein Weibchen bis zu 350 Eier abzulegen vermag, kommt es nicht selten zu einer explosionsartigen Vermehrung. Aus den winzigen Eiern schlüpfen weißlich- bis gelblichgrüne Larven, die nur für kurze Zeit beweglich sind und sich dann an den Blattunterseiten festsetzen. Sowohl Larven als auch die erwachsenen Tiere schädigen die Pflanzen durch Entzug von Zellsaft und die Ausscheidung von klebrigem „Honigtau“. Dadurch werden die Stoffwechselprozesse der Pflanzen beeinflusst. Blattvergilbungen und Ansiedlung von Rußtau- bzw. Schwärzepilzen sind die Folge.

Bekämpfung: Eine natürliche Gegenspielerin der Weißen Fliegen ist die winzige Schlupf- bzw. Erzwespe *Encarsia formosa*. Die ausgewachsenen Wespen sind nur 0,6 mm lang und daher mit bloßem Auge kaum zu erkennen. Die erwachsenen Schlupfwespen ernähren sich von Honigtau und von den jüngeren Stadien der Weißen Fliegen. Während der etwa zweiwöchigen Lebensdauer bildet ein *Encarsia*-Weibchen etwa 50 Eier aus, die einzeln, mit Hilfe eines „Legebohrers“ in die Larven der Weißen Fliege abgelegt werden. Die Schlupfwespenlarve entwickelt sich innerhalb der Weißen-Fliege-Larve und bringt sie zum Absterben. Anhand der Schwarzfärbung wird die erfolgreiche Paratisierung deutlich sichtbar. Durch ein rundes Loch am Kopfteil der Weißen-Fliegen-Larve schlüpft die junge Schlupfwespe nach Beendigung der Puppenentwicklung aus der Schädlingshülle aus. Wichtige Voraussetzungen für eine erfolgreiche Anwendung der Schlupfwespen sind durchschnittliche Temperaturen von mindestens 18 °C und das rechtzeitige Freilassen der Nützlinge beim ersten Auftreten von Weißen Fliegen.

Als alternative Bekämpfungsmaßnahmen sind Gelbtafeln oder Gelbsticker zu empfehlen. An chemischen Produkten können Präparate auf der Basis von Kali-Seife (z. B. Neudosan) eingesetzt werden.

Minierfliegen. Geschlängelte, helle Gangminen in meist jungen Blättern sind das typische Schadbild, das die Larven verschiedener Minierfliegen-Arten in die Blätter fressen. Die 2 bis 3 mm langen Fliegen legen ihre Eier einzeln in die Oberhaut der Blätter, aus denen die Larven schlüpfen und das beschriebene Schadbild verursachen.
Bekämpfung: Die Bekämpfung ist schwierig, da Minierfliegen-Larven im Inneren der Blätter praktisch unangreifbar für ihre natürlichen Feinde sind und ungestört ihre Larvenentwicklung durchmachen. Die einfachste und vollständigste Bekämpfungsmethode besteht darin, Blätter mit „Gangminen" zu entfernen und zu vernichten (am besten verbrennen). Bei schwachem Auftreten genügt es bereits, die weichhäutigen Maden in der Mine durch Zusammendrücken des Blattes von außen zu zerquetschen. Als Nützling steht *Dacnusa sibirica* zur Verfügung.

FÜR SCHNELLE LESER
Die Pflege der Wintergartenpflanzen umfasst nicht nur das Gießen und Düngen, die gesamte Erscheinung einer Wintergartenbepflanzung bedarf der Pflege. Wichtigste Pflegemaßnahme zur Erhaltung einer Gestaltung ist, soweit es sich um Holzgewächse handelt, der Schnitt der Pflanzen.

Schnecken. Die Gehäusetragenden Schnecken spielen als Schädlinge im Wintergarten praktisch keine Rolle. Viel schädlicher sind die wenige Millimeter bis zu mehreren Zentimeter langen Nacktschnecken. Sie schaben das Gewebe der Pflanzenteile von der Oberfläche her mit ihrer reibeisenartigen Zunge ab. Dünnere Blätter werden so durchlöchert. Bei dickeren Blättern bleibt oft die Oberhaut der einen Blattseite stehen. Aus den fleischigen Blättern sukkulenter Pflanzenarten werden mehr oder weniger tiefe Höhlungen herausgenagt. Weitere Kennzeichen des Schneckenbefalls sind die silbrig glänzenden, bald eintrocknenden Schleimspuren und die dunklen, schmierigen Kotklumpen an den befallenen Pflanzen.

Schnecken treten immer dort gehäuft auf, wo es feucht ist. Um selbst nicht so viel Feuchtigkeit zu verdunsten oder gar auszutrocknen, haben sie ihre Streifzüge in die Nacht verlegt.
Bekämpfung: Die einfachste Methode ist das Ablesen der Tiere am späten Abend, nachts oder in der ersten Morgendämmerung, wenn sie auf Streifzug sind. Bei größerem Befall setzt man Schneckenkorn ein.

Beißende Insekten. Die zuvor erwähnten Schädlinge gehören mit Ausnahme der Schnecken, der Trauermücke, des Dickmaulrüsslers und der Minierfliege zu den saugenden Insekten. Die Mehrzahl der „beißenden Insekten" bereiten im Wintergarten glücklicherweise seltener Probleme. Wenn, dann sind es meist Raupen von Eulen- oder Wicklerfaltern (Schmetterlingen), gelegentlich auch bestimmte Käferlarven.
Bekämpfung: Raupen und Käfer lassen sich im Wintergarten in der Regel einfach durch Absammeln entfernen.

Das Schneiden der Wintergartenpflanzen

Das Schneiden von Pflanzen ist sicher kein lebensnotwendiger Vorgang, wird uns doch von der Natur vor Augen geführt, dass es auch ohne solche Eingriffe geht. Gibt es nicht herrliche Sträucher in der freien Natur, die noch nie geschnitten worden sind? Sind nicht die Bäume am schönsten, majestätischsten, die noch nie eines Astes oder Zweiges beraubt wurden? Dem wird sicher jeder zustimmen. Bei Wintergartenpflanzen jedoch ist die Sachlage eine ganz andere. Würde man die holzigen Pflanzenarten des Wintergartens sich frei entwickeln lassen, wäre der Rahmen des Wintergartens schon nach wenigen Jahren gesprengt. Bei den meisten Gehölzen muss man von Jugend an dafür sorgen, dass ihre Ausmaße dem Rahmen des Wintergartens angepasst sind, d. h. in „passender" Größe bleiben. Um dies zu gewährleisten, sind Schnittmaßnahmen bei den meisten Wintergartenpflanzen unumgänglich.

ZUSATZINFORMATION

Die Pflanze ist eine variable Größe, sie wächst in Höhe und Breite. Die Art der Gestaltveränderung ist durch die Lebensform (Kraut, Strauch, Baum, Kletterpflanze) bestimmt, das Tempo der Gestaltveränderung ist art- bzw. sortenabhängig.

Ziel von Schnittmaßnahmen

Ziel des Schneidens ist es, regulierend und anregend in die Pflanzengestalt einzugreifen, nicht aber die Pflanzen zu uniformieren (ausgenommen Formpflanzen). Es geht darum, den charakteristischen Wuchs der jeweiligen Pflanzenart herauszuarbeiten und bei Blütenpflanzen die Bildung von Blüten zu fördern.

Die holzigen Wintergartenpflanzen lassen sich in Bezug auf notwendige Schnittmaßnahmen auf der Grundlage gewünschter oder gegebener Wuchsformen in fünf Gruppen einteilen:

1. Bäume,
2. Sträucher,
3. Hochstämme,
4. Formpflanzen,
5. Schling- und Kletterpflanzen.

Dem natürlichen Aufbau einer Pflanze ist in der Regel eine räumliche Grundform vorgegeben. Durch Schnitt und daraus resultierenden Verzweigungen lassen sich zwar auch geometrische Formen „modellieren", je stärker aber die natürliche Gestalt einer Pflanze verändert wird, umso schneller geht diese Form wieder durch Neuaustriebe verloren und umso mehr komplizierte Schnittarbeit ist notwendig. Daher sollten wir stets versuchen, die charakteristische Wuchsform der Pflanzenarten herauszuarbeiten, d.h. einem Baum keine Strauch- und einem Strauch keine Baumform aufzuzwingen.

Das Schneiden von „Bäumen" und „Sträuchern"

Die Wuchsformen holziger Gewächse kommen durch eine bestimmte, arteigene Rhythmik und Gesetzmäßigkeit in der Verzweigung zustande. Kein Baum oder Strauch wird je einem anderen Individuum der gleichen Art vollkommen gleichen. Aber doch werden wir bei allen Individuen einer Art bestimmte, durch erbliche Faktoren festgelegte Verhältnisse immer wiederfinden, die in kennzeichnender Weise den Aufbau prägen. Diese wesentlichen Wuchseigenschaften sollte derjenige, der Bäume oder Sträucher schneidet, kennen. Nur so wird man in der Lage sein, die natürliche Schönheit der Pflanzen zu fördern oder aber zumindest nicht zu beeinträchtigen.

Verzweigungssysteme

Grundsätzlich werden drei Arten der Verzweigung unterschieden: Pflanzen mit gefördertem Spitzentriebwachstum (Akrotonie), Pflanzen, deren Verzweigung im mittleren Bereich gefördert

Bei den Schnittmaßnahmen unterscheiden wir zwischen dem **Aufbau-** (oder Erziehungs-)**schnitt** und dem **Erhaltungsschnitt**.

Aufbauschnitt

Er umfasst alle Schnittmaßnahmen an jüngeren Pflanzen, damit sie zu möglichst vollkommen aufgebauten Pflanzen heranwachsen und hat gut verzweigte und formschöne Pflanzen zum Ziel. Der Aufbauschnitt sollte einen naturgemäßen, arteigenen Aufbau fördern und lenken. Das heißt, in der Natur strauchförmig wachsende Arten sollten nicht baumförmig erzogen und baumförmige Gehölze nicht in eine Strauchform gezwängt werden. Nicht immer kann und wird man diese Regel einhalten können, spielen doch auch persönliche Ansichten und nicht zuletzt die Möglichkeit, die der Wintergarten bietet, eine wichtige Rolle. Ein typisches Beispiel sind Eukalyptus-Arten. Obwohl sie in freier Natur zu hohen Bäumen heranwachsen, werden sie in Wintergärten häufig strauchförmig erzogen.

Erhaltungsschnitt

Unter Erhaltungsschnitt verstehen wir das Beschneiden älterer Exemplare, welche das so genannte Jugendalter überschritten und ihre Charaktereigenschaften bereits voll und ganz entwickelt haben. Der Erhaltungsschnitt zielt darauf ab, die erreichte Form und Größe zu erhalten und bei Blütenpflanzen die Blütenbildung zu fördern.

a)

b)

c)

d)

▶ Verzweigungssysteme bei Gehölzen:
a) Strauch mit mesotoner Verzweigung,
b) Strauch mit basitoner Verzweigung,
c) Strauch ohne mesotone oder basitone Verjüngung, Spitzenförderung gehemmt,
d) baumförmiger Wuchs durch Spitzenförderung (Akrotonie).

dert wird (Mesotonie) und Gehölze, die sich vom Boden, also von der Basis her, verzweigen (Basitonie). Die akrotone Förderung der Verzweigung findet man nahezu bei allen jungen Gehölzen, also sowohl bei Sträuchern als auch bei Bäumen, bei älteren Pflanzen im Wesentlichen nur noch bei Bäumen. Mesotonie und Basitonie sind typisch für die meisten Sträucher. Einige Gehölze, die zu den Sträuchern gerechnet werden, sind durch das nahezu völlige Fehlen der basitonen oder mesotonen Verjüngung gekennzeichnet. Hier führt offenbar eine frühzeitige Hemmung der Spitzenförderung und die gleichzeitige Förderung von Trieben 2. oder 3. Ordnung zu strauchförmigem Wuchs. Diese Gruppe ist für uns besonders wichtig, da in diese Gruppe viele subtropische und tropische Arten gehören, die als Wintergartenpflanzen von Bedeutung sind.

Aufbauschnitt bei Bäumen

Für jeden von uns verbinden sich mit der Vorstellung von einem Baum ganz eindeutige Merkmale: ein holziges Gewächs, dazu ein kräftiger Stamm, der die Krone trägt. Dieser Stamm kann sich zwar schon sehr weit unten verzweigen, jedoch muss dies oberhalb des Bodens erfolgen. Stammform und Stammstärke sowie die Höhe des Baumes können sehr variabel ein.

Der Aufbauschnitt bei Baumformen verlangt mehr Zeit und Sorgfalt als der Aufbauschnitt bei Strauchformen. Es kommt vor allem darauf an, einen kräftig entwickelten Stamm heranzuziehen, der später imstande ist, die Krone selbständig zu tragen und diese auch auszubilden.

Die Stammhöhe bis zur Krone kann nach Bedarf, je nachdem, ob man unter dem Baum (der Krone) hindurchgehen oder unter ihm sitzen will, unterschiedlich sein. Dabei ist allerdings zu berücksichtigen, dass sich die Kronenhöhe oder deren Umfang durch Rückschnitt jederzeit regulieren lässt, die Stammhöhe, wenn sie einmal festgelegt ist, aber nicht mehr. Wenn bei der Kultur von Strauchformen die Spitze entfernt wird, um die Verzweigung anzuregen, ist bei der Erziehung einer Baumform zunächst alle Sorgfalt darauf zu verwenden, dass die Spitze nicht beschädigt bzw. durch einen darunter liegenden Seitenast ersetzt wird. Damit der Stamm gerade und aufrecht wächst, muss der Stammtrieb im Jugendstadium in der Regel einen Stab als Stütze erhalten, an dem er festgebunden wird. Wenn der Stamm im Laufe der Zeit infolge des sekundären Dickenwachstums an Umfang zunimmt, müssen die Bindestellen von Zeit zu Zeit kontrolliert werden, damit sie keinesfalls von der Rinde überwachsen werden. Vergisst man, die Befestigung rechtzeitig zu entfernen, ist der Bruch des Stammes an dieser Stelle schon vorprogrammiert. Alle Kulturmaßnahmen sind darauf auszurichten, dass ein zügiges Wachstum erfolgt. Seitentriebe, die sich am Stamm bilden, sind zunächst nur kurz zu schneiden, keinesfalls sollte man sie sich voll entwickeln lassen, aber auch nicht entfernen. Soweit möglich, sollten die zum Stamm gehörenden Blätter ebenfalls belassen werden, bis sie eines Tages von selbst abfallen. Die Blätter und auch die kurz geschnittenen Seitenzweige sind äußerst wichtig, denn sie stellen die notwendige Photosynthese in der Zeit der Entwicklung des Stammes sicher.

Hat der Stamm eines Tages die gewünschte Höhe erreicht, wird die Spitze entfernt. Generell lässt man nach Erreichen der geplanten Stammhöhe noch vier bis acht Blattansätze darüber hinauswachsen und schneidet bei diesen die eventuell bereits entstandenen Seitentriebe nicht mehr kurz. Aus diesen oberen Trieben, den späteren Ästen, wird dann nach und nach die Krone des Baumes geformt. Wichtig ist eine gleichmäßige Verteilung der Äste. Wenn man dabei das künftige Bild des Baumes vor sich hat, wird es einem nicht schwer fallen, die richtigen Schnittmaßnahmen zu ergreifen. Wenn das Grundgerüst der Krone steht, können die kurz gehaltenen Seitenzweige am unteren Teil des Stammes entfernt werden.

▶ Aufbauschnitt bei Baumformen.

▶ Aufbauschnitt bei Strauchformen.

Aufbauschnitt bei Sträuchern
Im Gegensatz zu Bäumen zeichnen sich Büsche bzw. Sträucher durch niedrigeren Wuchs aus. Der Stamm fehlt ihnen und sie verzweigen sich im oder knapp über dem Boden. Erste Schnittmaßnahmen müssen deshalb darauf abzielen, in Bodennähe möglichst viele Verzweigungen zu erhalten.

Wer selbst vermehrt, hat sicher die Erfahrung gemacht, dass sich insbesondere Stecklinge nicht oder nur ungenügend verzweigen. Dies bietet natürlich keine Grundlage dafür, dass schon in Kürze ein ansehnlicher Strauch entsteht. Rechtzeitiges und mehrfaches Pinzieren oder ein Rückschnitt der Triebe sind hier erforderlich.

Die Erziehung soll am Beispiel einer unverzweigten, aus einem Steckling oder einem Sämling entstandenen Jungpflanze mit gegenständiger Blattstellung näher beschrieben werden. Hat die Jungpflanze drei Blattansätze gebildet, wird die Triebspitze entfernt. Dieses Entspitzen regt die schlafenden Augen in den Blattachseln der zwei verbliebenen Blattpaare zum Austrieb an. Schon nach kurzer Zeit hat die Pflanze statt einem vier neue Seitentriebe gebildet. Diese vier Triebe werden wieder entspitzt, wenn sich drei neue Blattpaare gebildet haben. Nach einigen Wochen existieren 16 Seitentriebe.

Es soll aber nicht verschwiegen werden, dass nicht alle Pflanzenarten gleich reagieren. Manchmal treibt nur ein Auge statt der erwarteten zwei, drei oder vier aus, und schon sieht man sich einer vollkommen anderen Situation gegenübergestellt.

Wer schließlich eine reich verzweigte Jungpflanze hat, wird sein Hauptaugenmerk darauf richten, die Triebe auszuwählen, welche das spätere Grundgerüst der Strauchform bilden sollen, und überflüssige zu entfernen.

Haben die Pflanzen ihre „Endgröße“ erreicht, beginnt man mit den Schnittmaßnahmen, die darauf abzielen, die erreichte Form und Größe zu erhalten. Bei diesem Schnitt geht es aber auch um die Erhaltung der Lebenskraft und der Gesundheit der Pflanzen. Hier muss der Schnitt zu einer ständigen Ersatzbildung von alternden und funktionsuntüchtig gewordenen Teilen führen. Bei Blüten- und Fruchtpflanzen geht es außerdem noch um die Erhaltung der Blühfähigkeit und Blühwilligkeit.

Erhaltungsschnitt (Rück- und Auslichtungsschnitt)
Aufgrund ständigen Wachstums haben viele Gehölze während ihres Lebenszyklus nur für eine begrenzte Zahl von Jahren die wirklich „passende“ Größe für einen Wintergarten. Wenn die Pflanzen im Laufe der Jahre so groß geworden sind, dass sie die Bedachung erreicht haben oder die Wege zugewachsen sind, entsteht der Wunsch,

den früheren Zustand wieder herzustellen. Wird diese Maßnahme rechtzeitig eingeleitet, lässt sich der Schnitt nahezu unsichtbar bewerkstelligen, ohne große Blessuren zu hinterlassen und ohne die Gestalt nennenswert zu verändern. Bei Pflanzen, die durch ihre Blüten oder Früchte wirken, ist außerdem noch die Erhaltung der Blühfähigkeit und Blühwilligkeit zu beachten. Bei buntlaubigen Gehölzen geht es auch darum, schön gefärbte Blätter zu erzielen.

Der Erhaltungsschnitt ist überfällig, wenn Pflanzen von innen heraus verkahlen, in ihrer Wuchskraft und Blühwilligkeit nachlassen oder einfach zu groß geworden sind.

Über so manche Empfehlung hinsichtlich des Schnitts der Wintergartenpflanzen kann man sich nur wundern. So wird beispielsweise empfohlen, unabhängig davon, um welche Pflanzenart es sich handelt, alle zu lang gewordenen Triebe bis auf kurze Stummel zurückzunehmen. Jede Pflanze wird in das gleiche Schema gepresst, ungeachtet ihrer Wuchsform und der Blüheigenschaften. Dass man dabei nicht nur in vielen Fällen die Blüten für das kommende Jahr wegschneidet (so bei vielen Myrtaceen, wie *Eucalyptus* und *Acca*), sondern das Gehölz auch zu einem verstärkten Neutrieb zwingt, der schon bald wieder einen starken Rückschnitt herausfordert, scheinen selbst „Fachleute" oft nicht zu verstehen. Mit ständig starkem Rückschnitt lässt sich die Wuchshöhe vieler Gehölze nicht in Grenzen halten, denn je stärker ein Trieb zurückgenommen wird, desto stärker wird sein neuer Austrieb und umgekehrt.

ZUSATZINFORMATION

Bei Gruppenpflanzungen auf Pflanzbeeten sind alle Pflanzen als ein Ganzes zu betrachten. Die einzelnen Pflanzen haben sich deshalb der gemeinsamen Wirkung anzupassen und unterzuordnen, sodass nur von diesem Gesichtspunkt aus der Schnitt vorzunehmen ist. Dabei ist besonders darauf zu achten, dass die kleineren Pflanzen der Randbepflanzung von den größeren nicht unterdrückt werden.

Ist die Pflanzung seinerzeit mit Berücksichtigung der Wachstumsverhältnisse der verwendeten Arten erfolgt oder nicht zu dicht gesetzt worden, so ist es ein Leichtes, solche Gruppen in dem richtigen Rahmen zu erhalten. Sehr häufig wird die Pflanzung allerdings zu dicht ausgeführt. Solange die Pflanzung jung ist, fällt dieser Fehler noch nicht auf. Mit fortschreitendem Wachstum der Pflanzen sollte man in diesen Fällen aber den Mut haben, einzelne Exemplare aus der zu dicht gewordenen Pflanzung zu entfernen.

Erhaltungsschnitt bei Blattpflanzen. Ziel des Schnitts ausgewachsener Pflanzen, bei denen auf die Blütenbildung kein Wert gelegt wird (in der Regel handelt es sich um die Arten, die uns durch ihre hübschen Blätter erfreuen), sollte vor allem eine ständige Verjüngung aus dem Inneren der Baumkrone oder des Strauches heraus sein. Diesem trägt man grundsätzlich Rechnung, wenn man sich immer wieder bewusst wird, dass man weniger zu-

◀ Erhaltungsschnitt (Auslichtungs- und Rückschnitt).

TIPP

Viele Pflanzenarten, dazu gehören u. a. *Abutilon, Argyranthemum, Fuchsia, Heliotropium, Lantana* und *Plumbago*, reduzieren bei einsetzender Fruchtbildung drastisch ihre Blütenansätze. Entfernt man rechtzeitig die sich bildenden Fruchtstände wird ein kontinuierlicher Blühverlauf erreicht.

rückschneiden, als vielmehr auslichten sollte. Dabei genügt meist ein kritischer Blick, um zu sehen, welche Triebe weggenommen werden müssen. Weitgehend unsichtbar ist ein Schnitt, bei dem man auf tiefer liegende Seitenverzweigungen zurückschneidet. Ein solcher Auslichtungsschnitt wird in aller Regel im Frühjahr durchgeführt. Abgestorbene und eingetrocknete Abschnitte werden dabei ebenso entfernt, wie zu schwacher Wuchs, dessen dünne, lange Triebe nicht als Grundgerüst für den folgenden sommerlichen Zuwachs dienen können. Durch rechtzeitiges Eingreifen zum richtigen Zeitpunkt lässt sich der Schnitt nahezu unsichtbar ausführen, ohne die Gestalt nennenswert zu verändern.

Erhaltungsschnitt bei Blütenpflanzen. Bei Blütenpflanzen ist die Erhaltung des äußeren Erscheinungsbildes nur eine der Aufgaben der Schnittmaßnahmen. Wesentliches Ziel ist es, die Blühfreudigkeit der Arten zu erhalten oder gar zu verbessern.

Der Schnitt der Pflanzen zur Erhaltung oder Vervollkommnung ihrer Blüten setzt unbedingt die Kenntnis der Art der Blütenbildung (Stellung der Blütenknospen an den Trieben) und der Zeit des Blühens der einzelnen Pflanzen voraus, da man sonst Gefahr läuft, die Pflanzen durch den Schnitt ihres schönsten Schmuckes zu berauben. Leider wird dieser Tatsache aber noch viel zu wenig Beachtung geschenkt.

Einige Blütenpflanzen legen bereits im Spätsommer die Knospen für die folgende Vegetationsperiode an. Wer zu diesem Zeitpunkt oder dann im Herbst falsch schneidet, entfernt nicht selten den gesamten Blütenflor des kommenden Jahres. Eine andere Problematik ergibt sich bei all jenen Pflanzen, die erst ab einer bestimmten Größe blühen (insbesondere aus Samen vermehrte). Werden sie zu stark zurückgeschnitten, wachsen sie im darauf folgenden Jahr völlig blütenlos bis zu dieser Größe heran, um dann zeitlich stark verzögert die ersten Blüten zu bilden.

Blütenbildung an den wachsenden Trieben. Eine Pflanzengruppe, dazu gehören u. a. *Argyranthemum, Fuchsia, Heliotropium, Lantana* und *Plumbago*, bildet die Blüten an den wachsenden Trieben. Bei diesen Arten ist es am besten, wenn man die Triebe jährlich im zeitigen Frühjahr zurückschneidet. Wie weit zurückgeschnitten werden muss, ist abhängig von der gewünschten Größe der Pflanze. Nach dem Schnitt blühen die Pflanzen dadurch umso reichhaltiger an den jungen Trieben. Zusammen mit dem Rückschnitt kann ein Auslichtungsschnitt erfolgen. Dabei sind insbesondere alle dünnen Triebe aus der Krone oder dem Busch herauszuschneiden. So erreicht man eine stetige Verjüngung aus dem Inneren der Pflanze. Aufgrund der Art der Blütenbildung ist bei dieser Gruppe auch ein Schnitt während des Sommers möglich, weil die Bildung der Blüten nur vorübergehend beeinträchtigt wird. Bei Gehölzen dieser Gruppe, die gleichzeitig Fruchtsträucher sind, ist ein fortgesetztes Auslichten, die empfehlenswerteste Methode.

Blütenbildung nach Abschluss des vegetativen Wachstums. Bei einer anderen Pflanzengruppe, dazu gehören z. B. Lagerstroemien, bilden sich die Blüten ebenfalls an den wachsenden Trieben, allerdings nicht kontinuierlich, sondern nach Abschluss des Wachstums als End- oder Seitentriebe. Der Schnitt erfolgt hier, wie zuvor beschrieben, entweder im Herbst oder im Frühjahr. In der Regel ist es bei diesen Pflanzen üblich (vorausgesetzt sie haben ihre „Endgröße“ erreicht), die Triebe wie bei Kopfweiden auf Stummel zu schneiden. Innerhalb der Wachstumsperiode darf nicht mehr geschnitten werden, weil man sonst die Blütenanlagen mit entfernen würde.

Blütenbildung am letztjährigen „Holz". Bei den meisten holzigen Blütenpflanzen, sie blühen in der Regel im zeitigen Frühjahr (z. B. *Acacia*, *Camellia*, *Pittosporum*), sind die Blütenanlagen in Gestalt von **Blütenknospen bereits im Vorjahr am letztjährigen Holz vorgebildet**. Dabei können die Blüten auf der ganzen Länge der letztjährigen Sprosse oder an der Spitze der letztjährigen Sprosse vorgebildet sein. Ebenso ist es möglich, dass die nächstfolgenden Seitenknospen in Blütenknospen umgewandelt sind. Es gibt aber auch Pflanzen, bei denen in Blütenknospen endende Kurztriebe vorhanden sind.

Eine andere Möglichkeit ist das Vorkommen von **vorgebildeten Blütenknospen an besonderen Kurztrieben am zwei- bis mehrjährigen Holz**. Bei diesen Pflanzenarten erfolgt der Schnitt nach der Blüte. In Anweisungen zum Schnitt dieser Pflanzen heißt es meistens ganz lapidar „Rückschnitt im Frühjahr nach der Blüte", womit gesagt werden soll, dass die abgeblühten Triebe auf etwa ein Viertel ihrer Länge eingekürzt werden sollen. Strikt durchgeführt, müssen solche Anweisungen allerdings zu einem grässlichen, uniformierenden Schematismus führen. Bei diesen Gehölzen ist mäßiges Auslichten und ein mehr oder weniger starker Rückschnitt der abgeblühten Triebe auf bestehende Seitenverzweigungen die richtige Methode. Durch jährlich sich neu entwickelnde Seitenzweige sind die einzelnen Äste dieser Gehölze jahrelang blühfähig. So bleiben die Pflanzen jugendlich, blühen im nächsten Jahr reich und büßen vor allem ihren natürlichen Wuchs nicht ein. **Wir schneiden also nicht alle jungen Triebe zurück, lichten die Pflanzen vielmehr kontinuierlich aus und schneiden bestenfalls einige besonders lange Triebe leicht zurück**. Der Schnitt muss unmittelbar nach Beendigung der Blüte erfolgen, jeder Tag bedeutet dabei einen Gewinn oder Verlust.

Bei Pflanzen dieser Gruppe, die gleichzeitig Fruchtsträucher sind, wie etwa der Granatapfel, ist ebenfalls das Verfahren des fortgesetzten, mäßigen Auslichtens die empfehlenswerteste Methode.

So genannte Geiltriebe, die sich bei schlechten Lichtverhältnissen in einem zu warmen Winterquartier bilden, sind im Frühjahr herauszuschneiden.

Verjüngungsschnitt

Beim Verjüngungsschnitt werden ältere Zweige oder Äste knapp am Stamm (bei baumförmigen Gehölzen) oder kurz über der Erdoberfläche (bei Sträuchern) entfernt.

Solch eine Gewaltkur sollte dann erfolgen, wenn Sträucher oder Kronen von Bäumen im Alter unten kahl wer-

▼ Verjüngungsschnitt.

den, in Wuchs und/oder Blühwilligkeit nachlassen oder einfach zu groß geworden sind.

Die Zahl der Triebe, die sich aus den Stümpfen entwickeln, kann sehr groß sein. Alle schwachen Triebe sind möglichst frühzeitig zu entfernen. Von den stärkeren Trieben lässt man nur so viele stehen, wie für den erneuten Aufbau des Strauches bzw. der „Baumkrone" benötigt werden. Dabei ist zu beachten, dass die weitere Entwicklung der Triebe umso besser ist, je tiefer sie an den Stümpfen entspringen.

Auch verschiedene einkeimblättrige Pflanzenarten können verjüngt werden. Wenn beispielsweise *Dracaena*, *Yucca* oder *Cordyline* so groß geworden sind, dass sie das Dach des Wintergartens erreicht haben, wird es auch hier Zeit, an einen Rückschnitt zu denken. Bei der Verkleinerung und Verjüngung wird der Stamm auf die gewünschte Höhe heruntergeschnitten. Der neue Austrieb erfolgt stets direkt unterhalb der Schnittstelle. Auch hier wirkt das Gesetz der Spitzenförderung, das besagt, dass die Knospen am stärksten austreiben die am höchsten stehen. Dies ist wichtig zu wissen, weil die Erfahrung zeigt, dass meist nur ein kurzes Stück der Spitze zurückgeschnitten wird. Was zur Folge hat, dass der neue Trieb schon nach kurzer Zeit wieder das Wintergartendach erreicht. Deshalb ist es immer besser, etwas kräftiger zurückzuschneiden.

Palmen, die wie die zuvor genannten Pflanzenarten zu den einkeimblättrigen Pflanzen gehören, dürfen nicht zurückgeschnitten werden, sie sind nicht in der Lage, aus ihrem Stamm neu auszutreiben.

Schnitt von Formpflanzen

Unter Formpflanzen fasst man eine Vielzahl von Gestaltungsformen zusammen, die sich nicht etwa durch einen konformen Stil auszeichnen, sondern die durch bewusste Schnittmaßnahmen in ihrem Aufbau vom natürlichen Habitus des Gehölzes abweichen, wobei der formale Aspekt in den Vordergrund tritt.

Schon in den römischen Gärten der Antike wurde von der Ars Topiara, der Gestaltung von Pflanzen zu menschlichen, tierischen und vor allem geometrischen Formen, Gebrauch gemacht.

Von Formpflanzen erwartet man keine farbenprächtigen Blüten, gefragt sind meist gleichmäßige, geometrische Formen. So wie früher kommen auch heute vorwiegend einfache geometrische Kunstfiguren in Frage: Kugelformen mit und ohne Stamm, Etagenbäumchen, die aus zwei bis drei scheibenförmigen Etagen und einer halbkugelförmigen Spitze bestehen, aber auch Säulen (Kreiszylinder mit halbkugelförmiger Spitze), längliche Kegel (kreisförmiger Querschnitt) oder Pyramiden (eckiger Querschnitt), Quader und Würfel.

Es ist verständlich, dass sich nicht jede Pflanzenart als Formpflanze eignet. Sie müssen schnittverträglich sein und sich reichlich verzweigen, sodass die geschnittenen Formen gleichmäßig ausgefüllt werden und keine Löcher entstehen. Als immergrüne Pflanzen eignen sich beispielsweise *Laurus nobilis* (Lorbeer) und *Myrtus communis* (Myrte).

Beim Schnitt von Formpflanzen geht es darum, die äußere Form konstant und gleichmäßig dicht zu halten. In der Regel muss drei- bis viermal jährlich geschnitten werden. Bei großblättrigen Pflanzen (z. B. Lorbeer) ist darauf zu achten, dass möglichst keine Blätter in der Mitte durchschnitten werden, weil sonst unschöne braune Stellen entstehen.

Schnitt bei Schling- und Kletterpflanzen

Eine ganze Reihe von subtropischen und tropischen Schling- und Kletterpflanzen eignet sich ebenfalls sehr gut für den Wintergarten. Diejenigen, die ihre Blüten an den wachsenden Trieben entwickeln, sind nach Erreichen der gewünschten Größe am besten jährlich im Frühjahr zurückzuschneiden. Pflanzen, die an den Vorjahrestrieben blühen, müssen nach der Blüte ausgelichtet und mäßig zurückgeschnitten werden.

Unansehnlich gewordene Kletterpflanzen, die beispielsweise von unten her völlig verkahlt sind, können auch kräftig zurückgeschnitten, d. h. verjüngt werden.

Pflanzenhalterungen

Viele unserer Wintergartenpflanzen benötigen in den ersten Jahren ihrer Entwicklung eine Hilfestellung, um gerade in die Höhe wachsen zu können. Auch viele ausgewachsene Pflanzen kommen ohne Stütze nicht aus, sie benötigen stabile Halterungen, die gleichsam vor Beschädigungen und Bruch schützen sollen. Pflanzenhalterungen sind unumgänglich bei Hochstämmchen und Lianen (Schling- und Kletterpflanzen), Letztere benötigen ein Rank- oder Klettergerüst (siehe nächsten Abschnitt), an dem sie sich emporwinden können.

Für jüngere Pflanzen sind **Bambusstäbe** (so genannte Tonkinstäbe) als Stütze weit verbreitet. Bambusstäbe gibt es im Handel in unterschiedlichen Längen von 75 bis 500 cm. Sie haben den Vorteil, dass sie mit den Pflanzen im Allgemeinen gut harmonieren. Nachteilig muss ihre geringe Haltbarkeit angesehen werden, denn der in der Erde befindliche Teil hält meist nur ein Jahr.

Unbegrenzt haltbar sind **kunststoffüberzogene Stahlrohr- oder Aluminiumstäbe**, die in unterschiedlicher Länge als Pflanzstäbe im Handel erhältlich sind. Bevorzugt sollten gerippte oder genoppte Stäbe verwendet werden, weil an ihnen das Bindegut besser hält als an glatten.

Für größere und ältere Pflanzen, die eine stabile Pflanzenstütze benötigen, sind 1,75 m lange **Rosenpfähle aus Holz mit Plastiküberzug und Plastikkappe** gut geeignet.

Die Stäbe, ob Bambus, Rosenpfähle oder Pflanzstäbe, sind so nah wie möglich am Stammansatz und möglichst tief in die Erde zu stecken. Die Pflanze ist so anzubinden, dass noch eine gewisse Bewegungsfreiheit gegeben ist. Beim Einstecken oder Einschlagen der Stütze ist darauf zu achten, dass der Wurzelballen nicht unnötig beschädigt oder gar vom Stammansatz abgerissen wird. Die Halterung sollte in der Länge so gewählt werden, dass der Stab die ausgewachsene Pflanze nicht überragt.

Bei Hochstämmchen reichen Einzelstäbe in der Regel als Stütze nicht aus. Insbesondere Pflanzen mit ausladendem Wuchs und starkem Blütenansatz brechen im Bereich des Kronenansatzes häufig auseinander. Besonders gefährdet sind beispielsweise *Argyranthemum*, *Fuchsia*, *Lantana* und *Plumbago*. Hier können Pflanzenstützen mit Kronenhalterung ein Auseinanderbrechen der Krone verhindern. Diese Stützen aus verzinkten oder kunststoffüberzogenen Rund- oder Vierkantstahlstäben sind im Handel in unterschiedlichen Ausführungen erhältlich. Geschickte Handwerker können sich solche Halterungen auch selbst herstellen.

Bei der Konstruktion dieser Halterungen ist zu beachten, dass die Abstände der Eisenstäbe, d. h. die verbindenden Querringe, nicht zu eng bemessen werden, da die Stämme in den weiteren Jahren mit ihrem Dickenwachstum an Stärke zulegen werden.

Eine besondere Wuchsform stellt die Spindel dar. In dieser Form lassen sich besonders weichholzige Pflanzenarten (z. B. *Pelargonium*, *Lantana*, *Solanum*) zu locker gewachsenen Pyramiden heranziehen. Mehrjährige, mannshohe Bougainvillen, Lantanen, Pelargonien und Fuchsien können so eine Blütenpracht von beeindruckender Schönheit entwickeln. Auch hier gibt es entsprechende Halterungen im Handel.

Diese **Spindelstützen** eignen sich auch für die Halterung von schwächer wachsenden Schling- und Kletterpflanzen auf Beeten und in Gefäßen.

Für eine Reihe von strauchartigen Kübelpflanzen mit überhängendem Wuchs haben sich als Stützhilfe auch **Staudenhalter** bewährt. Weit verbreitet sind runde Staudenhalter mit variablem Ringdurchmesser aus verzinktem oder plastiküberzogenem Stahldraht. Interessant sind auch Staudenhalter, die auf drei oder vier Stützstäben stehen.

Rankhilfen für Kletterpflanzen

In der Natur wissen sich Kletterpflanzen beim Durchwachsen von Sträuchern und Bäumen, beim Hochranken oder Herunterhängen über Felsen und Mauern oder beim flachen Kriechen auf dem Boden selbst zu helfen und benötigen keine künstliche Hilfe. In Pflanzgefäßen, aber auch auf Beeten, fehlen den Pflanzen solche natürlichen Möglichkeiten, ihnen muss man stabile Rankhilfen anbieten.

Im Handel gibt es **Rankgerüste** und **-geflechte** in Hülle und Fülle: schmal, breit, hoch, fächerartig gespreizt, aus Kunststoff, Stahldraht oder Holz. Am häufigsten sieht man wohl die **kunststoffummantelten Drahtspaliere**. Handlich sind solche zum Klemmen, bei denen die Stäbe mit einer Doppelklemme zusammengefügt werden. Aufwendiger und robuster sind Stecksysteme: Das dünnere (waagerechte) Rohr wird hierbei durch das stärkere, entsprechend vorgebohrte gesteckt. Diese Steckkonstruktionen eignen sich für üppig wuchernde, schwere Kletterpflanzen, aber auch für Bögen oder Pyramiden. Bei Rankhilfen aus kunststoffüberzogenem Stahldraht oder Stahlrohren darf die Hülle nirgendwo schadhaft sein, damit sich darunter kein Rost bildet. Sehr schnell wäre die Standfestigkeit nicht mehr gewährleistet.

Preiswert und simpel ist **Baustahlgewebe**. Mit Rostschutz- und Farbanstrichen lässt sich solch ein Gitter natürlich „veredeln“. Unauffällig und ideal für „Leichtgewichte“ ist ein Gespinst aus zwischen Haken gezogenen Drähten und Schnüren. Ein oder zwei Jahre überdauern auch **Sisalschnüre**. Für Pflanzen mit „schweren“ Trieben sind **Kettenspannungen** zu empfehlen. Auch **verzinkter Welldraht** oder **Metallstäbe**, die man zeltartig zusammenstellt, sind eine gute, dabei einfach herzustellende Rankhilfe.

Wer Stahl und Kunststoff als zu technisch oder etwas zu „ärmlich“ empfindet und anstrebt, dass ein Klettergerüst auch ohne Pflanzen ein Schmuck für die Wintergartenwand oder das Gefäß ist, wird sich für Holz entscheiden. Angeboten werden z. B. fertige **Scherengitter** in verschiedenen Höhen und Breiten.

Mit ein wenig Geschick lässt sich aus zugeschnittenen Latten und Leisten ein passgenaues Gitter selbst anfertigen. Haltbar ist druckimprägniertes Holz, dem mit entsprechender Holzlasur die gewünschte Tönung gegeben wird.

Bindematerial

Zum Anbinden und Anheften von Zweigen und Stängeln sowie für Richtungskorrekturen bietet der Fachhandel unterschiedliche Bindematerialien an.

Bindebast ist zum Anbinden jüngerer Pflanzen oder für Richtungskorrekturen im Geäst sowie zum Anbinden von Lianen geeignet. Der Kunststoffbast hat dabei den natürlichen Raffiabast weitgehend ersetzt. Für jüngere Pflanzen besonders zu empfehlen sind die leicht zu handhabenden **Bindestreifen**, die es in fertigen Längen (von 10 bis 30 cm), aber auch auf der Rolle

◀ Verschiedene Wintergartenpflanzen benötigen Steh- bzw. Kletterhilfen, an denen sie festgebunden werden können.

zu kaufen gibt. In einem schmalen Papier- oder Plastikmantel sind hier ein oder zwei biegsame Drähte eingehüllt. Der Bindevorgang ist blitzschnell zu erledigen.

Zum Anbinden von größeren Pflanzen an Stützpfähle ist **Kokosgarn** ein häufig verwendetes Material. Man findet es auch als **Kokosstrick**. Die Naturfasern sind robust, aber nicht unbegrenzt haltbar. Sie werden im Laufe der Zeit brüchig. Dieses vermeintliche Manko des Verwitterns haben **Plastikbinder** nicht. Diese Binder sind in verschiedenen Stärken und Ausführungen im Gartenfachhandel erhältlich. In der Regel sind sie verstellbar, wodurch ihr Einsatzbereich erweitert wird. So ist es auch ohne weiteres möglich, Schlaufen in Form einer Acht als Verbindung zwischen Stamm und Stützpfahl herzustellen.

4 Die Auswahl der Pflanzen

▼ Diese exotischen Pflanzen (u. a. *Tillandsia*, *Calathea*, *Spathiphyllum*, *Begonia*) stehen temperaturgerecht im Wintergartentyp 1, dem ständig warmen Wintergarten.

Die Wirkung von Pflanzen ist vielfältig: Sie kühlen durch Beschattung und Verdunstung und sie regenerieren die Luft durch die Photosynthese und die Aufnahme von Schadstoffen. Pflanzen wirken aber auch ästhetisch durch Form, Textur, Farbe und Duft. Das Wohn- und Lebensgefühl wird durch sie stark und nachhaltig beeinflusst. Ihre Arten- und Formenfülle ist unübersehbar. Hinzu kommt, dass sie als Lebewesen dynamisch sind. Sie wachsen, blühen und fruchten. Sie reagieren auf die Jahreszeiten ebenso wie auf Standort, Umwelt und Pflege.

Wer nicht alle halbe Jahre eingegangene, weil falsch ausgewählte Pflanzen durch neue ersetzen will, wer gesund wachsendes Grün und Blütenreichtum schätzt, ohne übermäßig durch dessen Pflege in Anspruch genommen zu werden, der wird mit einiger Sorgfalt die Bepflanzung planen und beim Kauf kritisch auswählen müssen.

Eine Pflanze steht dann am richtigen Standort, wenn sie bei minimalem Pflegeaufwand langfristig gut gedeiht und gesund bleibt. Und hier gibt es ein Kernproblem, denn die Erfahrung zeigt, dass Wintergartenbepflanzungen häufig mehr zufällig entstehen. Es werden Pflanzen gekauft, die durch bestimmte Eigenschaften begehrenswert erscheinen. Dies können eine attraktive Zweigstruktur, hübsche Blätter, bezaubernde Blüten oder essbare Früchte sein. Die natürlichen Ansprüche an die Wachstumsfaktoren bleiben dabei meist völlig unberücksichtigt. Wärmeliebende Pflanzenarten werden mit Pflanzen gemischt, die zum Überleben zeitweise niedrige Temperaturen benötigen, trockenheitsliebende Sukkulenten mit feuchtigkeitsliebenden tropischen Pflanzenarten. Misserfolge und Enttäuschungen sind dadurch vorprogrammiert.

Das Gedeihen einer Wintergartenbepflanzung lässt sich jedoch über die Pflanzenauswahl in großem Maße beeinflussen. Je besser die Gegebenheiten im Wintergarten und die Ansprüche der Pflanzen harmonieren, umso erfolgreicher wird die Begrünung sein.

Eine Pflanze allein aufgrund ihres Aussehens zu verwenden, obwohl sie mit den gegebenen Standortbedingungen eigentlich nicht zurechtkommt, kann fatale Folgen haben.

ZUSATZINFORMATION

Während wir Menschen uns nur relativ kurze Zeit in einem Wintergarten aufhalten müssen und das Glashaus meiden können, wenn uns das Klima darin nicht gefällt, während wir also unangenehm warmen bis heißen oder kühlen Temperaturen durch die „Flucht" in das Hausinnere entgehen können, bleiben die Pflanzen den jeweiligen Klimabedingungen ständig ausgesetzt und müssen demzufolge klimagerecht ausgewählt werden.

Wer auf Dauer Freude an seiner Wintergartenbegrünung haben will, muss Pflanzen auswählen, deren natürliche Standorte durch Temperaturverhältnisse gekennzeichnet sind, die den am künstlichen Standort herrschenden Bedingungen, d.h. dem gewählten Wintergartentyp, ähnlich sind. Nur so können die Pflanzenarten ihrem natürlichen Entwicklungsrhythmus von Blattaustrieb, Blütenbildung, Fruchtbildung, gegebenenfalls Laubfall und Winterruhe folgen und damit auf Dauer überleben.

Die Klimatisierung des Wintergartens, d.h. die Temperatursteuerung im Tages- und insbesondere im Jahresgang, ist mit den gewünschten Pflanzengemeinschaften abzustimmen. Beispielsweise benötigen Pflanzen tropischer Herkunft gleichmäßig hohe Mindesttemperaturen sowohl zwischen Tag/Nacht als auch im Sommer/Winter und reagieren im Einzelfall auch schon empfindlich auf Temperaturabsenkungen in der Nacht oder am Wochenende, während Pflanzen aus mediterranen und subtropischen Zonen in den Wintermonaten zum Überleben in der Regel niedrigere Temperaturen als im Sommer benötigen.

Temperaturgerechte Pflanzenauswahl

Temperaturgerechte Pflanzenauswahl bedeutet, darauf zu achten, dass die Temperaturansprüche, die Pflanzen von ihrem natürlichen Standort mitbringen, zur Grundlage der Temperaturführung im Wintergarten werden, oder dass man Pflanzen danach auswählt, dass sie den angestrebten Temperaturbedingungen im Wintergarten entsprechen. Bei der Beschreibung der Wintergartentypen (siehe Seite 14) wurde schon auf die Temperaturzonen hingewiesen, die als Pflanzenlieferanten jeweils in Frage kommen.

Für den Wintergarten Typ 1, den ständig warmen (zimmerwarmen) oder ganzjährig bewohnbaren Wintergarten, sind es tropische Pflanzenarten, für den Wintergarten Typ 2, den temperierten Wintergarten, sind es insbesondere Pflanzen der Subtropen, für den Wintergarten Typ 3, den kühlen, aber frostfreien Wintergarten, sind es besonders mediterrane Pflanzenarten bzw. Pflanzenarten ähnlicher Gebiete auf den anderen Kontinenten und für den Wintergarten Typ 4, den nicht frostfreien Wintergarten oder Solarwintergarten, Pflanzen gemäßigter Gebiete mit geringer Kältetoleranz.

Unter Beachtung der im Wintergarten herrschenden Temperaturen ist vieles möglich: Ein exotischer Garten mit Palmen, Bromelien und Orchideen, bizarre Kakteen mit anderen Sukkulenten, oder eine Mittelmeerpflanzung mit „Mimosen" (*Acacia*), Ölbaum und Feige.

TIPP

Erst wenn die Frage nach dem Wintergartentyp beantwortet ist, sollte bzw. darf die Auswahl der Pflanzen erfolgen. Eine solche Vorgehensweise erspart unnötige Enttäuschungen, Ärger und nicht zuletzt Kosten.

FÜR SCHNELLE LESER

Das Raumklima und damit die bereitgestellten Heiztemperaturen werden in erster Linie von der angestrebten Nutzung des Wintergartens durch den Wintergartenbesitzer bestimmt, der sich die Pflanzenauswahl anzupassen hat.

Tropen

Im strengsten geographischen Sinn sind die Tropen der Bereich zwischen dem nördlichen und dem südlichen Wendekreis (jeweils 23°27' Nord und Süd). Es ist das Gebiet, in dem die Sonne mindestens einmal, meist aber zweimal im Jahr senkrecht am Himmel

▲ Tropische Atmosphäre verbreitet dieser Palmengarten.

steht. Die Unterschiede zwischen Sommer- und Winterhalbjahr fallen dort kaum ins Gewicht; selbst an den Wendekreisen steht die Sonne am kürzesten Tag des Jahres noch 10,5 Stunden am Himmel, am längsten nicht mehr als 13,5 Stunden. Bei uns, auf etwa 50° Nord, sind es am kürzesten Tag rund 8 und am längsten Tag rund 16 Stunden. Thermisch gesehen, gehören zu den Tropen alle Gebiete, in denen die Temperaturen auch im kältesten Monat nicht unter durchschnittlich 18 °C liegen. Die tageszeitlichen Schwankungen der Temperatur sind ausgeprägter als die jahreszeitlichen, der Unterschied zwischen Tag und Nacht ist also größer als der zwischen Sommer und Winter. Zu berücksichtigen ist allerdings, dass dies selbstverständlich nur auf Gebiete in Meereshöhe zutrifft. Das heißt, mit zunehmender Höhe verliert diese Definition ihre Gültigkeit, denn die Temperatur nimmt im Mittel um etwa ein halbes Grad pro 100 m Höhe ab. Deshalb ist es auch nicht verwunderlich, dass bei der Beschreibung der für den Wintergarten geeigneten Arten, Pflanzenarten, die im streng geographischen Sinn den Tropen zuzuordnen sind, auch für die kühleren Wintergartentypen 2 und 3 geeignet sind.

Subtropen

Die Subtropen bilden einen Ring im Norden und Süden der Tropen und sind durch jahreszeitliche Temperaturunterschiede charakterisiert. Im

Sommer ist es so warm wie in den Tropen oder sogar noch wärmer (die Tagesmaxima der Lufttemperatur können im Juli und August oft 30 °C überschreiten). Der Winter ist mild, die durchschnittlichen Temperaturwerte liegen auch im kältesten Monat langjährig zwischen 5 und 10 °C, allerdings können manchmal kurzfristige Nachtfröste auftreten.

Mediterrangebiet

Von besonderer Bedeutung als Lieferant von Pflanzen für Wintergärten ist das Mediterrangebiet, das klimatologisch zum Nordrand der Subtropen gehört und in das gemäßigte Klima übergeht. Im Sommer ist es warm wie in den Tropen, der Winter ist im Vergleich zu den gemäßigten Gebieten, in denen wir leben, mild. Wobei kurzfristig auch im Mediterrangebiet leichte Fröste auftreten können, wie gerade die letzten Jahre gezeigt haben.

Gemäßigtes Klima

Das gemäßigte Klima – nördlich und südlich der Subtropen – ist durch vier ausgeprägte Jahreszeiten und regelmäßige und oft lang andauernde Frostperioden gekennzeichnet.

ZUSATZINFORMATION

Zu beachten ist, dass die Klimazonen gegeneinander nicht scharf abgegrenzt, sondern durch breite Übergangszonen miteinander verbunden sind. Aus der Tatsache, dass die Tropen hinsichtlich der Temperatur geographisch auf Meereshöhe betrachtet werden, ergibt sich, dass zum Teil auch Pflanzen scheinbar tropischer Herkunft niedrige Temperaturen vertragen bzw. aushalten. Aber die so genannte Biogeosphäre ist nicht nur in horizontaler Richtung gegliedert, sondern durch Gebirge auch in vertikaler Richtung. Mit zunehmender Gebirgshöhe erfolgt auch in den Tropen eine Temperaturabnahme und Verkürzung der Vegetationszeit. Die dort angesiedelten Pflanzen sind zwar geographisch gesehen Tropenpflanzen, hinsichtlich der Temperatur aber anderen Zonen, den Subtropen oder auch den gemäßigten Gebieten, zuzuordnen.

Auswahl nach Klimazonen

Unter Berücksichtigung der Temperaturansprüche der Pflanzen aufgrund ihrer Herkunft ist vieles möglich. Häufig anzutreffen, weil man hier die größte Auswahl hat, ist beispielsweise im Wintergartentyp 1, die gemeinsame Verwendung tropischer Pflanzenarten aus entsprechenden Gebieten Asiens, Afrikas, Australiens und Amerikas. Weniger groß ist die Auswahl, wenn man sich bei der Pflanzenzusammenstellung auf einen einzigen Kontinent beschränkt, was aber durchaus interessant sein kann. Das Prinzip der **temperaturgerechten Auswahl** kann im Sinn von **speziellen Themenpflanzungen** vielfältig variiert bzw. weitergeführt werden. Themen können beispielsweise sein: tropische oder subtropische Blütenpflanzen, tropische oder subtropische Nutzpflanzen, tropische oder subtropische Blattpflanzen oder eine Sammlung unterschiedlicher Myrtengewächse, die gleiche Temperaturansprüche haben, aber auf verschiedenen Kontinenten heimisch sind. Ein interessantes Thema könnten auch die Pflanzen der Bibel sein, denn sie können ja einem einheitlichen klimatischen Gebiet zugeordnet werden. Darüber hinaus sind auch sehr spezielle Themen denkbar, etwa eine Sammlung tropischer Farne oder subtropischer Palmen und anderer palmenartiger Pflanzen. Der Fantasie sind hier keine Grenzen gesetzt. Auch eine Pflanzenzusammenstellung aufgrund von Urlaubserinnerungen ist möglich.

Auswahl nach Lebensgemeinschaften

Eine weitere Möglichkeit der Pflanzenauswahl für Wintergärten sind natürliche Lebensgemeinschaften. Eine Pflanzenauswahl auf dieser Grundlage hat den Vorteil, eine weitgehende Übereinstimmung in allen Standort- und

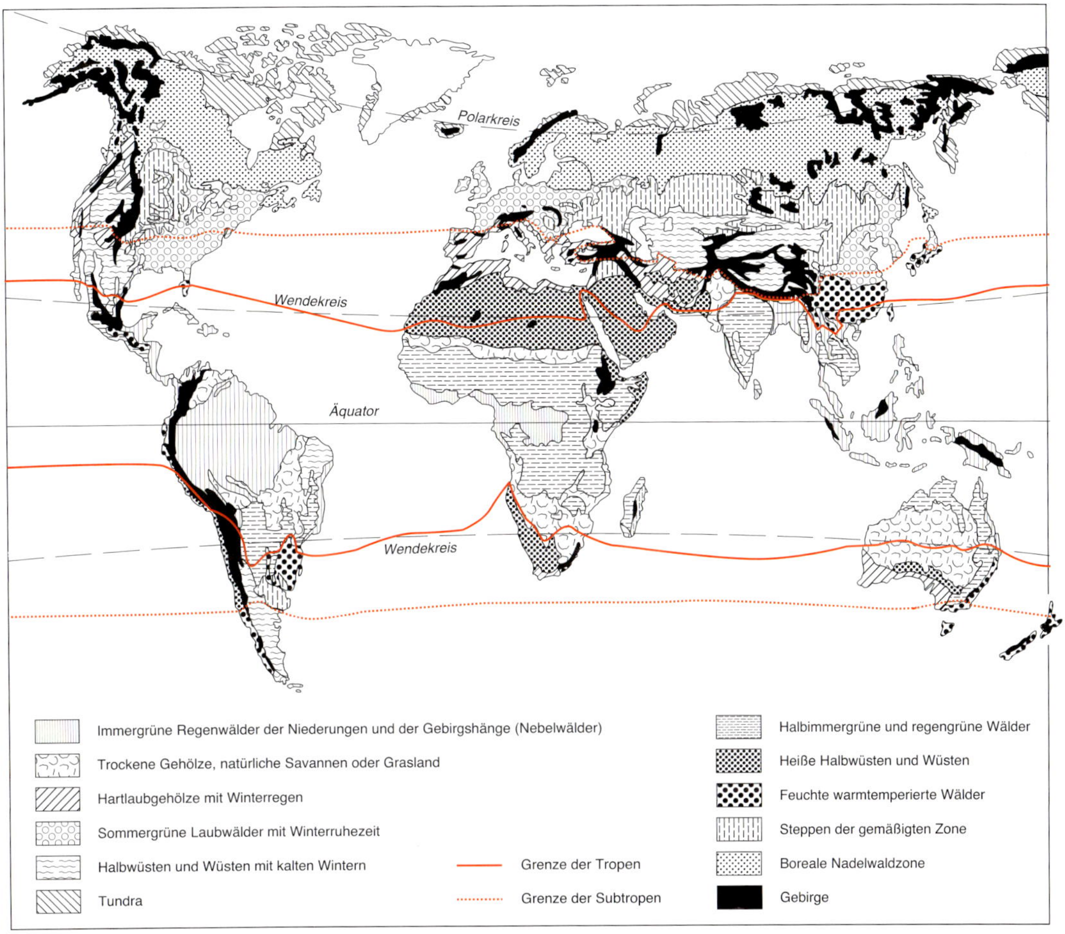

▲ Vegetationszonen der Erde (nach WALTER 1990).

Umweltfaktoren zu gewährleisten. Es erleichtert die Pflege der Pflanzen und ist insbesondere für Pflanzbeete zu empfehlen, weil auf Beeten eine unterschiedliche Bewässerung praktisch nicht möglich ist.

Es gibt **groß-** und **kleinräumige Lebensgemeinschaften**. Allerdings würde es bereits den Rahmen dieses Buches sprengen, nur annähernd auf die verschiedenen Möglichkeiten einzugehen. Hier soll beispielhaft auf wichtige großräumige, länder- und kontinentübergreifende Pflanzengemeinschaften eingegangen werden, die in Vegetationszonen ihren Ausdruck finden und für die vier Wintergartentypen von Bedeutung sind. Der Botaniker Prof. Dr. Heinrich Walter unterscheidet zwischen 12 Vegetationszonen. Vegetationszonen sind Teile der Erdoberfläche mit bestimmten vorherrschenden Pflanzengesellschaften, die breitenkreisparallel verlaufen. Die Verteilung dieser Vegetationszonen auf den Kontinenten zeigt die stark vereinfachte Übersicht.

ZUSATZINFORMATION

Für die Gliederung der Biosphäre sind von allen Standort- oder Umweltfaktoren die Wärme- und die Wasserverhältnisse von größter Bedeutung. Licht ist nirgends im Minimum. Dies gilt auch für die Polargebiete, denn die lange Polarnacht trifft die Pflanzen im Winterruhezustand an.

◀ Wintergarten mit Töpfen.

Sechs dieser Vegetationszonen, die nachfolgend kurz beschrieben werden sollen, sind für Wintergärten von Bedeutung.

Die Vegetationszone der Hartlaubgehölze mit Winterregen

Die Vegetationszone 4 ist ein ökologisch interessantes Übergangsgebiet zwischen der gemäßigten und der subtropischen Zone, das im Sommer ganz unter dem Einfluss des subtropischen Hochdrucks mit seiner heißen und regenlosen Witterung steht, im Winter dagegen von den Regen der gemäßigten Zone erfasst wird. Im Gegensatz zu der Sommerdürre ist der Winter kühl und nass, wobei es in einzelnen Jahren sogar zu Frosteinbrüchen kommen kann.

Die Vegetation ist in diesem Gebiet gekennzeichnet durch Hartlaubgehölze, die sich von der offenen Vegetation der subtropischen Trockengebiete scharf abheben, und in höheren Breiten allmählich in die Wälder der gemäßigten Zone übergehen. Aus diesem Grund rechnen Botaniker diese Vegetationszone mit Winterregen nicht zu den Subtropen, sondern sprechen noch von der Vegetation der eigentlichen gemäßigten Zone. Dies ist wichtig zu wissen, da diese Gebiete im allgemeinen Sprachgebrauch zu den Subtropen gerechnet werden.

▼ *Arbutus unedo* ist ein Vertreter der Vegetationszone der Hartlaubgehölze mit Winterregen.

Wenn man die Angaben über die Heimatgebiete der in diesem Buch behandelten Wintergartenpflanzen betrachtet, wird man feststellen, dass eine Vielzahl der beschriebenen Pflanzenarten in der Vegetationszone der Hartlaubgehölze mit Winterregen verbreitet ist. Diese Gebiete nehmen, wie die Karte auf Seite 97 zeigt, auf der Erdoberfläche eine relativ kleine Fläche ein, sind aber auf allen Kontinenten vertreten. Die Pflanzen sind in der Regel hartlaubig. Sukkulente Arten fehlen in der eigentlichen Hartlaubzone ganz. Allerdings gedeihen sukkulente Arten in diesen Gebieten ausgezeichnet. Das beweist die Einbürgerung der Agaven und Opuntien im Mittelmeergebiet. Sie halten sich aber nur dort, wo die natürliche Pflanzendecke durch den Menschen gestört ist.

In dieser Vegetationszone sind u. a. heimisch:

- *Arbutus unedo*,
- *Callistemon*-Arten,
- *Casuarina*-Arten,
- *Cistus*-Arten,
- *Citrus*-Arten (nur in den wärmeren Teilen),
- *Drimys winteri*,
- *Erica arborea*,
- *Eucalyptus*-Arten,
- *Hardenbergia comptoniana*,
- *Jubaea spectabilis*,
- *Kennedia prostrata*,
- *Leptospermum*-Arten,
- *Myrtus communis*,
- *Nerium oleander*,
- *Olea europaea*,
- *Podocarpus falcatus*,

- *Polygala myrtifolia*,
- *Quercus suber*,
- *Rosmarinus officinalis*,
- *Sparrmannia africana*,
- *Viburnum tinus*,
- *Yucca*-Arten.

Die feuchten warmtemperierten Wälder

Die Vegetationszone der feuchten, warmtemperierten Wälder lässt sich nicht scharf abgrenzen, sondern stellt eine Art Übergangszone zwischen den tropisch-subtropischen und den typisch gemäßigten Gebieten dar. Diese Wälder besitzen ein sehr humides Klima mit Regen das ganze Jahr hindurch oder mit einem Minimum Regen in der kühlen Jahreszeit. Die Hauptvegetationszeit ist immer feucht und aufgrund der hohen Temperaturen schwül. Diese Gebiete, sie kommen als kleine Flächen auf allen Kontinenten vor, liegen an den Ostseiten der Kontinente etwa zwischen dem 30. und 35. Grad auf der Süd- und Nordhemisphäre und stehen unter der Einwirkung von Passat- oder Monsunwinden. Während der kühlen Jahreszeit sinken die Temperaturen schon ziemlich tief und es können Fröste auftreten. Zwar fehlt eine kalte Jahreszeit wie bei uns, doch stellt der Winter schon eine Ruhezeit für die Vegetation dar. Die Jahresmittel liegen etwas über oder unter 15 °C, die Baumarten der Wälder sind wenigstens zum Teil immergrün. In Ostasien, das dem ostasiatischen Monsun ausgesetzt ist, nimmt diese humide Vegetationszone einen besonders großen Raum ein.

In dieser Vegetationszone sind u. a. heimisch:

- *Acacia*-Arten,
- *Agapetes*-Arten,
- *Araucaria araucana*,
- *Aucuba japonica*,
- *Camellia*-Arten,
- *Coprosma*-Arten,
- *Cordyline*-Arten,
- *Dicksonia antarctica*,
- *Eriobotrya japonica*,
- *Eucalyptus*-Arten (z. B. *E. simondsii*),
- *Euonymus japonicus*,
- *Ligustrum japonicum*,
- *Metrosideros excelsa*,
- *Pittosporum*-Arten,
- *Podocarpus*-Arten.

▲ *Camellia japonica* ist eine Vertreterin der feuchten warmtemperierten Wälder.

Die halbimmergrünen und regengrünen Wälder

Wenn man sich vom Äquator über den 10. Breitengrad Nord oder Süd polwärts entfernt, macht sich ein gewisser Jahresgang der Temperatur bemerkbar, bei dem in der warmen Jahreszeit starke Regen fallen, während die kühle Jahreszeit extrem dürr ist. Wir finden hier ein typisches Sommerregenklima mit einer Dürrezeit während der kühlen Jahreszeit. Mit zunehmender Breite (bis über die Wendekreise hinaus) nimmt die Dauer der Dürrezeit zu und die Dauer der Sommerregenzeit sowie der Gesamtniederschlag ab. Dementsprechend ändert sich auch der Vegetationscharakter: Die immerfeuchten tropischen Regenwälder (siehe Seite 102) weisen zunächst einen deutlichen jahreszeitlichen Aspekt auf, der durch eine kurze Trockenzeit bedingt wird. Dann wirft die obere Baumschicht während der Dürrezeit die Blätter ab, während die unteren Schichten noch grün bleiben (halbimmergrüne Wälder). Schließlich bleibt der ganze Wald kürzere oder längere Zeit kahl, sodass man von feuchten bzw. trockenen Laub abwerfenden Wäldern spricht, die auch als regengrüne Wälder oder als tropische Trockenwälder bezeichnet werden. Letztere leiten bei noch größerer Dürre zu den klimatischen Savannen oder halbwüstenhaften Dornbusch- und Sukkulenten-Formationen über.

In dieser Vegetationszone sind u.a. heimisch:

- *Acacia*-Arten,
- *Brachychiton*-Arten,
- *Cassia*-Arten,
- *Eucalyptus*-Arten (z. B. *E. alba*),
- *Jacaranda mimosifolia*,
- *Lagerstroemia*-Arten.

Die trockenen Gehölze, natürliche Savannen oder Grasländer

Mit zunehmender Breite werden die Sommerregen geringer, die Wälder sehr licht und trocken. Bei noch geringeren Niederschlägen (zwischen 200 und 500 mm) treten klimatisch bedingte Trockensavannen und Graslandschaften auf. Der Übergang von lichten Wäldern mit Grasunterwuchs (Savannenwälder) zu den echten Savannen ist ein gleitender. Bei den Ersteren, die auch

▼ Typisch für die in Australien heimische *Acacia verticillata* sind die nadelförmigen „Blätter“.

▲ *Cereus peruvianus* ist ein Vertreter natürlicher Savannen oder Grasländer.
▶ *Agave filifera* ist eine typische Vertreterin heißer Halbwüsten und Wüsten.

als „Gehölze“ (woodland) bezeichnet werden, dominiert noch die Baumschicht, bei den Letzteren die Grasschicht.

In dieser Vegetationszone sind u. a. heimisch:

- *Acacia*-Arten,
- *Aloe*-Arten,
- Cactaceae-Arten,
- *Eucalyptus*-Arten.

Die heißen Halbwüsten und Wüsten polwärts bis zum 35. Breitengrad

Der Begriff Wüste (desert) ist ein relativer. Für den aus dem humiden Osten Nordamerikas Kommenden ist der Südwesten des Landes schon eine Wüste, wobei Tucson (Arizona) einen Jahresniederschlag von fast 300 mm hat, während der Ägypter, der in Kairo wohnt, die Mittelmeerküste nicht mehr als Wüste betrachtet, obgleich die Regenmenge dort kaum 150 mm erreicht. Im Allgemeinen wird man jedoch ein heißes Gebiet als Wüste bezeichnen, wenn der Jahresniederschlag unter 200 mm und die potentielle Verdunstung über 2000 mm liegt.

Die spärlichen Niederschläge fallen in ariden Gebieten zu verschiedenen Jahreszeiten. So haben die Sonora-Wüste und die Karroo zwei Regenzeiten, die nördliche Sahara und die Vorderasiatischen Wüsten eine Winterregenzeit, die südliche Sahara und die Innere Namib eine Sommerregenzeit, Zentral-Australien spärliche, zu jeder Jahreszeit mögliche Regen, die so genannten Küstenwüsten sind fast ohne Regen, aber mit viel Nebel (dazu gehören die nordchilenisch-peruanische Wüste, und die Äußere Namib), und die zentrale Sahara ist eine regen- und vegetationslose Wüste.

In dieser Vegetationszone sind u. a. heimisch:

- *Agapanthus*-Arten,
- *Agave*-Arten,
- Cactaceae-Arten,
- *Crassula*-Arten,
- *Crinum*-Arten,
- *Dasylirion*-Arten,
- *Gasteria*-Arten,
- *Haworthia*-Arten,
- *Nolina*-Arten,
- *Parkinsonia aculeata*,
- *Sedum*-Arten,
- *Yucca*-Arten.

◀ *Calathea lancifolia* ist eine typische Vertreterin der immergrünen Regenwälder.

Die immergrünen Regenwälder der Niederungen und der Gebirgshänge (Nebelwälder)

Der immerfeuchte tropische Regenwald beschränkt sich hauptsächlich auf die äquatoriale Klimazone, die sich etwa von 10° Nord bis 10° Süd erstreckt. Sie zeichnet sich durch äußerst geringe Jahresschwankungen bezüglich der Temperatur aus. Die Jahresniederschläge sind sehr hoch und können mehrere Meter ausmachen. Sie fallen das ganze Jahr hindurch.

Die Gleichmäßigkeit des Klimas in der äquatorialen Zone wird zum Teil nur vorgetäuscht, da man sich meistens auf die Betrachtung der Monatsmittel beschränkt. In den Tropen haben wir es aber nicht mit einem Jahreszeitenklima, sondern mit einem Tageszeitenklima zu tun, und die Temperatur- sowie Feuchtigkeitsschwankungen im Laufe eines Tages sind viel beträchtlicher als die Schwankungen der Monatsmittel im Laufe eines Jahres. Während die Monatsmittel der Temperatur das ganze Jahr hindurch fast konstant sind, betragen die mittleren Tagesschwankungen oft 10 °C. Die Tagesschwankungen der Temperatur haben zur Folge, dass die Luftfeuchtigkeit zwischen 100 und 40% (bis 25%) schwankt.

Ein Knospenschutz ist bei Bäumen des Regenwaldes nicht notwendig. Die jungen Blattanlagen werden zuweilen durch Haare, Schleim oder saftige Schuppen bzw. besonders ausgebildete Nebenblätter eingehüllt.

In dieser Vegetationszone sind u. a. heimisch:

- *Anthurium*-Arten,
- *Calathea*-Arten,
- *Dieffenbachia*-Arten,
- *Ficus*-Arten,
- *Maranta*-Arten,
- *Monstera*-Arten,
- *Philodendron*-Arten.

ZUSATZINFORMATION

Für die Auswahl der Pflanzen für einen Wintergarten kommen selbstverständlich auch kleinere, landschaftsbestimmende Vegetationstypen in Frage. Für eine solche Pflanzenauswahl benötigt man hohe Fachkompetenz. Selbst „Experten" sind hier häufig überfordert. Darüber hinaus ist zu berücksichtigen, dass sich gerade in den Gärten der Tropen und Subtropen weltweit eine ziemlich einheitliche Mischung aus Pflanzen der gleichen Vegetationszone verschiedener Kontinente etabliert hat, deren Elemente beliebig austauschbar sind. Wer weiß schon, dass viele der im Mittelmeerraum angepflanzten Akazien- und Palmen-Arten eben nicht zum natürlichen Vegetationsbild der mediterranen Landschaft gehören. Gleiches gilt beispielsweise auch für *Eucalyptus*- und viele andere Pflanzenarten. Auch in unseren Gärten werden einheimische Pflanzen mit Pflanzen anderer Länder gleicher klimatischer Bedingungen gemischt.

Das Verhältnis des Wintergarten-besitzers zu Pflanzen

Nachdem durch den gewählten Wintergartentyp die Auswahl mehr oder weniger eingeschränkt ist, sollte bei der endgültigen Auswahl der Pflanzen ein weiterer Gesichtspunkt unbedingt berücksichtigt werden, und zwar das Verhältnis des Wintergartenbesitzers zu Pflanzen. Ist ein echtes Verständnis für Pflanzen vorauszusetzen – ist man gar ein begeisterter Pflanzenliebhaber und -kenner –, oder sollen die Pflanzen mehr Staffage und Vorzeigeobjekte sein? Besteht die Bereitschaft, auch größere Pflegearbeiten zu übernehmen? Dürfen die Pflanzen nur ausnahmsweise etwas fallen lassen – etwa ein abgestorbenes Blatt –, oder wird das Ablesen und Zusammenkehren abgefallener Blüten, von Falllaub oder überreifen Früchten gern in Kauf genommen? Gibt es gar ein Verständnis für die besonderen Ansprüche auch etwas eigenwilligerer Gewächse?

Wenn beispielsweise herabfallende Blätter stören, müssen verlässlich immergrüne Arten gewählt werden. Schön blühende Pflanzen und sommergrüne Arten kommen dann in Frage, wenn die Pflanzen etwas mehr fallen lassen dürfen und man bereit ist, etwas mehr Pflege zu investieren.

Wer hin und wieder das Gießen vergisst, ist mit Sukkulenten besser bedient als beispielsweise mit einer Sammlung von Myrtengewächsen. Wer sich kalkempfindliche Pflanzen anschafft, wie etwa Kamelien, muss zugleich eine ständige Aufbereitung des Leitungswassers in Kauf nehmen, es sei denn, er kann auf „weiches" Leitungswasser zurückgreifen.

Die Pflegeleichtigkeit spielt besonders dann eine große Rolle, wenn der Wintergartenbesitzer etwa berufsbedingt für die Pflanzenpflege nur wenig Zeit aufbringen kann oder häufig länger abwesend ist.

5 Mit Pflanzen gestalten

TIPP
Neben der Klimatisierung und der Nutzung des Wintergartens ist bei der Pflanzenauswahl auch die Größe, vor allem die Höhe des Wintergartens zu berücksichtigen. Auf besonders stark wachsende Pflanzen sollte man in kleineren Wintergärten mit geringen Höhen möglichst verzichten.

▼ *Carissa macrocarpa* ist ein ausgebreitet wachsender Strauch, dem man an einem Klettergerüst Halt geben sollte.

Zuerst gilt es, einen Rahmen zu stecken und festzuhalten, aus welcher Gruppe von Pflanzen ausgewählt werden kann. Das heißt, die Selektion der Pflanzen nach ihren Ansprüchen und ein Abstimmen mit den örtlichen Gegebenheiten ist der erste Schritt bei der Auswahl der Pflanzen für einen Wintergarten. Erst dann ist die Gestaltung ins Spiel zu bringen.

Die Vielfalt der Pflanzen nutzen

Das Gebiet der Wintergartenpflanzen ist groß. Bäume, Sträucher, Laub- und Nadelgehölze, Palmen und krautige Pflanzen, Blüten- und Blattpflanzen, Nadelgehölze und Laubgehölze, Duft- und Kletterpflanzen, Nutzpflanzen und Sukkulente umfasst das Sortiment der Wintergartenpflanzen.

Bäume und Sträucher

Unabhängig vom Wintergartentyp und sonstigen Gesichtspunkten, unter denen die Pflanzenauswahl erfolgt, sollte eine Wintergartenbepflanzung ein begrenzter Ausschnitt aus einer natürlichen Landschaft sein (siehe auch Seite 112). Das bestimmende Element einer Landschaft bilden größere Pflanzen. Daher sind für einen Wintergarten ein oder zwei größere Pflanzen ein Muss. Sie gliedern den Raum in Fläche und Höhe. Viele subtropische und tropische Baum- und Straucharten eignen sich für diesen Zweck bestens. In ihrer natürlichen Umgebung in der freien Natur wachsen viele dieser Arten zu kräftigen Pflanzen heran und erreichen nach Jahren respektable Größen. Im Wintergarten wachsen sie aber meist weit weniger stark als in freier Natur, da ihre Wurzeln sich im Kübel oder im Beet nur begrenzt entwickeln können. Sollten sie trotzdem zu hoch werden, lassen sich die meisten Arten durch Schneiden in wintergartengerechten Größen halten.

Während tropische Bäume und Sträucher in aller Regel ganzjährig grün sind (auf tiefe Temperaturen und Lichtmangel im Winter reagieren gewisse Arten allerdings mit Laubfall), haben wir in den Wintergartentypen 2, 3 und 4 die Möglichkeit, immergrüne und/oder sommergrüne Arten (sie stammen aus Gebieten mit ausgeprägtem Jahreszeitenrhythmus) einzusetzen. Laub abwerfende, sommergrüne Arten empfehlen sich dort, wo wir Menschen im Sommer Schatten und

Kühlung wünschen, im Winter dagegen das volle Sonnenlicht nutzen möchten.

ZUSATZINFORMATION

Unter den Bäumen und Sträuchern für Wintergärten befinden sich nur wenige Nadelgehölze. Dies hängt damit zusammen, dass in den Klimazonen, in denen Wintergartenpflanzen heimisch sind, nur wenige Nadelgehölze vorkommen. Findet man in der mediterranen und subtropischen Vegetation noch einige Vertreter (z. B. Zypresse, Andentanne, Steineibe), sind tropische Nadelgehölze ganz selten.

▲ Eine Kletterpflanze von exotischem Reiz ist *Bougainvillea glabra*.

Kletterpflanzen

Eine der auffälligsten Eigenschaften tropischer aber auch subtropischer Vegetation ist die große Häufigkeit und Vielfalt kletternder Pflanzen, die auch in einem Wintergarten nicht fehlen dürfen. Viele dieser Lianen sind unermüdliche Blüher von exotischem Reiz und mit sehr hohem dekorativem Wert. Gleichzeitig schaffen sie eine intime Atmosphäre. Die meisten Arten blühen am jungen Holz und Jahr für Jahr entstehen zum Teil meterlange Triebe. Von Zeit zu Zeit benötigen deshalb diese Lianen einen stärkeren Rückschnitt.

Um zu „klettern" bedienen sich Lianen der unterschiedlichsten Methoden. Mit Hilfe von Haftwurzeln kletternde Pflanzen werden als **Wurzelkletterer** bezeichnet. Darunter befinden sich auch Arten, die ebenso als Bodendecker Verwendung finden (z. B. *Ficus pumila*). Soweit sie als Bodendecker verwendet werden, ist bei ihnen zu beachten, dass sie, wenn sich ihnen die Gelegenheit bietet, an größeren Pflanzen, Mauern und Wänden emporklettern. **Schlinger** umwickeln ihre Stütze mit ihrem Spross. **Ranker** bilden spezielle fadenförmige, berührungsempfindliche Organe aus, die so lange ausgestreckt bleiben oder auch kreisende Bewegungen durchführen, bis sie eine Stütze gefunden haben. Dann wickeln sie sich fest und rollen sich meist auch noch sprungfederartig ein, sodass eine elastische Aufhängung entsteht. **Spreizklimmer** schließlich durchwachsen das Geäst anderer Pflanzen und verhindern ihr Abrutschen durch weit spreizende Zweige oder Blätter, manchmal auch durch Dornen oder Kletterhaare.

Viele Kletterpflanzen neigen im Laufe der Zeit dazu, an der Basis zu verkahlen. Achtet man nicht frühzeitig darauf, diese Stellen mit anderen, strauchförmigen Pflanzen zu besetzen bzw. diese Eigenart bewusst einzuplanen, oder auch an einen kräftigen Rückschnitt zu denken, können noch so attraktive Kletterpflanzen zur Enttäuschung werden.

Palmen und palmenähnliche Pflanzen

Zu den klassischen Wintergartenpflanzen gehört auch eine Reihe von Palmen und palmenähnlichen Pflanzenarten. Mit seinem eleganten, von einem Tuff langer schmaler Blätter überragten Stamm entspricht z. B. eine ausgewachsene *Cordyline indivisa* oder eine

▲ Palmen (im Bild *Phoenix dactylifera* am heimatlichen Standort) gehören zu den klassischen Wintergartenpflanzen. Die meisten benötigen im Laufe der Zeit viel Platz, denn zurückschneiden kann man sie nicht.

Dracaena marginata unserem Bild von einer Palme auf einem einsamen Eiland viel mehr, als manche echte Palme.

Palmen sind von einer strengen Schönheit, die besonders das architektonische Empfinden anspricht. Mit ihrer dominanten, majestätischen Erscheinung eignen sich Palmen in Gruppen oder Einzelstellung hervorragend als Blickfang.

Sie erzeugen Tropenstimmung, wecken Urlaubserinnerungen und sind deshalb sehr beliebt. Während viele Pflanzenarten nicht mehr anziehend wirken, wenn sie einmal die unteren Blätter verloren haben, gewinnen Palmen erst Eleganz, wenn sie nur noch einen Blätterquirl am oberen Ende aufweisen und der Stamm voll sichtbar ist.

Zu den palmenähnlichen Pflanzen gehören auch die Palmfarne (z. B. *Cycas*). Es sind „lebende Fossilien", die letzten Überlebenden einer im Erdmittelalter viel reicher verbreiteten Gruppe. Sie bilden nicht sehr hohe Stämme aus und ihre Blätter (Wedel) sind in der Regel nur einfach gefiedert. Im ausgewachsenen Zustand sind die Fiedern meist steif bis geradezu stechend, was hinsichtlich der Platzierung im Wintergarten zu beachten ist.

Bambus

Bambus hat eine hohe Attraktivität, doch kann seine Verwendung nur an optimalen Standorten empfohlen werden. Die Anfälligkeit für Schädlinge, ihre hohen Ansprüche an Licht, Luftfeuchtigkeit und Wasserversorgung gestalten die Kultur schwierig. Zu beachten ist auch, dass Bambusse laufend einzelne dürre Blätter und Halmscheiden fallen lassen. Wer sich dennoch für Bambus entscheidet muss darauf achten, die sehr unterschiedlichen Wuchshöhen mit der Raumhöhe in Einklang zu bringen, denn gestutzte Bambusse wirken unschön.

TIPP

Wo es immer sauber sein soll, sind Palmen und palmenähnliche Pflanzen ideal, da sie nahezu keinen Schmutz machen.

Kakteen und andere Sukkulenten

Kakteen und andere Sukkulenten, die es in großer Vielfalt gibt, haben den großen Vorteil, dass sie in ihren Geweben Wasser speichern und so längere Trockenzeiten schadlos überstehen können. Die Kultur von Kakteen und anderen Sukkulenten als Zimmerpflanzen oder als Sammlung in Gewächshäusern ist nicht selten. Im Rahmen der Wintergartenbegrünung werden sie eher stiefmütterlich behandelt, eigentlich zu Unrecht. Nicht nur, dass die Gruppe wunderschöne Pflanzen umfasst und eine riesige Formenfülle aufweist, die Pflanzen sind auch in puncto Pflege leicht zu handhaben. Selbst lange Trockenphasen überstehen sie ohne Probleme. Die meisten Arten zeichnen sich darüber hinaus durch eine enorme Temperaturtoleranz aus, da sie großen Temperaturschwankungen, die typisch für viele Trockengebiete sind, angepasst sind.

Stachelige Kakteen sollte man allerdings überall dort vermeiden, wo Menschen, vor allem Kinder, mit ihnen in Berührung kommen können – sei es in der Nähe von Sitzplätzen oder entlang von Wegen.

Krautige Pflanzen (Stauden)

Krautige Pflanzen sind in den Tropen und Subtropen unter natürlichen Bedingungen bei weitem nicht so vorherrschend, wie wir es aus unseren gemäßigten Breiten gewohnt sind. In den Tropen besonders bemerkenswert sind kräftige Hochstauden, die wir vor allem bei Ingwer- und Bananengewächsen (z. B. *Alpinia*, *Heliconia*, *Musa*) finden. Manche von ihnen, wie die Banane, können baumartige Ausmaße annehmen. Andere krautartige Gewächse der Subtropen, die sich durch Bildung von Zwiebeln oder Rhizomen vermehren, haben eine lange Tradition als Wintergartenpflanzen. Die bekanntesten aus dieser Gruppe sind *Agapanthus* und *Canna*, aber auch weitere Gattungen, wie *Crinum*, *Eucomis* und *Hedychium*, weichen in ihrem Habitus von der holzigen Pflanze ab. Teilweise ist auch ihr Laub attraktiv, doch in der Mehrzahl sind die meisten Arten nur während der Blütezeit dekorativ.

Farne

Die Farne stellen für die Begrünung von Wintergärten eine ungemein interessante Pflanzengruppe dar, deren Möglichkeiten bisher nur zum kleinsten Teil ausgeschöpft sind. Die Vielfalt der Formen ist schier unendlich. Ist schon der Austrieb von der Form her ein Ereignis, so gilt dies erst recht für jene Arten und Formen, deren junge Wedel auch farblich (meist rötlich) auffallen (z. B. *Adiantum hispidulum*, *A. tenerum* 'Scutum Roseum'). Mit filigranen und hellaubigen Typen lassen sich auf der Ebene der Bodenbepflanzung großartige Effekte erzielen, so z. B. mit *Adiantum tenerum* oder *A. raddianum*. Als Bodendecker eignen sich vorzüglich Arten der Gattung *Selaginella*.

Einzelne Arten, etwa *Asplenium nidus* und *Cyrtomium falcatum*, sind ungemein robust und harren sogar in eher lufttrockener Umgebung aus. Schöner gedeihen sie jedoch allesamt bei höherer Luftfeuchte von mindestens 50 % und an hellen, jedoch nicht sonnigen Standorten.

Wunderbare Gestaltungselemente sind Baumfarne, die wie Palmen aussehen und als Leitpflanzen verwendet werden können. Um ihre ganze Schönheit zu entfalten, benötigen sie viel Platz, viel Licht ohne direkte Sonnenbestrahlung und eine hohe Luftfeuchte.

Bodendeckende Pflanzen

Während im Freiland bodendeckende Pflanzen häufig praktische Zwecke erfüllen – als Bodendecke sollen sie das ständige Unkrautjäten und die Bodenlockerung ersetzen –, dient eine bo-

▲ Im Wintergarten dienen bodendeckende Pflanzen vorwiegend dekorativen Zwecken, wie hier *Pilea involucrata* 'Norfolk'.

FÜR SCHNELLE LESER

Der große Vorteil von Blattpflanzen ist ihr ganzjähriger Schmuck, während Blütenpflanzen in blütenlosen Zeiten manchmal ein bisschen langweilig wirken.

TIPP

Neben der Form ist die Farbe der Blätter ein gestalterisch wichtiges Merkmal. Doch Vorsicht! Die Verwendung von buntlaubigen Pflanzen sollte sehr bewusst und sparsam erfolgen. Allzu bunt gemischte Bepflanzungen wirken sehr unruhig und erlauben dem Betrachter kaum ein entspannendes Hinsehen.

dendeckende Pflanzung im Wintergarten vorwiegend dekorativen Zwecken. Erst in zweiter Linie geht es darum, ein übermäßiges Austrocknen und Verkrusten der Erde zu verhindern.

Als Bodendecker kommen Pflanzen mit mehr oder weniger kriechendem Wuchs oder Pflanzen mit zahlreichen dicht und aufrecht stehenden Trieben in Frage, die sich durch Ausläufer ausbreiten. Der Pflegebedarf sollte gering sein und die Pflanzen sollten eine hohe Regenerationsfähigkeit besitzen.

Bei einigen Arten ist in größeren Abständen ein Rückschnitt zu empfehlen. Er trägt zur Verlängerung der Lebens- und Wuchskraft, zur Wiederholung und Vermehrung des Blütenflors sowie zur Widerstandsfähigkeit und Schönheit der Pflanzung bei.

Grundsätzlich gilt: Nicht zu dicht auszupflanzen! Besser ist es, wenn man die Pflanzen sich allmählich ausbreiten und zusammenwachsen lässt.

Bei der Auswahl ist neben den Kulturansprüchen die Größe der zu bepflanzenden Fläche zu beachten. Je größer die Fläche, umso höhere Pflanzen können verwendet bzw. desto höher dürfen die Pflanzen werden.

Für denjenigen, der eine begehbare Bodenbedeckung sucht, ist die Auswahl nicht allzu groß. Entsprechende Hinweise werden nachfolgend bei den einzelnen Pflanzenarten gegeben. Wirklich dauerhaft belastbar ist nur *Stenotaphrum secundatum*. Dieses Gras verträgt einen regelmäßigen Schnitt so gut, dass es als niedriger, mehr oder weniger streng geformter Rasen Verwendung finden kann. Bei anderen Arten sollte von Zeit zu Zeit eine Neupflanzung erfolgen, da sie mit der Zeit verkahlen und unschön werden.

Blattpflanzen

Jede Wintergartenpflanze, ob Baum, Strauch oder Staude, sollte attraktive Blätter besitzen, doch gibt es manche Pflanze, die sich durch besonders dekorative Blattmuster, Farben oder Formen hervorhebt. Es sind aber nicht unbedingt die exotischsten und farbigsten, die das Interesse auf sich ziehen. Immer wieder wird das Auge von Blättern angezogen, die von ansprechender Form und kühlem, beruhigendem Grün sind. Die Färbung kann sich in Ober- und Unterseite des Blattes unterscheiden, wodurch sich ein reizvolles Farbenspiel ergeben kann. Bei einer Anzahl von Pflanzen ist der Austrieb ganz anders gefärbt als die älteren Blätter, was die Attraktivität als „Blattpflanze" noch steigern kann (z. B. *Syzygium paniculatum*).

Einige der Pflanzen warten mit Blättern auf, die geradezu riesenhafte Ausmaße haben (z. B. *Musa*), andere sind in ihrem Format handlicher (z. B. *Ficus benjamina*) und damit für kleinere Wintergärten besser geeignet. Pflanzen mit vielen kleinen eventuell gefiederten Blättchen wirken lebendig und verspielt, weniger majestätisch und dominant als großblättrige Arten. In die Gruppe der vornehmlich durch Form und Größe der Blätter wirkenden Pflanzen gehören auch die Palmen.

▶ Mit Palmen leicht zu verwechseln sind die Palmfarne, wie hier *Cyathea australis*.

▲ Eine faszinierende Blütenpflanze ist *Crinodendron hookerianum.*

Blütenpflanzen

Alle „Höheren“ Pflanzen blühen und fruchten um sich zu vermehren, ihre Art zu erhalten und sich in der Evolution weiterzuentwickeln. Aber nicht alle Höheren Pflanzen blühen gleichermaßen auffällig und attraktiv. Wenn hier von Blütenpflanzen die Rede ist, sind Pflanzen gemeint, deren Hauptzierwert der Blütenschmuck ist.

Die Blüten können sehr vielgestaltig sein, auch geht die Schauwirkung nicht immer von den Kronblättern aus, sondern kann auch von den Staubblättern (z. B. *Acacia* und *Callistemon*) oder von den Kelchblättern (z. B. Granatapfel), ja sogar von blütenblattähnlich ausgebildeten Laubblättern herrühren, die man als Spatha (z. B. *Anthurium*) und Brakteen (z. B. *Bougainvillea*) bezeichnet. Auch kleine Blütchen können eine große Wirkung erzielen, wenn sie in großer Zahl an der Pflanze erscheinen oder in Blütenständen zusammengefasst sind.

Bei der Auswahl von Blütenpflanzen für den Wintergarten sind neben der **Blütengröße**, der **Blütenform** und der **Blütenfarbe**, die **Blütezeit** und die **Blühdauer** wichtige Auswahlkriterien. Besonders beliebt sind Pflanzenarten, deren Blüten sich das ganze Jahr über bilden. Sie sind aber nicht nur im Sortiment der Wintergartenpflanzen eher in der Minderheit. Die Mehrzahl der Blütenpflanzen blüht nur einmal im Jahr, wobei die Blühperiode unterschiedlich lang sein kann. Durch eine geschickte Pflanzenauswahl ist es aber möglich, das ganze Jahr über etwas Blühendes in seinem Wintergarten zu haben.

Bei aller Freude über hübsche Blüten darf nicht vergessen werden, dass sich Blüten auch negativ im Wintergarten bemerkbar machen können. Damit ist insbesondere das Rieseln der Blüten im Zuge des Verblühens gemeint, das für eine Vielzahl von Blütenpflanzen typisch ist und von nicht wenigen Mitmenschen als unsauber empfunden wird. Bei anderen Pflanzen, die sich nicht selbst „reinigen“, sondern deren verwelkte Blüten an der Pflanze haften bleiben, ist ein regelmäßiges Entfernen der verwelkten Blüten eine wichtige Pflegemaßnahme.

Die meisten Blütenpflanzen haben nicht die gesamten zwölf Monate des Jahres ihre dekorativste Zeit, sondern ihre Wirkung wandelt sich im Laufe des Jahres. Eine Pflanze, die im Frühjahr durch ihre Blütenpracht beeindruckt, bleibt für den Rest des Jahres im Hintergrund. Dadurch ändert sich auch die Wirkung der gesamten Bepflanzung im Jahreslauf.

Fruchtpflanzen

Fruchtende Pflanzen sind sehr beliebt, doch Früchte können nicht nur Genuss, sondern auch Verschmutzung mit sich bringen. Nichts macht mehr Ärger als herabgefallene Früchte, die sich an den Schuhsohlen klebend über den Steinplattenbelag bis zu den Teppichböden in den angrenzenden Zimmern verteilen. Die Frucht ist überall dort willkommen, wo der kulinarische Genuss überwiegt, da die Früchte essbar sind.

ZUSATZINFORMATION

Die Auswahl an Fruchtgehölzen für die Wintergartentypen 2 und 3 sind vergleichsweise groß. Hier kann man nicht nur Feigen und Granatäpfel ernten, auch die Ananasguave, *Acca sellowiana*, oder die Erdbeer-Guave, *Psidium littorale*, sind ausgefallene Genüsse.

Duftpflanzen

Das Sortiment der Wintergartenpflanzen enthält auch eine Reihe duftender Vertreter. Dabei sind es keineswegs immer nur die Blüten, die uns Wohlgerüche schenken. Auch das Laub oder die Rinde mancher Pflanzen duften aromatisch. Bei der Auswahl von Duftpflanzen ist zu beachten, dass die Wirkung von Gerüchen sehr subtil und sehr unterschiedlich ist. Auch duften nicht alle Pflanzen immer und vor allem nicht mit der gleichen Intensität. Manch einer kann den Duft eines Jasmins oder einer Gardenie nicht ertragen, während ein anderer davon begeistert ist. Während der Duft von Blüten sehr intensiv sein kann, sind Blattdüfte meist weniger intensiv. Hier sind meist in den Zellen eingelagerte ätherische Öle für den Duft verantwortlich. Diese Aromastoffe werden in der Regel erst bei Berührung oder Beschädigung der Zellen freigegeben.

ZUSATZINFORMATION

Im begrenzten, oftmals geschlossenen Raum des Wintergartens werden Düfte leichter und intensiver wahrgenommen als im Freien. Deshalb sollte man Pflanzen mit eher unangenehmen Gerüchen vermeiden, Pflanzen mit angenehm würzigen oder süßen Düften, umso mehr verwenden.

Formpflanzen

In Form geschnittene Pflanzen (Kugeln, Kegel, Fantasiefiguren usw.) werden im Wintergarten eher selten verwendet, obwohl eine Vielzahl der für Wintergärten geeigneten Pflanzenarten einen Formschnitt sehr gut verträgt. Hochstämmchen, die auch zu den Formpflanzen zu rechnen sind, werden dagegen häufiger angeboten und auch gern verwendet.

ZUSATZINFORMATION

Bei den Wintergartenpflanzen gibt es in allen Gruppen langsam und schnell wachsende Arten. Letztere übersteigen an Größe schnell das optimale Maß und machen ein Vielfaches an Pflegeaufwand und schnell grundlegende Veränderungen erforderlich. Bei den langsam wachsenden Pflanzenarten ist dies nicht der Fall. Sie bleiben verhältnismäßig lange in angemessener Größe. Bis sie diese erst einmal erreicht haben, verbringen sie allerdings lange Zeit in der Gärtnerei und sind dementsprechend teuer.

Pflanzen richtig in Szene setzen

Um eine funktionstüchtige Bepflanzung zu schaffen, müssen nicht nur die Ansprüche der Pflanzen an die Wachstumsfaktoren beachtet werden. Auch das Wuchsverhalten und, eng damit verbunden, Gestaltungsgesichtspunkte spielen eine Rolle.

Der Wintergarten ist ein kostbarer Garten und Wohnraum. Seine begrenzte Größe und die Nähe zur Wohnung und seinen Bewohnern lässt Eindrücke direkter erleben. Fehler der Gestaltung und Funktionalität werden schmerzlicher empfunden als im Freilandgarten. Allzu oft verlieren jedoch gestalterische Überlegungen zugunsten von Liebhabereien, Sammlerlei-

TIPP

Die Auswahl der Pflanzen nach Gestaltungsgesichtspunkten kann nur aus einer Gruppe von Pflanzen erfolgen, die für den entsprechenden Wintergartentyp bzw. Standort geeignet ist.

TIPP

Leitlinien für die Gartengestaltung im Freien gelten grundsätzlich auch für Wintergärten. Doch sind sie hier – im meist begrenzten und intensiv benutzten Raum – noch bedeutungsvoller und zwingender. Fehler werden schmerzhafter empfunden. Deshalb ist eine sorgfältige, umsichtige Konzeption und Planung gefragt.

denschaften oder sonstigen persönlichen Wünschen an Bedeutung, wie Erfahrungen zeigen. Die Begrünung eines Wintergartens sollte aber mehr sein als ein paar eilig zusammengestellte Pflanzen.

Ziel aller gestalterischen Überlegungen muss es sein, eine Einheit zwischen den Menschen, der Pflanze und der Architektur des Wintergartens herzustellen. Der Standort der Pflanzen innerhalb des Wintergartens, gegebenenfalls die Gefäßauswahl, die Bodenmodulation und die psychologische Wirkung der Pflanzen- und Materialauswahl in Bezug zur Architektur und Nutzung des Raumes bilden die Eckpfeiler des gestalterischen Konzeptes.

Wintergärten sollen das Gefühl der Geborgenheit vermitteln und einladend wirken. Farben und Formensprache sind Voraussetzung für die gestalterische Qualität. Es geht darum, harmonische und schöne, aber auch interessante und anregende Lebensräume zu schaffen, in denen sich die Bewohner wohlfühlen. Einige der Natur abgeschaute Gesetzmäßigkeiten, die nachfolgend etwas näher erläutert werden sollen, können uns dabei helfen, diesem Ziel nahe zu kommen und eine ästhetisch ausgewogene Bepflanzung zu schaffen.

▼ Eine Pflanze der Tropen ist *Heliconia psittacorum* (Mitte).

Wahrnehmungseinheiten der Natur berücksichtigen

Die Beteiligung verschiedener Lebens- und Wuchsformen am Aufbau natürlicher Pflanzengemeinschaften bewirkt eine vertikale Ordnung, eine Schichtung der Vegetation. Betrachten wir artenreiche und interessante Lebensräume in der freien Natur etwas genauer, so wird deutlich, wie Pflanzen mehrere „Stockwerke" benutzen. Nur gewisse Extrem-Lebensräume sind wenig oder gar nicht geschichtet.

Nimmt man den Stockwerksaufbau eines typischen Waldes als Vorbild, so kann zwischen vier Wahrnehmungseinheiten unterschieden werden:

- Wahrnehmungseinheit 1: die Baum- oder Kronenschicht,
- Wahrnehmungseinheit 2: die Strauchschicht,
- Wahrnehmungseinheit 3: die Krautschicht einschließlich Zwergsträucher, Farnen und Gräsern,
- Wahrnehmungseinheit 4: die Moos- oder Bodenschicht.

Eine eigenständige Wahrnehmungseinheit stellen die Kletterpflanzen dar.

Wie schon erwähnt, sind nicht alle pflanzlichen Lebensräume in die vorstehend genannten 5 Wahrnehmungseinheiten gegliedert. Es ist eine Frage der Gestaltung oder auch abhängig von der Größe bzw. der Höhe des Wintergartens, ob es sinnvoll ist, alle Ebenen zu berücksichtigen. Bei geringer Höhe und kleineren Wintergärten ist es angebracht, auf baumförmige und stark wachsende Pflanzen ganz zu verzichten. Auf der anderen Seite kann es sinnvoll sein, zugunsten einer großen Pflanze auf mehrere kleine zu verzichten. Eine Begrünung, die in ihrer Höhe nur bis zur Tischkante reicht, wirkt nicht. Ein Baum mit entsprechend geschnittener Krone, der dem Tisch zugehörig erscheint, gibt nicht nur Schutz, sondern vermittelt auch ein besseres Gesamtbild. Bei Wintergartenbepflanzungen in Gefäßen ersetzt der Bodenbelag bzw. das Gefäß aus gestalterischer Sicht weitgehend die „Moos- oder Bodenschicht".

ZUSATZINFORMATION

Die Entscheidung darüber, welcher Wahrnehmungseinheit eine Pflanze zuzuordnen ist, ist nicht von der Größe einer Pflanze zum Zeitpunkt des Kaufs bzw. der Bepflanzung des Wintergartens abhängig, sondern von ihren Entwicklungsmöglichkeiten.

Bei der Planung der Bepflanzung bzw. der Auswahl der Pflanzen muss die Entwicklung der Pflanzen berücksichtigt werden. Man wähle keine Pflanzen aus, die mit der Zeit viel zu groß für den Wintergarten werden, auch wenn sie in der Gärtnerei noch so hübsch aussehen. Dabei kann es helfen, andere Wintergärten oder aber Schauhäuser botanischer Gärten zu besuchen, bevor man sich endgültig entscheidet.

Wahrnehmungseinheit 1

Die Wahrnehmungseinheit 1 wird von Pflanzen gebildet, die in freier Natur Bäume bzw. von baumartigem Wuchs (wie Palmen und andere palmenähnliche Pflanzen) oder Großsträucher (z. B. Granatapfel) sind. Bei der Beschreibung der Pflanzen im lexikalischen Teil sind sie mit einem Baumsymbol gekennzeichnet. Diese auch als Leitpflanzen zu bezeichnenden Pflanzenarten dienen zum Schaffen von Ruhezonen, zum Betonen von Blickachsen und Zeichen setzen. In der Regel sind es Pflanzen, die in Verzweigung und Wuchs sehr attraktiv sind und deren Habitus nur durch Einzelpflanzung bzw. Einzelstellung voll zur Geltung kommen kann.

Als Leitpflanzen sind aufrechte, stolze Formen besonders gut geeignet, besser als breite strauchartige Strukturen. Der schlanke, schmalblättrige *Ficus benjamina* ist beispielsweise eine ausgezeichnete Leitpflanze. Gleiches gilt für Großexemplare von *Yucca*, *Dracaena* oder auch *Eucalyptus*.

Leitpflanzen sollten nicht in der Mitte des Wintergartens platziert werden, eine asymmetrische, aufgelockerte Anordnung wirkt natürlicher und lebendiger.

Bei der Auswahl der Leitpflanzen darf man die beschränkte Höhe seines Wintergartens nicht aus den Augen verlieren. Bei Pflanzen, die sich nicht (wie viele Palmen) oder nur schlecht (wie Bananen oder Strelitzien) zurückschneiden lassen, ist deren Endhöhe unbedingt mit der Wintergartenhöhe abzugleichen. Dabei sollte ein Sicherheitszuschlag von etwa 20 % einkalkuliert werden. Auch bei Pflanzenarten, die durch einen Schnitt ihren typischen Wuchscharakter verlieren würden (wie Araukarien), ist den Pflanzen in der Höhe ein Spielraum einzuräumen. Dieses Problem hat man bei allen anderen Gehölzen, deren Endgröße durch entsprechende Schnittmaßnahmen beeinflussbar ist, in der Regel nicht.

TIPP

Spannung ist bei der Begrünung von Wintergärten ein wichtiger gestalterischer Aspekt. Dank unterschiedlichster pflanzlicher Wuchs- und Lebensformen sind der Kreativität kaum Grenzen gesetzt.

ZUSATZINFORMATION

Häufig wird für Pflanzen der Wahrnehmungseinheit 1 der Begriff Solitärpflanze verwendet. Allgemein wird dieser Begriff für Bäume oder Sträucher, aber auch für krautige Pflanzen verwendet, die, frei von konkurrierender Nachbarschaft, als individuelle Pflanzengestalt im Blickfeld des Betrachters stehen (lat. sólus = allein, vereinzelt, einzeln stehend). Abweichend davon gilt im Sprachgebrauch der Gärtner als Solitär ein ganz nach bestimmten Regeln – nämlich „solitär" – kultiviertes Gehölz, d. h., es kommt aus weitem oder extra weitem Stand, ist mindestens dreimal verpflanzt und mittlerweile relativ groß geworden – ein Gehölz, das schon deutlich den endgültigen Wuchscharakter zeigt und einem neu angelegten Garten recht schnell zu einem „Gesicht" verhilft.

Wahrnehmungseinheit 2

Die Wahrnehmungseinheit 2 wird von Pflanzen gebildet, die im ausgewachsenen Zustand Augenhöhe erreichen oder durch entsprechende Schnittmaßnahmen in Augenhöhe gehalten werden können. Es ist der Bereich, der dem Auge und der Nase des Betrachters am nächsten liegt und damit vor allem von Blüten- und Duftpflanzen dominiert wird. In der Mehrzahl sind es von Hause aus Sträucher, einige gehören zu den Großstauden (z. B. *Strelitzia* oder *Agapanthus*). Man verwendet für diese Pflanzengruppe auch den Begriff Hauptpflanze. Bei der Beschreibung der Pflanzen im lexikalischen Teil sind diese Pflanzen mit einem Strauchsymbol gekennzeichnet. Bei sehr niedrigen Wintergärten übernimmt diese Pflanzengruppe die Funktion der Wahrnehmungseinheit 1.

Wahrnehmungseinheit 3

Diese Wahrnehmungseinheit umfasst niedrig wachsende, auch im Alter niedrig bleibende Pflanzenarten, die mit ihren Blättern (z. B. Farne, Bromelien, verschiedene Aronstabgewächse) oder Zweigen und Trieben (gegebenenfalls durch entsprechende Schnittmaßnahmen) oder Blütenständen maximal Tischhöhe (± 80 cm) erreichen. Für diese Pflanzengruppe wird auch der Begriff Beipflanzen verwendet. Bei der Beschreibung der Pflanzen im lexikalischen Teil werden die Vertreter dieser Pflanzengruppe mit einem Staudensymbol gekennzeichnet.

Wahrnehmungseinheit 4

Diese Wahrnehmungseinheit wird von Pflanzen gebildet, die sich durch kriechendes bzw. dem Boden nahes Wachstum auszeichnen und dann Polster oder Horste bilden. Ihre Verwendung, sie kann sowohl funktionelle als auch gestalterische Funktion haben, ist weitgehend auf Pflanzbeete beschränkt. Gestalterisch schaffen Bodendecker eine Plattform, einen Rahmen im Sinne einer Fläche, wie man das auch aus der freien Natur kennt – mit Ausnahme von Fels- und Wüstenformationen findet man dort keinen unbedeckten Boden. Darüber hinaus ist der Blick auf das nackte Substrat nicht unbedingt der schönste, es sei denn, man „verschönert“ ihn durch andere Materialien, wie Steine, Kies oder Blähton. Die funktionellen Vorteile einer Bodenbedeckung mit Pflanzen bestehen darin, dass das Wasser im Substrat gleichmäßiger verteilt und die Luftfeuchtigkeit in der Begrünung erhöht wird.

Bodendeckende Pflanzen haben bei Pflanzbeeten natürlicherweise eine besondere Bedeutung und werden bei reinen Gefäßbepflanzungen eher spartanisch eingesetzt. Doch kann eine gut abgestimmte Unterpflanzung mit Bodendeckern auch die Wirkung einer reinen Gefäßbepflanzung erheblich steigern.

Aus gestalterischen Gründen sollte man sich für nur eine oder höchstens zwei verschiedene Arten entscheiden. Für die meisten Wintergärten sind insbesondere schattenliebende oder -vertragende Arten auszuwählen. Auch ein anfangs sehr sonniger Wintergarten wird im Laufe der Jahre durch die darüber wachsenden Pflanzen, die sich ja auch weiterentwickeln und größer und breiter werden, in den unteren Bereichen zum Schattengarten.

Bei der Beschreibung der Pflanzen im lexikalischen Teil werden die Vertreter dieser Pflanzengruppe mit dem Symbol für Kriechpflanzen gekennzeichnet.

Wahrnehmungseinheit: Kletterpflanze

Die Kletterpflanzen verbinden alle vier Höhenstufen bzw. Wahrnehmungseinheiten. Sie können Leitpflanzencharakter haben als auch bodendeckend zwischen Sträuchern und Kräutern wachsen. Kletterpflanzen sollten vorwiegend an rückwärtigen Wänden oder frei stehenden Säulen bzw. Gestellen platziert werden. Üppig an den vorderen Glaswänden entlangwuchernde

Schlingpflanzen könnten den weiter innen wachsenden Arten zu viel Licht wegnehmen, außerdem wird das Reinigen der Scheiben erschwert.

Viele Kletterpflanzen verkahlen im Laufe der Zeit von unten her. Deshalb empfiehlt es sich, vor den unteren Bereich der Pflanzen niedrige strauchförmige Pflanzen zu setzen oder die Kletterpflanzen nach einigen Jahren radikal zurückzuschneiden.

ZUSATZINFORMATION

Bei Kultur in Gefäßen ist aus gestalterischer Sicht das Verhältnis zwischen der Größe des Gefäßes und der Größe der Pflanze von Bedeutung. Bei „Bäumen" sollten Gefäßhöhe, Kronenhöhe und Stammhöhe jeweils ein Drittel der gesamten Höhe betragen. Bei allen anderen Pflanzen sollte die Gefäßhöhe ein Drittel der Gesamthöhe ausmachen.

Gegensätze ziehen sich an

Die Pflanzen eines Wintergartens sollten farblich und hinsichtlich ihres Wesens miteinander und bei Gefäßbepflanzungen mit dem Gefäß harmonieren. Gewisse Gegensätze in Form, Farbe und Wuchsrichtung sind aber durchaus erwünscht. Die lange, aufrechte Form einer *Yucca* beispielsweise wirkt allein unproportioniert. Die Verbindung mit breit- oder rundblättrigen Pflanzen im mittleren oder unteren Bereich lässt die *Yucca* besser wirken. Werden in einem tropischen Wintergarten ausschließlich Gummibäume präsentiert, entsteht ein langweiliger Eindruck. Mit kleineren und hellblättrigen Pflanzen zusammengepflanzt, erscheint der Gummibaum jedoch fast majestätisch.

Zur hohen Kunst der Pflanzenverwendung gehört auch der bewusste Umgang mit Blattformen und -strukturen. Das filigrane Laub des Palisanderbaums hat eine völlig andere Ausstrahlung als etwa das ledrig glänzende Blatt eines Lorbeers.

Auch die Beschaffenheit der Blattoberfläche ist zu beachten. Neben einfachen grünen Blättern hat eine Reihe von Pflanzen metallisch wirkende Blätter, andere weisen porzellanartige, seidige, flauschige oder derbe Strukturen auf. Hier ist es angebracht, Verwandtes miteinander zu arrangieren.

Zu berücksichtigen ist auch die Gesetzmäßigkeit, dass Hell Dunkel überstrahlt. Je heller die Blätter einer Pflanze sind, umso schöner wirkt sie als Dominante.

Weite und Tiefe

Die Ausmaße von Wintergärten sind naturgemäß meist klein und eng, doch braucht dies keineswegs immer so empfunden zu werden.

- Weite und Tiefe erreicht man am besten durch Einbindung des Wintergartens in seine Umgebung, indem der Blick nach draußen, in den Garten oder in die Landschaft offen gelassen und nicht unnötig mit hohen und dichten Pflanzen verstellt wird.
- Weite und Tiefe erreicht man auch über verbindende Elemente. Verbindende Elemente sind beispielsweise gleichartige Steine drinnen und draußen oder die Weiterführung von Strukturen, einer Mauer oder eines Weges, der optisch aus den Wintergarten hinaus in den Garten führt.

Weitere Gestaltungsgrundsätze, die Weite und Tiefe vermitteln und Farben und Formen betreffen, sind nur in wirklich großen Wintergärten von Bedeutung und anwendbar. Reine, leuchtende Farben, insbesondere Gelb und Rot, „kommen auf einen zu", wirken deshalb nahe und können in größerer Menge zu stark und schwer wirken. Helle Pastelltöne dagegen schaffen Weite. Tendenziell gehören leuchtende Farben also in die Nähe von Sitzplätzen, Pastelltöne weiter weg.

Dichte, klare, harte und großblättrige Formen gehören in die Nähe, durchsichtige, filigrane, kleinblättrige eher weiter weg.

Allerdings darf die Gestaltung das Wohlbefinden, die Tätigkeit und Bewegungsfreiheit der Wintergartennutzer nicht behindern. Außerdem muss verhindert werden, dass Pflanzen den Lichteinfluss in die Tiefe des Raumes, besonders in anschließende Wohnräume, zu stark behindern.

ZUSATZINFORMATION

Wir Menschen nehmen unsere Umwelt primär visuell war. Sicht und Übersicht sind uns deshalb wichtig. Gleichzeitig suchen wir instinktiv Rückendeckung und Geborgenheit. Die Sitzflächen als bevorzugte Aufenthaltsorte sollen deshalb das Gefühl von Geborgenheit bieten, gleichzeitig aber den Blick in die Weite gewähren.

Das Gesetz der Beschränkung

Gegen das „Gesetz der Beschränkung" wird häufig verstoßen. Mit zunehmender Pflanzdichte nimmt noch lange nicht die Schönheit einer Pflanzung zu. Eher ist es umgekehrt, die kräftigen klaren Linien gehen verloren. Man muss den Pflanzen, unabhängig davon, ob auf dem Beet oder in Kübeln, Platz lassen, damit sie sich entwickeln können. Keine Pflanze, darauf wurde schon hingewiesen, hat den Zenit ihres Wachstums schon bei der Neubepflanzung erreicht. Auch größere Pflanzen nicht. Aber nicht nur aufgrund des Zuwachses ist eine Beschränkung geboten, auch aus gestalterischen Gründen, denn unübersichtliche Dinge werden selten als schön empfunden.

▶ Das harmonische Miteinander von Mensch und Pflanze steht bei diesem Wintergarten im Vordergrund.

6 Checklisten

Eine gründliche Planung, ob bei der Begrünung des Wintergartens oder auch bei der Pflege der Pflanzen, erspart Ärger, unnötigen Zeitaufwand und auch Kosten. Die folgenden Checklisten sollen eine Hilfe für die persönlichen Planungen sein.

CHECKLISTE BEGRÜNUNG

Praktisches Vorgehen bei der Begrünung eines Wintergartens

1. Schritt: Feststellen der gewünschten oder vorhandenen Bedingungen in Bezug auf:

- die Temperaturverhältnisse im Jahreslauf (= Wintergartentyp, siehe Seite 14). Soweit das Heizungssystem ausreichend dimensioniert ist, besteht hier in der Regel noch Entscheidungsspielraum (Näheres siehe 2. Schritt).
- die Lichtbedingungen (siehe Seite 10).
  - Standort (Exposition) des Wintergartens (Nord-, West-, Ost- oder Südausrichtung).
    In der Regel besteht hier kein Entscheidungsspielraum mehr.
  - Glasart (Normalglas, Wärmeschutzglas, Sonnenschutzglas).
    In der Regel besteht hier kein Entscheidungsspielraum mehr.
  - Schattenwurf durch benachbarte Bauten oder Anpflanzungen.
    In der Regel besteht hier kein Entscheidungsspielraum mehr.
- die Luftfeuchte (siehe Seite 48).
  Eine Feststellung der Luftfeuchtebedingungen im Rahmen der Planung der Begrünung ist praktisch ohne Bedeutung. Die tatsächlichen Luftfeuchtebedingungen können erst festgestellt werden, wenn der Wintergarten mit Pflanzen besetzt ist, denn durch die Verdunstungsleistung der Pflanzen wird die Luftfeuchtigkeit auf natürliche Weise erhöht. Erst nachdem der Wintergarten mit Pflanzen besetzt ist, entscheidet sich aufgrund der spezifischen Ansprüche der Pflanzen, ob möglicherweise eine künstliche Erhöhung der Luftfeuchte (in seltenen Fällen auch eine Erniedrigung) erforderlich ist.
- das Begrünungssystem.
  - Soll die Kultur auf Pflanzbeeten oder in mobilen Pflanzgefäßen erfolgen (siehe Seite 18)? In der Regel besteht hier noch ein Entscheidungs-spielraum.
  - Soll die Kultur in Erd- oder Hydrokultur erfolgen (siehe Seite 19).
    In der Regel besteht hier noch ein Entscheidungsspielraum, wobei sich die Hydrokultur auf den Wintergartentyp 1 beschränkt.

2. Schritt: Festlegen auf den Wintergartentyp

Welcher Wintergartentyp kommt in Frage, d. h. wie der Wintergarten klimatisiert werden soll, wird in der Regel durch die Nutzung durch den Menschen bestimmt. Wann will man sich dort aufhalten bzw. wie soll er genutzt werden?

- Soll der Wintergarten ganzjährig als Wohnraum, Arbeitszimmer oder Spielzimmer genutzt werden:
  → Wintergartentyp 1

- Soll der Wintergarten nur im Sommer als Wohnraum, Arbeitszimmer oder Spielzimmer genutzt werden: → Wintergartentyp 2 oder 3
- Soll der Wintergarten nur als Wärmeschleuse dienen: → Wintergartentyp 4
- Soll im Winter wenig Energie zur Beheizung eingesetzt werden: → Wintergartentyp 3
- Sollen bestimmte Pflanzengruppen, die Grundlage für die Auswahl sein, dann bestimmen die natürlichen Standortbedingungen der gewünschten Pflanzen, die Temperaturführung bzw. den Wintergartentyp.

Tropische Herkunft	>15°
Subtropische Herkunft	>10°
Mediterrane Herkunft	>5°
Gemäßigte Herkunft	0°C

3. Schritt: Festlegen auf das Begrünungssystem

- Gefäßkultur oder Pflanzbeete (siehe Seite 18).
  Soweit Pflanzbeete gewählt werden, ist bei geschlossenen Systemen die Entwässerung sicherzustellen.
- Erd- oder Hydrokultur (siehe Seite 19).
  Zu beachten ist, dass Hydrokulturen auf den Wintergartentyp 1 beschränkt sind und die Auswahl an Pflanzen dadurch begrenzt ist.

4. Schritt: Pflanzenauswahl

Verschiedene Faktoren bestimmen die Pflanzauswahl, die nachfolgend nach ihrer Wichtigkeit geordnet sind.

Standortfaktoren
Wichtigstes Kriterium für die Pflanzenauswahl sind die nach Schritt 1 und 2 festgestellten Standortfaktoren hinsichtlich der Temperatur- und der Lichtverhältnisse.

Temperaturverhältnisse
- Für Wintergartentyp 1 kommen die im Lexikon der Wintergartenpflanzen mit dem >15° Symbol gekennzeichneten Pflanzen in Frage.
- Für Wintergartentyp 2 kommen die im Lexikon der Wintergartenpflanzen mit dem >10° Symbol gekennzeichneten Pflanzen in Frage.
- Für Wintergartentyp 3 kommen die im Lexikon der Wintergartenpflanzen mit dem >5° Symbol gekennzeichneten Pflanzen in Frage.
- Für Wintergartentyp 4 kommen die im Lexikon der Wintergartenpflanzen mit dem 0°C Symbol gekennzeichneten Pflanzen in Frage.

Lichtverhältnisse
- Bei Südausrichtung des Wintergartens sind Pflanzen für → ☼, im Schattenbereich größerer Pflanzen auch Pflanzen für → ◑ und → ◉ auszuwählen.
- Bei Ost- oder Westausrichtung des Wintergartens sind Pflanzen für → ◑ und → ◉ auszuwählen. Eingeschränkt kommen auch Pflanzen für → ☼ in Frage.
- Bei Nordausrichtung des Wintergartens sind Pflanzen für → ◉ und → ◑ auszuwählen. Soweit man auf Blütenbildung keinen Wert legt, kommen eingeschränkt auch Pflanzen für → ☼ in Frage.

- Bei Beschattung durch benachbarte Bauten oder Anpflanzungen kommen je nach Dauer und Intensität der Beschattung in der Regel nur Pflanzen für → und → in Frage.

Glasart

Hinsichtlich der Lichtverhältnisse ist nicht nur die Exposition des Wintergartens, sondern auch die Glasart zu beachten (siehe Seite 11).

- Welche Glasart liegt vor und wie ist die Lichtdurchlässigkeit in den pflanzenwirksamen Spektralbereichen zwischen 440 und 660 nm?
- Gegebenenfalls Expertise des Glasherstellers anfordern?
- Bei Wärmeschutzverglasung beschränkt sich die Pflanzenauswahl auch bei Südausrichtung des Wintergartens möglicherweise nur auf Pflanzen für → und →.
- Soweit Sonnenschutzgläser vorliegen ist in der Regel eine Pflanzenkultur ohne Zusatzbeleuchtung (auch bei Südausrichtung des Wintergartens) nicht möglich (siehe auch Seite 11).

Luftfeuchtigkeit

Hinsichtlich der Luftfeuchtigkeit, die technisch vergleichsweise leicht veränderbar ist, ist Folgendes zu beachten (siehe Seite 48):

- Durch Heizen verringert sich die Luftfeuchte vor allem im Winter, wogegen sie im Sommer aufgrund der äußeren Bedingungen relativ hoch liegen kann.
- In der Regel vertragen Pflanzen mit hohen Ansprüchen an die Luftfeuchtigkeit → >60% stark schwankende Luftfeuchtigkeitswerte weniger gut, als Pflanzen mit niedrigeren Ansprüchen → 40-60% und → <50%.

Weitere Faktoren, die die Pflanzenauswahl beeinflussen

- Ist auf Kinder Rücksicht zu nehmen, sollen Gift- → oder verletzungsgefährliche Pflanzen → ausgeschlossen werden?
- Ist die stimulierende Wirkung blühender Pflanzen → oder die beruhigende Wirkung von Blattpflanzen → gefragt?
- Sind Duftpflanzen gefragt → ?
- Sind Obst- oder Fruchtpflanzen erwünscht → ?
- Wie ist das Verhältnis des Wintergartenbesitzers zu Pflanzen (siehe Seite 102)?
- Wie viel Arbeitszeit ist man bereit in die Pflege zu investieren (siehe Seite 103)? Wo es immer sauber sein soll, sind beispielsweise Palmen und palmenähnliche Pflanzen oder Sukkulenten ideal, da sie nahezu keinen Schmutz machen und keine Schnittarbeit anfällt.
- Schädlingsanfälligkeit.

Gestalterische Aspekte (siehe Seite 104)

- Welche Pflanzengrößen und Pflanzenmengen fordert der Raum?
- Welche Wuchsformen kommen für eine räumlich wirksame Gestaltung in Frage? → → → → → → → →
- Soll die Bepflanzung den Raum in der gesamten Größe (einschließlich Boden und Dach) durch Auswahl geeigneter Pflanzen erfassen? Wenn ja, sind möglichst alle vier (bzw. fünf) Wahrnehmungseinheiten → → → → → zu berücksichtigen.
- Sollen die Blütenzeiten der Blütenpflanzen auf saisonale Effekte abgestimmt sein? Wenn ja, sind die Blütezeiten der Pflanzen zu beachten.

Aspekte, die hinsichtlich der Auswahl der Gefäße und der Ausstattung des Wintergartens (mit Möbeln, Bodenbelag usw.) zu beachten sind.

- Die Gefäße sind auf die gewünschten Pflanzen (Pflanze und Gefäß müssen zusammenpassen) und die Raumausstattung abzustimmen bzw. umgekehrt.
- Bilden die Gefäße bzw. die Beeteinfassungen in Typ, Stil, Farben und Oberflächen ein Bindeglied zu den ausgewählten Pflanzen und der vorhandenen bzw. gewünschten Einrichtung? Fördern die Gefäße die Harmonie zwischen Raum und Begrünung? Wichtig ist insbesondere eine Abstimmung mit Art, Farbe und Struktur des Bodenbelages.

▼ Bei diesem Wintergarten hat man alle fünf Wahrnehmungseinheiten der Natur berücksichtigt.

CHECKLISTEN KULTUR UND PFLEGE

Allgemeine Checkliste

Luftfeuchtigkeit

- Passt die vorhandene Luftfeuchte zu den Ansprüchen der ausgewählten Pflanzen oder ist eine Installation zur Luftbefeuchtung notwendig?

Bewässerung

- Passt das vorhandene Gießwasser zu den Ansprüchen der Pflanzen oder muss das Wasser aufbereitet werden?
- Ist eine Regenwassernutzung möglich und sinnvoll?
- Ist eine Mischung aus Regenwasser und Leitungswasser angebracht?
- Wie soll bewässert werden?
  Manuell mit Gießkanne oder Schlauch oder ist eine automatische Tropfbewässerung sinnvoll?
- Sind für eine automatische Bewässerung die notwendigen Strom- und Wasseranschlüsse vorhanden?

Nährstoffversorgung

- Wie soll die Nährstoffversorgung der Pflanzen erfolgen?
  Als Bewässerungsdüngung, Intervalldüngung oder Langzeitdüngung.

Überwachungs- und Kontroll-Checkliste

Zu den regelmäßig (teilweise täglich, teilweise in Abständen von mehreren Wochen) durchzuführenden Kontroll- bzw. Überwachungsaufgaben gehören:

Standortfaktoren

- Die Überprüfung der Raumverhältnisse hinsichtlich Temperatur und Luftfeuchte entsprechend den Erfordernissen der ausgewählten Pflanzen.

Bewässerung

- Bei Kultur in Erde und manueller Bewässerung die tägliche (die Regel) Überprüfung des Feuchtezustandes der Erde.
- Bei automatischer Bewässerung, die Eichung der Feuchtefühler hinsichtlich der Gießzeitpunkte sowie die Überprüfung der Funktion der technischen Einrichtungen (Zeitschaltuhr, Feuchtefühler, Magnetventile usw.).
- Bei Hydrokulturen die Kontrolle des Wasserstandes bzw. der Nährlösung und die Funktionsüberprüfung des Wasserstandsanzeigers.

Nährstoffversorgung

- Die Einhaltung der Düngetermine bei Intervall- und Langzeitdüngung.

Pflanzenschutz

- Die Kontrolle auf Schädlingsbefall und Krankheiten.
- Bei Nützlingseinsatz, die Kontrolle auf das Vorhandensein der Nützlinge.

▲ Ein Sitzplatz ist auch auf kleinstem Raum zu realisieren.

Checkliste Pflegemaßnahmen

Zu den Pflegemaßnahmen, die regelmäßig in mehr oder weniger kurzen Abständen (täglich bis wöchentlich) anfallen, gehören im Wesentlichen:

- Ausputzen, insbesondere Entfernen verblühter Blütenstände.
- Abschneiden bzw. Entfernen kranker, beschädigter und abgestorbener Pflanzenteile.
- Stäben und Aufbinden der Triebe.
- Durchführen von Pflanzenschutzmaßnahmen.

Zu den Pflegemaßnahmen, die regelmäßig in mehr oder weniger langen Abständen (mehreren Wochen) anfallen, gehören insbesondere:

- Schnittmaßnahmen, um die Pflanzengestalt aufzubauen (Aufbauschnitt) oder zu erhalten (Erhaltungsschnitt).
- das Reinigen der Glasflächen.
- bei Beetkultur in geschlossenen Systemen und bei Hydrokultur das Durchspülen der Substrate (siehe Seiten 24 und 35).

Lexikon der Wintergartenpflanzen

1 Einführung

Dieser Teil enthält spezielle Kultur- und Pflegehinweise für eine Auswahl von Pflanzenarten, die sich für Wintergärten eignen. Neben Pflanzenarten, die häufig und schon lange mit Erfolg in Wintergärten verwendet werden, sind auch unbekanntere Arten aufgeführt.

> Eine Pflanzengruppe, die Orchideen, von denen eine Reihe von Arten auch für Wintergärten in Frage kommt, wird in diesem Buch wegen der besonderen Lebensform nicht behandelt. Hier sei auf die Spezialliteratur über Orchideen hingewiesen.

Geordnet sind die Pflanzen nach ihrer zurzeit gültigen botanischen Bezeichnung. Als Grundlage diente: Zander. Handwörterbuch der Pflanzennamen, 17. Auflage. Wird eine Pflanze gesucht, die nicht mit dem gültigen, sondern mit einem früheren Namen (Synonym) oder ihrer deutschen Bezeichnung bekannt ist, so ist sie über das Register im hinteren Buchteil zu finden.

Die Darstellung der Pflanzen erfolgt nach einem einheitlichen Prinzip.

Pflanzenname

Zunächst wird der botanische und – wenn vorhanden – der volkstümliche (deutsche) Name der Pflanzengattung bzw. -art angegeben. Noch gebräuchliche und oft vom Pflanzenhandel geführte, aber ungültige Namen (Synonyme) werden in Klammern mit der Abkürzung syn. beigefügt.

Symbole

Nach dem Namen werden für die jeweilige Gattung oder Art wichtige Wachstumsbedingungen (Wintergartentyp, Lichtbedarf, Luftfeuchtigkeitsbedarf und Wasserbedarf) in einem System von jeweils drei bzw. vier verschiedenen Symbolen dargestellt. Teilweise werden für eine Pflanzenart auch mehrere Symbole angeführt, wie etwa die Symbole für Wintergartentyp 2 und 3 oder für volle Sonneneinstrahlung und für Halbschatten. Hieraus ist zu schließen, dass die Pflanzen unter beiden Bedingungen eingesetzt werden können.

Den Symbolen für die Wachstumsbedingungen folgen Symbole, die auf die Lebensform der Pflanze, Wuchs- und sonstige Eigenschaften sowie Verwendung Hinweis geben.

Gebrauch der Symbole

Bei Gattungen, die für mehrere Arten von Wintergärten in Frage kommen, gilt Folgendes: Soweit die Wachstumsbedingungen, Eigenschaften und Verwendungsmöglichkeiten für alle nachfolgend beschriebenen Arten der Gattung gleich sind, sind die Symbole unter der Zeile mit dem Gattungsnamen angeordnet. Ergeben sich jedoch zwischen den einzelnen Arten Abweichungen, sind unter den Artnamen, die für diese Art geltenden Symbole aufgeführt.

Wintergartentyp

Die Art eignet sich für den ständig warmen (zimmerwarmen) oder ganzjährig bewohnbaren Wintergarten.

Die Art eignet sich für den temperierten Wintergarten.

Die Art eignet sich für den kühlen, aber frostfreien Wintergarten.

Die Art eignet sich für den nicht sicher frostfreien Wintergarten oder Solarwintergarten.

Wachstumsbedingungen

Die Pflanze bevorzugt bzw. verlangt volle Sonneneinstrahlung.

Die Pflanze bevorzugt Halbschatten. Sie benötigt zwar viel Licht, ist aber bei Südausrichtung des Wintergartens insbesondere gegen mittägliche Prallsonne sehr empfindlich. In solchen Wintergärten sind diese Pflanzen in den Schattenbereich größerer Pflanzen zu setzen. Besteht der Pflanzenbestand überwiegend oder ausschließlich aus solchen Pflanzen, ist bei Südausrichtung des Wintergartens rechtzeitig zu schattieren. Bei Ost- oder Westausrichtung des Wintergartens ist für solche Pflanzen ein besonderer Schutz vor Sonne in der Regel nicht erforderlich.

Die Pflanze erträgt bzw. bevorzugt vollen Schatten, sie nimmt mit wenig Licht vorlieb. Direkte Sonneneinstrahlung, besonders Prallsonne, ist unerwünscht bzw. schädlich. Es sind Pflanzen, die sich im Schatten anderer Pflanzen am wohlsten fühlen. Soweit die Pflanzenauswahl sich nur auf solche Pflanzenarten beschränkt, ist bei Südausrichtung und Sonnenschein der Wintergarten rechtzeitig zu schattieren.

Die Pflanze benötigt eine hohe relative Luftfeuchtigkeit, die auf Dauer nicht unter 60 % absinken sollte.

Die Pflanze benötigt eine mäßige relative Luftfeuchtigkeit um 50 %. Sie sollte 60 % auf Dauer nicht über- und 40 % auf Dauer nicht unterschreiten.

Die Pflanze benötigt eine niedrige relative Luftfeuchtigkeit, die auf Dauer 50 % nicht überschreiten sollte.

Das Substrat ist gleichmäßig feucht zu halten, die Erde darf nicht austrocknen. Schon einmaliges Austrocknen des Wurzelballens bringt die Pflanze um.

Das Substrat ist mäßig feucht zu halten, die Erde sollte zwischen den Wassergaben oberflächlich abtrocknen.

Das Substrat ist eher trocken zu halten, die Erde sollte zwischen den Wassergaben stärker abtrocknen, ohne allerdings „Ballentrockenheit“ aufkommen zu lassen.

Das Symbol steht überwiegend für sukkulente Pflanzenarten, die erst wieder gegossen werden sollten, wenn die Erde abgetrocknet ist. Dies gilt insbesondere für Zeiten, in denen den Pflanzen wenig Licht zur Verfügung steht, z. B. die lichtarmen Herbst- und Wintermonate.

Lebensformen, Wuchs- und sonstige Eigenschaften

Pflanzen der Wahrnehmungseinheit 1, die durch ihre Größe (Höhe und Breite) auffallen. In der freien Natur sind es in der Regel Bäume oder Großsträucher. Auch die Mehrzahl der Palmen gehört in diese Gruppe, aber nur wenige krautige Pflanzenarten (z. B. *Musa*-Arten).

Pflanzen der Wahrnehmungseinheit 2. Es sind Pflanzen, die im ausgewachsenen Zustand Augenhöhe erreichen oder durch entsprechende Schnittmaßnahmen in Augenhöhe gehalten werden können. In der Mehrzahl sind es von Hause aus Sträucher, einige gehören zu den Großstauden (z. B. *Strelitzia* oder *Agapanthus*).

Pflanzen der Wahrnehmungseinheit 3. Sie umfasst niedrig wachsende, auch im Alter niedrig bleibende Pflanzenarten, die mit ihren Blättern (z. B. Farne, Bromelien, verschiedene Aronstabgewächse) oder Zweigen und Trieben (gegebenenfalls durch entsprechende Schnittmaßnahmen) oder Blütenständen etwa Tischhöhe erreichen.

Pflanzen der Wahrnehmungseinheit 4. Es sind Pflanzen mit mehr oder weniger kriechendem Wuchs oder Pflanzen mit zahlreichen dicht und aufrecht stehenden Trieben, die sich durch Ausläufer ausbreiten, Polster oder Horste bilden. Ihre Verwendung ist weitgehend auf Pflanzbeete beschränkt, bei Gefäßbepflanzung werden sie nur sporadisch eingesetzt. Diejenigen mit kriechendem oder hängendem Wuchs finden in der Regel auch als Ampelpflanzen Verwendung. Wenn sie sich dafür eignen, sind sie zusätzlich mit dem Ampelsymbol (siehe Seite 128) gekennzeichnet.

Pflanzen, die sich auch zu Hochstämmchen mit kugel- oder halbkugelförmiger Krone gestalten lassen und häufig als solche im Handel angeboten werden.

Pflanzen, die mit Hilfe besonderer Kletterorgane (z. B. Wurzeln, Dornen, Kletterhaare, Ranken) an natürlichen oder künstlichen Stützen emporzuklettern vermögen.

Pflanzen, die sich durch methodischen Schnitt beispielsweise zu Kugeln, Kegeln und Würfeln formen lassen.

Pflanzen, die in freier Natur kriechend oder kletternd wachsen und sich als Hängepflanzen für die Kultur in Ampeln eignen.

Pflanzen, die Jahr für Jahr natürlicherweise, wie unsere heimischen sommergrünen Laubgehölze, ihr Laub verlieren. Die Mehrzahl der für Wintergärten geeigneten Pflanzenarten ist immergrün, d. h., die Blätter überdauern mehrere Jahre, ehe auch sie nach und nach abgeworfen und durch neue ersetzt werden.

Pflanzen, die zur Gruppe der Nadelgehölze gehören. Für Wintergärten gibt es nur wenige Arten. Dies hängt damit zusammen, dass in den für Wintergärten geeigneten Klimazonen nur wenige Nadelgehölze heimisch sind.

Mit dem Symbol einer Palme sind „stammbildende Blattpflanzen" gekennzeichnet, die am Ende eines mehr oder weniger hohen, von Blattnarben bedeckten Stammes einen Schopf größerer oder kleinerer Blätter tragen. Neben echten Palmen sind mit dem Palmensymbol auch den Palmen ähnliche Pflanzenarten gekennzeichnet (z. B. *Yucca*, *Cordyline*, *Dracaena* und *Cycas*).

Pflanzen, die in den verschiedensten Organen (Wurzel, Blatt, Stamm) Wasser für längere Trockenzeiten speichern können, einschließlich der Kakteen.

Pflanzen, die zur Familie der Farngewächse gehören. Neben Farnen, die als Bodendecker oder in der Krautschicht verwendet werden können, enthält diese Pflanzengruppe auch Arten, so die Baumfarne, die als Haupt- und Leitpflanzen geeignet sind.

Pflanzen, die die Aufmerksamkeit des Betrachters durch ihre schöne Belaubung auf sich ziehen. Palmen und Farne, die auch zu den Blattpflanzen gehören, sind wegen ihrer besonderen Bedeutung durch ein zusätzliches Symbol gekennzeichnet.

Pflanzen, die auffällig und attraktiv blühen. Der besondere Zierwert dieser Pflanzen wird in ihren Blüten gesehen.

Pflanzen, die sich durch einen besonderen (meist angenehmen) Geruch auszeichnen. Er kann von der Blüte (die Regel), aber auch vom Blattwerk, von den Trieben oder auch von der Rinde ausgehen.

Pflanzen, die die Aufmerksamkeit des Betrachters aufgrund der Früchte auf sich ziehen und in der Regel essbar sind.

Pflanzen, die in allen Teilen oder teilweise giftig sind und Mensch und Tier gesundheitlich gefährden können. Es ist stets gut zu wissen, welche Pflanzen mehr oder weniger stark giftig sind. Das heißt nicht, dass sie aus dem Wintergarten entfernt werden müssten; sind jedoch Kinder im Haus, sollte man vorsichtig sein.

Pflanzen, die Stacheln, Dornen oder sonstige scharfspitzige Organe ausbilden, an denen sich Mensch und Tier verletzen können.

Pflanzen, die im Handel in Hydrokultur angeboten werden.

Kurzbeschreibung der Pflanze

Den Symbolen folgt eine Kurzbeschreibung der Pflanze. Soweit mehrere Arten einer Gattung geeignet sind, werden Gemeinsamkeiten der Gattung vorangestellt. Ergänzt wird die Beschreibung in der Regel durch Angaben zum natürlichen Verbreitungsgebiet und sonstige wissenswerte Besonderheiten.

Besondere Hinweise

Dieser Abschnitt ist nicht durchgängig bei allen Pflanzenarten zu finden. Hier erfährt man spezifische Pflege- und Kulturhinweise, die für eine erfolgreiche Kultur der jeweiligen Pflanzenart von Bedeutung sind. So erfährt der Leser z.B. wie und wann Schnittmaßnahmen durchzuführen oder auf welche Krankheiten und Schädlinge man bei der jeweiligen Art besonders achten muss. Auch auf Besonderheiten hinsichtlich der Versorgung mit Nährstoffen oder hin-

sichtlich der zu verwendenden Erde (hier insbesondere hinsichtlich der Ansprüche an den pH-Wert) wird eingegangen.

Die Beschaffung der Pflanzen

Viele der in diesem Buch beschriebenen Kübelpflanzen erhält man in seiner Gärtnerei vor Ort. Die für den ganzjährig bewohnbaren Wintergarten geeigneten Pflanzenarten (in der Regel sind sie tropischer Herkunft) kennt man schon lange als Zimmerpflanzen und findet sie meist als „Topfpflanzen" im Angebot des gut sortierten Blumeneinzelhandels. Die für die kühleren Wintergartentypen 2, 3 und 4 geeigneten Pflanzenarten erhält man in Spezialgärtnereien für Kübelpflanzen. In der Regel handelt es sich dabei um „Gärtnereien", die diese Pflanzen aus südlichen Ländern importieren.

Ein Problem ist der Preis. Bei größeren, älteren Pflanzen muss man aufgrund des Aufwandes, der mit diesen Pflanzen bis zum Verkaufszeitpunkt betrieben werden musste, mit einem relativ hohen Preis rechnen. Jüngere Pflanzen kosten weniger, nur muss man dann eben lange – unter Umständen Jahrzehnte – warten, bis sie zu der Größe herangewachsen sind, bei der sich die gewünschte Atmosphäre einstellt.

▲ Ein Wintergarten, der dem Wohnen unter Pflanzen dient. In solchen Wintergärten bilden die Pflanzen den Rahmen.

Wintergartenpflanzen von A bis Z

Abelia floribunda, Mexikanische Abelie, Reichblütige Abelie

Abelia ist eine Gattung sommer- oder immergrüner Sträucher, die man ihres Laubes und der üppigen Blüten wegen schätzt. Einige der Arten sind auch in unseren Breiten mehr oder weniger frosthart. Für den Wintergarten empfiehlt sich die immergrüne *A. floribunda*, die wohl schönste Art der Gattung. Heimisch ist sie in Mexiko in den Kordilleren von Oaxaka. Es ist ein überhängender, am natürlichen Standort bis 3 m hoher Strauch, dessen jungen Zweige rötlich behaart sind. Die ovalen, 2 bis 4 cm langen Blätter sind beiderseits glänzend grün. Die duftenden, glockenförmigen, weißen bis rosa Blüten stehen zu mehreren an den Enden von Kurztrieben entlang der vorjährigen Zweige. Die Blüte beginnt im Hochsommer und reicht bis zum Spätherbst. Gelegentlich erscheinen die Blüten aber auch schon im Mai/Juni.

Besondere Hinweise: Man sollte die Pflanzen sich frei entwickeln lassen und nicht unnötig an ihnen herumschneiden. Bei älteren Pflanzen ist fortgesetztes Auslichten älterer Zweige die richtige Maßnahme, um für junges Grün Platz zu machen.

◄ *Abutilon*-Hybriden sind dankbare Blütenpflanzen.

Abutilon, Schönmalve, Samtpappel

Die rund 150 Arten umfassende Gattung *Abutilon* aus der Malvenfamilie ist in tropischen und subtropischen Gebieten der Erde zu Hause. Sie ist eine Gattung kleiner bis mittelgroßer Sträucher mit hübschen Blüten und interessanten Blattfarben und -formen.

Abutilon-Cultivars, Schönmalve, Samtpappel, Zimmerahorn

Wer einen besonders reich blühenden Strauch sucht, trifft mit diesen Hybriden, die durch Kreuzung verschiedener Arten entstanden sind, eine gute Wahl. Bei optimalen Licht- und Temperaturverhältnissen blühen die Pflanzen das ganze Jahr über. Hauptblütezeit sind die Sommermonate. Im Handel sind Formen mit weißen, gelben, orangen, rosa, roten oder mischfarbigen Blüten. 'Savitzii' ist eine vergleichsweise niedrig bleibende Form mit gelbbunten Blättern.

Besondere Hinweise: Für den Wintergartentyp 1 nur geeignet, wenn den Pflanzen im Winter das volle Tageslicht zur Verfügung steht. Verblühtes und gelbe Blätter müssen regelmäßig entfernt werden. Jüngere Pflanzen mit schlechter Verzweigung sind mehrmals zu entspitzen, damit sie hübsch buschig heranwachsen. Ältere, zu groß gewordene Pflanzen können kräftig zurückgeschnitten werden. Die Blüten erscheinen an den wachsenden Trieben in den oberen Blattachseln. Als Ursache mangelnder Blühwilligkeit, Blatt- oder Knospenfall sind unregelmäßiges Gießen (im Sommer ist der Wasserbedarf sehr hoch) und mangelnde Nährstoffversorgung zu nennen. Probleme können Weiße Fliege und Spinnmilben bereiten.

Abutilon megapotamicum, Kriechende Samtpappel

Die in Brasilien verbreitete *Abutilon*-Art ist ein Kleinod innerhalb der Gattung. Sie bildet über einen Meter lange Ranken, die, an Rundbögen oder Spalieren angebunden, besonders hübsch aussehen.

▲ *Abutilon megapotamicum* 'Kentish Bells' trägt Blüten von besonderem Reiz.

Wenn verschiedene Pflanzenfreunde über Akazien und Mimosen reden, müssen sie nicht zwangsläufig dieselbe Pflanze meinen. Zunächst gibt es einmal die echte Akazie (Gattung *Acacia*), von der hier die Rede ist, und die „Echte Mimose" mit dem botanischen Namen *Mimosa pudica*, die bei Berührung die Blätter zusammenfaltet. Was der Volksmund dagegen als Akazie bezeichnet, ist tatsächlich die Robinie, die den botanischen Namen *Robinia pseudoacacia* trägt. Es handelt sich dabei um einen bei uns häufig angepflanzten Straßenbaum mit weißen, duftenden Blüten.

Man kann sie aber auch zur Bepflanzung von Ampeln verwenden oder als Hochstämmchen ziehen.

A. megapotamicum ist ein Ganzjahresblüher, wobei die Hauptblütezeit in die Sommermonate fällt. Die bis zu 15 cm großen, herzförmig zugespitzten Blätter sind am Rande fein gezähnt. Die an dünnen Stielen hängenden Blüten sind am Ansatz ballonartig aufgeblasen, während die Blütenblätter auf Taille zugeschnitten und keilförmig angeordnet sind. Ebenso ungewöhnlich wie die Blütenform ist auch das Farbenspiel der purpurroten Ballons, der maisgelben Kronblätter und der tiefvioletten Staubgefäßbündel – eine einmalige Farbzusammenstellung. 'Kentish Bells' ist eine aparte Sorte mit besonders großen Blüten in zartem Gelborange. 'Variegatum' hat hellgelb gefleckte Blätter.

Besondere Hinweise: Im Winter ist sehr vorsichtig zu gießen. Blattabwurf ist die Folge von Staunässe. Hinsichtlich möglicher Schädlinge kann die Weiße Fliege Probleme bereiten. Die Blüten erscheinen an den wachsenden Trieben. Soweit mehr oder weniger aufrecht wachsende Pflanzen gewünscht werden, sind die vorjährigen Triebe im Frühjahr bis auf einen kurzen Stummel zurückzuschneiden.

Abutilon pictum 'Thompsonii', Schönmalve, Bunte Samtpappel, Zimmerahorn

Bei dieser Schönmalve sind die Blüten nicht uninteressant, doch wird dem Schmuckwert der Blätter höhere Bedeutung beigemessen. Die drei- bis fünflappigen, relativ lang gestielten Blätter sind goldgelb marmoriert. Hervorgerufen wird diese Buntblättrigkeit durch einen Virus.

Besondere Hinweise: Siehe bei *Abutilon*-Cultivars.

Acacia, Akazie, „Mimose der Gärtner"

Über 700 Arten umfasst die Gattung *Acacia*, die in den tropischen und subtropischen Gebieten beider Weltteile, besonders zahlreich in Südafrika und Australien, verbreitet sind. Vorwiegend sind es fiederblättrige immer- oder sommergrüne Bäume oder Sträucher. Australische Akazien zeichnen sich durch so genannte Phyllodien aus; das sind derbe, blattähnliche Gebilde, die aus verbreiterten Blattstielen hervorgehen. Die fiederblättrigen Akazien haben ihre Verbreitungsschwerpunkte in Afrika sowie in geringerem Umfang in tropischen und subtropischen Gebieten des amerikanischen Kontinents. In Südeuropa, besonders im Mittelmeergebiet, sind viele Arten als Zierpflanzen an Straßenrändern und in Gärten anzutreffen. Die Blüten bestehen aus einer großen Anzahl von Staubgefäßen, die der Blüte meist ein kugeliges und wolliges Aussehen geben.

Für Wintergärten werden Arten mit Phyllodien bevorzugt, da sie im Allgemeinen pflegeleichter sind und vor allem keinen „Schmutz" durch abfallende Fiederblättchen machen. Nachfolgend eine kleine Auswahl von Arten, die besonders zu empfehlen sind.

Acacia baileyana, Baileys Akazie

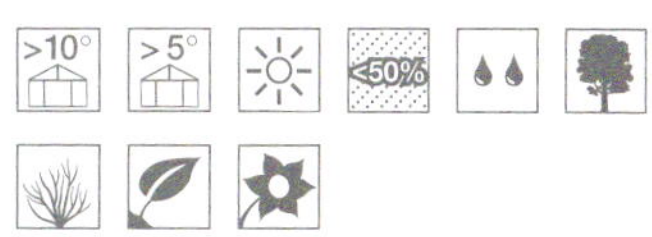

A. baileyana ist ein in Australien (Neusüdwales) heimischer Strauch mit mehr oder weniger hängenden Zweigen. Die goldgelben Blüten stehen in kleinen Kugelköpf-

▲ Die Mimosenblüten von *Acacia dealbata* duften angenehm.

chen zu 20 bis 30 in 5 bis 10 cm langen achselständigen Trauben vereint. Die Kulturform 'Purpurea' ist mit geröteten Phyllodien besonders schön. *A. baileyana* ist kalkfliehend, benötigt also eine Erde mit niedrigem pH-Wert. In der Regel sind die im Handel angebotenen Pflanzen auf die kalkverträgliche *A. retinodes* veredelt.

Acacia dealbata, Silber-Akazie

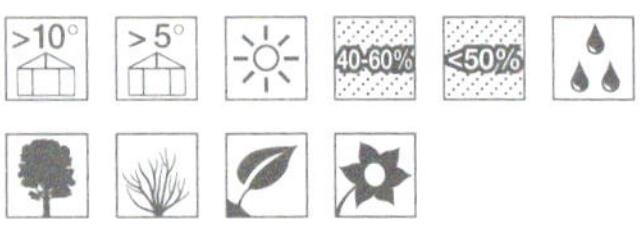

A. dealbata wächst in ihrer Heimat Tasmanien und Australien als Baum, der etwa 30 m hoch wird. In den Frühjahrsmonaten werden blühende Zweige dieser Art als Schnittblume in Blumengeschäften angeboten. *A. dealbata* hat kantige Triebe, die dicht und fein silbrig behaart sind. Die immergrünen, 7 bis 12 cm langen Blätter sind doppelt gefiedert. Die gelben, duftenden Blüten sind in Kugelköpfchen zu großen Rispen vereint. Die Blüte erscheint im Winter und setzt sich bis zum Frühjahr fort. Die Art wurde 1864 nach Frankreich in die Nähe von Cannes eingeführt, wo sie sich seither stark ausgebreitet hat und verwildert ist. Besonders reich blühend sind die Sorten 'Mirandole', 'Tournaire', 'Gaulois' und 'Bon Accueil', die auf Sämlinge der Art veredelt werden.

Acacia melanoxylon, Schwarzholz-Akazie

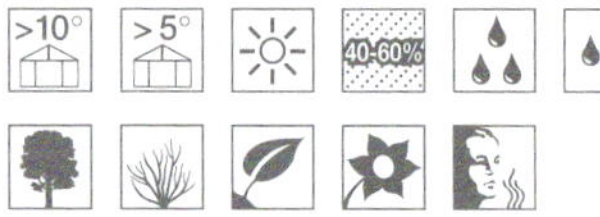

Die Schwarzholz-Akazie ist in Tasmanien und Südost-Australien heimisch. Sie ist im Vergleich mit anderen Arten besonders pflegeleicht. Interessant ist, dass dieser kleine, breitwüchsige Baum sowohl Phyllodien als auch echte Blätter trägt. Die gelben, zart duftenden Blüten sitzen in kugeligen Köpfchen zu wenigen in achselständigen Trauben, die in der Regel im April erscheinen. Die Farbe des Kernholzes variiert zwischen rötlich braun und fast schwarz. Daher auch der Name Schwarzholz-Akazie.

Acacia paradoxa (syn. A. armata), Känguru-Akazie

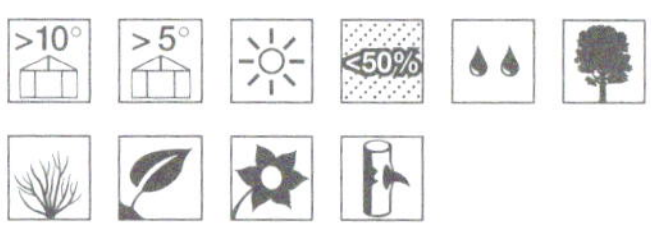

A. paradoxa ist ein dicht verzweigter Strauch mit kantigen Zweigen, an denen verdornte Nebenblätter sitzen. Seine Heimat sind die Subtropen Australiens. Die schief länglichen, sehr dicht stehenden, 15 bis 25 mm langen Phyllodien haben eine gekrümmte Spitze. Die gestielten, einzeln stehenden, zahlreich erscheinenden Blütenköpfchen sind leuchtend gelb. Blütezeit ist in der Regel der April. In ihrer Heimat ist *A. paradoxa* als Heckenpflanze geschätzt, was auf eine gute Schnittverträglichkeit hindeutet.

Acacia retinodes, „Mimose der vier Jahreszeiten", Wasser-Akazie

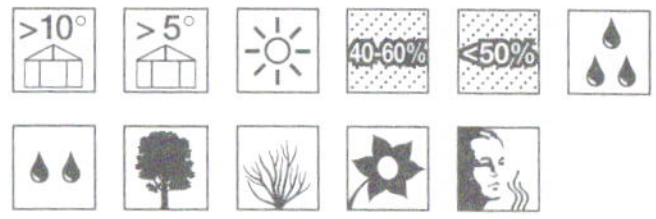

A. retinodes wird in Frankreich wegen ihrer ganzjährigen Blütezeit auch „Mimose de quatre Saisons" genannt. Der in Südaustralien und Tasmanien heimische Strauch oder kleine Baum trägt an kantigen Trieben lanzettliche, relativ dünne Phyllokladien. Die duftenden, hellgelben Blüten sitzen in kugeligen Köpfchen zu sechs bis zwölf in kurzen achselständigen Trauben.

Acacia verticillata

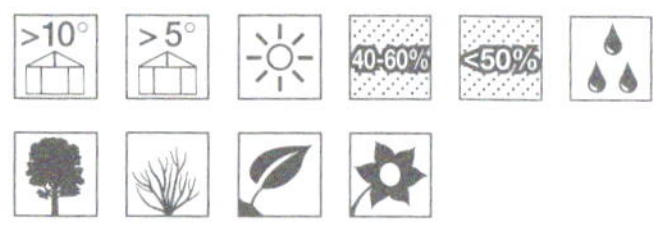

A. verticillata ist nicht nur wegen der Blüten interessant, die im Frühjahr in leuchtend gelben Rispen erscheinen, sondern auch wegen der nadelähnlichen, dunkelgrünen Phyllodien. Der Laie könnte meinen, er hätte einen Nadelbaum vor sich.

Besondere Hinweise: Die Arten mit Fiederblättern eignen sich nicht als Schattenbaum für einen Sitzplatz, denn bei Lichtmangel oder anderen negativen Wachstumsbedingungen stoßen sie die kleinen Blättchen ab. Akazien wachsen vornehmlich in Trockengebieten. Daraus nun aber zu folgern, Akazien seien besonders trockenresistent und der Wasserverbrauch sei nicht sehr hoch, wäre falsch. Denn Akazien wachsen außer im Bereich von Wasserläufen mit reichlich unterirdischem Wasservorkommen meist zerstreut als Einzelbäume. Mit ihren sehr weit reichenden Wurzeln können sie auch geringe Feuchtigkeitsmengen in den oberen Bodenschichten ausnutzen. Ballentrockenheit führt zum Absterben der Pflanzen. Dies gilt auch für Sorten mit Phyllodien. Im Allgemeinen mögen Akazien keinen Kalk. Bei zu viel Kalk in der Erde oder im Gießwasser kommt es zu Blattaufhellungen, im weiteren Verlauf zu Blattfall.

Akazien wachsen im Allgemeinen sehr sparrig. Es empfiehlt sich deshalb, durch entsprechende Schnittmaßnahmen rechtzeitig auf die Gestalt der Pflanze Einfluss zu nehmen. Zu groß gewordene Pflanzen können kräftig zurückgeschnitten werden. Ein Rückschnitt muss unmittelbar nach der Blüte erfolgen, denn die vegetative Phase mit anschließender Blütenbildung für das kommende Jahr ist kurz. Die meisten Arten bilden im Frühsommer die Blütenstände für den folgenden Winter aus.

Acalypha, Katzenschwanz, Nesselblatt

Mit mehr als 400 Arten ist die Gattung *Acalypha* in den Tropen und Subtropen der ganzen Erde verbreitet. Wegen ihrer nesselähnlichen Blätter trägt die Gattung den Namen Nesselblatt, obwohl sie botanisch nicht mit den Brennnesselgewächsen verwandt ist. Drei Arten sind für den Wintergarten interessant, eine Blüten- und eine Blattpflanze sowie eine kriechend wachsende Art, die als Bodendecker oder Ampelpflanze verwendet werden kann.

Acalypha hispaniolae, Kriechender Fuchsschwanz, Erdbeerfuchsschwanz

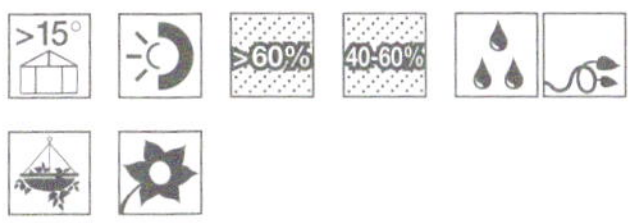

Diese aus Haiti und der Dominikanischen Republik stammende Art ist ein halbhängender Halbstrauch mit kleinen herzförmigen, am Rand gezähnten Blättern. Die Pflanze wächst einhäusig. Während die Blüten der weiblichen Pflanzen klein und unauffällig sind, ziehen die 8 bis 15 cm langen roten Blütenstände der männlichen Pflanzen mit ihrer weichen bis samtigen, wolligen Oberfläche die Aufmerksamkeit des Betrachters auf sich. Ein Blütenstand hält sechs bis acht Wochen. Da *A. hispaniolae* tagneutral ist, blühen die Pflanzen bei genügend Licht das ganze Jahr über.

Acalypha hispida, Nesselblatt, Roter Katzenschwanz

A. hispida entwickelt sich zu einem Strauch, der ausgepflanzt durchaus 2 m Höhe erreichen kann. Er fällt durch seine langen, blattachselständigen, überhängenden, bis 50 cm langen Blütenstände auf, die das ganze Jahr über erscheinen. Die kätzchenförmigen Blütenstände sind leuchtend rot gefärbt und beinhalten zahlreiche Blüten.

Acalypha wilkesiana, Buntlaubiges Kupferblatt

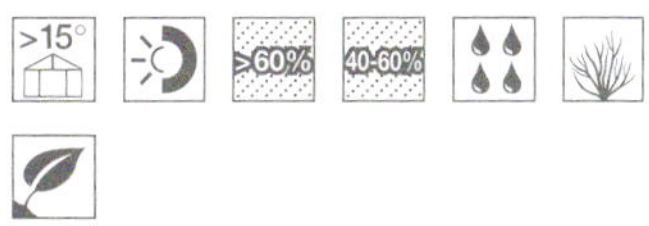

Die Blüten dieses Nesselblattes sind unscheinbar. Dafür zeigen die Blätter, dieser ausgepflanzt über 2 m hohen Sträucher, ein reiches Farbenspiel. Dieses reicht von Rot und Karminrosa über Bronzegrün bis hin zu Dunkel- und Hellgrün. Die verschiedenartigen Färbungsvarianten entstehen dadurch, dass die einzelnen Zellschichten des Blattes in wechselnder Kombination verschiedene Farbstoffe enthalten. An den rein grünen Stellen wird die Farbe der Chloroplasten nicht durch andere Farbstoffe überlagert. Die rein roten Bereiche enthalten in den Außenschichten des Blattes reichlich den wasser-

◀ *Acalypha hispaniolae* ist auf Beeten ein hübscher Bodendecker.

◀ Typisch für Myrtengewächse, zu denen auch *Acca sellowiana* gehört, sind die zahlreichen Staubblätter.

löslichen Farbstoff Anthocyan, dagegen aber kein Chlorophyll (Blattgrün). Durch die Kombination beider Möglichkeiten entstehen Mischfarben in vielfältiger Weise. Im Einzelnen werden sehr verschiedene farbenprächtige Kulturformen unterschieden, die sehr exotisch wirken. Schöne, intensive Farbtöne der Blätter sind von ausreichender Belichtung (keine Prallsonne) und gleich bleibender Temperatur abhängig.

Besondere Hinweise: Bei *A. hispaniolae* und *A. hispida* sollte der pH-Wert der Erden pH 6 nicht unterschreiten, sonst kann es zur Eisenmangelchlorose kommen. Auf Weiße Fliege und Spinnmilben achten. Abgeblühte Blütenstände werden bräunlich und unansehnlich und sind umgehend zu entfernen. Ältere oder zu groß gewordene Pflanzen können zur Verjüngung kräftig zurückgeschnitten werden.

Acca sellowiana (syn. Feijoa sellowiana), Feijoa, Brasilianische Guave

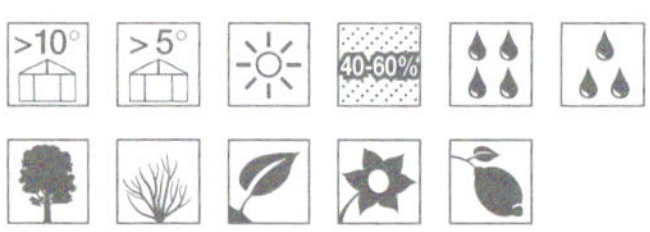

Die attraktive Feijoa ist Blüten-, Frucht- und Blattpflanze in einem. Bei der in Brasilien, Uruguay, Paraguay und Nordargentinien heimischen Pflanze handelt es sich um einen Strauch oder kleinen Baum, der sich bereits kurz über dem Erdboden verzweigt und ausgepflanzt über 3 m hoch werden kann. Die elliptischen bis eiförmigen, 3 bis 8 cm langen, 2 bis 4 cm breiten, ganzrandigen, oben stumpfen, an der Basis meist abgerundeten Blätter sind oben glänzend dunkelgrün, auf der Blattunterseite weißfilzig behaart. Die weißlichen Blüten mit rotem Zentrum stehen einzeln in den untersten zwei oder vier Blattachseln des neuen Jahrestriebes. Von besonderer Attraktivität sind die zahlreichen karminroten Staubfäden mit gelben Antheren. Die Blüte beginnt im Mai und kann bis in den Winter anhalten. Als Früchte entwickeln sich essbare Beeren mit einem aromatischen, farblosen, süßsauren, weichen Fruchtfleisch und einem hohen Gehalt an Vitaminen. Bei den im Handel angebotenen Pflanzen handelt es sich meist um Kulturformen. Zu empfehlen sind 'Apollo', 'Gemini', 'Mammouth' und 'Triumph'.

Besondere Hinweise: Die Feijoa benötigt das ganze Jahr über volles Licht. Wird dies im Winter nicht im ausreichenden Maß geboten, so ist Blattabwurf die Folge. Zwar treiben die Pflanzen im Frühjahr wieder aus, doch leidet darunter die Schönheit der Pflanze. Die Pflanzen vertragen kein hartes (kalkhaltiges) Gießwasser. In der Regel wird man die Feijoa als Strauch oder Baum heranziehen, doch kann man die Triebe auch entlang von Spalieren führen. Die Feijoa gehört zwar zu den Selbstbestäubern, doch ist der Fruchtansatz besser, wenn man mit einem Pinsel bei der Bestäubung nachhilft. Noch bessere Ergebnisse werden mit einer zweiten Pflanze als Bestäubungspartner erzielt.

Der Wuchs von *A. sellowiana* ist recht sparrig. Deshalb sollte man den Wuchs seinen Vorstellungen entsprechend schon frühzeitig durch formierende Schnittmaßnahmen in die richtige Richtung lenken. Zu groß gewordene Pflanzen können kräftig zurückgeschnitten werden, doch sollte man nicht zu tief ins alte Holz gehen.

Acorus gramineus, Gras-Kalmus, Lakritz-Kalmus

>15° >10° >5° 40-60% <50%

Ein guter Bodendecker ist diese in Indien, Thailand, China und Japan heimische Kalmus-Art. Die buschige Staude besitzt einen kriechenden Erdstamm mit dunkelgrünen, grasartigen Blättern, die etwa 15 bis 30 cm lang werden. Obwohl der Kalmus wie ein Gras aussieht, ist er nicht mit den Gräsern verwandt, sondern gehört zu den Aronstabgewächsen. Bei 'Pusillus' sind die fächerförmig angeordneten Blätter nur etwa 10 cm hoch. 'Variegatus' hat gelb gestreifte Blätter, bei 'Albovariegatus' sind sie weiß gestreift.

Besondere Hinweise: *A. gramineus* ist eine vitale und anpassungsfähige Pflanze. Alle paar Jahre sind die Pflanzen aufzunehmen, zu teilen und neu zu pflanzen. Auf Spinnmilben achten. Braune Blattspitzen entstehen bei trockener Luft.

Actiniopteris australis, Strahlenfarn

>10° 40-60%

Ein hübscher Bodendecker ist dieser in Afrika heimische Farn, der sich im Gegensatz zu den meisten Farnen auch trockenen Wachstumsbedingungen anpasst. An seinem kurzen, verzweigten Wurzelstock sitzen dichte Gruppen von 10 bis 25 cm langen Wedeln, die entfernt den Blättern kleiner Fächerpalmen ähneln. Die glatten, glänzenden Wedel sind gleichmäßig in zahlreiche feine Fiedern zerteilt, die strahlenförmig vom Stiel ausgehen.

Besondere Hinweise: Die Wedel sollten beim Gießen nicht mit Wasser benetzt werden.

Adenium obesum, Wüstenrose

>15° >10° >5° <50%

Die bizarre Wüstenrose ist eine interessante Sukkulente mit einem basal knollig angeschwollenen oder verdickt-baumförmigen Stamm, der sich mäßig verzweigt. Die glänzend dunkelgrünen Blätter sitzen an den Triebenden gehäuft. Die prachtvollen, rotweißen Blüten erscheinen in der Regel im Frühjahr oder auch erst im Spätsommer. In der Natur werden die Pflanzen nach vielen Jahrzehnten übermannshoch. Beim Kauf sollte man nicht auf auf Oleander gepfropfte Exemplare zurückgreifen. Diese Pflanzen mögen vielleicht als Topfpflanze fürs Fensterbrett interessant sein, für den Wintergarten sind sie wegen des dünnen Oleander-Stämmchens nicht besonders attraktiv.

Besondere Hinweise: Nur vollsonnige Standorte sind zu empfehlen. Im Winter ist das Gießen weitgehend einzustellen. Dabei lassen die Pflanzen die Blätter fallen, was ganz natürlich ist.

Adiantum, Frauenhaarfarn

>15° >60%

Von der fast 200 Arten umfassenden Gattung *Adiantum* können insbesondere *A. peruvianum, A. raddianum* und *A. tenerum* für den Wintergarten empfohlen werden, wo sie als Bodendecker im Pflanzbeet Verwendung finden. *A. peruvianum* besitzt besonders große, ovale Fiedern. Sie sind 7 bis 10 cm lang und an der Basis so breit, dass sie in Stielnähe einander überlappen. Das junge Laub ist rötlich gefärbt. *A. raddianum* wird 25 bis

▶ *Adenium obesum* benötigt ganzjährig einen sonnigen Standort.

45 cm hoch und besitzt steife, aufrechte Wedel, die drei- bis vierfach gegliedert sind. Zunächst wachsen die Fiederblättchen aufrecht, später sind sie zierlich zurückgebogen. Von dieser Art sind mehrere Sorten in Kultur. So 'Brillantelse' und 'Goldelse', die im Jugendstadium schön bronzefarben getönte Fiederblätter, die später hellgrün werden, ausbilden. 'Fritz Lüthii' ist eine steil und steif wachsende Sorte mit stark verzweigten Wedeln. *A. tenerum* ist ein Farn mit drei- bis vierfach gefiederten Blättern und dünnen, zarten Blattfiedern. 'Scutum Roseum' hat große, im Austrieb rötliche Blattfiedern.

Besondere Hinweise: Die Wedel sollten beim Gießen nicht mit Wasser benetzt werden. Sie kleben zusammen und es kommt schnell zu Fäulnis.

Aechmea, Lanzenrosette

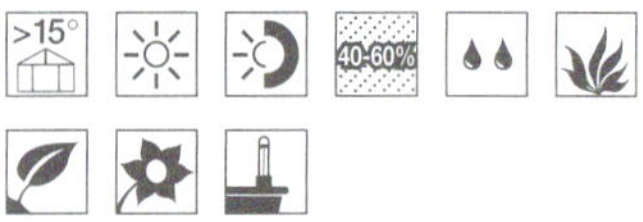

Zu den bemerkenswertesten Ananasgewächsen gehört die Gattung *Aechmea*. Die quergebänderten oder auffallend gefleckten Blätter, zum Teil mit kräftigen Stachelspitzen, bilden röhrenförmige Zisternen, in denen sich die Niederschläge sammeln, über die die Wasserversorgung der Pflanzen erfolgt. Aus der dichten Blattrosette entwickeln sich die Blütenstände mit ihren roten oder rosaroten Hochblättern. Die Haltbarkeit der eigentlichen Blüten ist sehr beschränkt. Doch wenn die Blüten schon längst vertrocknet sind, werden die Pflanzen noch lange durch die Hochblätter geschmückt. Die meisten Aechmeen sind sowohl Blatt- als auch Blütenpflanze. Zu empfehlen sind u. a. *A. chantinii*, *A. fasciata*, *A. fulgens* und *A. weilbachii*, von denen es zahlreiche Auslesen und Hybriden gibt.

Besondere Hinweise: Die Arten und Formen mit dunkelgrünen, weichen Blättern mögen keine pralle Sonne, während die mehr oder weniger weiß bemehlten Pflanzen vollsonnige Standorte wünschen. Im Schatten verliert sich die schöne Blattfärbung. In der Blattrosette muss stets Wasser stehen. Allen Bromelien gemeinsam ist, dass der Hauptspross nach Erlangen der Blühreife sein Wachstum mit der Ausbildung eines Blütenstandes beschließt und nach dem Ausstreuen der Samen abstirbt. Das Absterben vollzieht sich jedoch nicht plötzlich, sondern nur allmählich. In dieser Zeit entstehen in den unteren Blattachseln Erneuerungssprosse, die als „Kindel" bezeichnet werden. Sie setzen das Leben der Mutterpflanze fort und erreichen die Blühreife nach etwa zwei Jahren.

Aeonium arboreum, Rosetten-Dickblatt

Die mit zahlreichen Arten auf den Kanarischen Inseln, den Kapverden, auf Madeira und vereinzelt in Nordafrika verbreitete Gattung *Aeonium* gehört dem Wuchstyp der Rosettenpflanzen an. Bei *A. arboreum* stehen die Rosetten am Ende von verzweigten oder unverzweigten, schwach verholzenden Ästen. Die gelben, weißen oder rötlichen Blüten stehen in relativ großen Blütenständen. *A. arboreum* wächst ausgepflanzt zu einem über 1 m hohen Strauch heran. Neben der grünblättrigen Art sind besonders die Sorten 'Atropurpureum' mit tiefdunkelroten, 'Albovariegatum' mit weißgrünen und 'Luteovariegatum' mit weißgelb gestreiften Blättern beliebt.

Besondere Hinweise: Für artgerechten Wuchs ist ganzjährig volle Sonne wichtig. Im Schatten werden die Triebe weich und dünn und legen sich um. Während der Blütezeit haben die Pflanzen einen hohen Wasserbedarf. Im Winter ist nur in größeren Abständen zu gießen, die Blätter dürfen aber

◀ *Aechmea fasciata* ist sowohl Blüten- als auch Blattpflanze.

▲ *Aeschynanthus radicans* ist eine hübsche Ampelpflanze für den ganzjährig bewohnbaren Wintergarten.

nicht schrumpfen. Auf Blattläuse und Weiße Fliege achten. In der Regel lässt man Aeonien sich frei entwickeln. Bei einseitigem Wuchs kann man korrigierend mit der Schere eingreifen. Zu groß oder unförmig gewordene Pflanzen lassen sich gut zurückschneiden. Man sollte die Pflanzen so platzieren, dass ihre Zweige nicht in die Wege hineinragen, da die krautigen Triebe leicht abbrechen.

Aeschynanthus, Schamblume, Sinnblume

Aeschynanthus ist eine Gattung immergrüner, mehr oder weniger kletternder oder kriechender krautiger Pflanzenarten, die sich gut für Ampeln eignen. Besonders zu empfehlen sind *A. pulcher*, *A. lobbianus* und *A. radicans*. *A. pulcher* trägt vom Sommer bis zum Winter in endständigen Büscheln kleine, röhrenförmige, behelmte, leuchtend rote Blüten mit gelbem Schlund. Bei *A. lobbianus* ist der lange röhrenförmige Blütenkelch dunkelpurpurn, fast schwarz gefärbt und flaumig behaart. Bei *A. radicans* ist die Blütenröhre leuchtend rot und behaart.

Besondere Hinweise: Staunässe ist unbedingt zu vermeiden. Die Pflanzen sind zwar in Bezug auf schattige Plätze tolerant, doch kommen sie an solchen Plätzen nicht oder nur wenig zur Blüte.

Agapanthus-Cultivars, Schmucklilie, Liebesblume

Die Schmucklilie ist eine hübsche und dabei in ihren Ansprüchen bescheidene Staude, die stattliche Schöpfe immergrüner, riemenförmiger, etwas gebogener Blätter bildet und von Anfang Juli bis Ende September mit zahlreichen blauen, trompetenförmigen Blüten blüht (bis zu 120 Einzelblüten je Dolde). Die Blütenstiele werden 60 bis 90 cm hoch und thronen hoch über dem Laub. Im Handel werden meist nur Hybriden angeboten, an denen neben *A. africanus* insbesondere *A. praecox* beteiligt war. Es gibt Sorten mit dunkelblauen, hellblauen oder auch weißen Blüten. 'Peter Pan' ist eine dunkelblau blühende Sorte, die nur 30 cm hoch wird. 'Tinkerbell' und 'Variegatus' sind buntblättrige Formen mit gelblich weißen Blättern.

Besondere Hinweise: Schmucklilien haben im Sommer während der Blütezeit hohen Wasserbedarf, im Winter sollten sie relativ trocken gehalten werden. Werden die Pflanzen zu groß, so kann man sie durch Teilung leicht verkleinern. Die Blütenstiele sind gegebenenfalls zu stützen, da sie leicht umknicken.

Agave, Agave

Die von den mittleren Staaten der USA bis in die nördlicheren Gebiete Südamerikas heimische Gattung umfasst über 200 Arten, von denen ein Großteil heute über die ganze Welt verbreitet ist. Agaven sind trockenheitsliebende Pflanzen mit rosettig angeordneten, schwertförmigen bis lanzettlichen, meist steifen Blättern. Die Blüten, die an einem Schaft stehen, der riesige Ausmaße einnehmen kann, erscheinen erst nach vielen Jahren, oft sogar Jahrzehnten. Im Anschluss an die Samenreife stirbt die Rosette ab, nachdem in der Regel zuvor durch Ausläufer neue Pflanzen gebildet wurden. Der Wert der Agaven liegt in der Färbung der Blätter, der Bedornung und den interessanten Wuchsformen begründet. Neben Leitpflanzen und Hauptpflanzen enthält die Gattung auch Arten, die zur Krautschichtgruppe zu rechnen sind.

Als Pflanzen für die Wahrnehmungseinheiten 1 und 2, kommen die folgenden Arten in Frage:

A. americana. Spricht man von Agaven, meint man meist diese, auch als „Hundertjährige Aloe" bezeichnete Art. Sie bildet sehr große Rosetten, die leicht einen Durchmesser von 1 bis 2 m erreichen können. Neben der Art mit graugrünen bis hellgrauen Blättern, gibt es auch buntlaubige Formen. 'Marginata' hat Blätter mit gelblich weißen bis tiefgelben Rändern. 'Medio-picta' entwickelt

Blätter mit einem breiten gelben Mittelstreifen. 'Stricta' zeichnet sich durch gelb oder weiß gestreifte Blätter aus. *A. americana* wird als Leitpflanze oder Hauptpflanze verwendet.

A. attenuata, die Drachenbaum- oder Schwanenhalsagave, ist eine stammbildende, mannshoch werdende, am Grunde reichlich sprossende Art. Die sechs- bis fünfzehnblättrige Rosette besteht aus elliptischen, bis 70 cm langen und bis 20 cm breiten, über der Basis plötzlich stark verschmälerten, in eine weiche Spitze endenden Blättern. Diese sind glatt, grün, hellgrau oder fast weißlich überzogen. Die stachellosen Ränder sind heller gefärbt. Der in freier Natur bis etwa 2,50 m hohe, sonderbar gekrümmte Blütenstand (daher der Name Schwanenhalsagave) ist mit vielen Brutpflänzchen besetzt, die sich von den Mutterpflanzen lösen und so der vegetativen Vermehrung dienen.

Für die Wahrnehmungseinheit 3 kommen folgende Arten in Frage:

A. filifera hat mattglänzend grüne, lang zugespitzte Blätter, mit hellen Linien auf der Blattoberseite. Der Blattrand wird von einer hellen Hornleiste begrenzt.

A. parviflora bildet zierliche kompakte Rosetten mit dunkelgrünen Blättern (der weiße Blattrand löst sich im oberen Teil in weiße Fäden aus), die in einen graubraunen Dorn auslaufen.

A. potatorum var. *verschaffeltii* erreicht einen Durchmesser von etwa 20 cm. Die weißgrau bereiften Blätter haben rot- oder gelbbraune Randstacheln.

A. toumeyana var. *bella* bildet kleine Gruppen. Die hellgrünen Blätter sind leicht gekielt und weiß gezeichnet. Der Blattrand löst sich wie bei *A. parviflora* im oberen Teil in feine weiße Fäden auf, am Grunde ist er fein gezähnt.

A. victoriae-reginae bildet niedrige Rosetten von bis zu 50 cm Durchmesser. Die Blätter, die in einen kurzen, schwarzen Dorn auslaufen, sind dunkelgrün mit hervortretenden weißen Streifen, die unregelmäßig gegen die Spitze hin zusammenlaufen.

Besondere Hinweise: Bei den größeren Arten ist Vorsicht vor den scharf bedornten und messerspitz auslaufenden Blättern geboten. Um Verletzungen zu verhindern, spießt man einen Korken oder ein Stück Styropor auf die Blattspitzen. Grundsätzlich sollte man die größer werdenden Arten nicht entlang von Wegen oder in der Nähe von Sitzplätzen platzieren.

Aglaonema, Aglaoneme, Kolbenfaden

Südostasien ist das Verbreitungsgebiet der etwa 20 Aglaonema-Arten. Sie sind nahe verwandt mit den bekannteren Dieffenbachien, von denen sie sich nur unwesentlich unterscheiden. Zwar bekommt ein Kolbenfaden Blüten, denen er sogar seinen Namen verdankt, trotzdem gewinnen die Arten ihren Wert ausschließlich durch ihre schmuckvollen Blätter. Die Blüten sind sehr rasch vergänglich und auch durch ihre blassgrüne bis weißliche Färbung wenig attraktiv. Wirken die Aglaonemen auf den ersten Blick auch nicht auffällig, sind sie doch durch ihre Haltbarkeit und Verwendungsmöglichkeit als Unterbepflanzung bei ungünstigen Lichtverhältnissen vielfältig verwendbar.

◀ *Agave parviflora* ist ein besonderes Kleinod unter den sukkulenten Pflanzen.

A. commutatum und ihre Formen sind am weitesten verbreitet. Sie bilden aufrechte, bis zu 1 m hohe Stämmchen, an denen gestielte, bis zu 30 cm lange, silbergrau gezeichnete Blätter sitzen. Hübsch sind die leuchtend roten Beeren, die regelmäßig angesetzt werden und die Pflanze lange Zeit zieren. Eine intensivere Blattfärbung als die Art hat die Sorte 'Treubii', deren Blatt auch schlanker ist. Graugrün und weiß panaschiert ist 'Pseudobracteatum'. Bei den Sorten 'Silver King' und 'Silver Queen' ist die Grundfläche silbergrau und nur wenig grün gesprenkelt.

A. costatum bleibt wesentlich kleiner. Sie besitzt ganz kurze, am Grunde verzweigte Stämmchen. Die länglich ovalen, grünen Blätter sind weiß gefleckt und besitzen eine weiße Mittelrippe.

A. crispum 'Roebelinii' ist relativ starkwüchsig, das Stämmchen kann bis zu 1 m hoch werden, blüht und fruchtet regelmäßig.

Bei *A. modestum* wird der verzweigte Stamm etwa 50 cm hoch. Die Blätter sind einfarbig dunkelgrün.

Die verzweigten Stämmchen von *A. pictum* werden nur 20 cm hoch. Die dunkelgrünen Blätter weisen unregelmäßige graue Flecken auf.

Besondere Hinweise: Aglaonemen lassen sich durch Rückschnitt ver-

▶ Bei *Albizia julibrissin* faltet sich das Laub bei Dunkelheit zusammen, deshalb auch der Name Schlafbaum.

jüngen. Dies ist in der Regel nur dann erforderlich, wenn die Pflanzen aufgrund von Nährstoffmangel von unten her gelb werden und verkahlen. An stark schattigen Plätzen ist mit nachlassender Blattfärbung und -zeichnung zu rechnen. Hinsichtlich möglicher Krankheiten ist eine durch Bakterien verursachte Welke zu beachten, die durch ein von den älteren Blättern ausgehendes Vergilben und Absterben der Blätter gekennzeichnet ist. Eine Bekämpfung ist nicht möglich. Kranke Pflanzen sind umgehend zu entfernen.

Albizia, Seidenakazie

Zarte Fiederblätter sind neben den attraktiven Blüten das Kennzeichen der Seidenbäume. Weil sich das gefiederte Laub bei Dunkelheit zusammenfaltet, werden die Albizien auch als Schlafbäume bezeichnet. Ursprünglich im tropischen und subtropischen Asien, Afrika und Australien beheimatet, sind Albizien wegen ihrer Blütenpracht inzwischen in nahezu allen subtropischen und tropischen Gebieten als Zierpflanzen zu finden. Sie bringen elegante Blüten mit lang hervorragenden Staubgefäßen, die wie Bürstchen aussehen, hervor. Bei der starkwüchsigen *A. lophanta* sind diese Blüten schwefelgelb und öffnen sich im Winter. *A. julibrissin* bildet kugelige rosafarbene Blütenköpfchen, die zusammengedrängt an den Enden der Zweige sitzen. Die Blüten duften dezent. Die Blütezeit dauert von Juli bis Ende August/Anfang September. 'Rosea' wächst schwächer und blüht kräftig rosafarben. Als Nachteil muss bei allen *Albizia*-Arten die relativ kurze Blühdauer angeführt werden, die aber durch den bizarren Wuchs und die sehr dekorativen Blätter ausgeglichen wird. Wichtig ist, dass man den Pflanzen genügend Platz einräumt, damit ihr graziöser Wuchs richtig zur Geltung kommen kann.

Besondere Hinweise: *A. julibrissin*, der Schlafbaum, kann im Wintergarten als Schattenbaum an Sitzplätzen eingesetzt werden. Der Wasserbedarf im Sommer ist sehr hoch, doch darf auch im Sommer keine Nässe aufkommen, denn die Wurzeln reagieren auf Sauerstoffmangel sehr empfindlich. Im Winter sollte man sehr sparsam gießen ohne Ballentrockenheit aufkommen zu lassen. Jungpflanzen wachsen relativ sparrig. Es empfiehlt sich daher, schon frühzeitig durch entsprechende Schnittmaßnahmen den Pflanzen die gewünschte Form zu geben. Während *A. lophanta*, die Schirmakazie, relativ stark wächst, ist *A. julibrissin* durch ein etwas langsameres Wachstum gekennzeichnet. Zu groß gewordene Pflanzen kann man kräftig zurückschneiden. Doch aufgepasst! Der zurückgebliebene Stumpf trocknet in der Regel noch ein Stück ein.

Allamanda cathartica, Allamande, Goldtrompete

Die Allamande ist eine schnellwüchsige Kletterpflanze aus Brasilien, die in den Gärten des frostfreien Mittelmeerraums häufig angepflanzt wird. Sie erreicht ausgepflanzt im Wintergarten beträchtliche Ausmaße und fällt durch ihre leuchtend gelben, relativ großen, am Ende erweiterten Trichterblüten auf. An den biegsamen Sprossen der Pflanze stehen am Grunde quirlständig drei bis vier, zur Spitze hin gegenständig zwei, eirunde bis längliche, fast sitzende Blätter. Die Blüten entwickeln sich gedrängt in endständi-

◄ *Allamanda cathartica* ist aufgrund ihres starken Wachstums nur für größere Wintergärten geeignet.

gen Trugdolden. Sie erscheinen ab Juni den ganzen Sommer über bis Weihnachten. Im Handel ist eine Reihe von Varietäten bzw. Kulturformen erhältlich, darunter eine von purpurner Farbe. Die im örtlichen Blumenhandel angebotenen Pflanzen sind vom Gärtner meist mit Hemmstoffen behandelt worden, damit sie kurz und gedrungen wachsen und auf der Fensterbank Platz haben. Da die Wirkung der Hemmstoffe aber schon bald nachlässt und die Pflanzen normal weiterwachsen, können sie auch für Wintergärten verwendet werden.

Besondere Hinweise: Unter dem Dach, an einem kräftigen Klettergerüst entlanggezogen, entfaltet die Pflanze mit ihren leuchtend gelben Trompetenblüten ihre ganze Schönheit. Zu groß gewordene Pflanzen kann man im Frühjahr ganz oder auch nur teilweise kräftig zurückschneiden. Ein ständiges Herumschneiden mögen die Pflanzen nicht. Blühfähige Ranken, die als Seitentriebe gebildet werden, setzen nach vier bis sechs Wochen sieben bis acht Knospen an, wovon sich zwei bis drei immer zur gleichen Zeit öffnen. Die Blüte der einzelnen Knospe dauert etwa vier Tage. Im Verlauf von zwei Wochen ist eine mit Knospen besetzte Triebspitze abgeblüht. Vorsicht! Wie bei fast allen Apocynaceen ist der Milchsaft der *Allamanda* giftig. Sie hat hohen Nährstoffbedarf. Blattaufhellungen sind ein sicheres Zeichen für Nährstoffmangel. Wurzelhals-, Stängel- und Blattfäule treten bei Nässe, ungünstiger Bodenreaktion und zu niedrigen Temperaturen auf.

Alocasia, Alocasie, Pfeilblatt

Etwa 70 Arten umfasst die zu den Aronstabgewächsen gehörende Gattung Alocasia. Mit ihren riesigen, pfeilförmigen, weiß geäderten Blättern ist eine Alocasie Blickfang in jedem Wintergarten. Die typischen Blüten der Aronstabgewächse, Hochblatt und Kolben, dagegen sind eher nebensächlich. Die Blätter, die einzeln auf langen Stielen sitzen, können bis zu 40 cm lang werden.

A. macrorrhiza aus Sri Lanka, das Riesenblättrige Pfeilblatt, bildet Blätter, die bis zu 1 m breit werden können. Bei *A. sanderiana*, der Kris-Pflanze, die von den Philippinen stammt, sind die riesigen Blätter am Rande gewellt.

Besondere Hinweise: Für eine ausgewachsene Alocasie muss man im Wintergarten viel Platz einplanen. Was die Pflanzen nicht vertragen ist, wenn man im Vorübergehen ihre Blätter streift. Alocasien sind Tropenpflanzen. Ihr gewohntes Klima – die feuchtwarme Luft – muss gewährleistet sein, nur dann wird man auf Dauer Freude an ihnen haben.

Aloe, Aloe, Bitterschopf

Aloen werden häufig mit Agaven verwechselt, oberflächlich betrachtet, sind sie ihnen auch ähn-

► *Alocasia sanderiana* (mittlere Pflanze) ist etwas für Liebhaber, die das Besondere lieben.

lich. Die Gattung *Aloe* ist in ganz Afrika und in Teilen von Arabien und Madagaskar verbreitet. In allen Gebieten der Erde mit wärmerem Klima, z. B. im Mittelmeerraum oder in den Trockengebieten Indiens und Südamerikas, sind Aloe-Arten eingeschleppt worden und verwildert.

Alle Aloen haben fleischige, am Rande und zuweilen auch auf der Oberfläche bestachelte Blätter, die häufig schön gezeichnet sind. Die einzelnen, teilweise verzweigten Blütenstände erscheinen bei der Mehrzahl der Arten in den Wintermonaten in den Blattachseln. Sie tragen zahlreiche glockige, überwiegend gelbe und leuchtend rote, seltener weiße Blüten. Seit dem Altertum ist die vielseitige Heilwirkung des zähflüssigen Aloesaftes bekannt, so z. B. äußerlich angewandt gegen Brandwunden. Die Gattung entwickelte unterschiedliche Wuchsformen und -größen: Rosetten, die auf dem Boden aufliegen, Arten mit polsterförmigem Wuchs, strauchige und auch baumförmige Arten.

Für die Wahrnehmungseinheit 1 eignen sich u. a. folgende Arten:

A. ferox ist eine stammbildende, baumförmig wachsende Art. Die blaugrünen Blätter sind auf Blattunter- und -oberseite mehr oder weniger stark mit braunen Hornzähnen besetzt. Die Blüten sind leuchtend rot.

A. dichotoma wächst baumförmig und ist eine Charakterpflanze des südlichen Afrikas. Ähnlich ist *A. pillansii*.

Alle drei Arten sind bis auf eine Höhe von 2 bis 3 m unverzweigt. Obwohl sie sehr langsam wachsen, sind sie nur für größere (hohe) Wintergärten zu empfehlen.

Für die Wahrnehmungseinheit 2 eignen sich u. a. folgende Arten:

A. arborescens, die „Brandaloe", war früher aufgrund ihrer Anspruchslosigkeit als Zimmerpflanze weit verbreitet. Sie bildet kleine, sich mäßig verzweigende Sträucher mit dicht stehenden, schwertähnlich lanzettlichen Blättern. In ihrer Heimat wird sie mehrere Meter hoch. Am unteren Stammteil bildet sie zahlreiche Sprosse aus. Hübsch sind auch die roten Blüten, die regelmäßig erscheinen.

A. ciliaris ist eine dünnstämmige, mehrstämmig wachsende Art, die ausgepflanzt im Laufe der Zeit größere Gruppen bildet. Der Rand der weitläufig stehenden Blätter ist dicht weiß gezähnt. Der relativ hohe Blütenstand trägt scharlachfarbene Blüten mit grünem Saum.

A. variegata, die „Tigeraloe", fällt durch die weißen Querbänder auf den grünen, dreikantigen, rinnenförmig gebogenen Blättern auf. Der kurze Stamm ist so dicht dachziegelartig von den dreikantigen Blättern umgeben, dass man ihn nicht sehen kann. Ausgepflanzt, bildet diese Art durch Ausläuferbildung größere Gruppen.

▲ *Aloe ferox* muss man genügend Platz einräumen, damit sie sich frei entfalten kann.

Für die Wahrnehmungseinheit 3 eignen sich u. a. folgende Arten:

A. albiflora bildet kleine, flache Rosetten und blüht rein weiß.

A. aristata bildet im Laufe der Zeit größere Gruppen. Die Blattränder sind mit hornig weißen Kanten und ebensolchen 1 bis 2 mm langen Zähnchen versehen. Die Blüten färben sich rotorange. Gießt man die Pflanzen sehr sparsam, krümmen sich die Blätter zwiebelförmig zusammen. Bei hohen Wassergaben spreizen sie sich weit auseinander, die „Zwiebel" öffnet sich.

A. humilis entwickelt reizende, klein bleibende Rosetten mit dicht und wild gezähnten Blättern. Die korallenroten Blüten stehen an langen Stielen.

Besondere Hinweise: Aloen sind aufgrund ihrer heimatlichen Standortverhältnisse ausgesprochene Sonnenpflanzen, sie gedeihen zwar auch noch an schattigen Plätzen recht gut, doch verliert sich dort sehr bald ihr arteigenes Aussehen. Nicht in das „Herz“ der Pflanzen gießen. Bei Nässe tritt leicht Stängelgrundfäule auf, bei hoher Luftfeuchtigkeit Gefahr von Korkbildung auf den Blättern. Auf Woll- und Wurzelläuse achten.

Aloysia triphylla, Zitronenstrauch, Zitronenblatt, Zitronen-Verbene

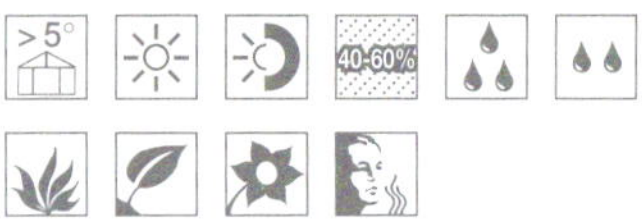

An dem in Uruguay, Argentinien und Chile heimischen Strauch wird der erfrischende Zitronenduft der Blätter geschätzt. Der in freier Natur bis 5 m hoch werdende Strauch trägt lanzettliche, kurz gestielte, lang zugespitzte Blätter. Sie sind ganzrandig oder in der Mitte etwas gezähnt. Auf der Unterseite befinden sich Drüsen, die den Zitronenduft verströmen. Die kleinen, lila Blüten stehen in endständigen, 10 bis 15 cm langen, behaarten, zu größeren Rispen vereinigten Ähren. Sie erscheinen in der Regel im August. Die Blätter werden heute noch als Herba Verbenae odoratae angeboten. Die Droge wird als Tee getrunken und in der Kosmetik- und Seifenindustrie verwendet.

Besondere Hinweise: Das Zitronenblatt ist äußerst anfällig für Blattläuse. Ihrer Wuchsform gemäß zieht man die *Aloysia* am besten strauchförmig. Junge Pflanzen sind mehrfach zu entspitzen, damit sie sich zu recht buschigen Pflanzen entwickeln. Danach lässt man die Pflanzen frei wachsen. Beginnen die Sträucher von unten zu verkahlen kann man die Pflanzen kräftig zurückschneiden.

Alpinia, Alpinia, Ingwerlilie

Die zur Familie der Zingiberaceaen gehörende Gattung Alpinia umfasst 200 Arten immergrüner Großstauden mit fleischigen Rhizomen und auffälligen Blüten. Zwei Arten sind für den Wintergarten von Bedeutung.

A. purpurata, die Scharlachrote Alpinie oder Roter Ingwer (Red Ginger), ist eine kräftige, meist 1,5 bis 2,5 m hohe Staude mit länglichen, in zwei Reihen angeordneten, 5 bis 20 cm breiten, fast sitzenden bis kurz gestielten Blättern mit deutlicher Mittelrippe, die an Bananenblätter erinnern. Die Blüten stehen in aufrechten oder an der Spitze überhängenden, 15 bis 35 cm langen Ähren am Ende der Sprosse. Auffällig sind die roten Tragblätter, vergleichsweise unscheinbar die weißen Blüten. Neben der roten Wildform ist auch eine Form mit rosa Hochblättern in Kultur, die als „Rosa Alpinie“ (Pink Ginger) bezeichnet wird.

A. zerumbet, der Muschel- oder Porzellan-Ingwer, hat weiße Blütenhüllblätter mit rosa Spritzern, eine gelbe Lippe mit rotem Streifen und rotem Schlund. Beliebt ist auch die Kulturform 'Variegata' mit gelb und grün gestreiften Blättern.

Besondere Hinweise: Als Staudengewächs ist der seitliche Ausbreitungsdrang vergleichsweise gering, was bei Pflanzbeeten positiv zu beurteilen ist.

▶ Zu den Ingwergewächsen gehört *Alpinia purpurata*.

▶ *Alyogyne huegelii* ist ein dankbarer Dauerblüher.

Alyogyne huegelii, Blauer Malvenbaum, Blauer Hibiscus

Zu den etwas ausgefalleneren Blütenpflanzen gehört der Blaue Hibiscus. Er wächst am Heimatstandort in Australien zu einem runden, krautartigen, mehr oder weniger verholzenden Strauch von 2 m Höhe und mit einem Durchmesser von bis 1,5 m heran. Die 7 bis 12 cm großen, violettblauen Blüten erinnern in ihrer Form stark an Hibiscusblüten. Blütezeit ist von April bis November. Zwar hält die Einzelblüte nur zwei bis vier Tage und fällt dann ab, doch werden ständig neue gebildet.

Besondere Hinweise: Im Handel wird der Blaue Hibiscus in der Regel als Hochstämmchen, seltener strauchförmig gezogen angeboten. Ältere Pflanzen sind zum Ausgang des Winters zurückzuschneiden. Wenn erforderlich, kann auch kräftig zurückgeschnitten werden. Dabei sollte gleichzeitig die Krone bzw. das Innere des Strauches etwas ausgelichtet werden.

Ampelopsis brevipedunculata, Scheinrebe, Doldenrebe

Die Scheinrebe ist eine wüchsige, Laub abwerfende, holzige, windende Kletterpflanze, die man wegen ihrer hübschen Blätter pflanzt. Besonders zu empfehlen ist die Sorte 'Elegans'. Die unterschiedlich geformten Blätter sind auffällig grünweiß panaschiert, in der Jugend rosa überhaucht. Die Scheinrebe lässt sich im Wintergarten als Kletterpflanze oder als Bodendecker verwenden. Im Herbst verlieren die Pflanzen ihr Laub und treiben erst im Frühjahr wieder neu aus.

Besondere Hinweise: Sehr gefährlich ist ein andauerndes Trocken- und Hungerstadium. Wenn man im Sommer nicht ausreichend gießt und düngt, werden die Trieb- und Blattspitzen unvermittelt braun und die Pflanzen verharren für mehrere Wochen ohne sichtbares Wachstum in einem Ruhezustand. Nach dem Blattabwurf im Herbst wird das Gießen nach und nach eingestellt, um mit Beginn des Austriebs im Frühjahr die Wassergaben wieder nach und nach zu steigern. Das Wachstum der Pflanzen ist stark, deshalb ist regelmäßig zurückzuschneiden.

Ananas comosus, Ananas

Die Frucht der Ananas kennt wohl jeder, dass die Ananas aber auch eine attraktive Pflanze für den Wintergarten ist, ist nicht so sehr bekannt. Die Ananas bildet eine dichte Rosette aus schwertförmigen, oberseits dunkelgrünen, unterseits graugrünen Blättern. Aus dieser dichten Blattrosette entwickelt sich ein zapfenförmiger Blütenstand mit grünlich weißen oder schwach violetten Blüten. Daraus entwickelt sich ein beerenartiger, fleischig saftiger Fruchtstand, die Ananas, die durch einen Blattschopf gekrönt wird. Die Art selbst ist nur selten im Handel. Häufiger anzutreffen sind Sorten mit gelb gestreiften Blättern, deren Früchte allerdings recht klein blei-

◀ *Ananas comosus*, die echte Ananas, ist im Gegensatz zu den meist epiphytisch wachsenden Bromeliengewächsen erdbewohnend.

ben. Neben *A. comosus* ist *A. bracteatus* zu empfehlen. Sie unterscheidet sich von *A. comosus* unter anderem durch die kräftig rot gefärbten Hochblattschöpfe. Auch von dieser Art gibt es eine gelb gestreifte Auslese. Wie bei allen Bromelien stirbt die Rosette nach der Fruchtbildung ab, doch sorgt die Ananas durch Bildung von Kindeln am Wurzelhals für ausreichend Nachkommen.

Besondere Hinweise: Im Gegensatz zu den meisten anderen Bromeliengewächsen, die epiphytisch wachsen, ist die Gattung *Ananas* erdbewohnend. Will man Fruchtstände erzielen, so benötigen Ananas neben ausreichender Bodenwärme vollsonnige Standorte. Jungpflanzen setzen bei gutem Wachstum zu Beginn des 3. Kulturjahres die Frucht an. Die spitzen Blattenden können Verletzungen hervorrufen, daher nicht direkt an Wege pflanzen.

Anigozanthos, Kängurublume, Kängurupfote

Die Blüten der in Australien heimischen Gattung sind gleichsam attraktiv und ungewöhnlich. Ihren deutschen Namen verdankt die Kängurublume der Tatsache, dass sie von der Form her (mit etwas gutem Willen) einer Kängurupfote ähnelt. *Anigozanthos* sind immergrüne Stauden mit kräftigem Rhizom und linealischen oder pfriemförmigen Blättern. Die Blüten bestehen aus einer langen, gebogenen, an der Seite mehr oder weniger aufgeschlitzten Röhre. Sie stehen je nach Art an bis zu 2 m hohen Stängeln endständig in einer Traube oder Ähre zu wenigen oder mehreren zusammen. Die Blütenfarben erstrecken sich von Gelb und Grün über Orange bis Rot. Im Handel sind meist Kulturformen, die durch Kreuzungen u. a. aus *A. flavidus*, *A. manglesii*, *A. pulcherrimus* und *A. rufus* hervorgegangen sind. Blütezeit ist in der Regel im Sommer.

Besondere Hinweise: Gefürchtet ist die so genannte Tintenfleckenkrankheit, die sich durch schwarze Flecken auf Blättern und Blütenstielen bemerkbar macht. Verblühte Blütenstände müssen abgeschnitten werden. Ältere Pflanzen sollten nach der Blütezeit ausgelichtet werden, da die Seitentriebe nur einmal blühen. Wenn nötig, kann die Pflanze auch völlig zurückgeschnitten werden. Die Blüteninduktion wird, soweit man heute weiß, durch die Tageslänge beeinflusst. So ist *A. manglesii* den Kurztagpflanzen und *A. flavidus* den Langtagpflanzen zuzurechnen. Grundsätzlich sind aber hohe Lichtintensitäten erforderlich und auch die Temperatur spielt eine Rolle. Zu hohe Temperaturen im Winterquartier (längere Zeit über 15 °C) führen zu einer schlechteren Blütenbildung.

Anisodontea capensis, Scheinmalve, (Fleißiges Lieschen)

In ihrer südafrikanischen Heimat bildet die Scheinmalve reich verzweigte, etwa 1,5 m hohe Sträucher von etwas sparrigem Wuchs. Die eiförmig länglichen, dreilappigen Blätter erreichen bis 5 cm Länge. Das ganze Jahr über (Hauptblütezeit sind die Sommermonate) bildet die Scheinmalve kurz gestielte, rosarote Blüten von 2,5 bis 3 cm Durchmesser, die einzeln oder paarweise in den Blattachseln sitzen. Die Einzelblüte hält etwa 14 Tage.

Besondere Hinweise: Hoher Wasserbedarf besteht im Sommer. Nässe und Ballentrockenheit führen zum Abwerfen von Blättern und Blüten. Sie haben vergleichsweise hohen Nährstoffbedarf und hohe Schädlingsanfälligkeit. Insbesondere Blattläuse und Weiße Fliege können außerordentlich lästig werden. Bei älteren Pflanzen empfiehlt sich im Frühjahr

▲ *Anisodontea capensis* blüht bei ausreichend Licht das ganze Jahr über.

nach der Winterpause ein Rückschnitt der letztjährigen Triebe auf drei bis vier Blätter. Wenn die Pflanze außer Form gerät, kann den Sommer über noch einmal geschnitten werden, denn die Blüten bilden sich an den wachsenden Trieben. Zu groß gewordene Pflanzen lassen sich durch einen kräftigen Rückschnitt verjüngen.

Anthurium, Flamingoblume

Über 500 Arten umfasst die im tropischen Regenwald Mittel- und Südamerikas verbreitete Gattung, von denen jedoch nur wenige von den Gärtnern kultiviert werden. Hübsche Blatt- und Blütenpflanzen sind *A. scherzerianum*, die Kleine Flamingoblume, und *A. andraeanum*, die Große Flamingoblume. Im Handel sind von beiden Arten in der Regel nur selektierte Hybriden erhältlich. Beliebt sind insbesondere die Formen mit glänzend rotem Hüll- oder Hochblatt (Spatha). Darüber hinaus sind auch solche mit weißer, lachs- oder orangefarbener Spatha erhältlich. Bei den heutigen Sorten erscheinen die Blüten in der Regel das ganze Jahr über, wobei ein gewisser Höhepunkt in den Frühjahrsmonaten liegt.

Besondere Hinweise: Da die Wurzeln der Anthurien sehr lufthungrig sind, ist es äußerst wichtig, sie in ein lockeres, durchlässiges Substrat zu pflanzen. Beim Pflanzen bzw. Verpflanzen sollte man darauf achten, dass man nicht zu hoch topft, da die Pflanzen hoch wachsen und mit zunehmendem Alter zu wackeln beginnen. Auch ist größte Vorsicht mit den Wurzeln geboten, da sie leicht brechen. Nässe in Verbindung mit niedrigen Temperaturen verursacht Wurzelfäule. Auf den Blättern graue, von einem dunklen Rand begrenzte Flecken werden durch die *Septoria*-Blattfleckenkrankheit verursacht. Auf Nacktschnecken achten, die sehr lästig werden können.

Anthurium crystallinum, Kristall-Schweifblume

A. crystallinum ist für den Wintergarten wegen der auffallenden Blattfärbung und -form interessant. Die relativ großen, herzförmigen, dunkelgrünen Blätter haben eine kontrastreiche silberne Aderung.

Aphelandra, Glanzkölbchen, Zebrapflanze

Die zu den Akanthusgewächsen gehörende Gattung *Aphelandra* zeichnet sich durch Blütenähren aus, die dachziegelartig angeordnete Deckblätter tragen und meist auffallend gefärbt sind.

A. aurantiaca var. *aurantiaca* blüht von Oktober bis Dezember wundervoll ziegelrot. Die hellgrünen Blätter sind silber getuscht.

A. sinclairiana hat moosgrüne, schwach geaderte Blätter, die stark behaart sind. Die Deckblätter des Blütenstandes färben sich orange-ziegelrot, die zungenförmigen Blüten lachsrosa.

A. squarrosa, das eigentliche Glanzkölbchen, stammt aus Brasilien. Es ist sowohl Blatt- als auch Blütenpflanze. Die bis zu 30 cm langen Blätter sind glänzend dunkelgrün und entlang der Blattadern weiß gefärbt. Deshalb wird sie auch Zebrapflanze genannt. Der etwa 20 cm lange Blütenstand trägt gelb gefärbte, röhrige Blüten, die von glänzend gelb gefärbten Deckblättern umgeben sind. Während die eigentlichen Blüten nach kurzer Zeit verblühen, sind die lang haltenden Deckblätter, die eigentliche Zierde.

▲ *Aphelandra squarrosa* ist eine fantastische Blatt- und Blütenpflanze.

Besondere Hinweise: *Aphelandra* gehören zu den tagneutralen Pflanzen, wobei Wachstum, Blütenbildung und -entwicklung aber stark von der Lichtmenge und Temperatur abhängig sind. So fördert bei *A. squarrosa* im Winter eine achtwöchige Kühlperiode bei 10 °C die Blütenbildung. Abgeblühte Blütenstände sind sorgfältig zu entfernen. Ältere Pflanzen verkahlen im Laufe der Zeit von unten her. Sie kann man zur Verjüngung mäßig zurückschneiden. Im Winter muss vorsichtig gegossen werden. *Phytium*-Stammgrund- und Wurzelfäule tritt bei Nässe in Verbindung mit niedrigen Temperaturen auf. Auf Weichhautmilben achten; jüngere Blätter unterseits zwischen den Adern braun und korkfleckig.

Aporocactus flagelliformis, Schlangen- oder Peitschenkaktus

Der Schlangenkaktus hat lange, dünne, am Boden liegende oder hängende, gerippte Triebe mit dicht stehenden Areolen und kurzen, feinen Dornen. Die rosafarbenen oder scharlachroten Blüten erscheinen im Frühjahr an den zweijährigen Trieben. Bezüglich der Triebstärke und der Bedornung ist die Art sehr variabel. Der Schlangenkaktus ist eine ausgesprochen hübsche und pflegeleichte Pflanze, die in Ampeln besonders gut zur Wirkung kommt, aber auch als „Bodendecker" in Sukkulentenpflanzungen verwendet werden kann.

Aptenia cordifolia, Aptenie

Die Aptenie ist eine in Südafrika heimische, schnellwüchsige, stark verzweigte, kriechende Sukkulente, die sich gut als Bodendecker eignet und auch in Ampeln gut zur Geltung kommt. Im Sommer erscheinen kleine, margeritenähnliche, leuchtend rosafarbene Blüten.

Araucaria araucana, Chilenische Tanne, Andentanne

Keine andere Baumart mutet mit ihrem unverwechselbaren Habitus, der im Alter schirmförmig abgeflachten Krone und der dicken Borke, die an einen Schildkrötenpanzer erinnert, so urweltlich an,

▼ *Aporocactus flagelliformis* ist eine pflegeleichte Ampelpflanze, die regelmäßig blüht.

wie *A. araucana*. In ihrer ganz unverwechselbaren und etwas starren Erscheinung scheint sie ein Baum aus einer ganz anderen, längst vergangenen Welt zu sein, der sogar in seiner heimischen Umgebung in gewisser Art und Weise fremdartig wirkt. Die dicht spiralig stehenden, eiförmig lanzettlichen, an der Basis stark verbreiterten und ganz aufsitzenden, dunkelgrünen Blätter (Nadeln) sind 25 bis 35 mm lang und scharf stachelspitz.

Da die Blätter eine Lebensdauer von 10 bis 15 Jahren haben, sind die Äste bis weit in das Kroneninnere belaubt. Später fallen die Blätter nicht einzeln, sondern zusammen mit dem abgestorbenen Zweig ab.

Besondere Hinweise: Mit ihrem architektonisch strengen Aufbau, den in Etagen sitzenden Zweigen ist die Araukarie eine majestätische Erscheinung. Sie benötigt allerdings viel Raum, um ihre volle Schönheit zur Geltung zu bringen. Die Pflanzen sollten von allen Seiten Licht bekommen, sonst verliert sich ihr symmetrischer Wuchs sehr schnell. Es ist nicht möglich, die Araukarie in der Höhe zu beschneiden, ohne dabei ihr charakteristisches Aussehen zu zerstören. Beim Einpflanzen bzw. Umtopfen ist darauf zu achten, dass die Pflanzen nicht tiefer eingepflanzt werden als sie bisher gestanden haben.

Araucaria heterophylla, Zimmertanne

Die von den Norfolk- und anderen Inselgruppen zwischen Ostaustralien und Neukaledonien stammende Araukarie war früher als Zimmerpflanze weit verbreitet. Der Baum baut sich mit seinen zu vier bis sieben in Scheinquirlen angeordneten, waagerecht abstehenden Ästen sehr regelmäßig auf. Dieser streng geordnete Aufbau mit dem kerzengeraden Stamm und den in Etagen erscheinenden Ästen macht sie zu einer der schönsten Leitpflanzen für den Wintergarten.

Besondere Hinweise: Siehe *Araucaria araucana*.

Arbutus unedo, Westlicher Erdbeerbaum, Baumerdbeere

Eine prachtvolle baumförmige Leitpflanze für den Wintergarten ist die zu den Erikengewächsen gehörende Baumerdbeere. Besonders dekorativ ist sie durch den schönen Gegensatz zwischen Blüten, Früchten, Blättern und Rinde. *A. unedo* ist eines der charakteristischen Hartlaubgehölze der immergrünen Mittelmeervegetation. Die elliptisch-länglichen, am Rand gesägten, lorbeerähnlichen Blätter glänzen auf der Oberseite sehr stark. Die weißen bis hellrosa Blüten sitzen in hängenden Rispen und erscheinen im Spätherbst. Die zunächst gelben, später dunkelroten, erdbeerähnlichen Früchte haben eine warzige Oberfläche. Sie sind essbar und werden in manchen Gegenden zu Marmelade und Likör verarbeitet. Über den Geschmack der Beeren sind die Meinungen geteilt. Es gibt eine Reihe von Kulturformen. 'Compacta' wächst besonders dicht, blüht allerdings viel weniger als die Art. Bei 'Integerrima' sind die Blätter stets ganzrandig, in der Form jedoch sehr wechselnd von elliptisch über länglich bis lanzettlich. 'Quercifolia' bildet Blätter mit unregelmäßigen, großen Zähnen. Bei 'Rubra' sind die Blüten tiefrosa, die Früchte etwas kleiner als bei der Art.

Besondere Hinweise: Den Pflanzen sollte man genügend Platz einräumen, damit sie sich artgerecht entwickeln können. Gelegentlich sind formende Schnittmaßnahmen erforderlich. Zu groß gewordene Pflanzen kann man stutzen, doch sollte man nicht alle Äste auf einmal, sondern über einen längeren Zeitraum verteilt zurückschneiden. Ein Verjüngungsschnitt ins alte Holz kann nicht empfohlen werden. Häufig sterben die Pflanzen nach einer solchen Maßnahme ab. Gegen Ballentrockenheit und stauende Nässe ist der Erdbeerbaum äußerst empfindlich.

Ardisia crenata, Gewürzbeere

Die in Japan und Südasien heimische Gewürzbeere aus der Gattung *Ardisia*, Spitzenblume, ist ein zierliches Bäumchen mit mehr oder weniger abstehenden Zweigen, welches kaum höher als 1 m wird. Die bis 10 cm langen, dunkelgrünen, schmal-elliptischen, ledrigen Blätter haben an den Blatträndern knotenförmige Verdickungen, in denen ein Bakterium (*Bacillus foliicolia*) lebt. Die weißen, oft rosa überhauchten Blüten stehen in endständigen, hängenden, vielblütigen Blütenständen. Eine besondere Attraktion der Ardisie sind die auffallenden roten Beeren, die als Früchte viele Monate die Pflanze zieren. Eine botanische Besonderheit der einsamigen Früchte sind mehrere

◀ Ein wunderbarer Fruchtstrauch ist *Ardisia crenata.*

Embryonen, die an der Mutterpflanze ihre Würzelchen entwickeln und – noch ehe die rote Frucht abfällt – in einer Länge von 1 cm aus den Beeren herauswachsen.

Besondere Hinweise: Sämlinge ergeben aufrechte Pflanzen, deren Haupttrieb auch ohne Stutzen reichlich Seitentriebe ausbildet. Ein Stutzen ist daher nicht erforderlich. Auch später sollte man an den Pflanzen nicht herumschneiden. Für einen reichen Fruchtansatz sollten die Pflanzen während der Blüte des Öfteren leicht bewegt werden, damit der Blütenstaub herausfällt. Künstliche Befruchtung mit einem Pinsel kann den Fruchtansatz verstärken. Ein nasskalter Fuß oder Ballentrockenheit haben Blattfall zur Folge.

Areca catechu, Betelpalme, Katechupalme

A. catechu gehört zu den auffälligsten und stattlichsten Fiederpalmen. Sie fällt durch ihren schlanken, dunkelgrünen, von ringförmigen Blattnarben gesäumten Stamm auf. Sie hat eine kleine, aber dicht beblätterte Krone. Die Fiederblätter stehen zunächst fast senkrecht nach oben, biegen sich aber am Ende bogenförmig nach unten. Die deutlich ausgebildeten Blattscheiden der Wedel umhüllen den glatten Stamm.

Argyranthemum frutescens, Strauchmargerite

Die Strauchmargerite ist ein auf den Kanarischen Inseln heimischer, vieltriebiger, sehr dicht belaubter Halbstrauch mit fiederteiligen, grünen oder graublauen Blättern. Im Laufe der Jahre ist eine Vielzahl von Kulturformen entstanden, die sich insbesondere in der Belaubung, der Blütengröße, der Blütenfarbe und in den Wuchseigenschaften unterscheiden. Neben Sorten mit weißen Zungenblüten gibt es auch solche mit rosafarbenen und hellgelben Blüten. Bei den Strauchmargeriten mit leuchtend goldgelben Blüten handelt es sich jedoch meist um *Euryops athanasiae*.

Besondere Hinweise: Die Strauchmargeriten blühen bei zusagenden Bedingungen ganzjährig in Schüben. Form und Größe der Strauchmargerite lassen sich durch Schnittmaßnahmen beliebig korrigieren. Hält man die Pflanzen als Strauch, sollte man aber nicht zu oft an den Pflanzen „herumschneiden". Die verwelkten Blütenstände haften lange an der Pflanze und bieten nicht nur keinen schönen Anblick, sondern behindern auch das Weiterblühen. Sie sind frühzeitig zu entfernen. Strauchmargeriten haben einen hohen Nährstoffbedarf. Blattläuse, Spinnmilben, Weiße Fliege und Minierfliegen können lästig werden.

Aristolochia littoralis, Strand-Pfeifenwinde

Von der Gattung *Aristolochia*, die rund 300 Arten umfasst, ist für Wintergärten die kletternde *A. littoralis* von Interesse, die aus Brasilien stammt. Die oben dunkelgrünen, unten blaugrünen Blätter sind herzförmig ausgebildet. Die außergewöhnlich attraktiven Blüten (braunpurpurn gefärbt und weiß gefleckt mit einem samtig purpurn umrandeten gelben Auge)

▶ Ungewöhnliche Blüten in Form und Farbe bildet *Aristolochia littoralis.*

▶ *Asclepias curassavica* bildet zwar vergleichsweise kleine, dafür aber sehr attraktive, zweifarbige Blüten aus.

sind 8 bis 10 cm breit und 10 bis 12 cm lang. Sie erscheinen das ganze Jahr über. Im Angebot befindet sich gelegentlich auch die aus Panama stammende *A. gigantea*, die nur für den Wintergartentyp 1 geeignet ist.

Besondere Hinweise: Die Pfeifenwinde braucht ein kräftiges Klettergerüst, lässt sich aber auch sehr schön an Drähten im Dachraum ziehen. Zu groß gewordene Pflanzen können zur Verjüngung kräftig zurückgeschnitten werden.

Asclepias curassavica, Seidenpflanze

Bei der Indianer-Seidenpflanze handelt es sich um einen kleinen Halbstrauch, der selten höher als 80 cm wird. Die schmalen, länglichen, bis 15 cm langen Blätter sind grün bis rötlich gefärbt und enthalten den für Schwalbenwurzgewächse typischen Milchsaft. Von Mai bis September erscheinen endständig zahlreiche Blütendolden mit bis zu 15 Einzelblüten. Jede davon ist zweifarbig, wobei immer fünf scharlachrote Kronblätter fünf orangegelbe Nebenkronblätter umrahmen. Ihnen folgen ab Juni etwa 10 cm lange, aufrecht stehende und längliche Früchte, aus denen zahlreiche Samen mit seidig glänzenden Samenhaaren hervorquellen. Durch ihre kontrastreichen, exotisch anmutenden Blüten setzt die Seidenpflanze hübsche Akzente.

Besondere Hinweise: Die Seidenpflanze verzweigt sich kaum, auch durch Stutzen wird kaum eine wesentlich bessere Verzweigung erreicht. Deshalb setzt man stets drei bis fünf Pflanzen zusammen. Ältere Pflanzen sind nach der Blüte etwa um die Hälfte zurückzuschneiden. Nachteilig ist die hohe Anfälligkeit für Weiße Fliege.

Asparagus, Spargel

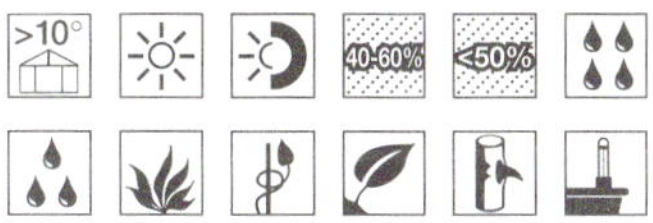

Asparagus-Arten sind Kräuter und Halbsträucher mit zuweilen kletternden Stängeln. Ihre blattartigen Zweige sind abgeflachte Sprosse (so genannte Phyllokladien), die wie die Blätter nadelförmige bzw. stachelartige Formen annehmen. Den in der Regel grünlich weißen Blüten folgen rote oder schwarze Beeren. Mehrheitlich sind die Arten in Südafrika (besonders in Kapland), in Natal und Sri Lanka beheimatet.

A. asparagoides, der Stechwinden-Asparagus, ist eine bis zu 2 m hoch windende Pflanze mit stark verzweigten Trieben. Die hellgrünen, glänzenden, blattförmigen, relativ breiten, herzförmigen Phyllokladien sind sehr dünn und lederartig.

Der Zierspargel *A. densiflorus* 'Sprengeri' ist wohl die bekannteste Art. Mit ihren zickzackförmig wachsenden Trieben ist sie besonders gut als Ampelpflanze geeignet. Die elegant überhängenden Wedel sind mit nadelförmigen Phyllokladien und zu Dornen reduzierten Blättern besetzt. 'Meyeri' hat kompakte, fuchsschwanzartige Wedel, die steif nach oben stehen. 'Myriocladus' ist vielfach verzweigt und bildet im Alter Ranken von 2 m Länge.

A. falcatus, der Sicheldorn-Spargel, ist eine Schlingpflanze mit meterlangen Trieben, die an der Basis verholzen, sich reichlich verzweigen und 5 bis 8 cm lange, sichelförmige Phyllokladien von lebhaft grüner Farbe tragen.

A. setaceus (syn. *A. plumosus*), der Feder-Spargel, ist wohl die anspruchsvollste Art. Sie ist ein starker Kletterer mit drahtigen Stängeln, die mehrere Meter Länge erreichen können. Die farnähnlichen Triebe und die sehr feinen, nadelähnlichen „Blättchen" sind in einer Ebene angeordnet.

Besondere Hinweise: Sobald die Triebe der kletternden Arten einen Halt finden, beispielsweise in einem daneben stehenden Strauch, klettern sie an diesem empor. In der Regel wird man ein Klettergerüst aufstellen oder ein Spalier anbringen, die Triebe können jedoch auch an Drähten gezogen werden.

Mit ihrer im Verhältnis zum Volumen großen Oberfläche verdunsten die kleinen „Blätter“ der Arten viel Wasser. Es muss daher ausreichend gegossen werden. Wird das Gießen einmal vergessen, versorgen sich die Pflanzen zunächst mit in den dicklichen Wurzeln gespeichertem Wasser. Bleiben die Pflanzen zu lange ohne Wasser, sodass Ballentrockenheit auftritt, werden die Phyllokladien abgeworfen. Bei vernachlässigten Pflanzen (Düngermangel usw.) können die Triebe bis auf den Grund zurückgeschnitten werden. Ein Neuaustrieb erfolgt schon bald. Achten muss man auf Spinnmilben, Blasenfüße und Schildläuse.

Aspidistra elatior, Schusterpalme, Schildblume

Die im südlichen Japan heimische Schusterpalme war früher eine weit verbreitete Grünpflanze. Es handelt sich um eine Staude mit lang gestielten, glänzend dunkelgrünen, länglich lanzettlichen Blättern, die bis zu 60 cm hoch werden kann. Die sternförmigen, rotbraunen, kesselförmigen Blüten liegen flach auf der Erde auf und werden am Grunde der Blätter kaum beachtet. 'Variegata' hat weiße oder gelbe Längsstreifen.

Besondere Hinweise: Pralle Sonne mögen die Pflanzen nicht. Stehen sie ständig in der Sonne, ist ein Vergilben und Absterben der Blätter nicht zu vermeiden. Ausgepflanzt, bildet die Schusterpalme im Laufe der Zeit größere Horste. Bei starker Ausbreitung empfiehlt es sich, die Pflanzen aufzunehmen, mit einem scharfen Messer zu teilen und neu zu pflanzen. Die Teilstücke sollten drei bis fünf Blätter besitzen.

Asplenium, Streifenfarn

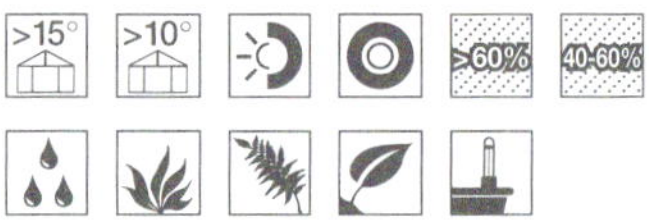

Die Streifenfarne sind eine weltweit verbreitete Gattung, von denen *A. nidus* und *A. bulbiferum* für Wintergärten interessant sind. *A. nidus* ist als großer Epiphyt in Gemeinschaft mit Geweihfarnen und verschiedenen Orchideenarten in den Tropen der Alten Welt zu finden. In seiner trichterförmigen, aus ungeteilten Blättern bestehenden Rosette vermag er, wie Bromelien, Wasser und abgestorbene Pflanzenteile zu sammeln. An den glatten, glänzend hellgrünen Blättern tritt die Mittelrippe stark hervor, die an der Blattbasis schwärzlich gefärbt ist. Der Nestfarn braucht Platz, um seine ganze Schönheit zur Geltung kommen zu lassen.

A. bulbiferum hat wenig Ähnlichkeit mit *A. nidus*. Die 20 bis 25 cm langen Blattstiele tragen dreifach gefiederte Blätter, die bis 1 m lang und bis 50 cm breit werden können. Eine botanische Besonderheit dieser Art sind die auf der Oberseite der ausgewachsenen Wedel sitzenden Jungpflänzchen (Brutknospen), die für Nachwuchs sorgen.

Besondere Hinweise: Man sollte den Nestfarn in Gefäße pflanzen oder ausgepflanzt verwenden und nicht, in Anlehnung an seine heimatliche Lebensweise, als Epiphyt, weil die Pflanzen dann meist unter Trockenheit leiden. Wie bei allen Farnen ist gleichmäßige Feuchtigkeit Voraussetzung für gutes Gedeihen.

Asplenium scolopendrium (syn. Phyllitis scolopendrium), Hirschzungenfarn

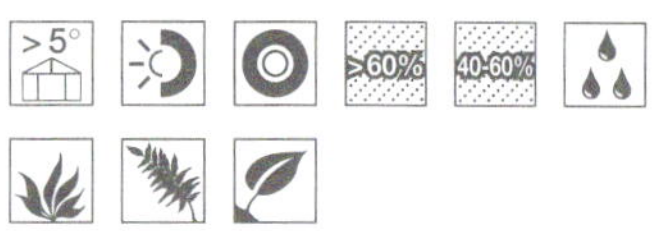

Unser heimischer Hirschzungenfarn, der sich sehr gut als Beipflanze für die Krautschicht eignet, war bei uns früher als Zimmerpflanze

◀ Warum *Asplenium nidus* auch Nestfarn genannt wird, macht die Abbildung deutlich.

▶ Zu den wenigen Pflanzen, die auch noch im vollen Schatten stehen können, gehört *Aucuba japonica*.

weit verbreitet. Die bis zu 5 cm breiten und bis zu 50 cm langen, ledrigen Wedel besitzen eine herzförmige Basis und laufen am oberen Ende spitz zu. Kreisförmig angeordnete Büschel aus 20 oder mehr immergrünen Wedeln verdecken den kurzen, dicken Wurzelstock. Die Hirschzunge ist eine sehr variable Art. Es gibt Sorten mit gedrehten oder gekräuselten Wedeln, gelegentlich sind sie gegabelt, auch moos- oder federartige Kammbildung an den Spitzen kommt vor.

Astrophytum, Sternkaktus, Bischofsmütze

Die Bischofsmütze (*A. myriostigma*) ist ein stachelloser Kaktus, der als Ersatz für die Dornen dicht weiß beflockt ist. Die zunächst runden, im Alter leicht säulenförmigen Körper sind streng geometrisch aufgebaut und meist vier- oder fünfrippig. Ein weiterer Schmuck sind die gelben Blüten, die in der Regel im Sommer erscheinen. Unbedornt ist auch der Seeigel-Sternkaktus *A. asterias*. Wild bedornt dagegen sind *A. ornatum* und *A. capricorne*.

◀ Die Bischofsmütze, *Astrophytum myriostigma*, baut sich streng geometrisch auf.

Aucuba japonica, Goldorange, „Fleischerpalme", Glanzstrauch

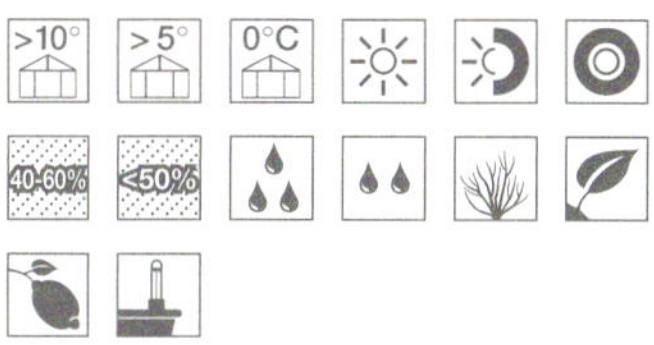

Diese strauchige Pflanze ist in Japan, Formosa und Korea beheimatet. An grünen Ästen sitzen elliptisch-eiförmige bis elliptisch-lanzettliche, 8 bis 20 cm lange, lederartige, grobgesägte Blätter. *Aucuba* ist zweihäusig. Im Frühling erscheinen an den männlichen Pflanzen schmutzig purpurne Blüten in 10 cm langen Rispen, während die weiblichen Blütenstände etwas kleiner sind. Nach der Befruchtung bilden sich einsamige, beerenähnliche Steinfrüchte. Die Art selbst ist nicht besonders attraktiv und auch nur selten im Handel erhältlich. Beliebt sind vielmehr die goldgelb gefleckten Kulturformen. Bei 'Variegata' zeigt das Blatt längs des Mittelnervs ein breites goldgelbes Band, umgeben von gelben Punkten. 'Bicolor' besitzt ovale bis länglich ovale Blätter und längs des Blattnervs einen goldgelben Fleck. 'Crotonifolia' zeichnet sich durch fein gelb punktierte Blätter aus. 'Rozannie' ist mit einem rosa Anflug auf den Blättern besonders hübsch. Diese buntblättrigen Sorten bringen Farbe auch in Ecken, in denen Blütenpflanzen kaum gedeihen.

Besondere Hinweise: Ältere, zu groß gewordene Pflanzen können zur Verjüngung kräftig zurückgeschnitten werden. Je heller der Standort, desto kräftiger und ausgeprägter ist die Färbung der Blätter. Zu warm gehaltene Pflanzen lassen die Blätter hängen. In Verbindung mit trockener Luft kommt es zu Blattfall.

Azara microphylla, Azara, Buchsblättriger Azarabaum

Dieser immergrüne, dicht verzweigte Strauch ist in Chile heimisch. Die Blätter stehen in zwei gegenständigen Reihen und sind denen des Buchsbaumes ähnlich. Die grünlichen Blüten mit gelben Staubblättern sind relativ klein, duften aber angenehm nach Vanille und erscheinen im zeitigen Frühjahr. Ihnen folgen kleine, kugelige orangerote Beeren. Schwächer im Wuchs ist 'Variegata' mit unregelmäßig breit weißgelb geränderten Blättern.

Besondere Hinweise: Frei wachsende Pflanzen sind am schönsten, doch lassen sich die Pflanzen auch wie Buchsbaum formen.

Bambus

Bambus ist wohl eine der bemerkenswertesten Pflanzen schlechthin. Obwohl nur ein Gras, wird Bambus oft höher als manche Bäume und seine Stämme erreichen eine höhere Festigkeit, als so manches Holz. Der Bambus vereint Geschmeidigkeit und Kraft, treue Freundschaft und rüstiges Alter. Seine Attraktivität macht ihn begehrt, doch seine Pflege ist überaus heikel. Die Anfälligkeit des Bambus für Schädlinge (insbesondere Spinnmilben), seine hohen Ansprüche an die Luftfeuchtigkeit und Wasserversorgung gestalten die Kultur schwierig. Nachteilig ist auch der Blattabwurf, der, wenn die Tage kürzer werden, besonders stark ist. Auch auf Bambus spezialisierte Experten raten, Bambus nur an optimalen Standorten zu verwenden und ausreichend Pflege einzuplanen. In diesem Buch beschränkt sich die Empfehlung deshalb auch nur auf zwei Gattungen, auf *Bambusa* und *Phyllostachys* (siehe Seite 255).

ZUSATZINFORMATION

Eine Bambuspflanze besteht aus dem unterirdischen Rhizom, dem Halm und den Zweigen. Alle diese Teile sind nach demselben Prinzip aufgebaut: Sie bestehen aus Segmenten (Internodien), die durch Knoten (Nodien) abgeschlossen sind.
Man unterscheidet zwei Arten von Rhizomen: Horstbildende Bambusse (z. B. *Bambusa*) haben ein pachymorphes, d. h. ein kurzes, gestauchtes Rhizom, Ausläufer bildende Bambus-Gattungen (z. B. *Phyllostachys*) ein leptomorphes, d. h. ein lang gestrecktes, schlankes Rhizom.

Bambusa

Die Arten der Gattung *Bambusa* sind im tropischen Asien, Amerika und Afrika beheimatet. Sie wachsen streng horstig und haben immer pro Knoten mehrere Zweige, die recht lang werden können. Die Halme sind vorwiegend grün. Es gibt aber auch Arten bzw. Kulturformen mit gelben oder gelb gestreiften Halmen. Die meisten Arten treiben nicht im Frühjahr, sondern im Spätsommer aus.

B. multiplex (syn. *B. glaucescens*) mit mattgelben Halmen, braungrünen Halmscheiden und etwa 15 cm langen Blättern, bildet an den Knoten mehrere Zweige aus.

▲ Bambus ist sehr attraktiv, doch in der Kultur nicht ganz einfach.

Besonders hübsch ist die Kulturform 'Fernleaf', bei der an einem einzigen Zweig bis zu 20 Blätter in zwei Reihen stehen. Sie geben der Pflanze fast das Aussehen eines Farnwedels.

B. ventricosa hat grüne, zylindrische Halme und an den Knoten weit ausladende Zweige. Unter bestimmten Voraussetzungen (kleiner Kübel, wenig Wasser und Nährstoffe) entsteht die bauchige Verdickung der Internodien, auf die der Name 'Buddha's Bauch' zurückzuführen ist.

B. vulgaris bildet relativ dicke, zylindrische, hübsche grüne Halme aus, die mehrere Meter hoch werden können. Die Seitenzweige sind auffällig lang. 'Vittata' ist eine etwas kleiner bleibende Kulturform, deren gelbe Halme unregelmäßig grün gestreift sind.

Besondere Hinweise: Bambuspflanzen sind sehr durstig, da ihre zahlreichen und sehr dünnen Blätter

▲ Die bauchige Verdickung bei *Bambusa ventricosa* entsteht nur unter bestimmten Voraussetzungen.

viel Feuchtigkeit verdunsten. Daher ist eine gleichmäßige Wasserversorgung unbedingt notwendig. Steht ein Bambus zu trocken, rollen sich die Blätter ein (sie verkleinern dadurch ihre Oberfläche), um die Verdunstung einzuschränken. Hat der Bambus die Blätter eingerollt und man gießt ihn kräftig, entrollen sie sich bald wieder. Sie vertrocknen also nicht gleich, wie wir das von manchen anderen Pflanzenarten her kennen.

Ein großes Pflanzgefäß ist unbedingt notwendig, wenn man einen stattlichen Bambus im Kübel halten möchte. Anders als bei der Pflanzung auf Beeten, wo die Rhizome sich ausbreiten können, ist der Platz im Kübel beschränkt. Wie jede andere Pflanze kümmert auch ein Bambus, wenn die Halme und Blätter nicht mehr ausreichend durch die Wurzeln ernährt und mit Wasser versorgt werden können.

Bambus sollte regelmäßig ausgelichtet werden, weil die jungen, schönen Halme inmitten einer Pflanze mit vielen älteren Halmen nicht mehr voll zur Geltung kommen. Deshalb sind Jahr für Jahr einige der ältesten Halme herauszuschneiden. Auch die in den Gärten oder Tempelhainen Asiens stehenden Bambuspflanzen sind immer sorgsam ausgelichtet, sodass die ganze Schönheit der einzelnen Halme zur Geltung kommt.

Bauhinia, Bauhinie, Orchideenbaum

Bauhinien sind mit ihren bis handtellergroßen weißen, rosa, roten oder lila Blüten, die Orchideenblüten ähneln, etwas Besonderes. Nicht weniger interessant sind aber auch die zweilappigen Blätter, die aus zwei, in der Regel an der Spitze des Blattstieles verwachsenen Blättchen bestehen. Die Blüten sitzen in einfachen oder endständigen, zu Rispen vereinigten oder auch achselständigen Trauben. Im Handel sind verschiedene Arten erhältlich: *B. galpinii*, die Rote Bauhinie mit roten Blüten, *B. purpurea*, die Schmetterlings-Bauhinie mit lila Blüten, *B. tomentosa* mit gelben Blüten und *B. variegata*, die Bunte Bauhinie mit lila Blüten, von der es auch eine weiß blühende ('Candida') Kulturform gibt.

Besondere Hinweise: Die meisten Bauhinien werfen kurzzeitig das Laub ab. Mit dem Verlust der letzten Blätter setzt der Neutrieb ein, gleichzeitig auch die Blüte. Form und Größe lassen sich durch entsprechende Schnittmaßnahmen beliebig korrigieren. Der Schnitt ist nach der Blüte durchzuführen.

▶ *Beaucarnea recurvata* kann in vielen Jahren mehrere Meter hoch werden.

Beaucarnea recurvata, Elefantenfuß, Klumpstamm, Ponyschwanz

Der Elefantenfuß ist eine eigentümlich aussehende Pflanze. Der Stamm ist am Grund knollenförmig verdickt und trägt am Ende einen Schopf linealische Blätter, die bis zu 2 m lang werden können. Der dicke Fuß dient der Pflanze in seiner Heimat Mexiko als Wasserreservoir für trockene Zeiten. Bei jungen Pflanzen sprießen die langen, schmalen Blätter direkt aus der knollenförmigen Verdickung. Im Laufe der Jahre zieht sich die „Knolle" allmählich zu einem holzigen Stamm auseinander, der sich bei älteren Pflanzen häufig in mehrere Blattschöpfe teilt. In freier Natur werden die Pflanzen einige Meter hoch und gelegentlich als Straßenbäume verwendet.

Besondere Hinweise: *B. recurvata* ist eine äußerst robuste Pflanze, die Pflegefehler nicht gleich übel nimmt. Sie wächst sehr langsam, doch kann der Stamm auch im Wintergarten meterhoch werden. Wenn die Pflanze das Dach erreicht hat, kann sie wie eine *Yucca* beliebig zurückgeschnitten werden.

Beaumontia grandiflora, Großblütige Heroldstrompete

Die Großblütige Heroldstrompete ist eine verholzende, hoch windende Kletterpflanze, die der duftenden, weißen Blüten und der

◀ Mit Orchideenblüten vergleichbar sind die Blüten von *Bauhinia galpinii*.

hübschen Blätter (oben glänzend, unten weich behaart, Rand wellig) wegen kultiviert wird. Die Blüten erscheinen in vielblütigen, achsel- und endständigen Doldentrauben an den vorjährigen Trieben in den Wintermonaten von Dezember bis März.

Besondere Hinweise: Nach der Blüte sind die vorjährigen Triebe zurückzuschneiden. Bei stärkerer Verkahlung ist zur Verjüngung auch ein stärkerer Rückschnitt möglich.

Begonia, Schiefblatt

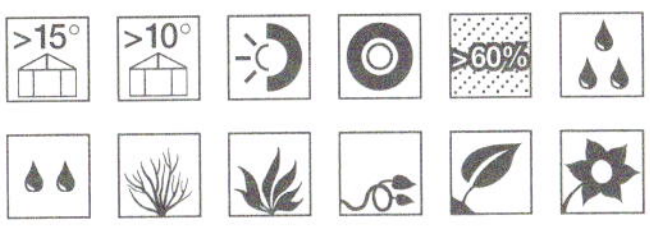

Wenn man sich für seinen ganzjährig bewohnbaren Wintergarten Pflanzen mit einer ganz besonderen Farbenpracht wünscht, eignet sich dazu kaum eine Pflanzengattung besser als die der Begonien. Unübertrefflich ist das Spektrum an Farben, welches ihre Blüten und Blätter ausschöpfen. Die Gattung gehört im Pflanzenreich mit ihren über 1000 Vertretern zu den artenreichsten. Große Unterschiede zwischen den einzelnen Arten gibt es hinsichtlich der Wuchsweise und -höhe sowie der Blüten- und Blattfarbe. Für den Wintergarten zu empfehlen sind u. a. folgende Arten:

B. albopicta, die Weißgefleckte Begonie, wächst zu einem aufrechten, leicht übergeneigten Halbstrauch heran, dessen grüne Blätter silberweiß gefleckt sind.

B. bowerae, die Wimpern-Begonie, ist eine kriechende Rhizombegonie, die 25 bis 30 cm hoch wird. Den Schmuck stellen die ovalen, leuchtend grünen, vergleichsweise kleinen Blätter mit schokoladenbrauner Zeichnung und Borsten an den Rändern dar.

B. coccinea, die Engelsflügel-Begonie, ist eine so genannte „Stammbegonie“, die über einen Meter hoch werden kann. Sie trägt schmalovale, glänzende, grüne, unterseits gelbbraune Blätter und im Frühjahr zahlreiche ungefüllte, rosafarbige oder korallenrote Blüten.

B. manicata ist eine aufrecht wachsende, rhizombildende, bis 60 cm hoch werdende Begonie. Sie hat relativ große, grüne mit roten gewimperten Schuppen bedeckte Blätter. Unter jeder Blattbasis sitzt ein Kragen aus steifen, roten Haaren um den Blattstiel herum. Die im Winter erscheinenden Blütenstiele tragen eine Fülle kleiner, rosafarbener Blüten. Es gibt neben der Art eine Sorte mit gekräuselten Blatträndern ('Crispa'), ebenso eine mit gelbbunten Blättern ('Aureo-Maculata').

Besondere Hinweise: Begonien wollen mit Fingerspitzengefühl gegossen werden. Nässe führt rasch zum Faulen der Wurzeln und meist zum Verlust der Pflanzen. Trockenheit wird von den meisten Begonien ebenfalls übel genommen. Blatt- und Blütenfall sind die Folge. Für einen guten Pflanzenaufbau ist es wichtig, dass man Begonien genügend Platz einräumt. Die strauchigen Arten verlangen in der Regel eine Stütze. Sind Strauch-Begonien zu hoch oder kahl geworden, werden sie im zeitigen Frühjahr (Ende März/Anfang April) zurückgeschnitten, damit sie von der Basis her wieder kräftige Triebe bilden können. Begonien sind gegen Echten Mehltau empfindlich. Gefürchtet ist die Blatt- und Stängelbakteriose (Ölfleckenkrankheit): von den Blatträndern ausgehende, missfarbene, anfangs glasige, wasserdurchtränkte, punktförmige Flecken, die im durchfallenden Licht fett- oder ölfleckenartig erscheinen.

Bignonia capreolata, Kreuzrebe, Trompetenwein

Die in Nordamerika heimische Kreuzrebe ist eine Kletterpflanze mit gefiederten, glänzend grünen Blättern, deren Spindel in eine verzweigte Ranke mit drei krallenartig gekrümmten, sehr spitzen, mit Saugnäpfen besetzten Haken ausläuft. Die rotorangefarbenen, innen etwas helleren fingerhutähnlichen Blüten sind 4 bis 5 cm lang und sitzen in kurz gestielten Trugdolden zu zwei bis fünf Blüten beisammen. Je nach Überwinterungstemperatur beginnt die Blüte ab Ende Februar (wenn wärmer überwintert wird) bis Mai und hält bis in den Sommer an. Die Kulturform 'Atrosanguinea' bildet dunkelrotpurpurne Blüten aus. Den deutschen Namen Kreuzrebe hat die Pflanze von der im Querschnitt der Triebe sichtbaren, kreuzförmigen Zeichnung erhalten.

Besondere Hinweise: Als starkwüchsige Pflanze ist der Nährstoffbedarf hoch. Junge Pflanzen sollten in den ersten zwei Jahren mehrmals entspitzt werden, um die Verzweigung zu fördern. Ältere Pflanzen können kräftig verjüngt werden, wenn sie zu groß geworden sind.

Billbergia nutans, Billbergie, Zimmerhafer

Der Blütenstand mit seinen rosaroten Hochblättern gab dieser

◀ *Billbergia nutans* benötigt Platz, um ihre volle Schönheit zu zeigen.

Bromelie ihre deutsche Bezeichnung: Er hängt über und erinnert entfernt an Hafer. Die grasartigen Blätter schließen sich zu trichterförmigen Rosetten zusammen. Wie bei anderen Bromelien auch, sorgt der Zimmerhafer rechtzeitig durch die Bildung von Kindeln für Nachwuchs und kann so im Laufe der Zeit beträchtliche Ausmaße annehmen. Billbergien kommen mit ihren überhängenden Blättern und den nickendem Blütenstand am besten auf einem Blumenständer zur Geltung.

Bixa orellana, Anattostrauch, Lippenstiftbaum

Dieser, im tropischen Amerika heimische Strauch oder bis 8 m hohe Baum, wird in anderen tropischen Ländern als Zier- und Nutzbaum schon lange kultiviert. Die wechselständig angeordneten Blätter sind lang gestielt, schlank herzförmig und 10 bis 30 cm lang. Die hübschen rosafarbenen Blüten mit vielen Staubblättern stehen zu 10 bis 20 in endständigen Rispen. Etwas Besonderes sind die Früchte. Sie enthalten in den Papillen ihrer Samenschale den roten Farbstoff Bixin, der in Lippenstiften, Seife und Lebensmitteln verwendet wird. Die Ureinwohner des tropischen Amerika benutzen ihn seit jeher zum Färben ihrer Haare und zum Bemalen ihrer Haut.

Besondere Hinweise: Der Lippenstiftbaum kann als Baum oder Strauch gezogen werden. Er wächst vergleichsweise rasch. Form und Größe lassen sich durch Schnittmaßnahmen gut korrigieren.

Blechnum gibbum, Rippenfarn

Dass Farne nicht nur niedrige Kräuter sein müssen, beweist dieser aus Südamerika stammende Baumfarn. Das stammähnliche, schwarzschuppige Rhizom erreicht etwa 1 m Höhe. Die dicht gefiederten, stark gewellten, derben, hellgrünen Blätter bilden eine dichte Krone. Durch die Anordnung der Wedel erinnert der Rippenfarn an eine Palme. Neben *B. gibbum* kommen auch *B. brasiliense* und *B. moorei* in Frage, die

▶ *Bixa orellana*, der Lippenstiftbaum, kann auch Männer begeistern.

▶ Die Blüten von *Boronia heterophylla* verströmen einen angenehmen Duft.

gelegentlich angeboten werden.
Besondere Hinweise: Kalkempfindlich, zum Gießen nur enthärtetes Wasser verwenden.

Boronia heterophylla, Boronie, Rote Korallenraute

In Australien heimischer, reich verzweigter Strauch mit kleinen, verschieden gestalteten Blättern und duftenden, schüsselförmigen, roten Blüten, die im Spätwinter bis Frühjahr erscheinen.
Besondere Hinweise: Die Pflege ist nicht ganz einfach. Insbesondere gegen Nässe und hartes Wasser sind die Pflanzen sehr empfindlich. Ballentrockenheit darf aber auch nicht auftreten. Bei jungen Pflanzen ist, um buschiges Wachstum zu erzielen, mehrmaliges Stutzen erforderlich. Ältere Pflanzen schneidet man nach dem Abblühen um ein Drittel zurück.

Bougainvillea, Drillingsblume, Bougainvillee

Die im Alter verholzenden Bougainvilleen sind spreizklimmende Klettersträucher mit Sprossdornen. Beeindruckend ist die große Farbenpracht der Blüten. Das Farbenspiel reicht von Violett über Rot, Rostrot, Orange und Rosa bis zu gelben und fast weißen Farbtönen. Nicht etwa die Blüten zeigen diese prachtvolle Färbung, sondern die zu dritt stehenden, leicht gekräuselten Hochblätter, in deren Mitte die unscheinbaren eigentlichen Blüten stehen. Die Anordnung der Blüten brachte der Pflanze im Volksmund den Namen Drillingsblume ein. Bei den im Handel angebotenen Pflanzen handelt es sich um Kulturformen von *B.* × *buttiana*, *B. glabra* und *B. spectabilis*.
Besondere Hinweise: Bougainvilleen sind ausgesprochene Sonnenkinder. Nur bei ausreichendem Licht gelingt es, die Pflanze zur Blüte zu bringen. *B. glabra* und ihre Sorten werfen im Winter in der Regel alles Laub ab und ruhen. Im Sommer sind alle Langtriebe zurückzuschneiden. So bilden sich kurze Seitentriebe, die später gut blühen. Das Abstoßen von Hochblättern und Blütenknospen ist auf Pflegefehler zurückzuführen. Neben der Verwendung als Kletterpflanze kann man die Drillingsblume auch als dichte Kugel oder zu Hochstämmchen und Pyramiden ziehen.

Brachychiton, Flammenbaum, Flaschenbaum

Verwandtschaftlich gehört die in Australien verbreitete Gattung *Brachychiton* zur Familie der Sterculiaceae, zu der auch der Kakaobaum gehört. In der Regel besitzen die *Brachychiton*-Arten verdickte Stämme und zählen zur ökologisch und morphologisch auffälligen Gruppe der Flaschenbäume. Neben den flaschenförmigen Stämmen zeichnet sich die Gattung durch eine weitere Kuriosität aus. Am gleichen Baum findet man eine ganze Palette verschiedener Blattformen. Die nachfolgenden Arten für den Wintergarten werden in den wärmeren Klimagebieten gern als Park-, Landschafts- und Straßenbäume verwendet.

▶ *Brachychiton acerifolius* trägt den Namen Flammenbau sicher zu Recht.

B. acerifolius ist ein hoher Baum mit zylindrischen, nur selten leicht angeschwollenen Stämmen und einer pyramidalen Kronenform. Die Formen der glänzend dunkelgrünen, ledrigen Blätter sind mehr oder minder vom Alter der Pflanzen abhängig. An jungen Bäumen überwiegen drei-, fünf-, selten siebenfach gelappte, ahornähnliche Blattformen. An älteren Bäumen werden diese zunehmend von ungeteilten, länglich eiförmigen und lanzettlichen Blättern verdrängt. Zur Blütezeit fallen die Blätter der blütentragenden Äste ab und es erscheinen die wachsartigen, glockenförmigen, korallenroten Blüten. Ein bei günstigen Bedingungen völlig entlaubter, mit einer Masse von Blüten behangener Baum kann so den Eindruck erwecken, als würde er brennen. Daher wird er volkstümlich auch „Flammenbaum" genannt.

B. discolor wächst in freier Natur strauch- oder baumförmig. Relativ große, rosarote Blüten mit bis zu 5 cm Durchmesser sind das auffälligste Merkmal dieser Art. Die herzförmig oder handförmig gelappten Blätter werden zur Blütezeit abgeworfen.

B. populneus bildet einen flaschenförmigen Stamm, der eine rundliche Krone trägt. Die ungewöhnliche Verschiedenartigkeit der Blätter ist von allen *Brachychiton*-Arten bei *B. populneus* am ausgeprägtesten und im Pflanzenreich vielleicht einzigartig. Sie reicht von ungelappt, eiförmig und lanzettlich über verschiedene Übergangsstufen bis zu drei-, fünf- und seltener siebenfach lanzettlich-gelappt. Ähnlich ist *B. rupestris*. Beide Arten werden gelegentlich auch als Zimmerbonsai angeboten.

Besondere Hinweise: Jungpflanzen sollte man sich frei entwickeln lassen, um den baumförmigen Charakter zu unterstützen. Später kann man zu groß gewordene Pflanzen beliebig zurückschneiden. Dabei gilt: Je stärker der Rückschnitt, desto stärker der Austrieb. Blühreife erlangen die Pflanzen erst nach mehreren Jahren. Es gibt Pflanzen, die schon im Alter von drei Jahren blühen, andere benötigen zehn Jahre und länger. Die Pflanzen sind an Trockenheit angepasst. Stehen sie zu trocken, werden die Blätter abgeworfen, ohne dass die Pflanzen Schaden nehmen.

Brugmansia (syn. Datura), Engelstrompete

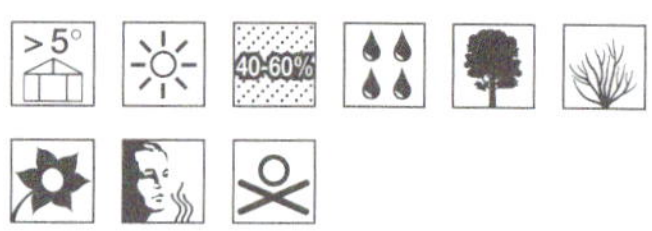

Die strauch- bis baumförmig wachsenden Engelstrompeten gehören mit zu den schönsten und

◀ Auch Engelstrompeten sind für Wintergärten geeignet.

auffallendsten aller Tropenpflanzen. Sie sind bei uns als Kübelpflanzen für Terrassen weit verbreitet, eignen sich aber ebenso gut auch für den Wintergarten. Allen *Brugmansia*-Arten gemeinsam sind die trompetenförmigen Blüten, die in der Regel in den Sommermonaten erscheinen. Unterschiedlich sind die Blütengröße und das Blühverhalten. In der Regel erscheinen die Blüten nicht einzeln hintereinander, sondern in Schüben, sodass Blühperioden mit blütenlosen Zeiten abwechseln. Zu empfehlen sind *B. arborea*, *B. aurea*, *B. sanguinea*, *B. suaveolens*, *B. versicolor* und die daraus entstandenen Kulturformen.

Besondere Hinweise: Engelstrompeten haben einen großen Platzbedarf. Er lässt sich durch Verwendung schwach wachsender Arten und Sorten oder durch Rückschnitt begrenzen. Zu starker Schnitt verzögert jedoch den nächsten Blütenschub. Zu groß gewordene Pflanzen können im Herbst oder Frühjahr kräftig zurückgeschnitten werden. Die Pflanzen haben im Sommer einen hohen Wasser- und Nährstoffbedarf. Im Winter nach dem Laubfall muss man sie weitgehend trocken halten. Die Freude an den Engelstrompeten wird ein wenig getrübt durch ihre Empfänglichkeit für Schädlinge. Neben Blattläusen können insbesondere Weiße Fliege und Spinnmilben lästig werden. Auch Schnecken suchen Brugmansien gern heim. Größere Schäden können durch Viren verursacht werden. Das Abwerfen älterer Blätter ist in der Regel auf Nährstoffmangel zurückzuführen. Die Engelstrompeten gehören zu den Giftpflanzen. Sie enthalten Alkaloide, die bei entsprechender Aufnahme Bewusstseinsveränderungen hervorrufen können.

Brunfelsia pauciflora var. pauciflora, Purpurne Brunfelsie

Die in Brasilien heimische Brunfelsie ist nicht einfach in der Pflege, sie gehört aber mit ihren hübschen Blüten, die im Winter oder im zeitigen Frühjahr (manchmal auch ganzjährig) erscheinen, zu den schönsten Blütenpflanzen für den ganzjährig bewohnbaren Wintergarten. Es ist ein von der Basis an verzweigter, in die Breite wachsender Strauch, der elliptische Blätter trägt. Diese sind oberseits glänzend und unterseits blassgrün. Die Blüten sind am ersten Tag violett, am zweiten Tag lila und am dritten Tag weiß bis fast weiß. Daher die englische Bezeichnung „Yesterday, today and tomorrow". Im Handel gibt es eine Reihe von Auslesen, die sich nicht allzu sehr unterscheiden.

Besondere Hinweise: Pralle Sonne hinter Glas wird nicht vertragen, sie führt zu Blattaufhellungen, die nicht mehr zu beheben sind. Im Winter fördert eine achtwöchige Kühlperiode zwischen 10 bis 15 °C die Blütenbildung. Normalerweise lässt man die Brunfelsie sich als Strauch frei entwickeln. Bei älteren Pflanzen werden aufgrund des sparrigen Wuchses gelegentlich formende Schnittmaßnahmen erforderlich. Auch ein stärkerer Rückschnitt wird gut vertragen. Trockenheit führt zu Blatt- und Knospenfall, Nässe in Verbindung mit niedrigen Bodentemperaturen zu Wurzelfäule.

Bucida buceras, Schwarze Olive, Black Olive

Die Schwarze Olive, die mit dem Olivenbaum nicht verwandt ist, ist in Mittel- und Südamerika heimisch. Am natürlichen Standort wächst sie zu einem bis 20 m hohen Baum heran, der eine symmetrisch aufgebaute Krone mit fast waagerecht abstehenden Ästen ausbildet. In den wärmeren Gebieten der Erde hat *B. buceras* eine

▶ Die Blüten von *Brunfelsia pauciflora* wandeln im Laufe der Blütezeit ihre Farbe.

große Bedeutung als schattenspendender Park-, Straßen- und Gartenbaum. Die wechselständig angeordneten, ganzrandigen Blätter sind oberseits frischgrün, unterseits gelblich grün. Sie stehen gehäuft an der Spitze kurzer, aufrechter Triebe. Die kleinen, grünlich weißen Blüten stehen an ährigen Blütenständen, die den Achseln der jüngsten Blätter an senkrecht orientierten, kurzen Trieben entspringen. Die Blütezeit variiert von Baum zu Baum in weitem Rahmen und erstreckt sich praktisch über das ganze Jahr. Im Handel werden verschiedene Kulturformen (Auslesen) angeboten, die sich hauptsächlich durch die Blattgröße und die Blattfarbe unterscheiden.

Besondere Hinweise: Schwarze Oliven vertragen keine stark wechselnden Temperaturen und keine Zugluft. Als Reaktion darauf können die Pflanzen das Laub abwerfen. Auch Trockenheit führt zu Blattfall. Wichtig ist eine gute Nährstoffversorgung. Die Schnittverträglichkeit ist außerordentlich gut.

Buddleja, Schmetterlingsstrauch

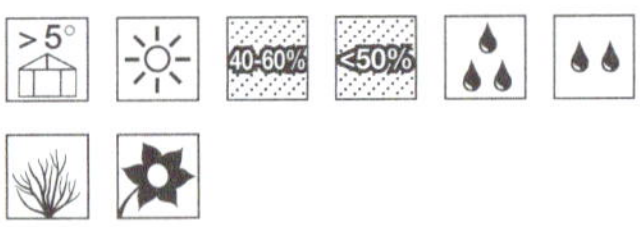

Zwei nicht winterharte Arten der Schmetterlingssträucher sind auch für den Wintergarten interessant. Ein prachtvoller Blütenstrauch ist die sommergrüne, im Himalaya heimische *B. colvilei*. Im Sommer erscheinen bei dieser Art die karminroten oder auch nur rosafarbenen Blüten in nickenden, 15 bis 20 cm langen, hängenden Rispen. Immergrün ist die auf Madagaskar heimische, im Winter blühende *B. madagascariensis*. Die Blütenfarbe reicht von Hellgelb über Gelb bis hin zu einem Orangegelb.

Besondere Hinweise: Beide Arten wachsen sehr locker und mehr oder weniger sparrig. Bei älteren Pflanzen ist nach der Blüte ein kräftiger Rückschnitt zu empfehlen.

Caesalpinia gilliesii, Paradiesvogelbusch

Der Paradiesvogelbusch aus Uruguay ist in den Tropen und Subtropen der ganzen Welt eine weit verbreitete Zierpflanze. Er zeichnet sich durch wundervoll zartes, doppelt gefiedertes Blattwerk aus. Über den ornamentalen Blättern erheben sich die in traubigen Blütenständen angeordneten, gelb gefärbten Blüten. Sie fallen durch ihre lang vorspringenden, leuchtend roten Staubblätter auf. Caesalpinien blühen weitgehend den ganzen Sommer über.

Besondere Hinweise: In der Regel wird man die Pflanzen strauchförmig ziehen, gelegentlich sieht man sie aber auch als „Baum“. Ältere Pflanzen, die ihre „Endgröße“ erreicht haben, sind nach der Blüte zurückzuschneiden. Bei Temperaturen unter 10 °C im Winter wird das Laub abgeworfen. Trockenheit während der Wachstumszeit führt zu Blattfall.

Calathea, Korbmarante

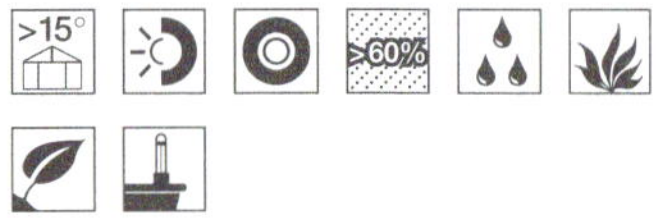

In der Gattung *Calathea* werden über 100 Arten der feucht-warmen Gebiete des tropischen Amerika zusammengefasst. Es sind immergrüne Stauden mit kurz oder lang gestielten, großen, bunt gefärbten und charakteristisch gezeichneten Blättern. Der meist im Laub versteckte Blütenstand ist wenig auffällig. Nur bei wenigen Arten, so bei *C. crocata*, haben die Blüten den Hauptzierwert.

▶ *Calathea crocata* zeichnet sich nicht nur durch ein hübsches Blattwerk, sondern auch durch attraktive Blütenstände aus.

▶ *Calliandra tweedii* hat Blütenstände, die einer Puderquaste ähnlich sind.

C. crocata hat kurz gestielte Blätter, die eine schwarzgrüne Oberseite mit violettem Schimmer besitzen und unterseits amarantrot gefärbt sind. Die kopfförmigen Blütenstände mit ihren spiralig angeordneten, auffallend orange gefärbten Deckblättern sind sehr dekorativ und heben sich kontrastreich von den Blättern ab.

C. lancifolia hat Blätter, die eine starke Kräuselung und Wellung zeigen, die Grundfarbe ist olivgrün mit abwechselnd großen und kleinen dunkelolivgrünen Flecken in einer Reihe. Die Blattunterseite ist dunkelrot.

C. makoyana, die bekannteste Art, wird bis 60 cm hoch, ausgepflanzt auch noch höher. Die obere Seite der breit-länglichen Blätter ist olivgrün oder cremefarben mit streifen- oder fleckenförmigen, dunkelgrünen Zeichnungen. Die Blattunterseite besitzt das gleiche Muster, ist aber rot gefärbt.

C. ornata ist eine stark wachsende, ausgepflanzt bis 1 m hoch werdende Art. Die elliptisch-lanzettlichen Blätter sind grün mit anfangs rosafarbenen Streifen, die später silberweiß werden. Die Blattunterseite ist dunkelrot.

In Frage kommen auch *C. mediopicta*, *C. picturata*, *C. roseopicta*, *C. rotundifolia*, *C. undulata* und *C. veitchiana*.

Besondere Hinweise: Zwei Bedingungen müssen erfüllt sein, will man auf Dauer Freude an den Pflanzen haben. Die Luftfeuchte darf 50 % und die Temperatur 18 °C nicht unterschreiten. Braune Blattränder sind die Ursachen einer zu niedrigen Luftfeuchte. Darüber hinaus mögen Maranten keine direkte Sonne. Verständlich, denn die Bäume des Urwaldes geben den Pflanzen am heimatlichen Standort beständigen Schatten, nur gedämpft dringt das Sonnenlicht in die Bodenzone. Ballentrockenheit und Zugluft führen zum Absterben der Pflanzen.

Calliandra tweedii, Brasilianischer Puderquastenstrauch

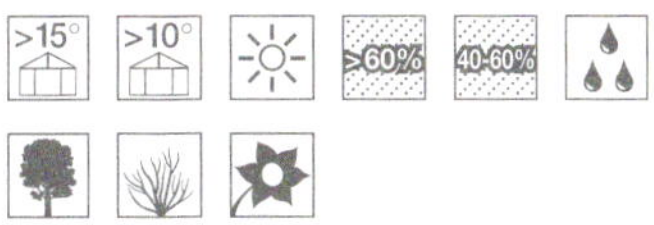

Die im tropischen und subtropischen Amerika verbreiteten Sträucher und kleinen Bäume der Gattung *Calliandra*, Puderquastenstrauch, fallen durch ihre prachtvollen Blütenköpfe auf. Der pinselförmige Blütenstand wird von zahlreichen seidig glänzenden Staubblättern der gedrängt stehenden Einzelblüten gebildet. Die Farbe der Staubblätter kann je nach Art weiß, rosarot, meist leuchtend rot bis tiefdunkelrot sein. Die wechselständig angeordneten Blätter sind doppelt gefiedert. Am bekanntesten ist *C. tweedii*, die eine überaus malerische Struktur entwickelt. Die kräftig roten Blüten erscheinen zwischen Frühjahr und Herbst. Interessant ist auch *C. portoricensis*, eine weiß blühende Art.

Besondere Hinweise: Die Pflanzen sind gegen Nässe und Trockenheit, außerordentlich empfindlich. *Calliandra* neigt zu breit ausladendem, sparrigem Wuchs. Durch gezieltes Schneiden lassen sich die Pflanzen aber gut in Form halten. Bei älteren Pflanzen ist durch regelmäßiges Auslichten älterer Zweige für eine stetige Verjüngung zu sorgen. Man kann die Triebe aber auch an einem Spalier ziehen.

Callisia, Callisie, Schönpolster

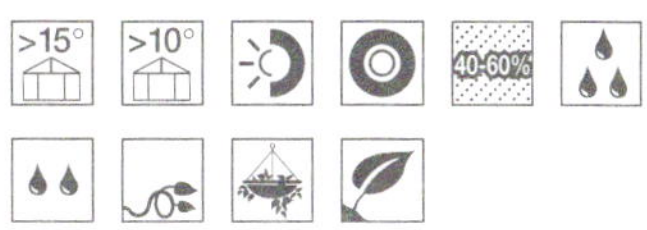

Die in Mittel- und Südamerika heimische Gattung *Callisia* umfasst niederliegende, kriechende Stauden, die den bekannten Tradescantien ähneln. Sie eignen sich als Bodendecker oder Ampelpflanzen. *C. elegans* schmückt sich mit

▶ Einer der attraktivsten Blütensträucher für temperierte und kühle Wintergärten ist *Callistemon citrinus*.

olivgrünen, reizvoll gestreiften Blättern. Die weißen Blüten sind relativ unscheinbar. *C. fragrans* wächst mehr oder weniger aufrecht. Die relativ großen, dunkelgrünen Blätter sind an den Trieben rosettig angeordnet. *C. repens* hat kleine, glänzend grüne Blätter, die an den niederliegenden Trieben dicht angeordnet sind. Bei der Sorte 'Bianca' sind sie weiß und rötlich gefärbt.

Besondere Hinweise: Alle paar Jahre ist die Bodendecke durch Rückschnitt oder Neuanpflanzung zu verjüngen. Bei Ampelpflanzen können zu lang oder unansehnlich gewordene Triebe auf zwei oder drei Blätter zurückgeschnitten werden. Braune Blattränder sind die Folge von Ballentrockenheit oder Nässe. Bei hoher Lufttrockenheit ist mit Spinnmilbenbefall zu rechnen.

Callistemon, Zylinderputzer

Der Zylinderputzer verdankt seinen Namen den lustigen roten Blütenständen, die Flaschenbürsten ähneln: Mit solchen Bürsten wurden früher die Glaszylinder der Petroleumlampen gereinigt.

Die Gattung *Callistemon* ist in Australien und Neukaledonien beheimatet. Viele der etwa 30 Arten haben als Ziergehölze Eingang in die Gärten tropischer und subtropischer Länder, so auch des Mittelmeerraumes, gefunden. Es sind immergrüne Sträucher oder auch kleine Bäume mit wechselständig angeordneten, lanzettlich linealischen Blättern. Zerreibt man sie, duften sie angenehm. Ihre Schönheit verdanken die Arten den zahlreichen Blüten, die zylinderputzerartig rings um die Zweige angeordnet sind. Als Blickfang dienen die zahlreichen langen, meist leuchtend roten oder gelben Staubgefäße. Interessant ist, dass die Blütenstände übergipfelt werden, d. h. die Sprosse setzen sich als beblätterte Zweige über den Blütenstand fort.

C. citrinus ist die bekannteste Art. Die Bezeichnung „citrinus" bezieht sich auf den Zitronenduft der zerriebenen Blätter, die im Austrieb hübsch rot gefärbt sind. Die in der Regel im Juni erscheinenden Blüten sitzen in 5 bis 10 cm langen, lockeren Ähren. Die langen Staubfäden färben sich scharlachrot, die Staubgefäße noch dunkler. Die Kulturform 'Splendens' unterscheidet sich vom Typ durch doppelt so lange, glänzend karminrote Staubfäden. Im Gegensatz zur Art blüht sie auch schon als junge Pflanze gut.

C. rigidus ist der vorstehenden Art ähnlich, wächst aber nicht so kräftig. Die Triebe sind in der Jugend seidig behaart.

C. speciosus ist in seiner Heimat ein kleiner Baum mit steifen, braunen Zweigen. Die lineal-elliptischen Blätter stehen relativ dicht an den Trieben. Die leuchtend karminroten Staubfäden tragen goldgelbe Staubgefäße.

Besondere Hinweise: Im Handel werden *Callistemon* häufig als Hochstämmchen angeboten. Bei jüngeren Topfpflanzen, die nur wenig verzweigt sind, erzielt man durch wiederholtes Stutzen buschige Pflanzen. Ältere „ausgewachsene" Pflanzen sollten direkt nach der Blüte zurückgeschnitten werden. Der im gleichen Jahr noch einsetzende Austrieb hat dann genügend Zeit, um für das nächste Jahr wieder Blüten zu bilden. Werden die Pflanzen zu groß oder erscheint eine Verjüngung angebracht, ist auch ein Rückschnitt ins alte Holz möglich. Ballentrockenheit und Nässe können zu empfindlichen Schäden oder gar zum Absterben der Pflanzen führen. Es darf kein hartes Gießwasser verwendet werden. Wegen ihrer meist harten, unangenehm spitzen Blätter setzt man sie besser nicht an Sitzplätze.

Camellia, Kamelie

Die Gattung *Camellia* gehört zu den Teegewächsen und umfasst über 80 Arten, die in Indomalaysia, China und Japan beheimatet sind. Es sind immergrüne Sträucher oder Bäume mit glänzend ledrigen Blättern und attraktiven Blüten. Die bekannteste Art, *C. japonica*, hat eine alte Tradition und gehört zu den wichtigsten winterblühenden Sträuchern des kalten Wintergartens. Die Blüten der Kulturformen sind sehr verschieden in Form, Größe, Füllung und Farbe, die von Weiß über Rosa bis Tiefrot oder mehrfarbig reicht. Die Blütezeit ist in der Regel Februar bis Mai. Nicht weniger wertvoll sind die herbstblühenden *C. reticulata* und *C. sasanqua*.

Besondere Hinweise: Die Kamelien sind ausgesprochen lichthungrig. Lichtmangel im Winter führt zu Knospen- und Blattfall. Bei *C. japonica* hat die Temperatur bei der Anlage der Blütenknospen entscheidende Bedeutung. Mindestens 15 °C sind notwendig, optimal sind 20 bis 25 °C. Da die Ausbildung der Knospen im Sommer geschieht, ist die Einhaltung der Temperatur nicht schwierig. Nach der Anlage sind niedrige Temperaturen zur Ausreife nötig. Im Winter genügen 5 °C, über 15 °C sollten die Temperaturen nicht ansteigen. Je wärmer Kamelien in dieser Zeit gehalten werden, desto größer ist die Gefahr, dass die Knospen und Blüten abfallen. Eine besondere Schwierigkeit bei der Kultur ist die Einhaltung einer über das ganze Jahr gleichmäßigen Feuchtigkeit im Wurzelbereich. Kamelien dürfen weder im Sommer noch im Winter im Wurzelbereich übernässt werden. Der Tod der Pflanze wäre vorprogrammiert. Kamelien wachsen sehr langsam, u. a. weil sie eine sehr kurze Wachstumsperiode haben. Ihre Form und Größe lässt sich durch regelmäßigen Rückschnitt bestimmen. Wenn die Pflanzen zu groß geworden sind, empfiehlt es sich, auf einen Seitentrieb oder auf eine sichtbare Knospe zurückzuschneiden. Mangel an Luftfeuchtigkeit ebenso wie Ballentrockenheit oder Nässe, schlechte Lichtverhältnisse und starke Temperaturschwankungen sind die Ursachen für das Abstoßen der Blütenknospen.

Carex brunnea, Segge

Dieses rasenbildende Sauergras ist nicht nur ein hübscher Bodendecker, sondern auch in Ampeln dekorativ. Mit ihren langen, schmalen Blättern ist *C. brunnea* von eindrucksvoller Eleganz. Eine kontrastreiche Zeichnung, bestehend aus je einem gelben Längsstreifen entlang der Blattränder, weist die Sorte 'Variegata' auf. Bei einer Blattbreite von 2 bis 3 mm zeigt sie Blattlängen von 30 bis 60 cm. Auf die halbe Blattlänge bringt es die Varietät *minor*. Gelegentlich wird auch die winterharte *C. morrowii* verwendet.

Besondere Hinweise: Alle paar Jahre sind die Pflanzen aufzunehmen, zu teilen und neu zu pflanzen. Ein Rückschnitt der Halme trägt zur Verjüngung bei.

Carica papaya, Papaya, Baummelone, Melonenbaum

Der Melonenbaum ist eine in den Tropen weit verbreitete Kulturpflanze, die wahrscheinlich ur-

◀ Die herbstblühende *Camellia reticulata* ist nicht so bekannt wie die im Frühjahr blühende *Camellia japonica*.

sprünglich aus Mexiko stammt und bereits im 16. Jahrhundert durch die spanischen und portugiesischen Segelschiffe fast über die ganzen Tropen verbreitet wurde. Die immergrüne Pflanze zeigt einen mehrere Meter hohen baumförmigen Wuchs, ist jedoch nur schwach verholzt. Gekrönt wird der „Stamm“ von einer großen endständigen Laubblattrosette, deren Blätter aus einem stark verlängerten Stiel und einer mehrfach geteilten Spreite bestehen. An den kahlen unteren und mittleren Teil des Stammes sind die großen Narben der früheren Blattansatzstellen sichtbar. Dicht unterhalb der Blattrosette gehen die zahlreichen Blüten unmittelbar aus dem Stamm hervor. Die Papaya ist von Natur aus zweihäusig, es gibt jedoch auch Kulturformen mit zwittrigen Blüten. Nach der Bestäubung durch Insekten entwickeln sich das ganze Jahr hindurch die an Melonen erinnernden Beerenfrüchte.

Neben *C. papaya* wird im Handel auch *C. pentagona*, der Babaco, angeboten. Diese Art wächst besonders rasch. Die Einzelfrüchte, gute Wachstumsbedingungen vorausgesetzt, können 1 kg schwer, bis 30 cm lang sein. Sie sind erst grün und mit zunehmender Reife orangegelb.

Besondere Hinweise: Die Papaya wächst sehr schnell und schon im zweiten Standjahr kommen die Pflanzen in der Regel zur Blüte. Bei zwittrigen Pflanzen bilden sich die Früchte ohne Zutun, bei zweihäusigen Sorten ist mit einem Pinsel nachzuhelfen. Die Früchte brauchen etwa ein dreiviertel bis ein Jahr zur Reife. Da sich der umfangreiche Blattschopf immer nur am oberen Stammende bildet, wo dann auch eventuell noch einige Kilo Früchte lange Zeit hängen, ist ein sicherer Stand bzw. eine entsprechende Stütze äußerst wichtig. Fällt die Pflanze in dieser Zeit um, endet dies meist mit einem Bruch des Stammes.

▲ Die Blüten von *Carica papaya* sind eher unscheinbar.

Carissa macrocarpa, Natal-Pflaume

Etwa 30 Arten umfasst die in den wärmeren Teilen Afrikas und Asiens verbreitete Gattung.

C. macrocarpa ist ein ausgebreitet wachsender Strauch mit kräftigen, gabelig geteilten, bis 3,5 cm langen Dornen. Die eiförmigen, tiefgrünen, in der Sonne rot überlaufenen Blätter sind am Grunde gerundet und mit einer Spitze versehen. Die weißen, duftenden Blüten werden etwa 5 cm breit. Die eiförmige bis elliptische, 2,5 bis 5 cm lange (etwa so groß wie eine Pflaume), scharlachrote, essbare Beere enthält mehrere, papierartige Samen. In ihrer Heimat Südafrika und in Kalifornien wird die Art ihrer Früchte wegen angebaut, vor allem die Sorte 'Fancy'. 'Cascade', 'Prostrata' und 'Tomlinsonii' sind niederliegende Formen ohne Dornen mit kleineren, eirunden Blättern und kugeligen Früchten.

Besondere Hinweise: *C. macrocarpa* sollte man sich natürlich entwickeln lassen und jeden unnötigen Schnitt vermeiden. Bei älteren Pflanzen ist nach Bedarf auszulichten. Auf der anderen Seite sind die Pflanzen äußerst schnittverträglich, in den Tropen werden sie für niedrige, undurchdringliche Hecken verwendet.

Carpobrotus edulis, Hottentottenfeige, Pferdefeige

Die Hottentottenfeige ist eine teppichbildende Sukkulente mit dreieckigen, fleischigen, dunkelgrünen Blättern und margeritenähnlichen, gelben, violetten oder rosafarbenen Blüten, die sich nur bei voller Sonne öffnen. Ihnen folgen essbare, feigenähnliche, bräunliche Früchte.

Caryota mitis, Fischschwanzpalme

Eine interessante Erscheinung ist die in Südostasien heimische Fischschwanzpalme. Sie weicht in ihrem fremdartigen Wuchs sehr von den übrigen Palmenarten ab. Die doppelt gefiederten, leicht überhängenden Blätter tragen Einzelfiedern von eigenartig rhombischer bis keilförmiger, fischschwanzähnlicher Gestalt. Sie sehen aus, als wäre ihnen die Spitze gewaltsam abgerissen worden. Der glatte, graue Stamm zeigt auffallende Querringe, die von den abgefallenen Blättern herrühren. Während *C. mitis* mehrstämmig wächst, wächst die selten angebotene *C. urens*, die Brennpalme, einstämmig.

Besondere Hinweise: Pralle Sonne mag diese Palme nicht. Folge zu trockener Luft sind braune Ränder an den Blattfiedern.

▼ *Caryota mitis* ist eine der wenigen Palmen die natürlicherweise mehrstämmig wächst.

▶ *Catharanthus roseus* ist eine lang blühende Pflanze für die Krautschicht des Wintergartens.

Casuarina, Kasuarine, Kängurubaum, Pferdeschwanzbaum

Die Kasuarinen bilden eine Gattung meist hoher Bäume mit wogendem, federartigem „Laub", das aus vielen schlanken, meist herabhängenden, gegliederten Zweiglein besteht. Es entspringt den kräftigen, holzigen Ästen und bildet ein zartes Filigranwerk. Diese grazile Bezweigung wird mit den Federn des straußenähnlichen Riesenvogels Kasuar in Verbindung gebracht, worauf sich der Name Casuarina gründet. Die Blätter stehen in Quirlen und sind zu schuppenförmigen Zähnen rückgebildet, wie wir es von verschiedenen Nadelgehölzen her kennen. Die Blüten sind relativ unscheinbar. Die einzelnen Arten sehen sich sehr ähnlich, sodass auf eine Einzelbeschreibung verzichtet werden kann. Zu empfehlen sind u. a. *C. equisetifolia*, *C. stricta* und *C. torulosa*.

Besondere Hinweise: Kasuarinen sollten sich frei entwickeln können. Das Wachstum ist in der Jugend außerordentlich stark. Ältere, zu groß gewordene Pflanzen können zur Verjüngung kräftig zurückgeschnitten werden. Schädlinge und Krankheiten kennen die Kasuarinen praktisch nicht.

Catharanthus roseus, Rosafarbenes Zimmerimmergrün

Die zu den Hundsgiftgewächsen gehörende *C. roseus* aus Madagaskar ist heute als Kosmopolit in allen tropischen Ländern zu finden. Es ist ein niedriger, breitbuschiger

Halbstrauch mit rosenroten Blüten, die in den Achseln des lederartigen, dunkelgrünen Laubes erscheinen. Die Blütezeit reicht vom frühen Sommer bis in den späten Herbst hinein. Im Handel sind auch rein weiße Formen und solche mit weißem, rosenrotem oder gelbem Schlund.

Besondere Hinweise: Ältere, unten kahl gewordene Pflanzen können zur Verjüngung zurückgeschnitten werden. Der Saft von *C. roseus* ist giftig. Also Vorsicht bei Kindern, Tieren und beim Schneiden.

Cedrus libani, Libanon-Zeder

Die Gattung *Cedrus* umfasst vier sehr nahe verwandte Arten, die zu den Kieferngewächsen gehören. Ihr Sprosssystem gliedert sich in Lang- und Kurztriebe, die mit nadelförmigen Blättern besetzt sind. An Langtrieben stehen die Nadeln entfernt schraubig, an Kurztrieben dicht gedrängt. Für größere Wintergärten ist die in Klein- und Westasien heimische Libanon-Zeder geeignet, eine offene Konifere mit etagenförmig angeordneten, überhängenden Ästen.

Besondere Hinweise: *C. libani* ist wirklich nur für größere Wintergärten geeignet. Sie kann zwar zurückgeschnitten werden, doch geht damit auch die eigentliche Schönheit verloren.

Cephalocereus senilis, Greisenhaupt

Das Greisenhaupt ist eine raschwüchsige, große Säulenkaktee

▶ *Cephalocereus senilis* entwickelt sich im Laufe der Zeit zu einer attraktiven Leitpflanze.

mit hübscher Behaarung, die vielrippige, unverzweigte Säulen bildet und mehrere Meter hoch werden kann. Der säulenförmige Körper ist von langen, weißen Borstenhaaren bedeckt, die ihn wie ein Haarschopf umgeben. Der Name *Cephalocereus* weist auf ein Cephalium hin, worunter man eine dicht mit Borsten besetzte Blühzone an den Spitzen der Pflanzen versteht. Nur aus diesem Bereich können sich Blüten entwickeln. Solche Blühzonen entstehen erst nach vielen Jahren, zunächst einseitig, dann das ganze Triebende umfassend.

Ceratonia siliqua, Johannisbrotbaum, Karobe

Der im vorderasiatischen Raum heimische Johannisbrotbaum kam bereits im 16. und 17. Jahrhundert nach Europa und wurde zu einer beliebten Orangeriepflanze. Er hat zwar keine auffallenden Blüten, ist aber durch Wuchs und Belaubung so schön, dass er in einem Wintergarten mit Mittelmeerbepflanzung nicht fehlen sollte. Er ist ein breitkroniger Baum oder großer Strauch mit unpaarig gefiederten, ledrigen, oberseits glänzend dunkelgrünen, im Austrieb rötlichen Blättern und unscheinbaren, in traubigen oder kätzchenförmigen, oft dem Stamm oder alten Zweigen entspringenden Blütenständen. Die Blüten sind eingeschlechtig, d. h. männliche und weibliche Blüten stehen auf verschiedenen Pflanzen. Daher kann man Früchte nur erwarten, wenn man eine männliche und eine weibliche Pflanze in Besitz hat. Die Fruchtentwicklung verläuft meist in zwei oder drei Phasen und dauert bis zum Sommer des nächsten Jahres. Die Fruchthülsen, die essbar sind, enthalten ein süßes Mark. Die harten Samen wurden früher zum Wiegen von Gold und Edelsteinen benutzt.

Besondere Hinweise: Am besten ist es, wenn man die Pflanzen sich frei entwickeln lässt. Zu groß gewordene Exemplare können stärker zurückgeschnitten werden. Obwohl dem Johannisbrotbaum die volle Sonne am liebsten ist, gedeiht er auch im Schatten noch recht gut. Allerdings verliert die Pflanze im Schatten ihr typisches, von ziemlich kurzen Trieben geprägtes Äußeres. Schädlinge und Krankheiten sind dem Johannisbrotbaum fast völlig fremd. Achten muss man auf eingeschleppte Wollläuse.

Ceratostigma willmottianum, Willmotts Hornnarbe, Chinesischer Plumbago

Die Hornnarbe ist ein sommergrüner, bis 1 m hoher (meist niedriger), vieltriebiger Strauch mit bis zu 5 cm langen, rhombischen Blättern, die sich im Herbst hübsch rot färben. Für den Wintergarten ist er interessant wegen der schönen blauen, nacheinander aufblühenden (von Juli bis Oktober) Blüten, die in end- und achselständigen Büscheln sitzen.

Besondere Hinweise: Die Blüten erscheinen an den wachsenden Trieben. Deshalb bereitet ein Rückschnitt, der Jahr für Jahr angebracht ist, keine Probleme.

Cereus, Säulenkaktus, Felsenkaktus

Die Säulenkakteengattung *Cereus* zeichnet sich durch starkes Wachstum aus. Schon in wenigen Jahren erhält man ansehnliche Säulen. Cereen wachsen eintriebig oder verzweigen sich im Alter kandelaberartig. Die Blüten öffnen sich nach Sonnenuntergang, schließen sich bei trübem Wetter aber erst gegen 9 Uhr am nächsten Morgen. Im Handel meist die blau bereifte, rasch wachsende Art *C. peruvianus*. Die Form 'Monstrosus', der Felsenkaktus, bildet aufgrund gestörter Wuchszentren bizarre Wuchsformen aus. Neben *C. peruvianus* sind auch *C. azureus*, *C. forbesii* und *C. hexagonus* interessant.

Besondere Hinweise: Aufgrund ihres starken Wachstums können diese Säulenkakteen schon nach wenigen Jahren das Dach des Wintergartens erreichen. Ist dies der Fall, sollte man den Mut haben, kräftig zurückzuschneiden und nicht nur die Spitze der Säule zu entfernen. Nur so kann sich die Kaktee wieder artgerecht aufbauen.

Ceropegia linearis subsp. woodii (syn. C. woodii), Hängende Leuchterblume

Die Leuchterblume ist eine „Knollensukkulente“, die in Südafrika

▲ Eine hübsch blau blühende Pflanze ist *Ceratostigma willmottianum*, eine Farbe, die bei Wintergartenpflanzen eher selten ist.

▶ In Wintergärten mit sukkulenten Pflanzen ist *Ceropegia linearis* subsp. *woodii* ein hübscher und pflegeleichter Bodendecker.

▶ Bei ausreichend Licht erscheinen die attraktiven Blüten von *Cestrum elegans* var. *elegans* das ganze Jahr über.

heimisch ist. Aus einer bis zu 5 cm dicken Knolle entspringen mehrere liegend-kriechende oder in der Ampel hängende, dünne, kahle Sprosse mit fleischigen, nieren- oder herz-eiförmigen, an der Oberfläche dunkelgrünen, an der Unterseite hellgrünen, weiß marmorierten Blättern. In deren Achseln entwickeln sich die neuen Brutknollen. Hübsch sind auch die zartrosa Blüten, die die Form kleiner Laternen (Leuchten) haben.
Besondere Hinweise: Sie gedeiht auch noch im Schatten recht gut. Der Farbkontrast der Blätter wird jedoch umso ausgeprägter und damit dekorativer, je mehr Sonne die Pflanzen erhalten und je weniger man gießt.

Cestrum, Hammerstrauch

Die in den Tropen und Subtropen Amerikas, südlich von Mexiko verbreiteten Hammersträucher sind dankbare Blütenpflanzen. Es sind Sträucher mit wechselständig angeordneten, ganzrandigen Blättern. Die Blüten mit glockenförmigem Kelch und röhrenförmiger Krone sitzen meist in achsel- oder endständigen Trauben. Die Frucht ist eine saftige Beere.

C. aurantiacum aus Guatemala hat hübsche orangegelbe Blüten, die im Winter erscheinen.

C. elegans var. *elegans* (syn. *C. purpureum*), die bekannteste Art, ist ein lockerer, vieltriebiger Strauch, der in seiner Heimat bis 3 m hoch wird. Die Zweige und Blätter sind weich behaart und meist purpurfarben überlaufen. *C. elegans* var. *elegans* wächst zunächst straff aufrecht, mit zunehmender Verzweigung hängen die Triebe aber elegant über. Die purpurroten Blüten erscheinen das ganze Jahr über (bevorzugt im Sommer) in etwa 10 cm langen Rispen an den Triebenden. Im Handel sind einige Farbvarianten.

C. fasciculatum 'Newellii' ist ein dünntriebiger Strauch mit karminroten Blüten.

C. nocturnum, der Nachtjasmin, verbreitet einen betörenden Duft.

C. parqui hat gelblich grüne, abends stark duftende Blüten, die in endständigen, 10 bis 25 cm langen Rispen stehen. Die Art soll giftig sein.

Besondere Hinweise: Ältere Pflanzen sind regelmäßig (einmal im Jahr) zurückzuschneiden, da der Neuaustrieb besonders blühwillig ist. Bei Temperaturen von 10 bis 15 °C im Winter behalten die Pflanzen ihr Laub und blühen auch weiter. Bei Temperaturen unter 10 °C werden die Blätter weitgehend abgeworfen und die Blütenbildung unterbleibt. Als Nachtschattengewächse haben die Pflanzen einen hohen Nährstoffbedarf. Gelbe Blätter und Blattfall treten auf, wenn nicht genügend gedüngt wird oder der Wurzelballen austrocknet. In schlecht belüfteten Wintergärten, insbesondere bei geringen Lichtintensitäten, muss man auf Grauschimmelpilze achten. Blattläuse und Weiße Fliege sind häufige Gäste.

Chamaedorea elegans, Mexikanische Bergpalme, Zierliche Bergpalme

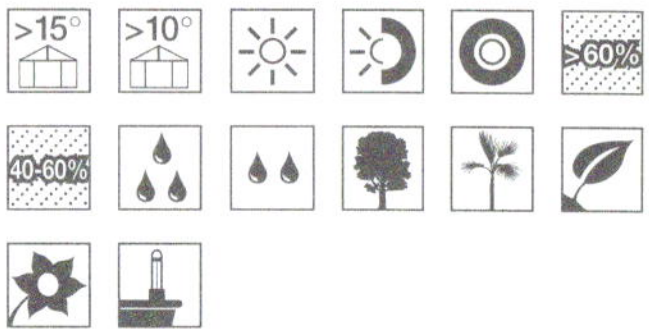

Die Ausläufer treibende Bergpalme hat rohrartige, grüne Stämme

▲ *Chamaedorea elegans* ist eine Palme, die auch im Wintergarten regelmäßig fruchtet.

und ist in Mexiko heimisch. Sie ist als Zimmerpflanze weit verbreitet. Die gefiederten, hellgrünen Blätter bilden einen graziös überhängenden Schopf. Sie setzen sich aus 12 bis 15 Fiedern zusammen. Schon junge Pflanzen blühen. Bei guter Pflege bringt die Bergpalme unabhängig von den Jahreszeiten immer neue Blütenstände hervor. Mit einem Samensatz ist nicht zu rechnen, denn Chamaedoreen sind zweihäusig, d. h., es gibt sowohl männliche als auch weibliche Pflanzen. Ähnlich ist die gelegentlich angebotene *C. graminifolia*.

Besondere Hinweise: Die Bergpalme will nicht wie so manch andere Palmenart hoch hinaus und ist deshalb auch für kleinere (niedrige) Wintergärten bestens geeignet. Bei zu trockener Luft werden die Blattspitzen braun und es treten leicht Spinnmilben auf. Pralle Sonne direkt hinter Glas mag diese Palme nicht.

Chamaerops humilis, Europäische Zwergpalme

Die im westlichen Mittelmeerraum heimische Zwergpalme mit blaugrünen, fächerförmigen Wedeln, die tief geschlitzt (nicht gefiedert) sind, ist neben der auf Kreta heimischen *Phoenix theophrasti* die einzige in Europa heimische Palme. *C. humilis* ist hinsichtlich der Größe der Blätter sowie der Stärke und Bedornung der Blattstiele sehr variabel. Neben buschig verzweigt wachsenden Typen gibt es auch einstämmige Formen. Die besten und schönsten Typen sind blattunterseits dicht mit silberfarbenen Schuppen besetzt. Der Stamm ist von braunen Fasern umgeben.

Besondere Hinweise: Die Zwergpalme, die auch für kleinste Wintergärten zu empfehlen ist, ist äußerst genügsam und verträgt auch Trockenheit recht gut. Bei Ballentrockenheit falten sich die Strahlen der Fächer zusammen und reduzieren somit die Verdunstung.

Chamelaucium uncinatum, Australische Wachsblume

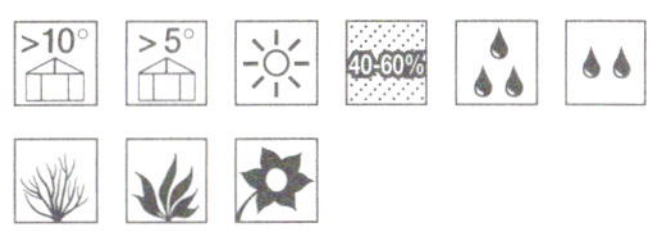

C. uncinatum ist ein heideartiger Strauch, in seiner Heimat Westaustralien gelegentlich kleiner Baum, mit kleinen Blüten von wachsartigem Gewebe. Die schmalen, gegenständig sitzenden Blätter duften aromatisch. Die Blüten erscheinen am einjährigen Holz einzeln oder in kleinen Büscheln von zwei bis fünf. Die Blütenform ähnelt einem Stern. Die Blütezeit reicht von Dezember bis in den März. Im Handel ist eine Reihe von Sorten mit weißen, rosa-, violettrosa-, hellrosafarbenen oder purpurfarbenen Blüten.

Besondere Hinweise: Den Pflanzen ist genügend Platz einzuräumen. Sie werden rasch 2 m hoch und

◀ *Chamaerops humilis* ist eine der wenigen in Europa heimischen Palmen.

◀ *Chlorophytum bichetii* ist auf Pflanzbeeten ein hervorragender Bodendecker.

fast so breit. Bei hohem pH-Wert leiden die Pflanzen und bekommen chlorotisches Laub. Die Blütenzweige sind auch zum Schnitt gut geeignet.

Chlorophytum, Grünlilie, Brautschleppe, Flinker Heinrich

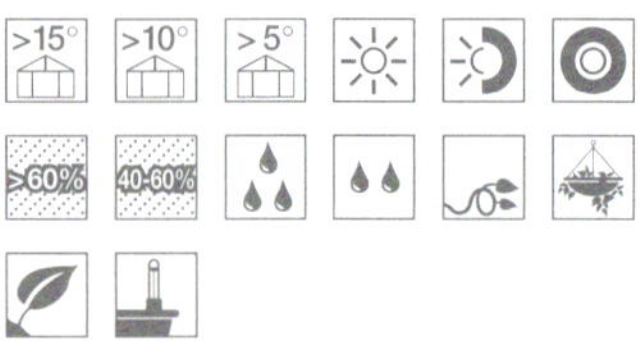

Von den mehr als 100 *Chlorophytum*-Arten haben nur zwei Arten eine weite Verbreitung gefunden. Bei der aus Südafrika stammenden *C. comosum* stehen die linealisch-lanzettlichen grünen Blätter in einer Rosette. In Kultur ist ausschließlich die Sorte 'Variegatum' (im Handel auch als 'Vittatum') mit weiß gestreiften oder weiß gerandeten Blättern zu finden. Aus der Mitte der Rosette entspringt ein bis zu 1 m langer Blütenstängel, an dem kleine weiße Blüten und eine Anzahl junger Pflänzchen sitzen. Die Wurzeln sind knollig verdickt. Ähnlich ist die eleganter wirkende *C. bichetii* mit langem schmalem Laub.

Besondere Hinweise: Bei Grünlilien kann man kaum etwas verkehrt machen kann. Sie wachsen im Schatten genauso gut, wie im Hellen, vertragen Wärme ebenso wie kühle Temperaturen. Und dabei sorgen sie noch selbst für Nachwuchs. Helle Plätze im lichten Schatten größerer Solitärpflanzen bieten optimale Wachstumsbedingungen. Im Schatten vergrünen die weiß gestreiften Formen, die Blätter werden lang und hängen schlaff nach unten. Braune Blattspitzen sind die Folge einer zu geringen Luftfeuchte.

Choisya ternata, Mexikanische Orangenblume

Die in Mexiko heimische Orangenblume ist ein prachtvoller, dicht belaubter Blütenstrauch. Die ledrigen Blätter setzen sich aus drei länglichen, durchscheinend punktierten, aromatischen Blättchen zusammen. Die weißen, stark nach Orangen duftenden Blüten stehen

▼ Die angenehm duftenden Blüten von *Choisya ternata* erscheinen in der Regel im zeitigen Frühjahr.

Schon allein wegen der attraktiven Bestachelung des Stammes lohnt es sich, *Chorisia speciosa* anzupflanzen.

in Trugdolden beisammen. Sie erscheinen, abhängig von der Überwinterungstemperatur, zwischen Februar und Juni. 'Aztec Pearl' hat rosafarbene Blüten, 'Sundance' goldgelbe Blätter.

Besondere Hinweise: *C. ternata* verträgt auch noch schattige Plätze recht gut, kommt aber dort nicht zur Blüte. Durch Trockenhalten nach dem Durchtrieb setzt die Orangenblume erneut Blüten an und blüht im Herbst ein zweites Mal. Die Pflanzen sollte man sich möglichst frei entwickeln lassen. Bei älteren Pflanzen sollte man Jahr für Jahr die ältesten und längsten Zweige auslichten. Es bilden sich dann neue Triebe, die besonders blühwillig sind.

Chorisia speciosa, Wollbaum, Brasilianischer Florettseidenbaum

Die in Südamerika heimische Chorisie ist ein schnellwüchsiger Baum, der am heimatlichen Standort 12 bis 15 m Höhe erreicht. Auffallend ist sein glatter, grüner, tonnenförmiger Stamm, der an der Oberfläche dicht mit Stacheln besetzt ist. Die im Austrieb lichtgrünen, handförmigen, fünf- bis siebenlappigen Blätter sind relativ lang gestielt. Nach dem Blattabwurf in den Monaten März bis April beginnt die Blütezeit. Die Blüten sind am Grund gelbweiß, an der Spitze purpurfarben überlaufen. Es gibt aber auch Formen mit fast rein roten und andere mit zartviolettrosa gefärbten Blüten. Im Mittelmeerraum (Malaga und Mallorca) sieht man den Florettseidenbaum häufig angepflanzt.

Besondere Hinweise: *C. speciosa* wächst zunächst unverzweigt, man sollte auch nicht versuchen, durch Stutzen die Verzweigung zu fördern. Erst wenn die Pflanze die gewünschte Stammhöhe erreicht hat, stutzt man mehrmals, damit sich eine Krone ausbildet. In den folgenden Jahren ist die Krone immer wieder auszulichten. Ein starker Rückschnitt ins alte Holz kann nicht empfohlen werden.

Chrysalidocarpus lutescens, Madagaskar-Goldfruchtpalme

Die Goldfruchtpalme, die auf Madagaskar und den benachbarten Inseln beheimatet und heute in den Tropen der ganzen Welt weit verbreitet ist, ist eine der elegantesten Palmen für Wintergärten. Sie bildet ein ausgeprägtes Rhizom, an dem in Gruppen schlanke, glatte, grüne, von den Blattnarben quer geringelte Stämmchen entspringen. Sie tragen am Ende eine Krone dekorativer, elegant bogig überhängender Fiederblätter. Bei sonnigem Stand sind die Fiederblätter goldgelb überlaufen.

Besondere Hinweise: Die Goldfruchtpalme wächst in ihrer Heimat in niederschlagsreichen Gebieten. Sie braucht daher auch in Kultur reichlich Wasser. Ältere Stämme, die das Dach des Wintergartens erreicht haben, können herausgeschnitten werden. Aus dem unterirdischen Rhizom erfolgt dann ein Neuaustrieb.

Cinnamomum camphora, Kampferbaum, Zimtlorbeer

Der Kampferbaum, aus dem das bekannte Kampferöl gewonnen wird, ist für den Wintergarten eine interessante Leitpflanze. Sein natürliches Verbreitungsgebiet ist in Südchina, Japan und Formosa, er wird aber heute in vielen subtropischen Gebieten, so auch im Mittelmeerraum angepflanzt. Am natürlichen Standort erreichen Kampferbäume bis 40 m Höhe und bilden enorme Stämme aus, die von dicker, rissiger Rinde bedeckt sind. Die eiförmigen Blätter sitzen an langen Stielen. Ihre hellgrüne, glänzende Blattoberfläche wirkt wie poliert, die Unterseite ist matt blaugrün, der Austrieb dagegen weich und leicht rötlich. Ein charakteristisches Merkmal der Blattfläche sind die drei Längsnerven. Die kleinen, grünlich weißen, eher unscheinbaren Blüten, sitzen in kleinen Rispen.

Besondere Hinweise: Der Kampferbaum ist eine Blattschmuckpflanze mit geringem Lichtbedarf, er verträgt aber auch volle Sonne. Im

▶ *Cinnamomum camphora* braucht aufgrund ihres starken Wachstums viel Platz, sowohl in Höhe und Breite.
▼ *Cissus discolor* ist wunderschön, aber in der Pflege nicht ganz einfach.

Handel wird er meist als Hochstamm mit Krone angeboten. Von Natur aus ist er mehrstämmig und bis zum Boden beastet. Natürliche Resistenz gegenüber Schadinsekten bewahrt den Kampferbaum weitgehend vor Schädlingen. Zu groß gewordene Pflanzen können zur Verjüngung kräftig zurückgeschnitten werden.

Cissus, Klimme, Zimmerrebe

Die Gattung *Cissus* ist mit ihren etwa 350 Arten in fast allen tropischen, zum Teil auch subtropischen Gebieten der Erde verbreitet. Sie gliedert sich in Arten von sehr unterschiedlicher Wuchsform. Meist sind es Lianen (Kletterpflanzen), seltener Sträucher, Stauden oder Sukkulenten. Bei den Arten, die uns hier interessieren, handelt es sich um Kletterpflanzen, die sich im Wintergarten zur Begrünung von Wänden, Spalieren und zur Bepflanzung von Ampeln oder als Bodendecker eignen.

C. antarctica, die Känguru-Klimme, hat glänzend dunkelgrüne, grobgesägte, bis 10 cm lange, eiförmige Blätter. Der Name Känguru-Klimme weist auf die australische Heimat der Pflanze hin. 1790 wurde *C. antarctica* nach Europa gebracht und in Russland sogar dem Efeu vorgezogen. Deshalb auch der häufig gebrauchte Name „Russischer Wein".

C. discolor, die Begonien-Klimme, ist wohl die schönste, aber auch empfindlichste *Cissus*-Art. Die Temperaturen dürfen nicht unter 18 °C absinken und auch die Luftfeuchtigkeit sollte 60 % nicht unterschreiten. Ihre Blätter zeigen ein wundervolles Kolorit. Das olivgrüne Netzwerk der Blattoberseite wird von einer silbergrauen Zeichnung unterbrochen. Auf der Unterseite ist das Blatt metallisch violettrot.

C. rhombifolia, die Zimmerrebe, stammt aus Natal und Transvaal. Die Blätter sind bis zur Mittelrippe eingeschnitten. Dabei entstehen drei rhombische Blättchen, wobei das mittlere größer, die beiden seitlichen stark asymmetrisch ausgeformt sind. Für diese Art gibt es verschiedene deutsche Namen. Neben der Bezeichnung „Rautenförmige Klimme" wird sie auch als „Königswein" oder „Sumach-Cissus" geführt. Im Handel ist in der Regel die Sorte 'Ellen Danica'. Bei ihren rhombischen Blättern laufen die Adern in einen Zahn aus, wodurch sie ein fiederteiliges Aussehen erhalten. Die Temperaturen sollten bei *C. antarctica* und

C. rhombifolia 15 °C auf Dauer nicht unterschreiten.

C. striata, die Kleine Zimmerrebe, nimmt auch noch mit niedrigeren Temperaturen vorlieb. Diese in Chile und Südbrasilien heimische Art war früher bei uns weit verbreitet und ist etwas in Vergessenheit geraden. Sie trägt kleine, drei- bis fünfzählige Blätter, die wie die Triebe leicht behaart sind. Die Blätter verfärben sich bei starker Belichtung und kühlem Standort rötlich. Sie sind die kleinsten aller *Cissus*-Arten, was durch ihre hohe Anzahl jedoch ausgeglichen wird.

Besondere Hinweise: In der Regel muss man die Triebe bei Verwendung als Kletterpflanze an ortsfesten Spalieren oder an Drähten führen. Ältere Pflanzen kann man zur Verjüngung kräftig zurückschneiden. Bei Befall durch Weichhautmilben sind die ersten Blättchen an den Triebspitzen wellig verbogen und verkrüppelt. Braune Blattflecken, in der Folge Blattfall, sind auf zu niedrige Temperaturen oder stauende Nässe zurückzuführen.

Cistus, Zistrose

Die Zistrosen sind charakteristische Sträucher des Strauchwaldes im Mittelmeerraum, den sie bei Beginn des Sommers mit ihren Blüten verschönern. Sie sind immergrün und tragen einfache Blüten, die weißen oder rosafarbenen Heckenröschen gleichen. Sie stehen in end- oder achselständigen Trugdolden über dem Laub. An einem Blütenstand, der aus drei bis acht Blüten besteht, öffnen sich meist nur ein bis zwei Blüten pro Tag. Die Blüten entfalten sich schon zeitig am Morgen. Zuerst sehen die zarten Blütenblätter noch ganz zerknittert aus, glätten sich aber in erstaunlich kurzer Zeit. Um die Mittagszeit beginnen die Blüten zu welken und fallen schließlich in sich zusammen. Im Laufe des Nachmittags bedeckt sich der Boden rings um den Strauch mit abgefallenen Blütenblättern und für diesen Tag ist es mit der Blütenpracht vorbei. Früh am nächsten Morgen aber beginnt das Schauspiel von neuem: Viele weitere Blüten entfalten sich wieder für ein paar Stunden. An heißen Sommertagen verströmen die Zistrosen einen angenehm aromatischen Duft. Er entsteht in zahlreichen Öldrüsen auf den Blättern, die sich aus diesem Grund auch leicht klebrig anfühlen. Von den etwa 20 Arten sind besonders zu empfehlen: *C.* × *aguilarii*, *C. albidus*, die in allen Teilen dicht weiß sternhaarig behaart ist, *C. creticus*, *C. incanus* und *C. ladanifer*.

Besondere Hinweise: Ein Schnitt ist selten nötig, wird aber vertragen. Frei wachsende Sträucher entwickeln sich am schönsten. Sonnige Standorte sind Voraussetzung für die Blütenbildung. Im Schatten stehende Pflanzen bilden keine oder nur wenige Blüten. Der Wasserbedarf im Sommer ist hoch, doch an trüben Tagen und im Winter ist sehr vorsichtig zu gießen. Nässe muss unbedingt vermieden werden.

× Citrofortunella microcarpa (syn. Citrus mitis, Citrus microcarpa), Calamondin, Panama-Orange

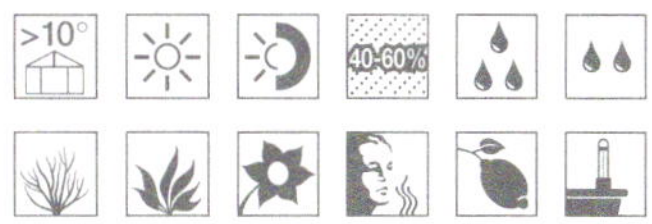

× *Citrofortunella microcarpa* ist ein Gattungsbastard, der wahrscheinlich aus der Kreuzung von *Citrus*

▶ *Cistus albidus* oder andere Arten der Gattung sollten in einem Wintergarten mit Mittelmeerbepflanzung nicht fehlen.

▲ × *Citrofortunella microcarpa* (rechts) blüht und fruchtet das ganze Jahr über (links: *Citrus limon*).

reticulata × *Fortunella margarita* entstanden ist. Es ist ein dornenloser Strauch, der sich bereits knapp über dem Boden verzweigt und einen dichten Busch bildet. Die stark duftenden, weißen Blüten erscheinen das ganze Jahr über in den Blattachseln der jungen Zweige. Ihnen folgen kinderfaustgroße „Apfelsinen", die zwar essbar sind, aber wegen ihres hohen Säuregehalts nicht besonders gut schmecken.

Besondere Hinweise: Calamondinorangen sollten möglichst nicht zurückgeschnitten werden. Pflanzen, die zu stark eingekürzt werden, kommen nicht zum Blühen. Ältere Pflanzen können zur Verjüngung kräftig zurückgeschnitten werden. Ein Bestäuben der Blüten ist nicht erforderlich. Im Winter ist zu viel Wasser gefährlich. Kein hartes Gießwasser verwenden. Blattrandschädigungen, Spitzen- und Blattdürre sind auf zu geringe Luftfeuchtigkeit, Ballentrockenheit, aber auch Nässe zurückzuführen. Bei hohen pH-Werten bzw. dem Gießen mit hartem Wasser tritt wie bei *Citrus* Eisenmangelchlorose auf.

Citrus, Orange, Zitrone, Limone

Alle *Citrus*-Arten sind altweltlichen, fernöstlichen Ursprungs. In Westeuropa erschienen die ersten *Citrus*-Pflanzen zu Beginn der Renaissance an den Höfen des Adels, wo sie im Sommer in die Parkanlagen gestellt wurden und den Winter in Orangerien verbrachten. Die Gattung umfasst etwa 16 Arten mit ungezählten Kreuzungen und Sorten. *Citrus* sind Bäume oder Sträucher mit sehr hartem Holz und Trieben, die häufig mit Dornen besetzt sind. Die Blätter sind ledrig, immergrün und leben meist zwei Jahre lang. Einige Arten bilden verbreiterte Blattstiele aus, die neben der Blattspreite der Assimilation dienen. Die Blüten sind weiß oder rosafarben und erreichen bei Apfelsinen und Pampelmusen 2 bis 3 cm Durchmesser, während die Blüten der Mandarinen klein sind. Gemeinsam ist ihnen allen, dass sie ein stark aromatisches Öl absondern, zwittrig sind und eine große Anzahl von Staubgefäßen besitzen. Die Blütezeit ist zyklisch festgelegt und beginnt

▼ *Citrus limon* (rechts) wächst im Laufe der Zeit, wenn man sie denn wachsen lässt, zu einer attraktiven Hauptpflanze heran. × *Citrofortunella microcarpa* (links) bleibt wesentlich kleiner.

▶ Das Foto zeigt die Blüten und die noch unreifen Früchte von *Citrus* × *paradisi*.

entweder nach Abschluss der kühleren Jahreszeit oder bei Beginn einer Regenperiode bzw. aufgrund künstlicher Bewässerung. Bei der Frucht handelt es sich um eine Beere. Während die „Wildformen" pro Frucht 10 bis 40 Samen enthalten, sind hoch entwickelte Zuchtsorten samenfrei. Für den Wintergarten sind die folgenden Arten von Bedeutung:

C. myrtifolia ist als Chinotto oder Myrtenblättrige Sauerorange im Handel und wächst sehr langsam. Die myrtenähnlichen Blätter liegen wie Dachziegel dicht aufeinander. Die tischtennisballgroßen Früchte hängen in großer Zahl an der Pflanze und bleiben sehr lange haften.

Besonders beliebt sind die Echte Zitrone *C. limon* und der auch als Zitrone im Handel befindliche Artbastard *C.* × *meyeri* (= 'Meyeri'), der aus einer Kreuzung zwischen *C. limon* × *C. sinensis* entstanden ist.

Die Mandarine *C. reticulata* bildet kleine Bäume mit dornigen Ästen, die mit zahlreichen Früchten besetzt sind. Zu *C. reticulata* gehören auch die „Tangerine" und die „Clementine", die durch Mutation entstanden sind. Wegen ihrer Robustheit und des beschränkten Wachstums ist *C. reticulata* besonders zu empfehlen.

Die Orange bzw. Apfelsine *C. sinensis* wächst zu einem relativ großen Baum heran.

Neben diesen Arten können auch *C. aurantium* (Pomeranze, Sauerorange, Bitterorange), die Limette *C. aurantiifolia* (sie ist unter allen *Citrus*-Arten die kälteempfindlichste), *C. maxima* (Riesenorange, Pampelmuse), *C. medica*, (Zitronatzitrone) und *C.* × *paradisi* (Grapefruit) gepflanzt werden.

Besondere Hinweise: *Citrus* benötigen zur Ausbildung von Früchten mit reichlich Zucker und Aroma viel Sonne. Pflanzen, die im Schatten oder Halbschatten stehen, wachsen zwar auch, aber die Blüten- und Fruchtbildung bleibt weitgehend aus. In der Regel reichen im Winter Temperaturen um 10 °C, optimal sind 15 °C. Auf höhere Werte sollten die Temperaturen aufgrund der im Winter herrschenden schlechten Lichtverhältnisse möglichst nicht ansteigen. Für die wärmebedürftige *C. aurantiifolia* sind 18 °C anzustreben. Das richtige Gießen verlangt viel Sorgfalt und Erfahrung. Vor allem zu reichliches Wässern vertragen die Pflanzen nicht, dann tritt besonders am Stammgrund leicht Fäulnis auf. Dies ist auch ein Grund dafür, dass man beim Umtopfen oder Pflanzen den Wurzelhals etwas erhöht stellen sollte, damit der Stammgrund schnell abtrocknen kann. Stehen *Citrus* zu trocken, rollen sich ihre Blätter, ohne weitere Schadsymptome zu zeigen, nach innen ein und fallen schließlich ab. Das sieht meist schlimmer aus als es ist. Wenn keine Schädigung der Wurzeln vorliegt, treiben die Pflanzen wieder aus. Neben der Wassermenge ist auch die Wasserqualität ein kritischer Faktor. *Citrus* lieben keinen Kalk im Boden. Durch kalkreiches Wasser kommt es zu einer Kalkanreicherung im Boden und damit zur Erhöhung des pH-Wertes. Als Folge treten Chlorosen auf, weil wichtige Spurenelemente, insbesondere Eisen, nicht mehr aufgenommen werden können. Die Symptome kann man durch Gießen oder Spritzen mit Eisendünger (z. B. Fetrilon) kurieren, die Ursache wird dadurch aber nicht beseitigt.

Jungpflanzen wird man in den ersten Jahren schneiden müssen, um die Verzweigung anzuregen und sie in „Form" zu bringen. Zu groß gewordene Pflanzen können auch kräftig zurückgeschnitten werden, falls es erforderlich wird. Da *Citrus*-Pflanzen im Wintergarten schon blühen, wenn sich noch keine Insekten eingefunden haben, muss ggf. mit einem kleinen Pinsel bei der Bestäubung nachgeholfen werden. Durch angepasstes Gießen kann die Blütezeit bei *Citrus* gesteuert werden, bzw. die Pflanzen können ein zweites Mal zur

Blüte gebracht werden. Nach der Blüte und anschließendem Durchtrieb hält man die Pflanzen solange trocken, bis sie welken. In diesem Welkezustand sollten sie etwa eine Woche bleiben. Dann wird wieder normal gegossen. Kurze Zeit später beginnen die Pflanzen ein zweites Mal zu blühen.

Cleistocactus, Silberkerzenkaktus

Cleistokakteen sind schlanke, vom Grunde her verzweigte Säulenkakteen mit vielen Rippen und feinen, dichten Stacheln und weißen Borstenhaaren. Die Blüten stehen seitlich ab oder am Ende der Triebe und haben eine enge, dicht beschuppte und borstige oder wollige Röhre. Mit ihren bunten Farben (leuchtend Rot, Gelb oder Grün) und ihrer ungewöhnlichen Form sind diese Blüten an die Bestäubung durch Kolibris angepasst. Die bekannteste weißhaarige Art ist *C. strausii* mit karminroten Blüten. Ausgepflanzt, erreichen ihre Säulen im Wintergarten eine Höhe von 1 m und auch mehr. *C. baumannii* bildet dünne Säulen, die mit weißlichen bis goldgelben Dornen bedeckt sind. Die Blüten färben sich orange bis scharlachrot. *C. tupizensis* bildet feste Säulen mit bis zu 24 Rippen. Die hell- bis fuchsroten Dornen sind relativ derb ausgebildet. Die Blütenfarbe ist lachs bis weinrot.

Besondere Hinweise: Die „Säulen" dürfen beim Gießen nicht benetzt werden, die Behaarung würde sonst fleckig. Im Laufe der Zeit bilden Cleistokakteen größere Gruppen; ältere Säulen werden mit den Jahren unansehnlich. Sie sollten, wenn genügend Nachwuchs vorhanden ist, an der Basis herausgeschnitten werden.

Clematis armandii, Armands Waldrebe

C. armandii aus China ist ein prachtvoller immergrüner Kletterstrauch mit dreizähligen, derb lederartigen, oben glänzenden Blättern. Die 3 bis 6 cm breiten, weißen Blüten stehen in achselständigen Trugdolden am vorjährigen Holz. Bei 'Apple Blossom' sind die Blätter bronzegrün, die Blüten hellrosa. Bei 'Snowdrift' sind die dunkelgrünen Blätter lang zugespitzt, die Blüten rein weiß, größer und zahlreicher als bei der Art.

Clerodendrum bungei, Herrlicher Losstrauch

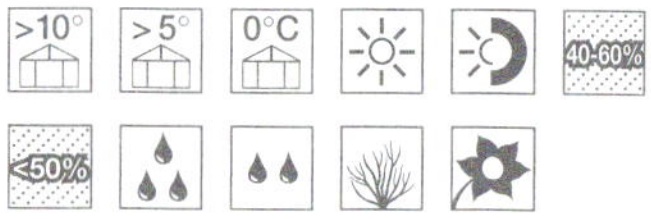

C. bungei ist in China heimisch – ein 1 bis 2 m hoher Strauch mit breit-herzeiförmigen 10 bis 20 cm langen, grob gezähnten Blättern. Eine besondere Attraktion sind die rosafarbenen Blüten, die in 10 bis 15 cm breiten, kopfigen Trugdolden sitzen und im August/September erscheinen.

Clerodendrum paniculatum, Rispenblütiger Losstrauch

Der in Südostasien heimische Strauch wächst locker aufrecht und verzweigt sich nur wenig. An den Triebenden entwickelt er im Sommer und Herbst riesige, über 30 cm lange, lockere, kegelförmige Rispen aus Hunderten von scharlachroten Blüten. Die immergrünen, weichen, dunkelgrünen Blätter sind herzförmig ausgebildet.

Besondere Hinweise: Größere, ältere Pflanzen sollten direkt nach der Blüte zurückgeschnitten werden.

◀ Der weißhaarige *Cleistocactus strausii* bildet attraktive karminrote Röhrenblüten aus.

▶ Eine hübsch blühende Kletterpflanze ist *Clerodendrum splendens*, sie wächst nicht allzu stark und ist deshalb auch für kleinere Wintergärten geeignet.

Clerodendrum splendens

C. splendens ist eine Kletterpflanze mit glänzend dunkelgrünen Blättern und leuchtend roten Blüten. Sie erscheinen in der Regel im Winter, aber auch zu anderen Jahreszeiten. *C. splendens* ist besonders für kleinere Wintergärten geeignet, wächst rasch, wird aber nicht sehr hoch.

Besondere Hinweise: Junge Pflanzen sind mehrmals zu entspitzen, weil die natürliche Verzweigung nur gering ist. Wenn zu groß und unten kahl geworden, können die Pflanzen kräftig zurückgeschnitten werden.

Clerodendrum thomsoniae, Schicksalsbaum, Kletternder Losstrauch

C. thomsoniae ist eine hübsch blühende, in Westafrika heimische Kletterpflanze. Die Blüten erscheinen im Frühjahr und Sommer achselständig und am Ende der Triebe in vielblütigen Rispen. Scharlachrote Kronenblüten mit weit herausragenden, grünen Staubfäden leuchten aus fünfkantigen, weißen Kelchblättern hervor. Nach dem Verblühen – die roten Blüten werden abgestoßen – wird ein „Weiterblühen" durch die ballonartigen Kelchblätter vorgetäuscht. Aufgrund des beschränkten Wachstums ist diese Art auch für niedrige Wintergärten gut geeignet.

Besondere Hinweise: Im Topfpflanzenhandel ist der Schicksalsbaum häufig im Angebot. Zu beachten ist, dass diese Pflanzen mit Wuchshemmstoffen behandelt wurden, um die Internodien kurz zu halten. Die Wirkung hält aber nur wenige Wochen an.

Clethra arborea, Scheineller, Maiglöckchen-Zimterle

Die auf Madeira heimische Zimterle ist ein immergrüner, dichter, hoher Strauch oder kleiner Baum,

▶ *Clerodendrum thomsoniae* ist als Topfpflanze im Handel weit verbreitet.

◀ Vielfältig verwendbar ist *Clianthus puniceus*.

dessen junge Triebe rostbraun behaart sind, ebenso die Unterseite der Blätter. Diese sind länglich, 8 bis 12 cm lang, an den Rändern gesägt und an beiden Enden schmaler werdend. Die weißen, maiglöckchenähnlichen Blüten stehen in nickenden, braun behaarten Rispen und erscheinen von August bis Oktober.

Besondere Hinweise: Bei älteren Pflanzen sollte mehr ausgelichtet als zurückgeschnitten werden. Ein Verjüngungsschnitt ist aber möglich.

Cleyera japonica, Sakakistrauch

Der zu den Teegewächsen gehörende Sakakistrauch ist im asiatischen Raum weit verbreitet. Er wächst sehr langsam und fällt durch seine attraktiven Blätter auf. Die kleinen weißen Blüten, die erst an älteren Exemplaren erscheinen, sind unscheinbar, doch ist der Duft sehr angenehm. In Kultur ist hauptsächlich die Sorte 'Tricolor'. Die anfänglich rosa überlaufenen Blätter sind an den Rändern unregelmäßig gelblich gezeichnet, während sie entlang des Mittelnervs grün marmoriert sind.

Besondere Hinweise: Die Pflanzen mögen keine pralle Sonne. *C. japonica* kann beliebig geschnitten werden, selbst ein Formschnitt ist möglich.

Clianthus puniceus, Kakadu-Ruhmesblume

Die in Neuseeland heimische Ruhmesblume ist vielseitig verwendbar. Sehr hübsch sind das farnartige Laub und die scharlachroten Blüten, die Hummerscheren ähneln. Sie sitzen zu 6 bis 15 in hängenden Trauben und erscheinen von Juni bis in den Herbst hinein. Neben der scharlachrot blühenden Art gibt es auch Sorten mit weißen und rosa Blüten.

Besondere Hinweise: Bei Sonne ist der Wasserbedarf hoch. Auf Spinnmilben achten. Als Kletterpflanze benötigt die Ruhmesblume ein kräftiges Klettergerüst.

Clivia miniata, Zimmer-Clivie

Die Zimmer-Clivie ist ausgesprochen robust, kaum krankheitsanfällig und auch im nichtblühenden Zustand attraktiv. Aus der Mitte der zweizeilig gestellten Blätter entwickelt sich ein zusammengedrückter Blütenschaft. Dieser trägt eine reich blühende, große Dolde mit roten oder orangefarbenen Blüten. Im Handel sind auch einige Kulturformen, u. a. mit weiß gestreiften Blättern, rahmfarbenen und roten Blüten mit gelbem Schlund.

Besondere Hinweise: Die Blütenbildung ist weitgehend von der Temperatur abhängig. Bei blühfähigen Pflanzen sind die Blüten Ende Juni/Anfang Juli bereits für das nächste Jahr vorgebildet. Bis zum Herbst ist die Anlage der Einzelblüten abgeschlossen und die Blütenanlagen entfalten sich nicht mehr weiter. Die Pflanzen befinden sich nun in der Wachstumsruhe, die nur durch eine Periode niedriger Temperatur gebrochen werden kann. In der Zeit von Juni bis September sind Temperaturen um 20 °C optimal. Ab Oktober sollten die Pflanzen für etwa 60 Tage bei 10 °C stehen, damit im Anschluss daran eine Streckung des Blütenstandes erfolgen kann. Kürzere Perioden als 60 Tage bei 10 °C bringen keine Streckung des Blütenstandes. Nach Erfüllung des Kältebedürfnisses kann, muss aber nicht, die Temperatur auf 20 °C erhöht werden. In Töpfen gehaltene Pflanzen sollten alle drei Jahre umgepflanzt werden, wobei die fleischigen Wurzeln sehr schonend zu behandeln sind.

Clusia major (syn. C. rosea), Rosafarbener Balsamapfel, Autogrammbaum

C. major ist ein in Südamerika heimischer, 5 bis 20 m hoher Baum, der in Kultur auch strauchig gehalten werden kann. Die ledrigen, zähen, ziemlich dicken und relativ großen Blätter bleiben selbst dann jahrelang am Baum, wenn sie verletzt werden. Auf diese Eigenschaft geht der Vulgärname Autogrammbaum zurück, denn nicht selten sieht man Blätter mit eingeritzten Namen. Die magnolienähnlichen Blüten sind weiß oder rosa.

Besondere Hinweise: Die Clusie bevorzugt generell feucht-warme Standorte. Die Pflanzen vertragen aber, wenn sie richtig verholzt sind, auch Temperaturen bis 0 °C. Was sie überhaupt nicht mögen ist stauende Nässe.

Clytostoma callistegioides, Argentinischer Schönmund

C. callistegioides ist ein immergrüner, mit Blattranken kletternder, in Südamerika heimischer Strauch. Die gegenständig angeordneten Fiederblätter bestehen aus einem Paar gegenständiger, elliptisch-länglicher, am Rand welliger Blättchen. Die kleinen, in nickenden Büscheln sitzenden, purpurn geäderten, lavendelfarbenen Blüten erscheinen im Frühjahr. Von allen Bignoniaceen ist sie in der Belaubung wohl die schönste.

Coccoloba uvifera, Seetraube, Meerträubel

Die zu den Knöterichgewächsen gehörende Gattung *Coccoloba* umfasst Bäume, Sträucher und auch Kletterpflanzen, die sowohl im tropischen als auch subtropischen Amerika beheimatet sind. Interessant für den Wintergarten ist *C. uvifera*. Dieser in Mittel- und Südamerika heimische Baum oder auch nur Strauch hat ledrige, runde bis nierenförmige, glatte, olivgrüne, etwa 20 cm lange Blätter. Die Nervatur ist anfänglich rot, später elfenbeinfarben. An gebogenen Trieben hängen in traubenartigen Blütenständen weiße Blüten, aus denen sich essbare, beerenartige Früchte entwickeln.

Besondere Hinweise: Da die Verzweigung von Natur aus eher spärlich ist, sind Jungpflanzen mehrmals zu stutzen, um die Verzweigung zu fördern. Ausgepflanzte Exemplare können schon nach einigen Jahren beträchtliche Ausmaße einnehmen. Durch regelmäßiges Auslichten und Zurückschneiden lassen sich die Pflanzen aber sehr gut in passender Größe halten.

◀ *Clivia miniata* ist pflegeleicht, doch bilden sich die Blütenstände nur, wenn gewisse Temperaturansprüche erfüllt werden.

Cocculus laurifolius, Himalaya-Kokkelstrauch

Der Kokkelstrauch ist ein Strauch oder kleiner Baum mit elegant überhängenden Ästen und lanzettlichen, 10 bis 15 cm langen, dunkelgrünen und glänzenden Blättern. Die kleinen Blüten stehen in 3 bis 10 cm langen, achselständigen Rispen. Ihnen folgen schwarze, wie kleine Erbsen aussehende Früchte. Ursprünglich in Asien, im Himalaya, in China, Taiwan und Japan heimisch, wird der Kokkelstrauch jetzt im Mittelmeerraum häufig angepflanzt.

Besondere Hinweise: *C. laurifolius* wächst sehr langsam. Viele der im Handel angebotenen Pflanzen wachsen, da vermutlich durch Stecklinge aus Seitenzweigen gezogen, zunächst sehr breitlagernd.

Codiaeum variegatum, Kroton, Wunderstrauch

Der Wunderstrauch gehört zweifellos zu den schönsten Blattpflanzen für den ganzjährig warmen Wintergarten. Die im Handel erhältlichen Pflanzen sind alle auf *C. variegatum* zurückzuführen. Die große Fülle der Kulturformen des Krotons nur annähernd zu erfassen, ist unmöglich, da fortlaufend neue auftauchen und andere wieder verschwinden. Neben der Farbe sind Blattform und -größe sehr variabel. Es gibt Formen mit massig breiten Blättern und solche mit ganz schmalen, die Weidenblättern ähneln, glattrandige oder tief gebuchtete, gewellte, gekrauste oder korkenzieherartig gedrehte. Die Farben variieren in grünen, gelben, braunen, roten und rosa Tönen. Oft sind bei einer Pflanze die Blätter verschiedenartig geadert, gefleckt und gerandet. Bei manchen Sorten ändert sich die Blattfarbe mit zunehmendem Alter. Die Nuancen der Farbtöne prägen häufig ein unvergleichliches Bild dieser außergewöhnlichen Pflanze. Die Wuchseigenschaften sind unterschiedlich. Manche Formen können bis zu 2 m hoch werden.

Besondere Hinweise: Man sollte die Pflanzen sich weitgehend frei entwickeln lassen. Ist der Wunderstrauch zu groß geworden, kann zur Verjüngung kräftig zurückgeschnitten werden. Im Herbst/Winter möglichst bei vollem Licht halten, um eine gute Blattfärbung zu erreichen. Zu beachten ist, dass sich bei einem Überangebot von Stickstoff die Blätter stark grün färben. Insbesondere bei zu trockener Luft ist mit einem Befall durch Spinnmilben sowie Schild- und Wollläusen zu rechnen. Stängelgrundfäule wird verursacht durch zu niedrige Bodentemperaturen in Verbindung mit Nässe.

Coffea arabica, Arabischer Kaffeestrauch

Die Kaffeepflanze ist ein immergrüner, sich pyramidenförmig aufbauender Strauch mit glänzend dunkelgrünen Blättern, die am Blattrand mehr oder weniger stark gewellt sind. Die weißen Blüten sitzen in dichten Büscheln wie kleine Sterne in den Achseln der Blätter. Sie erscheinen im späten Frühjahr. Wenn keine Insektenbesucher zu erwarten sind, müssen die Blüten mit Hilfe eines kleinen Pinsels bestäubt werden. Dies sollte aber gleich beim Aufblühen geschehen, da die Einzelblüte bei höheren Temperaturen nur einen Tag lang geöffnet bleibt. Aus den Blüten gehen kirschenähnliche Früchte mit zwei „Kaffeebohnen" hervor, deren Fruchtfleisch anfangs grün, bei der Reife rot bis dunkelpurpurn gefärbt ist. Zur Reife benötigt die Frucht etwa neun bis zwölf Monate. Ausgepflanzt, kann der Kaffee eine Höhe von 3 m und mehr erreichen.

Besondere Hinweise: Den Kaffeestrauch sollte man ungestört

▶ Von *Codiaeum variegatum* gibt es eine fast unüberschaubare Menge an Kulturformen, die sich in Blattform und Blattfarbe unterscheiden.

▼ Bei *Coffea arabica*, die sich natürlicherweise pyramidenförmig aufbaut, hat die Schere nichts zu suchen.

wachsen lassen. Wenn der zugedachte Raum ausgefüllt ist, kann zur Verjüngung kräftig zurückgeschnitten werden. Ein Einrollen oder Hängenlassen der Blätter wird durch zu tiefe Temperaturen, Luftzug oder ein Zuviel oder Zuwenig an Wasser verursacht. Braune Blattränder sind neben Eisen- oder Magnesiummangel die Folge einer zu geringen Luftfeuchte.

Columnea, Kolumnee, Rachenrebe

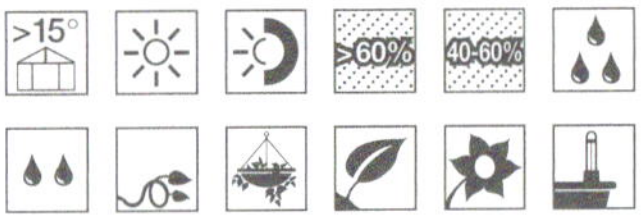

Beliebt sind die in den tropischen Regenwäldern Mittelamerikas heimischen Kolumneen wegen ihrer auffälligen röhrenförmigen Blüten und der dekorativen Blätter. Bei den meisten Arten sind Letztere relativ dick und glatt. Die Blütenkrone besteht aus einer langen, zylindrischen oder ausgebauchten Röhre mit einem schiefen oder lippenartigen Saum. Kolumneen setzen Knospen an, wenn das Licht im Frühjahr wieder stärker wird, beginnen im Juli zu blühen, erreichen ihren Höhepunkt im September und haben noch bis zum Oktober Blüten. Erst dann legt die *Columnea* bis zum nächsten Frühjahr eine Blühpause ein. Es sind hübsche Ampelpflanzen, die sich bedingt auch als Bodendecker eignen.

C. × *banksii* ist eine Hybride mit lang herabhängenden Trieben und glänzend dunkelgrünen, an der Unterseite rötlichen Blättern. Die rötlich orangefarbenen Blüten zeigen undeutlich gelbe Streifen im Rachen.

C. gloriosa wurde um 1900 aus Costa Rica eingeführt und hat schlaff herunterhängende Triebe, an denen kleine, eirunde, grüne, dicht behaarte, bei der Sorte 'Purpurea' bronzerote Blätter sitzen. Die Krone ist scharlachrot, die Kronröhre unten und am Grunde der Kronunterlippe mit einem gelben Fleck besetzt.

C. hirta aus Costa Rica hat kurz gestielte, elliptisch-längliche Blätter. Die großen Blüten sind zinnoberrot gefärbt.

C. microphylla ist wohl die kleinblättrigste und am reichsten blühende Kolumnee. Die Blätter sitzen wie Perlen an den langen Trieben. Ihre leuchtend orangescharlachroten Blüten erscheinen fast in jeder Blattachsel. Von dieser Art ist eine weißbunte Form entstanden, die unter dem Sortennamen 'Variegata' verbreitet ist.

C. 'Stavanger' hat rundliche, leicht zugespitzte Blätter von der Größe eines Pfennigstückes. Die leicht behaarten Blüten wechseln vom orangefarbenen Stielansatz in ein Kardinalrot über.

Besondere Hinweise: Um an Kolumneen auf Dauer Freude zu haben, sind Wärme, hohe Luftfeuchtigkeit und ein heller Standort erforderlich. Bei starken Temperaturschwankungen, Lufttrockenheit, Dauerschatten oder starker Besonnung verlieren die Kolumneen ihre Blätter und Blüten. Kolumneen bilden nur an Jungtrieben Blüten. Deshalb sind die Triebe älterer Pflanzen nach der Blüte einzukürzen, um neue und mehr verzweigte kurze Jungtriebe zu erhalten.

Coprosma, Koprosma

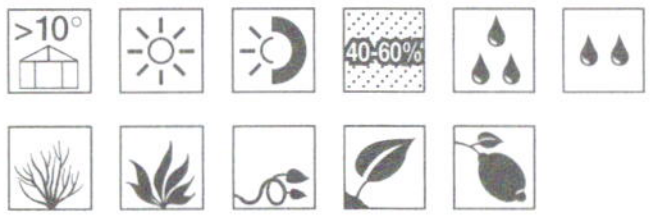

Die Gattung *Coprosma* ist in Neuseeland und von Tasmanien bis Neuguinea verbreitet. Es sind immergrüne Sträucher oder auch kleine Bäume mit gegenständig sitzenden, dekorativen Blättern. Je nach Art, sind sie sehr unterschiedlich in der Größe, die von wenigen Millimetern bis zu 20 cm reicht. Die zweihäusigen, wenig ansehnlichen und nicht zierenden Blüten sitzen einzeln oder zu we-

◀ *Columnea microphylla* und andere Arten der Gattung sind hübsch blühende Ampelpflanzen.

▲ Gerade *Cordyline terminalis* eignet sich besonders gut für Hydrokultur.
▶ *Cordyline indivisa* wächst im Laufe der Zeit zu einer großen Leitpflanze heran, kann aber auch beliebig zurückgeschnitten werden.

nigen gebüschelt. Die Frucht ist eine fleischige Steinfrucht.

C. baueri hat dickledrige, glänzend dunkelgrüne Blätter. Im Handel werden meist Kulturformen angeboten, so z. B. 'Variegata' mit rahmweiß gefleckten oder umrandeten Blättern und 'Marginata' mit grünen, gelblich weiß umrandeten Blättern.

C. lucida ist ein hoch wachsender, reich verzweigter Strauch mit derb ledrigen, stark glänzenden Blättern und sehr zierenden, orangeroten Früchten.

Besondere Hinweise: Im Laufe der Zeit kommt es zur Verkahlung der Triebe von unten her. Dann sind die Pflanzen kräftig zurückzuschneiden. Regelmäßig flach geschnitten, können die Arten auch als Bodendecker in größeren Pflanzbeeten eingesetzt werden.

Cordyline, Keulenlilie

Wegen ihres palmenähnlichen Aussehens – auf einem mehr oder weniger hohen Stamm sitzen schwertförmige, zu einem dichten Schopf geordnete Blätter – werden die Keulenlilien nicht nur von Laien mit Palmen verwechselt und auch als solche irrtümlich angeboten. *C. australis* und *C. indivisa*, beide in Neuseeland heimisch, und die in Australien heimische *C. stricta* sind attraktive, dabei pflegeleichte Leitpflanzen für die etwas kühleren Wintergartentypen. So lange die Pflanzen sich nicht verzweigen, werden sie nicht breiter als etwa 1,5 m, bei recht raschem Höhenwachstum. Damit passen Cordylinen in die meisten Wintergärten viel besser als jede Palme. Von *C. australis* gibt es auch einige Kulturformen, u. a. solche mit gelben Längsstreifen und purpurrot gefärbten Blättern.

Besondere Hinweise: Werden die Pflanzen zu groß, kann man sie beliebig zurückschneiden. Je tiefer der Rückschnitt, umso länger dauert es allerdings bis ein Neuaustrieb erfolgt. Man kann aber auch die Kopfstücke zur Bewurzelung bringen und gegen die zurückgeschnittenen Pflanzen austauschen. Nach einem tiefen Rückschnitt wachsen Cordylinen meist mehrköpfig. Wünscht man weiterhin eintriebige Pflanzen, sind die überzähligen Triebe rechtzeitig zu entfernen.

Cordyline terminalis, Cordyline, Keulenlilie

C. terminalis (syn. *C. fruticosa*), in den tropischen Gebieten Asiens heimisch, zählt zu den schönsten Blattpflanzen und ist als Zimmerpflanze weit verbreitet. Ihre schlanken, unverzweigten Stämme tragen einen dichten Schopf lang gestielter, lanzettlicher Blätter von 30 bis 50 cm Länge. Das Laub ist bei der Art dunkelgrün. Das heutige Sortiment enthält eine Fülle von Farbschattierungen, darunter rote, hell- und seegrüne, karminrot geflammte, bernsteingelbe, weiß gefleckte u. a. Neben starkwüchsigen sind auch Sorten mit kleinem Laub und schwachem Wuchs bekannt.

Besondere Hinweise: Braune Blattränder sind in der Regel auf eine zu niedrige Luftfeuchte zurückzuführen. Auf Spinnmilben achten. Stammgrundfäule tritt bei Nässe auf.

Corokia cotoneaster, Zickzackstrauch

Die deutsche Bezeichnung dieses aus Neuseeland stammenden, kleinen Strauches bezieht sich auf die dünnen, unregelmäßig zickzackförmig gebogenen Zweige, die nach jedem Knoten die Richtung ändern. Sie sind dunkel gefärbt, in der Jugend flaumig behaart. Die kleinen, spatelförmigen Blätter weisen auf der Unterseite eine weiße Behaarung auf. Ist der Strauch schon aufgrund seines eigentümlichen Wachstums sehr dekorativ, ist er während der Blüte im Frühjahr eine besondere Attraktion. Er schmückt sich in dieser Zeit mit vielen kleinen, gelben, dezent duftenden, sternförmigen Blüten, denen nach der Bestäubung (man muss mit dem Pinsel etwas nachhelfen) orangefarbene Früchte folgen. Die Blüten bzw. Früchte sitzen an den Enden kurzer Seitentriebe. Neben *C. cotoneaster* ist auch *C.* × *virgata*, eine Naturhybride zwischen *C. buddleioides* × *C. cotoneaster*, für den Wintergarten von Interesse. Hierbei handelt es sich um einen 2 m hohen Strauch mit hin und her gebogenen, aber nicht wirr durcheinander wachsenden Zweigen. Die Blätter sind auf der Oberseite glänzend grün, unten weiß. Die gelben Blüten sitzen meist zu dritt achselständig in der Nähe der Triebspitzen. Ihnen folgen nach der Befruchtung orangegelbe Früchte. Von dieser Naturhybride sind auch einige Kulturformen im Handel.

Besondere Hinweise: Jüngere Pflanzen sind mehrmals zu stutzen, ältere lässt man ungestutzt wachsen. Das Gießen ist ein besonderes Problem, denn äußerlich sieht man der Pflanze nicht an, ob sie trocken oder zu nass steht.

Correa, Australische Fuchsie

Die natürliche Verbreitung der Gattung *Correa* mit ihren elf Arten ist auf Australien beschränkt. Es sind immergrüne Sträucher oder kleine Bäume mit attraktiven Blüten. Die gegenständig sitzenden, behaarten Blätter sind ganzrandig und riechen aromatisch, wenn man sie zerreibt. Die 3 bis 5 cm großen Blüten stehen in den Blattachseln und erscheinen im Winter. Die Blütezeit erstreckt sich über drei bis vier Monate. Die Blütenfarben reichen von weißen und grünlichen bis zu gelben und roten Tönen. Der becherförmige Blütenkelch umfasst vier zu einer Röhre verwachsene Kronblätter, die im oberen Teil getrennt sind. Aus diesen ragen die acht Staubblätter hervor. Im Handel sind *C. alba*, *C. backhousiana*, *C. pulchella*, *C. reflexa* und einige Kulturformen.

Besondere Hinweise: Es sind niedrige, breitlagernde Büsche für die Krautschicht, die rasch dicht machen, wenn man in der Jugend häufiger stutzt. Später lässt man die Sträucher frei wachsen. Sind die Sträucher jedoch zu groß ge-

◀ Die buntlaubige Form von *Corokia* × *virgata* wächst schwächer als die Art.

▲ *Crassula ovata* ist eine pflegeleichte Sukkulente.

worden, kann nach dem Abblühen zur Verjüngung stark zurückgeschnitten werden. Die relativ dicken Wurzeln überstehen gelegentliche Trockenperioden unbeschadet. Nässe ist unbedingt zu vermeiden, Wurzelfäule wäre die Folge.

Corynocarpus laevigatus, Neuseeländischer Karakabaum, Neuseeland-Lorbeer

Der Karakabaum aus Neuseeland ist ein kleiner Baum mit glänzend grünen, bis 20 cm langen, dick ledrigen Blättern, die ein wenig an einen Gummibaum erinnern. Die Blüten sind klein und unscheinbar. Sie stehen in aufrechten, steifen, verzweigten Rispen. Zu beachten ist, dass das Fleisch der Steinfrüchte zwar essbar, der Samen jedoch sehr giftig ist. Im Handel befindet sich auch eine Kulturform mit gelblich weiß gerandeten Blättern.

Besondere Hinweise: Meist sind nur jüngere Pflanzen im Handel erhältlich. Durch mehrmaliges Stutzen muss man sie zu buschigem Wuchs anregen. Sind die Pflanzen zu groß geworden, kann zur Verjüngung kräftig zurückgeschnitten werden. Die Lichtansprüche sind nicht sehr hoch, selbst an schattigen Nordseiten ist das Wachstum noch ausreichend. Auf der anderen Seite kann der Standort durchaus auch sonnig sein.

Costus malortieanus, Spiralingwer, Kostwurz

Der Spiralingwer fällt durch seine spiralig angeordneten, länglich lanzettlichen, samtig grünen Blätter auf, die um einen spiralig gedrehten Stamm sitzen. Eigenartig sind auch die rötlich gelben Blüten mit goldgelber Lippe, die in endständigen, dicken, ähren- oder zapfenförmigen Blütenständen angeordnet sind. Im Handel sind verschiedene Typen, die sich in der Blattgröße und Blattfärbung unterscheiden, darunter auch solche mit rotem oder panaschiertem Laub.

Cotyledon, Dickblatt

Zwei Arten der Sukkulenten-Gattung *Cotyledon* sind für Wintergärten zu empfehlen. *C. orbiculata*, das Schweineohr, ist ein etwa 1 m hoher Strauch mit sukkulenten Blättern. Hinsichtlich der Blattform und Blattfarbe herrscht innerhalb der Art eine große Mannigfaltigkeit. Neben schneeweißwachsig bereiften, rot geränderten, breit-spatelförmigen Blättern gibt es auch Formen mit kurz-eiförmigen oder zylindrischen Blättern. Auch die über 50 cm langen Blütenstände, an denen hängende rote oder rötlich gelbe Blüten sitzen, sind sehr ansehnlich. Maximal 40 cm hoch wird *C. undulata*, eine besonders schöne Blattsukkulente. Die in vier Zeilen stehenden Blätter sind schneeweiß bereift, der Blattrand ist wellig verbogen.

Besondere Hinweise: Unten kahl gewordene Pflanzen kann man kräftig zurückschneiden.

Crassula, Dickblatt

Die Bandbreite der Gattung *Crassula* mit rund 200 Arten geht von einjährigen Pflanzen über Sumpf- und Wasserpflanzen bis zu baumartigen, mehrjährigen und hochsukkulenten Pflanzen. Hier soll von vier Sukkulenten-Arten die Rede sein, die etwas größer werden und

◀ *Crinodendron patagua* ist etwas für Liebhaber besonderer Pflanzen, in der Pflege nicht ganz einfach.

sich hervorragend für Wintergärten mit anderen Sukkulenten einschließlich Kakteen eignen. Das sind zunächst *C. ovata* und die ähnlich aussehende *C. arborescens*, es sind bis 1,5 m hoch werdende Sträucher mit verdickten, braungrau berindeten Trieben und grünen, sukkulenten Blättern. *C. coccinea* wird kaum höher als 60 cm. Neben den attraktiven, sukkulenten Blättern zeichnet sich die Art durch einen trugdoldigen Blütenstand mit blutroten Blüten aus. Hübsche Blüten bildet auch die noch kleiner bleibende *C. schmidtii*.

Crinodendron, Laternenbaum

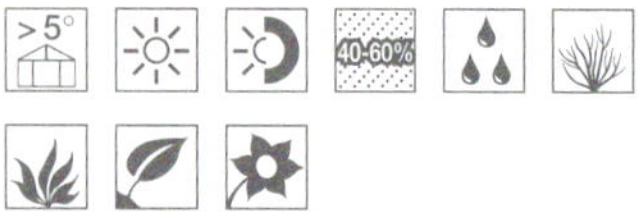

C. hookerianum, der Laternenbaum, ist im Schmucke seiner roten Laternenblüten, die wie reife Kirschen an den Zweigen hängen, eine besonders schöne Wintergartenpflanze. In seiner Heimat Chile ist der Laternenbaum ein bis zu 9 m hoher, meist vielstämmiger Baum mit schmal-elliptischen, ledrigen, tiefgrünen Blättern. Die urnenförmigen, etwa 2 cm langen, karminroten Blüten hängen an einem etwa 5 cm langen Stiel von gleicher Farbe. Die Blütenknospen bilden sich im Herbst. Je nach Temperatur und Lichtverhältnissen beginnt die Blüte im zeitigen Frühjahr und hält bis zum Sommer an.

C. patagua, der Maiglöckchenbaum, blüht im Sommer und Spätsommer, bei entsprechendem Standort bis Winterbeginn. Auch diese Art stammt aus Chile und ist ein hochwüchsiger Strauch mit elliptischen, bis 7,5 cm langen und 3 cm breiten, ledrigen Blättern. Die etwa 2 cm langen Blüten sind rein weiß und ähneln riesigen Maiglöckchenblüten. Leider blüht die Art in Kultur nicht allzu reich.

Besondere Hinweise: Beide Arten wachsen sehr langsam. Am schönsten sind solche Sträucher, die frei wachsen können, vor allem auch deshalb, weil sie dann besonders reich blühen.

Crinum × powellii, Hakenlilie

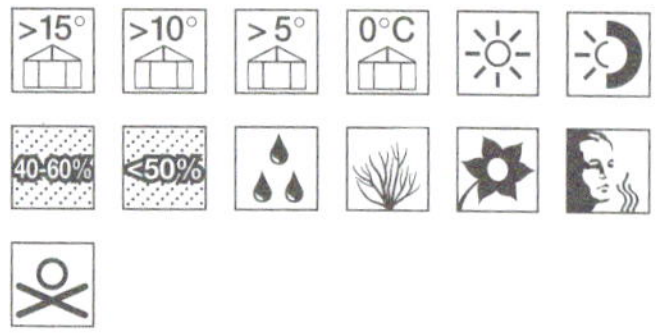

Die etwa 100 Arten der Gattung sind majestätische Zwiebelgewächse, bei denen schon die Größe der keulenartigen Zwiebel sehr beeindruckt. Aus dem Zwiebelhals wachsen zahlreiche schmale Blätter, die oft sehr lang werden. Die Blüten erscheinen auf unterschiedlich hohen Schäften in wenig- oder vielblumigen, lockeren Dolden. Sie sitzen an kurzen Stielen, stehen horizontal ab oder hängen nach unten. Die Blütenhülle ist trichter- bis glockenförmig und besteht aus einer langen, geraden oder gebogenen Röhre (die sich auch zu einem Schlund erweitern kann) mit länglich eiförmigen oder lineal-lanzettlichen Abschnitten. Im Handel befinden sich meist Kulturformen des Artbastards *Crinum × powellii* mit rosafarbenen oder weißen Blüten. Blütezeit ist Juli bis September. Da sich die Blüten nach und nach öffnen, erstreckt sich die Blütezeit über mehrere Wochen und man kann sich lange an ihnen erfreuen.
Besondere Hinweise: Die Pflanzen verlangen relativ große Kübel, in denen sie dann mehrere Jahre stehen können. In der Regel pflanzt man drei bis fünf Zwiebeln in ei-

nen 40 bis 50 cm großen Kübel. Zu häufiges Verpflanzen ist nachteilig, besonders wenn Wurzelstörungen größerer Art damit verbunden sind. Keinesfalls sollte die Entwicklung früher als nach fünf bis sechs Jahren durch Umpflanzen gestört werden. Muss verpflanzt werden, soll dies sehr behutsam geschehen. Die fleischigen Wurzeln brechen leicht ab oder bekommen Knicke. Die Zwiebeln sollten tief gepflanzt werden und zwar so, dass nur das Ende des langen Halses hervorschaut. Mit der Zeit bilden die meisten Arten eine Vielzahl Nebenzwiebeln, sodass größere Horste entstehen, die dann umso reichlicher blühen, wenn man es nicht an der nötigen Ernährung fehlen lässt.

Ctenanthe, Kammmarante

>15° | >60%

Mit ihren prächtig gefärbten Blättern kann die *Ctenanthe* mit jeder Blütenpflanze konkurrieren. Leider sind die Pflanzen nicht ganz einfach in der Pflege. Zwei Arten sind für den Wohn-Wintergarten interessant. *C. oppenheimiana* hat unterseits rote, oberseits grüne Blätter, die je nach Belichtung unterschiedlich stark silbrig gezeichnet sind. Besonders auffällig ist die Sorte 'Tricolor', deren grüne Blätter rein weiß gefleckt sind. *C. lubbersiana* hat unterseits hellgrüne, oberseits gelbgrün marmorierte Blätter.

Besondere Hinweise: Einrollen der Blätter bei ausreichender Erdfeuchte deutet auf eine zu niedrige Luftfeuchte hin.

▶ Farbenprächtige Blätter sind das besondere Kennzeichen von *Ctenanthe oppenheimiana*.

Cupressus, Zypresse

>10° | >5° | 0°C | 40-60%

Die Gattung *Cupressus* ist mit etwa 17 Arten vom Mittelmeer (wo sie zu den Charakterbäumen gehören) bis zum Himalaya, in den Randgebieten der Sahara und in den tropischen und subtropischen Gebieten Amerikas verbreitet. Für Wintergärten sind drei Arten und ihre Kulturformen von Bedeutung. Es sind dies die Echte Zypresse, *C. sempervirens*, die Arizona-Zypresse, *C. arizonica* und *C. macrocarpa*, die Monterey-Zypresse. Bei 'Goldcrest', der wohl bekanntesten bei uns angebotenen Sorte, ist das federige Blätterwerk in der Jugend sattgelb. 'Wilma' ist ein Sport von 'Goldcrest'. Kompakter Wuchs und eine feine, frischgrüne Belaubung zeichnen diese Sorte aus.

Besondere Hinweise: Zypressen sind schnittverträglich, weshalb man sie wie Buchsbaum in Kugel-, Säulen- oder Pyramidenform schneiden kann. Aber auch natürliche Formen sind gefragt. Insbesondere *C. macrocarpa* wirkt natürlich gezogen besonders schön. Bei ausgewachsenen Pflanzen sollte man die Schere nur zum Schneiden der älteren Zweige einsetzen. Die jüngeren Triebe sind durch Abzupfen der Triebspitzen in Form zu bringen.

Cyanotis kewensis, Teddybärpflanze

>15° | >10° | 40-60% | <50%

Die im tropischen Asien und Afrika heimischen Arten der Gattung *Cyanotis* sind niederliegende Kräuter, die den Tradescantien ähneln. *C. kewensis* hat fleischige,

▶ *Cyanotis kewensis* ist auch ein hervorragender Bodendecker.

rotbraun behaarte Triebe, an denen kleine, ebenfalls rotbraun behaarte, unterseits violette Blätter sitzen, die sich dachziegelartig berühren. Reizend sind die tiefvioletten Blüten, die sich gut vom Rotbraun der Triebe und des Laubs abheben.

Besondere Hinweise: Verkahlen die Triebe von der Basis her, sollten sie im Frühjahr um die Hälfte zurückgeschnitten werden.

Cyathea (syn. Alsophila), Becherfarn

Es gibt wohl keine Pflanzengruppe, die eine so weite Verbreitung genießt, wie die der Farne. Farne sind mehr als nur hübsch belaubte Grünpflanzen. Sie bieten eine Fülle an Größen, Farben und Strukturen und haben die Fähigkeit, die ruhevolle Atmosphäre ihrer natürlichen Standorte zu verbreiten. Die meisten Farne haben einen ausdauernden, waagerechten oder mehr oder weniger aufsteigenden, wenig verzweigten Erdspross, dem die Blätter (Wedel) entspringen. Weniger bekannt sind die Farne, bei denen das Rhizom aufrecht und kräftig ausgebildet ist. Es bildet dann eine Art Stamm, an dessen oberen Ende die Blätter als Schopf sitzen. Daher bezeichnet man diese Farngruppe auch als Baumfarne. Die Stammhöhe variiert zwischen wenigen Dezimetern und mehreren Metern. Die Blätter (Wedel) sind spiralig um den Stamm angeordnet und sitzen in Rosettenform am oberen Ende, das durch Haare oder Schuppen geschützt ist. Die Zahl der voll entwickelten Blätter ist von Art zu Art unterschiedlich. Sie kann fünf oder sechs, aber auch 40 Blätter betragen. Von der Gattung *Cyathea* sind als Wintergartenpflanzen *C. australis* und *C. dealbata* von Bedeutung.

Besondere Hinweise: Es gibt viele Möglichkeiten, die besondere Schönheit der Baumfarne zur Geltung zu bringen. So sind kahle Wände als Hintergrund besonders gut geeignet. Aber auch ein blauer Himmel im Hintergrund setzt schöne Akzente.

Baumfarne sind gegen Austrocknen und starken, die Verdunstung übermäßig fördernden Luftzug empfindlich. Die Erde muss ständig feucht gehalten werden. Im Sommer ist der Wasserbedarf bei sonnigem, warmem Wetter hoch. Bei vorübergehender Trockenheit trocknen die Blätter ein und sterben ab. In der Regel erholen sich die Pflanzen jedoch wieder und treiben nach einigen Wochen neu aus. Ballentrockenheit bringt die Pflanzen allerdings um. Die Wedelkronen sind nicht zu benetzen, da die Blätter sonst unter dem Gewicht des Spritzwassers leicht abknicken oder bei dauernder Nässe auch fleckig werden.

Ein entscheidender Faktor bei der Kultur von Farnen ist die chemische Reaktion des Substrates. Die Baumfarne gedeihen am besten in einem humosen, dabei durchlässigen, schwach sauren Substrat mit einem pH-Wert zwischen 5,5 und 6,5.

Cycas revoluta, Japanischer Sagopalmfarn

Die Palmfarne stellen eine altertümliche Gruppe von Pflanzen dar, die in früheren Erdepochen, vor allem im Jura, in großer Mannigfaltigkeit auf der Erde verbreitet waren. Ihre heute noch lebenden Vertreter sind somit die letzten Zeugen einer stammesgeschichtlich bedeutungsvollen Sippe, zu denen auch *Cycas revoluta* gehört. Die in Japan heimische, im Mittelmeerraum häufig angepflanzte *C. revoluta* bildet einen kurzen, dicken, walzenförmigen, am natürlichen Standort bis 3 m hohen Stamm. Den Stamm krönen in gedrängter Rosette stehende, ledrige, dunkelgrüne, tief eingeschnittene Blätter.

Besondere Hinweise: Palmfarne wachsen ausgesprochen langsam, nur jedes Jahr bildet sich ein neuer Blattkranz. Deshalb sind sie auch vergleichsweise teuer.

Cyperus, Zypergras

Der etwa 600 Arten umfassenden Gattung *Cyperus* sind die regenschirm- oder perückenartig angeordneten, oft nadeldünnen Blätter gemeinsam, die an der Spitze der in der Regel langen Stängel sitzen. Für Wintergärten von Bedeutung sind zwei Arten: *C. papyrus*, der Papyrus, und *C. alternifolius*. *C. papyrus* ist die Pflanze, die schon im alten Ägypten das Ausgangsmaterial für die Herstellung von Papyrus lieferte. Im Wintergarten ausgepflanzt, kann sie mehr als 2 m hoch werden und im Laufe der Zeit durch Ausläuferbildung einen guten Sichtschutz liefern. Als Zimmerpflanze weit verbreitet ist *C. alternifolius*, die etwa 1 m hoch wird.

Besondere Hinweise: Zypergräser sind in Kultur recht einfach, weil das Gießen kein schwieriges Problem darstellt. Sie können nicht „vergossen" werden, da sie nur gut gedeihen, wenn sie fortwährend mit den Wurzeln im Wasser stehen. Doch dürfen bei *C. papyrus* die kriechenden Rhizome nicht vom Wasser überflutet werden, während *C. alternifolius* bei vorsichtiger Gewöhnung Wassertiefen bis zu 10 cm verträgt. Bei zu hohem Wasserstand wird die Wurzelatmung unterbrochen, dann vertrocknen die Blattspitzen. Eine Erscheinung, die auch bei Wassermangel und einer zu niedrigen Luftfeuchte zu beobachten ist.

▲ *Cycas revoluta* wächst sehr langsam und ist daher auch nicht ganz billig in der Anschaffung.

Cyphomandra betacea, Baumtomate

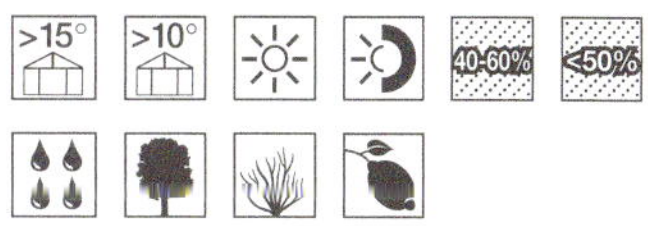

Die Heimat der Baumtomate liegt in den Anden Mittel- und Südamerikas. Heute ist sie als Nutzpflanze weltweit in tropischen und subtropischen Gebieten zu finden. Es ist ein baumartiger Strauch, der bei ungehindertem Wachstum nach mehreren Jahren 3 m Höhe und mehr erreicht. Ab dem zweiten Jahr beginnt der Tomatenbaum zu tragen und bildet dann fast ununterbrochen Früchte aus. Die Blätter haben ein ornamentales Aussehen und erreichen 30 bis

40 cm Größe. Die Blütenstände entspringen den Blattachseln und tragen zahlreiche rosa gefärbte Blüten, von denen allerdings die meisten abfallen, ohne befruchtet worden zu sein. Die attraktiven Beerenfrüchte hängen an langen Stielen und haben die Form eines Hühnereies. Die Schale der tomatenähnlichen Früchte ist dick und ungenießbar. Darunter liegt ein sehr vitaminreiches Fruchtfleisch mit einem sonneneinstrahlungsbedingten, süßsäuerlichen Geschmack. Für den Frischverzehr sind die Früchte weniger gut geeignet, sie können aber in der Küche wie Tomaten verwendet werden.

Besondere Hinweise: Die Blüten können mit der Hand bestäubt werden. Unbedingt nötig ist dies jedoch nicht, da sich zur Blütezeit im späten Frühling genügend Insekten einfinden. Lästig können Spinnmilben, Weiße Fliege und Blattläuse werden.

▼ Das Fruchtfleisch von *Cyphomandra betacea* ist sehr vitaminreich.

Danae racemosa, Alexandrinischer Lorbeer

Der Alexandrinische Lorbeer ist ein in Südwestasien heimischer Strauch mit kurzen Rhizomen, aus dem die Triebe in dichter Anordnung entspringen. Die echten Blätter fallen bald ab oder sind zu winzigen Schuppen zurückgebildet. Die Funktion der Blätter übernehmen die zu grünen Phyllokladien umgebildeten Zweige. Die endständigen, kleinen, eher unscheinbaren Blüten erscheinen im Juni. Ihnen folgen korallenrote Beeren, die lange an der Pflanze haften bleiben. *D. racemosa* war in der italienischen Renaissance eine wichtige Einfassungspflanze. Ausgepflanzt, wird sie ungeschnitten meterhoch und ebenso breit. Auf größeren Pflanzbeeten ist sie ideal als immergrüne Unterpflanzung.

Besondere Hinweise: Selbst im tiefen Schatten wächst dieser Strauch noch. Die Pflanzen können von Zeit zu Zeit gänzlich heruntergeschnitten werden, um wieder neu und dichter auszutreiben.

Dasylirion acrotrichum, Rauschopf

Der Rauschopf ist in den Trockengebieten Mexikos verbreitet, wo er zusammen mit Sukkulenten wächst. Die kreisförmig angeordneten, schmalen, scharf bedornten Blätter sitzen auf einem kurzen Stamm. Sie laufen an der Spitze in eine zierliche Faserquaste aus. Neben *D. acrotrichum* sind die ähnlich aussehenden *D. longissimum*, *D. serratifolium* und *D. glaucophyllum* für Wintergärten geeignet.

Besondere Hinweise: Aufgrund der scharf bedornten Blätter empfiehlt es sich nicht, die Pflanze an Wegränder oder in die Nähe von Sitzplätzen zu stellen bzw. zu pflanzen.

Davallia, Hasenpfotenfarn, Krugfarn

Typisch für diese Farngattung ist das lange, je nach Art bis fingerdicke, kriechende, schuppige Rhizom, das dicht behaart ist und eine gewisse Ähnlichkeit mit einer Tierpfote hat. Aus dem Rhizom schieben sich in mehr oder weniger großen Abständen die filigranen Wedel hervor. Als Arten können *D. canariensis*, *D. fejeensis* (wirkt besonders graziös) und *D. mariesii* empfohlen werden.

Besondere Hinweise: Davallien leben epiphytisch auf Bäumen oder auf Felsen. In Ampelkörbe gepflanzt, entwickeln sich die Farne besonders gut. Gute Lebensbedingungen finden sie auch auf Steinen, die in der Nähe eines Wasserbeckens liegen. Trockenheit führt zwar zum Absterben der Wedel, hält dieser Zustand aber nur kurzfristig an, treiben die Rhizome nach kurzer Zeit wieder aus.

Delairea odorata (syn. Senecio mikanioides), Sommerefeu, Salonefeu

Der Sommerefeu ist eine halb verholzende, niederliegend wachsende oder mehrere Meter hoch kletternde Pflanze mit efeuartigen Blättern. Ausgewachsene Pflanzen tragen im Herbst/Winter große Büschel kleiner, gelber Blütenköpfe.

Besondere Hinweise: Kann im Bedarfsfall, wenn von unten kahl geworden, auch stark zurückgeschnitten werden.

Delosperma, Mittagsblume

Die zu den Mittagsblumengewächsen (Aizoaceaen) gehörende, in Südafrika heimische Gattung *Delosperma* eignet sich hervorragend als Bodendecker oder Ampelpflanze für Wintergärten mit sukkulenten Pflanzen. Es sind verholzende Zwergsträucher mit kriechenden Trieben, dickfleischigen Blättern und attraktiven strahlenförmigen Blüten. *D. cooperi* hat große purpurrote Blüten. *D. lineare* blüht gelb. Am weitesten verbreitet ist *D. pruinosum*, von der es eine Reihe Typen und Selektionen gibt. Am bekanntesten ist 'Feuer von Granada' mit lila Blüten und gelber Mitte.

Besondere Hinweise: Die Pflanzen benötigen ganzjährig volle Sonne, bei wenig Licht erfolgt keine Blütenbildung bzw. die Blüten bleiben geschlossen. Alle paar Jahre empfiehlt sich eine Neupflanzung.

▶ *Dianella tasmanica* ist eine Staude, die sich in größeren Wintergärten hervorragend als Bodendecker eignet.

Dianella tasmanica, Flachslilie

Die mit dem Neuseeländer Flachs (*Phormium tenax*) nahe verwandte Staude, hat mehr oder weniger wirr stehende, immergrüne, riemenförmige Blätter, die bis 50 cm hoch werden können. Im Verlauf des Sommers entwickeln sich an verzweigten Rispen nickende, sternförmige, leuchtend blaue oder violettblaue Blüten, denen im Herbst tiefblaue Beeren folgen.

Dichorisandra

Dichorisandra ist eine Gattung aufrechter, Gruppen bildender, immergrüner Stauden mit dekorativen Blättern, die in Südamerika heimisch sind. *D. thyrsiflora*, der Blaue Ingwer, hat rohrartige Stängel, an denen die Blätter spiralig angeordnet sind. Die aufrechten Blütenstände erscheinen im Herbst und Winter, die Blüten sind dunkelmalvenblau. Bei *D. reginae* stehen an aufrechten Trieben die Blätter in zweizeiliger Anordnung. Die lanzettlichen, dunkelgrünen Blätter besitzen zwei silberweiße Längsstreifen und einen violetten Mittelnerv. Im guten Kontrast dazu stehen die lavendelfarbenen Blüten, die im Herbst erscheinen.

Dicksonia antarctica, Australischer Taschenfarn

Diese Baumfarne werden nicht selten wegen ihrer breiten Wedelkronen, die auf massigen Stämmen sitzen, mit Palmen verwechselt. Die Stämme werden jedoch aus den in dichten Spiralen miteinander verwachsenen Blattbasen gebildet und sind mit stacheligen Haaren und verfilzten Luftwurzeln bedeckt. Zwar erreichen Dicksonien an ihren natürlichen Standorten große Höhen, im Wintergarten bleiben sie jedoch wesentlich kleiner. Die in Australien und Tasmanien heimische *D. antarctica* besitzt ledrige, dreifach gefiederte Wedel, deren Fiedern kreuz und quer von gelben Nerven durchzogen sind. Ihr kräftiger Stamm ist mit rotbraunen Haaren bedeckt.

Didymochlaena truncatula, Erdfarn

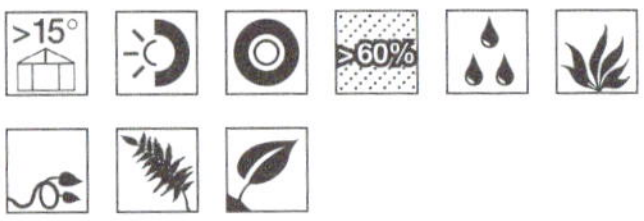

D. truncatula ist ein tropischer Farn mit doppelt gefiederten Blättern, die lederartig und glänzend sind. Das junge Blatt ist bräunlich, später dunkelgrün. Der Erdfarn, der ein guter Bodendecker auf größeren Pflanzflächen ist, mag keine starken Temperaturschwankungen.

Dieffenbachia seguine (syn. D. maculata), Dieffenbachie

Die etwa 25 Arten der Gattung *Dieffenbachia* sind im tropischen Mittel- und Südamerika beheimatet. Alle haben attraktiv gezeichnete, meist große Blätter. Je nach Art oder Sorte bilden sie einen mehr oder weniger kräftigen, krautigen Stamm aus. Die Blattstiele sind dick und steif. Die Blattspreite ist meist unregelmäßig gezeichnet, grün und rahmweiß gefleckt oder gestreift, auf der Blattoberseite meist mit einer rinnenförmigen Hauptrippe. Der Blütenstand ist nicht besonders attraktiv, zeigt aber die Zugehörigkeit zu den Aronstabgewächsen. Die Zahl der Kulturformen ist groß und vielfach bereitet es Schwierigkeiten, die sehr ähnlichen Sorten auseinander zu halten. Die Mehrzahl unserer heutigen Sorten dürfte der Art *D. seguine* angehören. Am heimatlichen Standort erhalten Dieffenbachien viel Feuchtigkeit, Wärme und lichten Schatten. Werden diese Bedingungen im Wintergarten erfüllt, kann man sehr viel Freude an den Pflanzen haben.

Besondere Hinweise: Im Verlauf des Wachstums verlieren die Pflanzen auch bei guter Nährstoffversorgung allmählich die unteren Blätter, was ein ganz natürlicher Vorgang ist. Wem das nicht gefällt, der kann die Pflanzen zurückschneiden. Achtung! Dieffenbachien sind in allen Teilen giftig. Neben Hautreizungen werden hauptsächlich die Schleimhäute angegriffen. Man muss aber auf diese hübsche Blattpflanze nicht verzichten, sollte die Pflanzen jedoch möglichst außerhalb der Reichweite von Haustieren und natürlich auch von Kindern aufstellen. Eine matte Laubfarbe und ein Zurückbleiben im Wuchs sind die ersten Zeichen für den Befall durch die Bakterienwelke. Im weiteren Verlauf krümmen sich die Blattstiele nach unten, die älteren Blätter vergilben. Eine Bekämpfungsmöglichkeit gibt es nicht. Befallene Pflanzen sind sofort zu entfernen.

Diospyros kaki, Kakipflaume, Dattelpflaume

Die Dattelpflaume ist in China und Japan heimisch, wird aber auch in Südeuropa als Fruchtbaum häufig angebaut und ist in vielen Sorten verbreitet. Es ist ein sommergrüner, rundkroniger Baum mit bräunlich behaarten Zweigen und glänzend dunkelgrünen Blättern. Die Unterseite wirkt durch ihre Behaarung heller gefärbt. Die gelblich weißen Blüten erscheinen in den Blattachseln. Die Dattelpflaume kommt in einhäusigen, zweihäusigen und zwittrigen Formen vor. Männliche Blüten erscheinen in Büscheln, weibliche stehen immer einzeln. Die Früchte sind große Beeren, die sich im reifen Zustand goldgelb bis tomatenrot färben. Besonders attraktiv ist die Dattelpflaume im Herbst, wenn sich das Laub verfärbt und die Früchte noch lange nach dem Blattabwurf die Pflanze zieren. Wenn man eine selbst bestäubende Sorte, wie 'Hana Fuyn' oder die Sharonfrucht, gewählt hat oder am besten zwei Bäume pflanzt (sofern der Platz

▲ Von *Dieffenbachia seguine* wird im Handel eine Vielzahl von Kulturformen mit unterschiedlicher Blattfärbung angeboten.

▶ *Diospyros kaki* ist ein interessantes Obstgehölz, das im Herbst seine Blätter verliert.

ausreicht), ist ein reicher Ertrag sicher.

Besondere Hinweise: In den ersten Jahren ist ein Aufbauschnitt wie bei Obstbäumen im Garten durchzuführen. Später führt man notwendige Schnittmaßnahmen im zeitigen Frühjahr durch. Die Bäume blühen im Frühsommer, eine spärliche Blüte setzt schon im Alter von einigen Jahren ein. Die Früchte entwickeln sich im Laufe des Jahres bis in den Winter hinein. Sie reifen auch dann noch weiter, wenn die Pflanze bereits völlig unbelaubt ist. Zum Genuss müssen die Früchte reif oder überreif sein (die Schale muss auf leichten Fingerdruck nachgeben), weil erst dann der in den Früchten enthaltene Gerbstoff abgebaut ist.

Distictis buccinatoria (syn. Phaedranthus buccinatorius), Mexikanische Klettertrompete, Roter Trompetenwein

Der in Mexiko heimische, starkwüchsige und hoch kletternde Strauch entwickelt kantige Äste. Die gegenständig angeordneten Blätter bestehen aus zwei Blättchen und einer dreiarmigen Ranke. Die Blättchen sind länglich elliptisch oder mehr eilänglich und 6 bis 7 cm lang. Die hängenden Blüten stehen in end- oder achselständigen Trauben. Die röhrenförmige, blutrote oder orangerote Krone mit gelbem Schlund ist 5 bis 10 cm lang. Die Hauptblütezeit liegt in der Zeit von Juni bis August. Da die Blütenbildung von der Lichtmenge abhängig ist, erscheinen auch zu anderen Jahrezeiten Blüten.

Besondere Hinweise: Sonnige Standorte sind Voraussetzung für die Blütenbildung. Die Pflanzen benötigen ein stabiles Klettergerüst, an dem die Triebe hochranken können. Ältere Pflanzen sind nach Bedarf zurückzuschneiden oder auch nur auszulichten.

Dodonaea viscosa, Australischer Hopfen, Sandolive

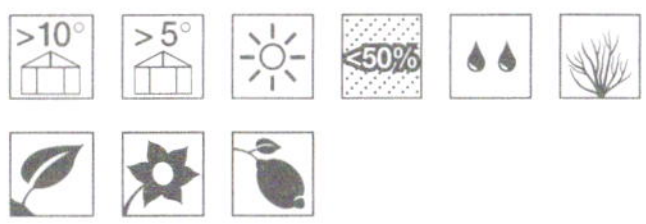

D. viscosa, heimisch in Australien, Südafrika, Mexiko und den USA

▶ Bei *Dodonaea viscosa* halten die hübschen Fruchtstände den ganzen Winter über an der Pflanze.

(Florida und Arizona), ist ein immergrüner Großstrauch mit länglich zugespitzten, gelbgrünen, ganzrandigen Blättern. Die grünlichen Blüten sitzen in kurzen, achsel- und endständigen Trauben. Was die Pflanzen besonders auszeichnet und für den Wintergarten so interessant macht, sind die dekorativen, sich rot färbenden Fruchtstände, die lange an der Pflanze haften. *Dodonaea* blüht und fruchtet den ganzen Sommer über. Die Fruchtreife und die damit verbundene schöne Färbung werden im September bis November erreicht.

Besondere Hinweise: Die Pflanzen verzweigen sich von Natur aus selbst sehr gut. Ein Schnitt ist im Allgemeinen nicht erforderlich, obwohl die Pflanzen außerordentlich schnittverträglich sind. Sonnige Standorte (selbst pralle Sonne direkt hinter dem Glas macht den Pflanzen nichts aus) sind wichtig für ein optimales Wachstum und für eine intensive Färbung der Fruchtstände.

Dombeya, Hortensienbaum

Die Gattung *Dombeya* ist im tropischen Afrika, auf Madagaskar und auf den Maskarenen verbreitet. Es sind in der Regel winterblühende Sträucher oder kleine Bäume. Die relativ großen, handnervigen, oft herzförmig gelappten Blätter sind wechselständig angeordnet. Die rosafarbenen oder weißen Blüten sitzen in achsel- oder endständigen Trugdolden. Zwei Arten sind für den Wintergarten interessant. Der Ahornblättrige Hortensienbaum, *D. burgessiae*, hat weiche, behaarte und gezähnte Blätter, über denen große Dolden weißer oder hellrosafarbener Blüten mit dunkelrosa Augen stehen. *D. wallichii* trägt große, raue, herzförmigen Blätter, die kantig gelappt sind. Die lilarosafarbenen Blüten sitzen an dünnen, langen, behaarten Stielen, mitunter etwas unter dem Laub verborgen. Sie erscheinen von Februar bis April.

Besondere Hinweise: Die zimmerlindenähnlichen, raschwüchsigen Pflanzen benötigen in der Breite viel Platz. Notwendige Schnittmaßnahmen sind direkt nach der Blüte durchzuführen.

Dracaena, Drachenbaum

Die Arten der Gattung *Dracaena*, die in den Tropen Asiens und Afrikas heimisch sind, tragen in der Regel am Ende eines mehr oder weniger langen Stammes einen Blätterschopf, wodurch sie ein palmenähnliches Aussehen erhalten.

Dracaena deremensis

D. deremensis aus dem tropischen Afrika wächst meist mehrtriebig und trägt an den Enden der „Stämme" dunkelgrüne, schmal-lanzettliche Blätter, die bis 50 cm lang werden. Im Handel findet man meist Kulturformen. Bei 'Bausei' werden die kräftigen, dunkelgrünen Blätter von einem weißen Mittelstreifen durchzogen. Sehr ähnlich ist die Sorte 'Longii', deren ausgewachsene Blätter nach unten hängen. Die Form 'Warneckii' zeigt hellgrüne und dunkelgrüne Blattstreifen. Daneben gibt es auch noch Formen mit weißem, cremegelbem und goldgelbem Mittelband.

Dracaena draco, Echter Drachenbaum

Der eigentliche Drachenbaum stammt von den Kanarischen Inseln und ist nur für größere Wintergärten geeignet, da er ausgepflanzt, beträchtliche Ausmaße einnehmen kann. Die schwertförmigen, 45 bis 60 cm langen und 3 bis 4 cm breiten, blaugrünen Blätter, stehen am Ende des Stammes dicht gedrängt.

Dracaena fragrans

Die Art hat einen kräftigen Stamm, der von einem Schopf dunkelgrüner Blätter gekrönt wird. Im Laufe der Jahre kann auch diese Art beträchtliche Ausmaße einnehmen. Die Kulturform 'Massangeana' hat einen breiten, gelblich grünen Mittelstreifen. Dagegen werden die Blätter der Sorte 'Lindenii' beiderseits von breiten, gelblich grünen Streifen eingefasst. Besonders attraktiv ist 'Victoriae' mit ihrem grünlich silbergrauen Mittelband und den gelben Seitenstreifen.

Dracaena marginata, Gerandeter Drachenbaum

Diese Art entwickelt schlanke Stämme, an denen schmale, rotbraun gerandete Blätter sitzen. 'Tricolor' ist hellgelb mit roten Rändern. Eine noch intensivere Färbung zeigt 'Colorama'.

▲ *Dracaena surculosa* ist durch seine vielfach verzweigten Triebe und die flächigen Blattspreiten anderen *Dracaena*-Arten nicht sehr ähnlich.

Dracaena reflexa

D. reflexa ist auf Madagaskar und auf der Insel Mauritius beheimatet. Die mehrtriebig wachsenden, bisweilen verzweigten Pflanzen haben dichtgestellte, elliptisch bis verkehrtlanzettliche grüne Blätter. Die Triebe der 3 bis 4 m hoch werdenden Pflanze wachsen bogig bewegt. Die Sorte ‘Song of India’ wächst etwas langsamer als die Art und hat goldgelb gerandete Blätter.

Dracaena sanderiana

Diese Art bildet schlanke, schmal aufrecht wachsende und weitläufig beblätterte Stämmchen. Ihre bis 15 cm langen Blätter werden von weißen und silbergrauen Streifen durchzogen. Bei der Sorte ‘Boringuensis’ hat sich die Blattzeichnung umgekehrt, d. h. ein heller Mittelstreifen wird von einem weißen Muster eingefasst, das gegen den Rand durch tiefgrüne breite Streifen abgesetzt ist.

◀ *Dracaena reflexa* wächst ausgepflanzt und bei regelmäßigem Umtopfen zu einer stattlichen Hauptpflanze heran.

Dracaena surculosa, Panaschierter Drachenbaum

Diese im Handel auch unter dem Namen *D. godseffiana* erhältliche Art weicht im äußeren Erscheinungsbild durch ihren strauchigen Wuchs von den anderen Arten ab. Die dünnen, sehr harten und sich vielfach verzweigenden Triebe sind mit elliptischen, etwa 10 cm langen Blättern besetzt. Sie sitzen zu mehreren rosettenförmig am Stängel. Bei ‘Punctulata’ weisen die Blätter undeutlich-verwaschene, hellgrüne Punkte und Flecken auf. Elfenbeinweiß gesprenkelt ist ‘Kelleri’. ‘Florida Beauty’ trägt an dünnen, drahtigen Trieben eirunde, zugespitzte Blätter mit cremeweißen Flecken, die so ineinander übergehen, dass die Blätter fast vollständig davon bedeckt sind. Ältere Pflanzen blühen regelmäßig. Die roten Beeren heben sich sehr gut vom gelbgrünen Laub ab.

Besondere Hinweise: Zu groß gewordene Pflanzen der vorstehenden Arten lassen sich radikal zurückschneiden. Von den zwei bis drei seitlich entstehenden Blattschöpfen entwickelt sich vielfach nur ein Austrieb weiter, während die übrigen Blattschöpfe im Wachstum zurückbleiben oder absterben. Starke Lichtminderung beeinträchtigt die Blattausfärbung und -zeichnung. „Fußkälte“ ist zu vermeiden. Anhaltende Trockenheit führt zu braunen Blatträn-

▶ *Duchesnea indica* ist ein rasch wachsender Bodendecker, der auch klettern und in Ampeln gehalten werden kann. Die Früchte sind essbar.

dern, stauende Nässe zu Wurzelfäule. Bei Vernässung der Erde oder bei niedrigen Bodentemperaturen faulen die dickfleischigen Wurzeln innerhalb kürzester Zeit, dabei werden die Blätter von unten her braun und sterben ab. Niedrige Lufttemperaturen bewirken Blattaufhellungen. Braune, trockene Blattstellen entstehen bei Kalkmangel.

Dregea sinensis, Dregea

>10° >5° 40-60% <50%

D. sinensis ist eine in China heimische, holzige, windende Kletterpflanze mit ovalen, mittelgrünen, 3 bis 10 cm langen Blättern, die an der Basis herzförmig ausgebildet sind. Im Sommer erscheinen Dolden mit 10 bis 25 kleinen, duftenden, sternförmigen, weißen oder cremefarbenen Blüten mit roten Punkten und Streifen.

Duchesnea indica, Indische Erdbeere, Scheinerdbeere

>10° >5° 0°C <50%

Die Indische Erdbeere zeichnet sich durch gelbe Blüten und erdbeerähnliche Früchte aus, die von fadem, süßlichem Geschmack sind. Die Blätter sind dreizählig gefiedert. Die Blütezeit beginnt meist im Juni und dauert bis zum Herbst an. In kühleren Wintergärten ist die Indische Erdbeere ein vorzüglicher Bodendecker, kann aber auch in Ampeln oder an Klettergerüsten gezogen werden.

Besondere Hinweise: Aufgrund starker Ausläuferbildung vermögen die Pflanzen die Flächen rasch zu überwuchern. Nach drei- bis vierjährigem Stand überaltern die Pflanzen in der Regel schnell und werden unansehnlich. Man kann die Pflanzendecke dann zurückschneiden, um sie zu verjüngen, besser ist es aber, neu zu pflanzen. Im Winter vorsichtig gießen, Blätter möglichst nicht benetzen, da Gefahr von Grauschimmel.

Duranta erecta (syn. Duranta repens), Taubenbeere, Einzelstämmige Himmelsblüte

>10° >5° 40-60%

Die Taubenbeere ist von Kalifornien bis Brasilien verbreitet, wird aber heute in vielen Gärten der Tropen und Subtropen als Zierbaum angepflanzt. Es handelt sich um einen immergrünen Baum mit vierkantigen Zweigen und eiförmigen oder elliptischen, meist ganzrandigen, 1 bis 5 cm langen Blättern, die in einem kurzen Stiel schmal auslaufen. Die sehr auffallenden, taubenblauen Blüten, stehen in Rispen, die elegant herabfallen. Im Wintergarten erscheinen sie praktisch das ganze Jahr über. Nicht weniger attraktiv sind die Ketten orangegelber Früchte. Es gibt auch Kulturformen, darunter auch eine mit weißen Blüten und weißbunten Blättern.

Besondere Hinweise: Im Winter reichen 5 °C, allerdings verlieren die Pflanzen dann nahezu das gesamte Laub. Man sollte nur selten zur Schere greifen. Wenn die Pflanzen jedoch zu groß geworden sind, kann man sie zur Verjüngung kräftig zurückschneiden.

Echeveria, Echeverie

>10° >5° 40-60% <50%

Echeverien sind Bewohner von Trockengebieten der Neuen Welt, deren Verbreitungsgebiet sich vom mexikanischen Hochland bis

▶ Bei *Echeveria leucotricha* steht der Blattschmuck im Vordergrund, aber auch die Blüten können sich sehen lassen.

Peru, Bolivien und Chile erstreckt. Allen gemeinsam sind die dicken, fleischigen, in Rosetten angeordneten Blätter, die kahl oder bemehlt, glattrandig oder gezähnt sind und rund oder spitz enden. Die glockenförmigen, weißen, gelben oder rötlichen Blüten erscheinen meist im Winter oder Frühjahr in seitlichen Blütenständen.

E. agavoides ist die verkleinerte Ausgabe einer Agave. Auf einem kurzen Stämmchen sitzt eine Rosette kurzer, graugrüner, dickfleischiger Blätter.

E. gibbiflora bildet bis 50 cm hohe Stämmchen, an deren Enden eine Rosette hellgraugrüner, kahler Blätter sitzt. Im Handel gibt es eine Reihe von Varietäten bzw. Kulturformen, so u. a. mit bronzefarbenen Blättern oder Blättern, die höckerige Wucherungen aufweisen.

Bei *E. gigantea* sind die hellgrünen, grau bereiften Blätter an den Rändern auffallend rot gefärbt.

E. leucotricha, die „Weißhaarige Echeverie“, ist eine der schönsten behaarten Arten. Die Spitzen der ansonsten weißfilzig behaarten Blätter sind braun behaart. Die Blüten färben sich zinnoberrot. Weitere behaarte Arten sind *E. pilosa*, *E. pulvinata* und *E. setosa*.

Echinocactus grusonii, Igelkaktus, Goldkugelkaktus, „Schwiegermutterstuhl“

Die deutsche Bezeichnung Goldkugelkaktus ist eine gute Bezeichnung für den kugelförmigen, eng mit Rippen besetzten und von goldfarbenen Dornen bedeckten Kaktus. Es ist ein beliebter Kaktus, von dessen Sämlingen alljährlich Tausende verkauft werden. Bei jungen Sämlingen weist der Spross zunächst Warzen auf, die dann mit der Zeit die typischen Rippen bilden. Mit den Jahren (besser Jahrzehnten) erreicht der Goldkugelkaktus einen Durchmesser von etwa einem Meter. Die röhrenförmigen, gelben Blüten sind im Kreis

▼ In der Regel wächst *Echinocactus grusonii* einköpfig.

auf der Kugelspitze angeordnet. *E. grusonii* kommt in Kultur nur selten zur Blüte und dann auch erst nach vielen Jahren.

Besondere Hinweise: Die bräunlichen Korkpolster auf dem Pflanzenkörper sind auf eine zu hohe Luftfeuchtigkeit zurückzuführen.

Echinopsis, Seeigelkaktus

Kakteen der Gattung *Echinopsis* waren früher aufgrund ihrer Robustheit und Unempfindlichkeit in vielen Bauernstuben verbreitet. Es sind kugelige oder auch kurze Säulen bildende, häufig stark sprossende Kakteen mit durchlaufenden oder unterbrochenen Rippen. Meist sind sie stark bedornt. Die vornehmlich weißen bis leuchtend purpurroten, stark wolligen, trompetenförmigen Blüten sind gegenüber dem Kakteenkörper unverhältnismäßig groß. In der Regel öffnen sich die Blüten am Abend und verblühen am Mittag des nächsten Tages. Sie werden daher oft fälschlich als „Königin der Nacht“ bezeichnet. Sie haben aber mit der echten „Königin der Nacht“ (*Selenicereus*) nichts gemein. Neben den nachtblühenden Arten gibt es aber auch eine Reihe tagblühender Arten. Im Handel sind eine Vielzahl von Hybriden, die ein wahres Feuerwerk an Blütenfarben hervorbringen.

◀ Die trompetenförmigen Blüten von *Echinopsis* öffnen sich am Abend und verblühen am Mittag des nächsten Tages.

Elaeagnus, Ölweide

Ölweiden sind attraktive Blattschmuckpflanzen, dabei vergleichsweise pflegeleicht und wachstumsfreudig. Sie können sich in wenigen Jahren zu 2 bis 3 m hohen und entsprechend breiten Sträuchern entwickeln. Ölweiden sind zwar begrenzt winterhart, leiden aber in kalten Jahren und werden dann unansehnlich oder gehen ganz ein. Von den etwa 50 Arten sind für den Wintergarten zwei Arten von Bedeutung.

E. macrophylla, heimisch in Japan, Korea und auf den Riukiu-Inseln, ist ein reich verzweigter, bis 3 m hoher Strauch mit abstehenden, dornenlosen, silbrigen Zweigen. Die elliptischen, 6 bis 8 cm langen Blätter sind oberseits dunkelgrün, zuletzt glatt und unterseits dicht mit silberschilfrigen Schuppen bedeckt. Die sehr stark duftenden, silbrigen Blüten stehen meist zu vieren beisammen. Blütezeit ist September/November. Die rot beschuppten Früchte mit bleibender Kelchröhre werden erst im Mai des folgenden Jahres reif.

Die in Nordchina und Japan heimische *E. pungens* ist eine sehr variable Art. Die dornigen, braunen Zweige, tragen elliptisch-längliche, bis 10 cm langen Blätter. Sie sind oberseits glänzend dunkelgrün, unterseits stumpf silbrig mit einigen großen braunen Schuppen. Der Rand ist wellig oder gekräuselt. Die silberweißen, duftenden Blüten stehen meist zu dreien in den Blattachseln. Sie erscheinen im Oktober/November. Die Frucht färbt sich zunächst braun, dann leuchtend rot. Es gibt verschiedene Kulturformen: ‘Aurea’, Blätter grün mit tiefgelbem Saum; ‘Dicksonii’, ist ‘Aurea’ sehr ähnlich, aber breit goldgelb gerandet, manche Blätter im oberen Drittel ganz goldgelb; ‘Frederici’, Blätter klein und schmal, gelblich mit grünem Saum; ‘Maculata’, Blätter groß, in der Mitte gelb, in der Größe variierend, mitunter auch grüne Rückschläge; ‘Tricolor’, Blätter grün mit gelblichen und weißlich rosafarbenen Zonen.

Besondere Hinweise: Ölweiden lässt man am besten frei wachsen, weil sie natürlich gewachsen am schönsten wirken. Bei älteren Pflanzen ist gelegentliches Auslichten der Sträucher die richtige Schnittmethode, sie können zur Verjüngung kräftig zurückgeschnitten werden.

Ensete ventricosum, Zierbanane

E. ventricosum stammt aus Äthiopien, wo sie im lichten Bergwald bis in Höhen von 2500 m wächst. Der konische Stamm wird bis 10 m hoch, bleibt aber in Kultur wesent-

▲ *Ensete ventricosum* 'Maurelii' ist eine rotblättrige Kulturform, die wie die Art nach der Fruchtbildung abstirbt.

▼ Die Blüten des Blattkaktus (*Epiphyllum*), von dem zahlreiche Kulturformen angeboten werden, gehören zu den größten und schönsten unter den Kakteen.

lich kleiner. Der kugelförmige Blütenstand besitzt dunkelrote Tragblätter. Die lederartigen, trockenen Früchte enthalten relativ große, schwarze Samen. Die Blühfähigkeit tritt bei uns in der Regel erst nach sechs bis acht Jahren ein. Besonders zu empfehlen ist ein rotblättriger Typ, der unter dem Namen 'Maurelii' im Handel ist. Diese Sorte ist besonders robust und ausgesprochen kälteunempfindlich.

Besondere Hinweise: *Ensete* bringt keine Ausläufer hervor wie die echte Banane (*Musa*), sondern stirbt nach der Frucht- und Samenbildung ab. Man muss also von Zeit zu Zeit an eine Neupflanzung denken.

Epiphyllum, Blattkaktus

Unter dem Gattungsnamen *Epiphyllum* ist eine Gruppe von Kakteen im Handel, die man gemeinhin als Blattkakteen bezeichnet. Die angebotenen Pflanzen sind in der Regel Kulturformen, die durch Kreuzung verschiedener Arten, aber auch durch Kreuzung verschiedener Gattungen entstanden sind. Es sind buschig wachsende Kakteen mit langen, blattartigen, bogigen Trieben und herrlichen, trichterförmigen Blüten, die bei den Kakteen zu den größten und schönsten zählen. Sie können sich mit Orchideenblüten durchaus messen, weshalb sie im Englischen auch „orchid-cactus" genannt werden. Die Farben der Blüten reichen von Weiß, Gelb über Orange bis Dunkelrot mit allen dazwischen liegenden Farbtönen. Die Hauptblütezeit reicht von April bis Juni. Verwendet werden diese Blattkakteen als Ampelpflanzen oder man führt die Triebe an Spalieren entlang.

Besondere Hinweise: Die Eltern dieser Hybriden leben epiphytisch, also auf Bäumen. Sie kommen in regengrünen Laubwäldern oder in den immergrünen Regenwäldern vor, wo die Niederschlagsmengen erheblich sind. Daher müssen diese Kakteen wesentlich mehr gegossen werden als etwa ihre kugel- oder säulenförmigen Brüder und Schwestern aus den Trockengebieten. Die Blüten entwickeln sich an den zweijährigen Sprossen. Einige ältere, abgeblühte Sprosse sollte man Jahr für Jahr herausschneiden. Zwischen den blattähnlichen Sprossen entstehen gelegentlich dünne, meist dreikantige Triebe, die man am besten entfernt, da sie keine oder nur wenige Blüten ausbilden.

Epipremnum, „Scindapsus", Efeutute

E. aureum, die Goldene Efeutute, und *E. pinnatum*, die Gefleckte Efeutute, können mit ihren meterlangen Trieben ganze Wände überziehen, aber auch als Bodendecker verwendet werden. Junge Pflanzen in Ampeln gehalten, sehen ebenfalls recht hübsch aus. Die asymmetrischen Blätter sind mehr oder weniger stark goldgelb gestreift oder gefleckt. Interessant ist, dass junge Blätter anders aussehen als die Altersblätter. Während bei der Jugendform die hübschen Blätter kaum einmal 20 cm Länge erreichen, bildet die Altersform Blätter von über 75 cm Länge aus, die von der Seite her aufreißen, sodass gelappte Blätter entstehen. Bei den im Handel angebotenen Pflanzen handelt es sich stets um die Jugendform. Die weißbunte Form 'Marble Queen' ist zwar sehr schön, aber auch empfindlicher und schwächer wachsend.

Besondere Hinweise: Als Liane vermag die Efeutute mit Hilfe ihrer Luftwurzeln an grobrindigen Ästen emporzusteigen. Zu groß gewordene Pflanzen können zur Verjüngung kräftig zurückgeschnitten werden. Lichtmangel macht sich durch Vergrünen der Blätter bemerkbar. Temperaturen unter 15 °C führen zu dunkelbraunen Flecken auf den Blättern und fortschreitend zum Absterben der Pflanzen.

Eriobotrya japonica, Japanische Wollmispel, Loquat

>10° >5° 0°C <50%

Dieser prächtige, in Japan und China heimische, baumförmige Großstrauch, der im Mittelmeergebiet häufig in den Gärten als Obstgehölz angepflanzt wird, ist eine wertvolle Leitpflanze für größere Wintergärten. Das schönste an der Japanischen Wollmispel sind die 20 bis 25 cm langen, lederartigen, oberseits glänzend dunkelgrünen, unterseits gelbwollig behaarten Blätter mit kräftiger Nervatur. Den duftenden, bis 1 cm breiten, in kurzen Trauben am Ende der Zweige sitzenden Blüten folgen die etwa pflaumengroßen, gelben bis orangeroten, essbaren Früchte.

Besondere Hinweise: Jungpflanzen wachsen rasch und verzweigen sich ohne Stutzen erst in etwa 1 m Höhe. Auf diese Weise bekommt man Stammbäumchen, die allmählich eine halbkugelige Krone ausbilden. Wer eher buschige Pflanzen erzielen will, hat große Mühe, eine regelmäßige Verzweigung zu erreichen. Nur durch einen ständigen Rückschnitt in den ersten Jahren gelingt es, genügend Seitenzweige zu erhalten. Veredlungen sind meist nicht so wüchsig und werden oft von den Unterlagen überwachsen. Die Wollmispel wächst auch im Halbschatten noch recht gut, wird dann jedoch etwas lockerer im Wuchs und neigt nur wenig zur Blütenbildung.

Espostoa

>15° >10° >5° <50%

Die Arten der Kakteen-Gattung *Espostoa* sind wie das Greisenhaupt (siehe Seite 166) dicht mit feinen Haaren besetzt. Es sind strauchig

▲ *Epipremnum pinnatum* kann als Bodendecker, Kletter- oder Ampelpflanze verwendet werden.

▶ *Eriobotrya japonica* hat nicht nur attraktive und zudem essbare Früchte, sondern auch eine hübsche Belaubung.

oder baumförmig wachsende Kakteen, die in ihrer Heimat bis 5 m hoch werden können. Die Blüten entwickeln sich in besonderen Blühzonen, die sich nur auf einer Seite des Triebes befinden und dem Längenwachstum des Sprosses folgen. Obwohl solche Blühzonen erst an älteren Pflanzen entstehen, sind *Espostoa* wegen ihrer dichten weißen Behaarung eine wertvolle Bereicherung jeder Sukkulentenpflanzung. Strauchig wächst *E. melanostele*, baumförmig *E. lanata*, von der es eine Reihe von Formen und Varietäten gibt.

Eucalyptus, Eukalyptus, Fieberheilbaum

Die über 500 *Eucalyptus*-Arten gehören zur Familie der Myrtengewächse und kommen mit wenigen Ausnahmen ausschließlich in Australien vor, wo sie in weiten Gebieten landschaftsprägend sind. Heute werden Eukalyptusbäume weltweit in allen tropischen und subtropischen Zonen bis hinein in die Randgebiete der gemäßigten Klimazonen angepflanzt. Ihre Formenvielfalt reicht von kleinen Sträuchern bis zu den höchsten Bäumen der Welt. Sehr eigenartig sind die stark unterschiedlichen Jugend- und Altersblätter. Der Wechsel von den meist stiellosen und gegenständigen Jugendblättern zu den gewöhnlich gestielten und wechselständigen Altersblättern erfolgt je nach Art schon an kleinen Pflanzen oder erst nach einigen Jahren. Als Anpassung an trockene und heiße Bedingungen hängen die oft ledrigen und schmalen Altersblätter meist senkrecht von den Zweigen, um nicht von der Sonne aufgeheizt zu werden. Die Blattfärbung variiert zwischen blaugrün, silbergrau und graugrün. Die wunderschönen Blüten werden durch die Fülle der Staubgefäße gebildet, die bei den meisten Arten der Gattung weiß bis cremeweiß, bei den dekorativen, gärtnerisch genutzten Arten jedoch oft in den schönsten Farben von Rosa, Gelb und Rot leuchten. Blütenblätter sind nicht vorhanden. Die Kelchblätter bilden die äußere Kapsel der Knospe, welche von der charakteristischen Kappe gekrönt wird, die im Aufblühen aufspringt, abfällt und dabei die Pracht der farbigen Staubgefäße freigibt. Die Rinde der Eukalyptusbäume ist von auffallender Schönheit und Vielgestalt. An älteren Pflanzen hängt sie oft in langen Streifen herunter. Bei anderen Arten ist sie stark rissig, umschließt aber nur das untere Ende des Stammes, der obere Teil und die Äste sind weiß und glatt. Wieder andere Arten sind ganz von einer feinen, glatten, sehr zart wirkenden Rinde umgeben. Der Eukalyptusbaum enthält in allen seinen Teilen ätherische Öle, die bekanntlich in der Pharmazie und in der Kosmetik Verwendung finden. Für den Wintergarten empfehlen sich u. a. die folgenden Arten:

E. citriodora (Zitronen-Eukalyptus) zeichnet sich durch einen starken Zitronenduft der Blätter aus.

E. coccifera (Trichterfrucht-Eukalyptus) ist ein kleiner Baum mit weißer Rinde und hübschen cremeweißen Blüten.

E. cordata (Silberdollar-Eukalyptus) ist eine der wenigen Arten, die die gegenständige und sitzende Blattform auf Lebenszeit beibehalten. Es handelt sich um einen kleinen Baum mit weißer bis grünweißer Rinde und Blüten mit gelben Staubgefäßen.

E. ficifolia (Purpur-Eukalyptus) ist eine der schönsten Arten. Ein

◀ Nach der Bestäubung bildet sich bei Eukalyptus eine vielsamige Kapsel (mit aufspringendem Deckel).

◄ Leuchtend rot sind die fantastischen Blüten von *Eucalyptus ficifolia*.

kleiner, oft mehrstämmiger Baum mit schuppiger, kurzfaseriger, hellgrauer Borke und gelblichem Stamm. Die Blüten stehen in endständigen Doldenrispen aus drei bis siebenblütigen Dolden. Die Staubfäden sind scharlachrot, die Staubbeutel dunkelrot.

E. gunnii (Mostgummi-Eukalyptus) ist bei uns als Topfpflanze wohl am weitesten verbreitet. Die stiellosen Jugendblätter sind oval bis rund und auffällig silbrig bereift. Die hängenden Altersblätter sind elliptisch bis eiförmig und graugrün, die Blüten auffällig cremefarben bis weiß.

E. parvifolia ist eine langsam wachsende Art mit dichter, buschiger Krone und weißen Blüten. Die länglichen, dunkelgrünen Jugendblätter sind klein und wirken sehr zierlich. Die Altersblätter sind deutlich größer.

E. pauciflora wächst baumförmig mit einem meist stark drehwüchsigen oder hin und her gebogenen Stamm. Die weiße bis dunkelgraue, daher fleckig aussehende Borke löst sich in langen Streifen ab. Die eiförmigen, relativ dicken Jugendblätter sind kurz gestielt. Die cremeweißen bis weißen Blüten duften stark nach Honig.

Besondere Hinweise: Jungpflanzen sind die ersten Jahre mehrmals zu entspitzen, um eine reiche Verzweigung zu erzielen. Ältere, zu groß gewordene Pflanzen können zur Verjüngung auch kräftig zurückgeschnitten werden. Am besten ist es dabei, auf tiefer liegende Seitenzweige zurückzuschneiden. Der Wasserbedarf ist in den Sommermonaten sehr hoch. Bekommen die Pflanzen nicht ausreichend Wasser, trocknen die Triebspitzen ein, ganze Zweigpartien fallen aus. Einmal ballentrocken gewordene Pflanzen erholen sich nicht wieder. Blattfleckenkrankheiten treten insbesondere in den Wintermonaten bei hoher Luftfeuchte auf.

Eugenia uniflora, Pitanga, Surinam-Kirschmyrte

Zu den wunderbarsten Gewächsen der Tropen, die heute weltweit kultiviert werden, zählen die Rosenäpfel, die zur Familie der Myrtengewächse gehören. Es handelt sich um Bäume oder Sträucher, die wegen der Schönheit ihrer Blüten, ihrer Früchte, aber auch wegen der hübschen Belaubung Aufsehen erregen.

E. uniflora ist ein Strauch oder kleiner Baum mit ledrigen, glänzenden, ovalen Blättern. Der Austrieb ist rot gefärbt, ältere Blätter sind dunkelgrün. Aus den Blatt-

◄ *Eugenia uniflora* ist eine sehr hübsche Blattpflanze, die essbaren Früchte sind ein zusätzlicher Schmuck.

achseln treiben etwa 2 cm große, weiße Blüten, die lange Staubfäden tragen. Die bei Vollreife weichen, kirschroten Früchte mit hohem Vitamin-C-Gehalt werden als Frischobst roh gegessen. Sie besitzen einen süßsauren, hoch aromatischen Geschmack. Man kann sie zu Gelee verarbeiten oder erfrischende Getränke aus ihnen herstellen. Für die Verwendung in der feinen Küche werden sie auch in Essig oder Salz eingelegt.

Besondere Hinweise: Eugenien sind frei wachsend besonders schön. Seitentriebe hängen leicht über. Sie lassen sich aber durch Schneiden auch gut formen bzw. zu Formpflanzen erziehen. Sind die Pflanzen zu groß geworden, kann zur Verjüngung auch kräftig zurückgeschnitten werden.

▲ *Euonymus fortunei* kann als Bodendecker oder Kletterpflanze verwendet werden.

Euonymus fortunei, Kletternder Spindelstrauch

>5° 0°C 40-60% <50%

E. fortunei ist ein mit Haftwurzeln kletternder oder dem Boden aufliegender Strauch, der im Wintergarten hervorragend als Bodendecker geeignet ist. Die eiförmigen, 3 bis 6 cm langen Blätter sind sehr veränderlich. Es gibt eine große Zahl von Kulturformen im Handel. So u. a. mit weißgrünen oder gelbgrünen Blättern.

Euonymus japonicus, Japanischer Spindelstrauch

>10° >5° 40-60% <50%

E. japonicus ist eine ganz alte Wintergartenpflanze. Die immergrüne Art mit schwach vierkantigen Zweigen trägt derb ledrige, verkehrteiförmige bis längliche, 3 bis 7 cm lange, stumpf gesägte Blätter. Die grünlich weißen Blüten sind ohne großen Zierwert. Attraktiv sind die rosafarbenen Früchte und der orange gefärbte Samenmantel. *E. japonicus* ist eine in Blattform, Blattgröße, Blattfarbe und Wuchs sehr veränderliche Art. So gibt es Sorten mit weißbunt, gelbbunt, hellgelb oder auch hellgraugrün gefleckten Blättern.

Euphorbia, sukkulente Arten

>15° >10° 40-60% <50%

Die Gattung *Euphorbia* ist mit mehr als 2000 Arten die artenreichste innerhalb der Familie der Wolfsmilchgewächse (Euphorbiaceae). Neben krautigen, mehr oder weniger verholzenden Arten enthält die Gattung auch eine Reihe von Sukkulenten, die im Äußeren den Kakteen so sehr gleichen, dass der Laie viele Euphorbien schlechthin für Kakteen hält. Die Heimat der sukkulenten Euphorbien liegt in den Tropen und Subtropen der Alten Welt. Viele der stammsukkulenten Arten besitzen normale, zum Teil recht großflächige Blätter, die sich zu Beginn der Regenperiode entfalten und mit einsetzender Trockenheit abfallen, sodass die Pflanzen die größte Zeit des Jahres blattlos sind und stets nur der Neuzuwachs Blätter trägt. Säulenförmigen, den Kakteen ähnlichen Wuchs zeigen die folgenden Arten.

E. canariensis bildet im Laufe der Zeit große „Büsche“ aus einzeln stehenden Säulen, die bis 2 m hoch werden können. Die dreirippige *E. grandicornis* wächst meist eintriebig. Bemerkenswert sind die

über 5 cm langen, kräftigen Stacheln. Weit verbreitet ist die mehrtriebig wachsende *E. trigona* und die ähnlich aussehende *E. lactea*. Während *E. lactea* ihre kleinen Blättchen bald abwirft, bleiben bei *E. trigona* die Blätter relativ lange an den Stämmchen haften. Baumförmig wachsen auch *E. candelabrum* und *E. ingens*.

Strauchförmig wachsen die nachfolgend beschriebenen Arten. Sehr verschieden ist bei ihnen die Form der Triebe. Meist sind sie rund und rutenförmig, andere mehr oder weniger verholzt und mit Dornen bewehrt.

Als Zimmerpflanze wohl jedem bekannt ist der Christusdorn *E. milii*, von dem es inzwischen mehrere Sorten mit roten, rosafarbenen oder gelben Blüten und differierender Höhe gibt. Beim Christusdorn wird man in der Regel nur dann Blüten erwarten können, wenn die Pflanzen im Winter kühl bei etwa 15 °C stehen oder aber wenn sie im Winter weniger als 12 Stunden Licht pro Tag erhalten.

Mit der Hydrokultur ist *E. tirucalli*, die Bleistifteuphorbie, in Mode gekommen. Ein stark wachsender Strauch mit runden Ästen und runden, glänzend grünen Trieben. Die Blätter sind klein und unscheinbar und fallen schon bald ab.

Interessant ist auch *E. balsamifera*, die von den Kanarischen Inseln stammt, wo sie malerisch verzweigte Sträucher mit rötlich grau gefärbten Stämmchen und graugrünen Blättern bildet.

▲ *Euphorbia milii*, eine bekannte Topfpflanze, kann ausgepflanzt, beträchtliche Ausmaße einnehmen.

Besondere Hinweise: Euphorbien sollte man sich frei entwickeln lassen. Bei den strauchförmigen Arten wird man nur den einen oder anderen Zweig aus dem Inneren des Strauches entfernen müssen, damit genügend Neutriebe gebildet werden. Zu groß gewordene Säulen-Euphorbien können zur Verjüngung kurz zurückgeschnitten werden. Vorsicht, der Milchsaft der meisten Arten ist giftig und wirkt ätzend auf empfindli-

▶ *Fabiana imbricata* ist eine hübsche Blütenpflanze für die Krautschicht.

chen Hautpartien und Schleimhäuten und ist besonders gefährlich in den Augen. Euphorbien sind deshalb keine Pflanzen für Wintergärten mit Kindern und Haustieren. Ab Mitte Oktober sind die Wassergaben einzuschränken. Eine Verkorkung der Triebe von der Basis her ist ein natürlicher und kein krankhafter Vorgang. Dieser Vorgang wird allerdings durch niedrige Temperaturen in der lichtarmen Jahreszeit beschleunigt.

Fabiana imbricata, Fabiana, Falsche Heide

Im Aussehen ähnlich der Besenheide ist *F. imbricata*, ein stark verästelter Strauch mit dicht gedrängt stehenden Blättern, der 1,5 bis 2 m hoch wird. Die Blüten sind röhren- bis trichterförmig, weiß, 1,5 cm lang, einzeln stehend mit zurückgeschlagenen Kronzipfeln. 'Violaceae' hat lilablaue Blüten. Die Blütezeit ist Mai bis Juli.

Farfugium japonicum, Leopardenpflanze

F. japonicum aus Japan ist eine lockere, gruppenbildende Staude mit großen, rundlichen, grundständigen Blättern, über die sich zu Ende des Sommers wollige, verzweigte Stängel mit Büscheln margeritenförmiger blassgelber Blüten erheben. Die Pflanzen können bis zu 60 cm hoch werden. 'Aureomaculatum' hat panaschierte, golden-weiße Blätter. Für größere Pflanzflächen ist die Leopardenpflanze ein exzellenter Bodendecker.

× Fatshedera lizei, Efeuaralie

Die Efeuaralie ist, wie der Name schon andeutet, das Ergebnis einer Kreuzung zwischen der Aralie (*Fatsia japonica*) und dem Efeu (*Hedera helix*). Ihr Aussehen weist sie als wahres Kind ihrer Eltern aus. An rostfarbenen Trieben sitzen lederartige, drei- bis fünflappige, lang gestielte, etwa 10 bis 20 cm lange und 8 bis 15 cm breite Blätter. Die unverzweigten schmalen Triebe wachsen zunächst aufrecht, um sich dann niederzulegen. An einem Spalier befestigt, klettert die Efeuaralie bis in den Giebel des Wintergartens empor. Neben der grünblättrigen Art gibt es auch weißgrüne und gelbgrüne Formen im Handel.

Besondere Hinweise: Die Efeuaralie neigt dazu, mit nur einem Trieb rasch in die Höhe zu wachsen, ohne sich dabei zu verzweigen. Auch ein Zurückschneiden ändert nur wenig daran. Im Handel werden meist Pflanzen mit mehreren Stecklingen angeboten. Mit zunehmender Länge der dünnen Stämmchen kann man sie nach Belieben an Spalieren oder Stäben befestigen. Weichhautmilben können lästig werden: Blätter und Triebspitzen sind verkrüppelt, die Blattränder mitunter umgebogen, auf der Unterseite der Blätter befindet sich ein korkig brauner Belag.

Fatsia japonica, Zimmeraralie

F. japonica, ein immergrüner Strauch mit großen dunkelgrünen, handförmig gelappten Blättern, die an langen Stielen sitzen, ist in Japan heimisch. Die weißen Blüten, sie besitzen keinen besonders dekorativen Wert, stehen in fast kugeligen Dolden, die sich zu Trauben vereinen. Die fleischigen Früchte werden bei der Reife schwarz. Beliebt ist insbesondere die weißbunt gezeichnete Sorte 'Variegata'. Die Zimmeraralie entwickelt sich im Laufe der Jahre selbst an schattigen Standorten zu einer stattlichen Leitpflanze.

Besondere Hinweise: In der Regel lässt man die Pflanzen sich frei entwickeln. Sie wachsen zunächst eintriebig, um sich dann nach jeder Blüte zu verzweigen. Zu groß gewordene Pflanzen können kräftig zurückgeschnitten werden. Meist entwickelt sich aus dem Stumpf aber wieder nur ein einzelner Trieb. Beliebt sind Pflanzen, denen man die unteren Blätter entfernt, wodurch eine prächtige, aus den riesigen Blättern gebildete, höchst exotische Schirmkrone entsteht. In der Zeit der Entwicklung der Blätter, von denen gleichzeitig mehrere kommen, ist der Wasserbedarf hoch. Gelbe Blätter sind auf Nährstoffmangel oder auf zu hohe Temperaturen im Winter zurückzuführen.

Ferocactus, Ferokaktus

Ferokakteen sind von den südlichen Staaten der USA bis nach Mexiko verbreitet. Sie sind beim Kakteenliebhaber wegen ihrer bunten, sehr auffallenden Stacheln, besonders den derben, hakigen Mittelstacheln, sehr beliebt. Am natürlichen Standort bilden sie mächtige kugel- oder auch tonnenförmige Stämme aus. *F. cylindraceus* ist hinsichtlich der Dornenfarbe sehr variabel, neben gelben gibt es leuchtend rot bedornte Formen. *F. glaucescens* hat einen blaugrünen Körper und ist hübsch gelb bedornt. *F. latispinus* kommt schon als junge Pflanze zur Blüte. Die relativ dünnen Dornen sind rot bis gelb gefärbt. *F. pilosus* hat rötliche bis rein karminfarbene Dornen.

▲ *Ferocactus pilosus* ist wegen seiner farbigen Bestachelung beliebt.

Ficus carica, Echte Feige

Das Erscheinungsbild wild wachsender Feigen ist vielfältig. Man findet sie als kniehohes Krüppelholz bis hin zu mehrere Meter hohen und fast ebenso breiten Bäumen mit schirmförmiger, wenig verzweigter Krone. Auch die Blätter der Milchsaft führenden, weichholzigen Pflanzen sind in Größe und Ausgestaltung sehr variabel. Sie können kaum handflächengroß, aber auch über 20 cm breit, fast ganzrandig breitoval bis extrem tief gelappt mit drei bis fünf Lappen sein. Der Befruchtungsvorgang wilder Feigen ist äußerst kompliziert. An dieser Stelle muss aber nicht näher darauf eingegangen werden, denn im Handel sind meist Kulturformen, die Früchte auch ohne Befruchtung bilden. Die Sorten unterscheiden sich in der Form (breitoval bis birnenför-

▶ *Ficus carica* lässt sich beliebig beschneiden und ist deshalb auch für kleinere Wintergärten zu empfehlen.

mig), in der Farbe der Haut (grün, hellgelb, rotbraun, dunkelrot bis schwarz), in der Farbe des Fruchtfleisches und in der Reifezeit. Feigen fruchten im Wintergarten zwei- bis dreimal im Jahr. Die Früchte bilden sich in den Blattachseln der obersten 30 cm des diesjährigen Triebes.

Besondere Hinweise: Jüngere Pflanzen sind mehrfach zu stutzen, um reich verzweigte Pflanzen zu erhalten. Später sollte man die Pflanzen nur wenig schneiden, sich kreuzende Triebe sollten aber entfernt werden. Zu groß gewordene Pflanzen können kräftig zurückgeschnitten werden. Nach dem Laubfall im Herbst bis zum Neuaustrieb nur sporadisch gießen.

▲ Dass *Ficus benjamina* sich gut beschneiden lässt, macht diese Pflanze deutlich.

Ficus, tropische Arten, Gummibaum, Birkenfeige

Allen Arten der Gattung *Ficus* (die Angaben über die Zahl der Arten schwanken zwischen 800 und 2000) gemeinsam sind der Blütenstand, die Fruchtform und der kautschukhaltige Milchsaft. In den Tropen (teilweise auch den Subtropen) aller Kontinente trifft man *Ficus*-Arten an. Sehr verschieden sind die Wuchsformen. Neben Sträuchern und Bäumen enthält die Gattung auch bodendeckende bzw. kletternde Arten. Für den Wintergarten empfehlen sich insbesondere die folgenden Arten.

Ficus aspera, Mosaikfeige

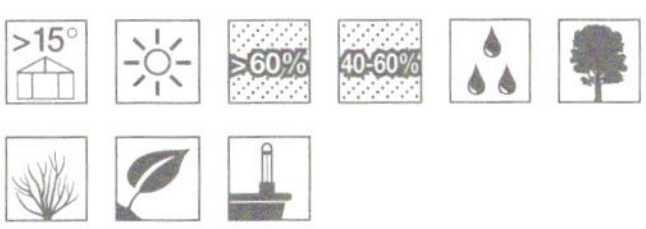

In der buntlaubigen Form 'Parcellii' ist diese Art eine der schönsten Vertreter der Gattung. Die dünnen, unterseits behaarten, länglichen, bis 20 cm langen Blätter sind lebhaft weiß, hell- und dunkelgrün gezeichnet. Eine weitere Zierde sind die relativ großen Früchte, die schon an jungen Pflanzen erscheinen.

Ficus benghalensis, Banyan

Im Buddhismus und im Hinduismus gilt der Banyan bis zum heutigen Tag als heilig. Er wächst am natürlichen Standort zu einem riesigen Baum heran. Die bis zu 20 cm langen, ledrigen, dunkelgrünen Blätter sind beidseitig schwach behaart. Bei der nach dem Hindu-Gott benannten Form 'Krishnae' treten die elfenbeinfarbenen Adern besonders deutlich hervor. Der Banyan wächst in unseren Breiten relativ langsam, entwickelt sich aber im Laufe der Zeit zu einer prächtigen baumförmigen Leitpflanze.

Ficus benjamina, Birkenfeige, Indische Feige

Die Birkenfeige ist mit ihrem lockeren Wuchs, den leicht überhängenden Zweigen und dem frischgrünen Austrieb eine der beliebtesten *Ficus*-Arten. Wahrscheinlich bietet man sie deshalb auch in den verschiedensten Formen an, als schönen Hochstamm mit Baumkrone, mit drei bis vier ver-

◀ *Ficus elastica* ist eine altbekannte Zimmerpflanze.

flochtenen Stämmen oder auch mit Stämmen, die zu Ringen, Schleifen und Ähnlichem verformt wurden. Vielfältig sind die Kulturformen.

Grünblättrig sind u. a.: 'Exotica', hat kleinere Blätter als die Stammform; 'Rijsenhout', entzückt mit ihren zierlichen, grünen Blättchen und dem eleganten Wuchs; 'Natascha', hat noch kleinere Blätter als 'Rijsenhout'; 'Foliole', ist eine Auslese mit schmalem Laub und elegant schwingenden Zweigen; 'Crespada', ist eine spontane Mutation von 'Exotica', Stamm und Zweige sind ähnlich wie bei verschiedenen Weidensorten, leicht gekrümmt; 'Citation', ist mehr kurios als schön, die Spitzen der Blätter sind weit nach hinten gerollt, was der ganzen Pflanze ein ungewöhnliches Aussehen verleiht. Ansprechender ist die Sorte 'Monique', deren Blätter stark gewellt sind, was in Verbindung mit der starken Kutikula zu reizvollen Lichtreflexionen führt.

Buntblättrig sind u. a.: 'Golden Princess' und 'Golden King', mit unregelmäßig cremegelber Blattzeichnung und milchig grüner Blattfläche; 'Starlight', hat kleine, intensiv weiß gezeichnete Blätter und wächst sehr langsam.

Ficus binnendijkii 'Alii', Weidenblättriger Gummibaum

Die Blätter dieser auf Java heimischen Art sind denen der Trauerweide ähnlich. Die Triebspitzen hängen wie bei *F. benjamina* leicht über, der Wuchs ist locker und grazil. Eine hübsche Leitpflanze, die in Hydrokultur weit verbreitet und in der Innenraumbegrünung von großer Bedeutung ist.

Ficus cyathistipula, Becherförmiger Feigenbaum

Diese vergleichsweise kleine *Ficus*-Art ist im tropischen Afrika heimisch und fruchtet schon als junge Pflanze. Sie hat längliche, verkehrteiförmige Blätter, die über 10 cm lang werden.

Ficus deltoidea, Mistel-Feige

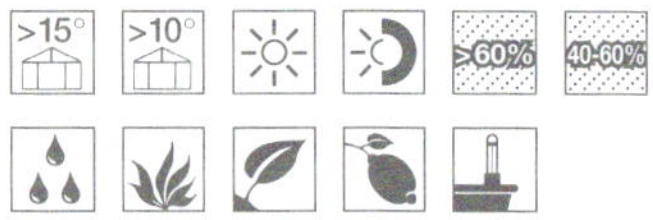

Im Malaiischen Archipel heimische, strauchige Art, die sich gut verzweigt und reichen Fruchtansatz bildet. Die oval geformten Blätter sind etwa 4 cm breit.

Ficus elastica, Gummibaum

Der eigentliche „Gummibaum" ist in seiner Heimat ein hoher, oft vielstämmiger, breitkroniger Baum mit vielen, von den Ästen zum Erdboden gehenden Luftwurzeln. Im Wintergarten eignet er sich hervorragend als baumförmige Leitpflanze. Die Blätter der Art sind lang gezogen elliptisch, auf der Oberseite glänzend dunkelgrün. Im Handel gibt es eine Reihe von Kulturformen. Besonders breitblättrig ist 'Decora'. 'Robusta' ist eine kompakt wachsende Form mit mehr rundlichen Blättern. 'Abidjan' hat dunkelweinrote Blätter. Auffallend gelb, hell- und dunkelgrün panaschiert ist 'Schriveriana'. Rosa- und gelbbunt sind 'Belgaplant' und 'Tricolor'.

Ficus lyrata, Leierblättriger Gummibaum, Geigenblatt-Feigenbaum

Diese in Westafrika heimische Art benötigt viel Platz. Allein die ledrigen Blätter erreichen über 30 cm Länge. Was *F. lyrata* reizvoll macht, sind neben den eindrucksvollen Blättern die Früchte, die auch an jungen Pflanzen regelmäßig erscheinen.

Ficus macrophylla, Großblättrige Feige

F. macrophylla hat viel Ähnlichkeit mit *F. elastica*. Die Pflanzen verzweigen sich stärker und die Blätter sind dünner. Sie verträgt auch noch relativ kühle Standorte.

Ficus microcarpa var. microcarpa (syn. F. retusa), Lorbeer-Feige, Vorhang-Feige

Die Lorbeer-Feige ist ein reich verzweigter Baum, meist mit vielen dünnen, von den Ästen und Stämmen herabhängenden Luftwurzeln. Die dunkelgrünen, stark glänzenden, derb ledrigen, 5 bis 8 cm langen und 3 bis 5 cm breiten Blätter haben eine kurze, stumpfe Spitze und sind ganzrandig. *F. microcarpa* findet man häufig in den Mittelmeerländer angepflanzt.

Ficus pumila, Kletter-Feige

Die fadendünnen Zweige von *F. pumila* sind mit dunkelgrünen, eiförmigen Blättern von 2 bis 3 cm Länge und 2 cm Breite besetzt. Ältere Pflanzen bilden häufig doppelt so große Blattspreiten aus. Wie der Efeu, hat die Kletter-Feige Haftwurzeln, mit denen sie sich bei genügend hoher Luftfeuchtigkeit kletternd oder kriechend festhält. Sie ist ein idealer Bodendecker. Auf dem Boden breitet sich *F. pumila* praktisch unbegrenzt aus. In kurzer Zeit bedeckt sie den Boden und wenn man will auch die Wände im Wintergarten. Als Wurzelkletterer benötigt er auf rauen Flächen keine Kletterhilfen. 'Minima' ist im Ganzen noch kleiner als die Art, ebenfalls 'Serpyllifolia' mit noch kleineren, teils gebuchteten Blättern. Sehr hübsch sind auch die weißbunten Sorten 'Variegata' und 'Sonny'. *F. pumila* ist in bezug auf Licht- (hell und schattig) und Temperaturverhältnisse (0 °C bis über 25 °C) sehr anpassungsfähig, verträgt jedoch starkes Austrocknen nicht.

Ficus rubiginosa (syn. F. australis), Australischer Gummibaum, Rost-Feige

Die in Australien heimische Art ist an den zunächst behaarten, bis 12 cm langen, breitelliptischen Blättern zu erkennen. Es ist ein großer Baum mit halbkugeliger oder breit-kegelförmiger Krone. Der Stamm ist in seinem unteren Teil oft mit Luftwurzeln umgeben. Besonders beliebt ist die buntlaubige Form 'Variegata'.

▶ *Ficus pumila* 'Sonny' ist eine buntblättrige Form, die nicht so stark wächst wie die grüne Art.

◀ *Ficus sagittata* 'Variegata' ist ein attraktiver Bodendecker für größere Wintergärten.

▼ *Fittonia verschaffeltii* fügt sich als Bodendecker eng dem Boden an.

Ficus sagittata

>15° >10° 60% 40-60%

F. sagittata eignet sich wie *F. pumila* sehr gut als Bodendecker. Die dünnen, niederliegenden, aufstrebenden Zweige tragen länglich lanzettlich zugespitzte, etwa 5 bis 6 cm lange Blätter. Die weißbunte Form 'Variegata' ist besonders hübsch, wächst aber sehr langsam.

Besondere Hinweise: Alle *Ficus*-Arten sind außerordentlich regenerationsfreudig. Daher können zu groß gewordene Pflanzen bedenkenlos zurückgeschnitten werden. Jüngere Topfpflanzen sollte man mehrmals stutzen, um eine ausreichende Verzweigung zu erzielen. Die großblättrigen Arten wachsen meist eintriebig, doch gelingt es leicht, sie auch mehrtriebig zu ziehen, wodurch sie dann eine dichte, baumähnliche Form annehmen. Krankheiten sind meist auf eine falsche Pflege zurückzuführen. Bei geringer Luftfeuchtigkeit, stauender Nässe oder auch Ballentrockenheit werden die Blätter gelb und fallen ab. Stehen die Pflanzen zu kalt oder zu nass, bilden sich entlang dem Blattrand gelbbraune Flecken. Bei anhaltender Nässe leiden die Wurzeln an Sauerstoffmangel und sterben ab. Damit sinkt der Saftdruck und die Blätter beginnen herunterzuhängen. Konzentrisch gezogene helle Blattflecken mit einem breiten dunkelbraunen Rand werden durch die Blattfleckenkrankheit verursacht. Die Krankheit beginnt meist vom Blattrand her und wird durch hohe Luftfeuchtigkeit gefördert. Bei den Schädlingen ist auf Spinnmilben, Weichhautmilben (Triebe verkrüppeln und verkahlen) und Schildläuse zu achten. Größere Schäden können Blasenfüße (*Thrips*) verursachen (silbrige Sprenkel auf den Blättern).

Fittonia, Silbernetzblatt, Mosaikpflanze, Fittonie

>15° >10° >60% 40-60%

Die in den tropischen Regenwäldern von Kolumbien bis Bolivien verbreiteten Fittonien sind krautige, in der Regel kriechend wachsende Pflanzen mit hübsch gezeichneten Blättern. Sie gehören zu den schönsten aller buntblättrigen Pflanzen. Die gelblichen, unauffälligen Blüten sind ohne besonderen Wert. Bei *F. albivenis* sind die grünen Blätter weiß geadert. Die Sorte 'Minima' hat besonders kleine Blätter. *F. verschaffeltii* var. *pearcei* ist rot geadert und wächst mehr aufrecht.

Besondere Hinweise: Die Lichtansprüche der Fittonien sind nicht hoch, wachsen sie doch in ihrer Heimat im Unterholz des tropischen Regenwaldes. Man hüte sich aber davor, Wollläuse einzuschleppen, da eine Bekämpfung bei den über den Boden kriechenden Trieben schwierig ist. Ein Rückschnitt der Pflanzen ist möglich, doch empfiehlt es sich, alle paar Jahre eine Neupflanzung vorzunehmen.

Fortunella, Kumquat

Die in Ostasien und Malaysien heimische Gattung *Fortunella* ist nahe verwandt mit *Citrus*. Es sind kleine Bäume oder Sträucher mit dornigen Zweigen. Die jungen Triebe sind grün und kahl, die älteren eher stielrund, grün, grau oder braun. Die einfachen, länglichen bis elliptischen Blätter sind wechselständig angeordnet. Der Blattstiel ist schmal geflügelt. Die weißen, wachsartigen, duftenden Blüten sitzen einzeln oder zu drei bis vier achselständig. Die Frucht ist eine kleine essbare Orange, die mit der Schale verzehrt werden kann. Die Früchte wachsen anfänglich sehr schnell, brauchen aber dann doch fast ein Jahr bis zur Reife. Drei Arten sind im Handel: *F. hindsii*, der Wilde Kumquat; *F. japonica*, der Runde Kumquat und *F. margarita*, der Ovale Kumquat, der besonders reich fruchtet.

Besondere Hinweise: Kumquats sind gut schnittverträglich, doch ist zu beachten, dass die Blüten an den Neutrieben erscheinen und der Fruchtertrag nach stärkerem Schnitt leidet.

Fremontodendron californicum, Kalifornischer Flanellstrauch

Die jungen Zweige des in Arizona, Kalifornien und Mexiko heimischen Flanellstrauches sind dicht braun behaart. Die stumpfgrünen, auf der Unterseite fein behaarten Blätter sind einfach oder leicht dreilappig ausgebildet. Die kurz gestielten Blüten stehen gehäuft am Ende der Triebe. Wie bei allen Kakaobaumgewächsen fehlen den Blüten echte Blütenblätter. Was auf den ersten Blick gelbe Blütenblätter zu sein scheinen, sind in Wirklichkeit die gefärbten Kelchblätter von außergewöhnlicher Größe. Die Blütezeit erstreckt sich von April bis Juni. Aber auch während der übrigen Monate erscheinen hin und wieder einzelne Blüten.

Aus der Kreuzung von *F. californicum* × *F. mexicanum* entstand die Sorte 'California Glory' mit zitronengelben, im Verblühen außen geröteten Blüten. Sie zeichnet sich durch stärkeren Wuchs und besondere Reichblütigkeit aus.

Besondere Hinweise: Man sollte die Pflanzen sich frei entwickeln lassen, zumal ein Schneiden kaum etwas an dem sparrigen Wuchs ändert. Bei hautnahem Kontakt können die Sternhaare einen unangenehmen Juckreiz auslösen, daher ist Vorsicht geboten. Nur schwach düngen. Zu rasches Wachstum mindert die Blühwilligkeit. Bei Nässe tritt leicht Wurzelfäule auf.

Fuchsia-Cultivars, Fuchsie, Glockenstock

Die Gattung *Fuchsia* umfasst etwa 100 Arten, unter denen sich Halbsträucher, Sträucher oder kleine Bäume befinden. Im Laufe der Zeit hat es eine Vielzahl von Kreuzungen gegeben, aus denen Tausende von Sorten entstanden sind. Die Mehrzahl der Kulturformen sind Pflanzen für die Krautschicht, einige zeigen besonders starkes Wachstum und können sich zu großen Sträuchern entwickeln. Daneben gibt es Sorten mit mehr

◀ Die essbaren Früchte von *Fortunella margarita* verzehrt man mit der Schale.

◀ Die Verwendung von *Fuchsia*-Cultivars im Wintergarten ist, abhängig von der jeweiligen Wuchseigenschaft, sehr vielfältig.

oder weniger hängendem Wuchs, die sich hervorragend als Ampelpflanzen zur Ausschmückung des Dachraumes eignen. Auch als Hochstämmchen sind Fuchsien sehr beliebt. Da Tausende von Fuchsiensorten gezüchtet wurden, fällt es schwer, eine Empfehlung für bestimmte Sorten zu geben. Hier sollte man sich vor Ort von seinem Gärtner über die Wuchseigenschaften informieren lassen.

Besondere Hinweise: Aus der Herkunft der Fuchsien ergibt sich, dass ein Teil des Erfolges von der sorgfältigen Wahl des Standortes für die Pflanzen abhängt. Am Naturstandort der Fuchsien werden Licht und Sonne durch hohe Bäume gefiltert. Es gilt also, den Fuchsien auch in Kultur ähnliche Lebensbedingungen zu geben. Ideal sind Standorte an der Ostseite des Wintergartens. Die Pflanzen kommen hier in den vollen Genuss einiger Stunden Morgensonne, sind aber vor den Strahlen der sengenden Mittagssonne geschützt. Fuchsien bilden an den Spitzen der wachsenden Triebe fortlaufend Blüten. Je stärker geschnitten wird, umso mehr Augen treiben aus und umso mehr Blüten werden gebildet. Deshalb ist es sinnvoll, jedes Jahr im Frühjahr die Pflanzen zurückzuschneiden, damit schlafende Knospen austreiben. Zu groß oder unansehnlich gewordene Fuchsien können zur Verjüngung kräftig zurückgeschnitten werden. Der Wasserbedarf ist im Sommer hoch, doch darf auch im Sommer keine Nässe aufkommen. Nährstoffmangel, eine zu starke Erhitzung des Wurzelballens, geringe Luftfeuchtigkeit und Trockenheit können die Ursache für ein vorzeitiges Abfallen der Blüten sein.

Gardenia jasminoides, Kap-Gardenie

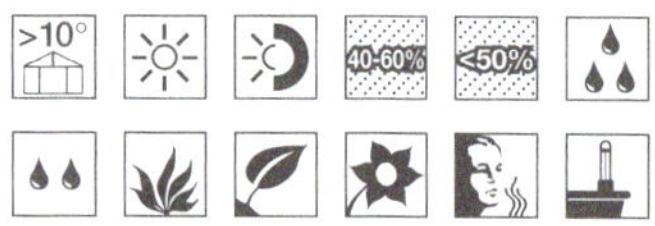

Wer an seinen Wintergartenpflanzen nicht nur Blatt- und Blütenformen und -farben schätzt, sondern auch etwas für den Duft übrig hat,

▶ Von *Gardenia jasminoides* werden meist nur gefüllt blühende Kulturformen angeboten.

▲ *Gelsemium sempervirens* ist eine hübsche Kletterpflanze, der man eine größere Verbreitung wünscht.

für den sind Gardenien ideale Pflanzen. Obwohl sich Gardenien bei uns schon lange in Kultur befinden, sind sie bis heute etwas Exklusives geblieben, da sich die Pflege oft recht schwierig gestaltet. Die in China heimische Gardenie ist ein kleiner, 0,5 bis 1,5 m hoher, dicht bezweigter Strauch mit elliptisch-lanzettlichen, nach beiden Enden verschmälerten, dunkelgrün glänzenden Blättern. Die stark duftenden, weißen Blüten stehen fast endständig. Sie erscheinen von Juni bis September, zum Teil auch noch im Winter. In Kultur sind ausschließlich Sorten mit gefüllten, weißen, kamelienähnlichen Blüten. Bekannte Sorten sind 'Plena', 'Fortunei' und 'Veitchii'.

Besondere Hinweise: Gardenien sollte man einfach wachsen lassen. Als Strauch werden von ihnen auch von der Basis her immer neue Triebe ausgebildet. Nur bei verkahlten Pflanzen empfiehlt sich ein kräftiger Rückschnitt im Frühjahr. Ganz einfach in der Pflege sind Gardenien nicht. Passt ihnen der Boden nicht oder ist es ihnen zu kalt oder zu nass, werden die Pflanzen rasch gelb. Bei kalten „Füßen" besteht die Gefahr von Wurzelfäule und Blattfall. Bei Lichtmangel kommt es in Verbindung mit hohen Temperaturen zu Knospenfall. Ist das Gießwasser zu hart bzw. der pH-Wert des Bodens zu hoch, kommt es zu Eisenmangelchlorosen.

Gasteria species, Gasterie

Gasteria ist eine Gattung blattsukkulenter Pflanzen, die wegen ihrer Pflegeleichtigkeit als Zimmerpflanzen sehr beliebt sind. Die fleischigen Blätter sind in der Regel zweizeilig, fächerförmig angeordnet, wobei im Alter bei einigen Arten der Übergang zu einer spiraligen Blattstellung (Rosette) erfolgt. Sie sind schön gezeichnet und häufig mit kleinen weißen Warzenhöckern besetzt. Hübsch anzusehen sind auch die hängenden, in lockeren Trauben oder Rispen angeordneten, roten Blüten, die meist grün bespitzt sind. Für den Wintergarten zu empfehlen sind: *G. maculata*, die Gefleckte Gasterie, und *G. carinata* var. *verrucosa*, die Warzige Gasterie. Rasen bildend ist *G. bicolor*.

Gelsemium sempervirens, Carolina-Jasmin, Gelbe Jasminwurzel, Dufttrichter

Die im Süden der USA bis Guatemala heimische Kletterpflanze ist in ihrer Heimat wegen ihrer großen, glockigen, gelblichen oder weißen, angenehm duftenden Blüten eine beliebte Zierpflanze. Die länglichen bis elliptisch-lanzettlichen Blätter sind ganzrandig, oben lebhaft grün und glänzend, unten etwas heller. Die glänzend gelben, sehr wohlriechenden Blüten stehen einzeln oder zu wenigen in Trugdolden achselständig an den vorjährigen Trieben. Schon wenige Blüten reichen für einen angenehmen Duft in der Umgebung. Blütezeit ist in der Regel April bis Juni.

Besondere Hinweise: Sonnige Standorte sind Voraussetzung für ein reiches, alljährliches Blühen. Ein Schnitt ist an sich nicht nötig. Sind die Pflanzen jedoch zu groß geworden, sollte man sie nach dem Abblühen einem starken Rückschnitt unterziehen.

Genista canariensis (syn. Cytisus canariensis), Kanarischer Ginster

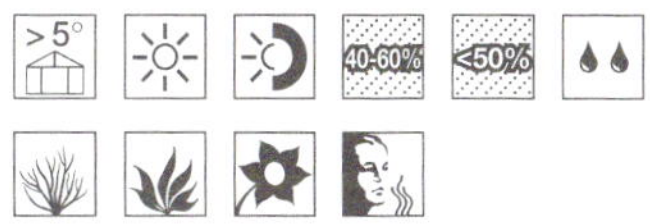

Der nach seiner Heimat benannte Kanarische Ginster ist schon lange bei uns als Kübel- und Topfpflanze bekannt. Er wächst zu einem immergrünen, dicht verzweigten, bis 2 m hohen Strauch heran, dessen jungen Triebe zottig behaart sind. Die kleinen Blätter sind dreizählig und angedrückt seidig behaart. Die Blüten sitzen in kurzen, endständigen, duftenden, gelben Trauben an den Enden der jungen Triebe. Sie erscheinen von Mai bis Juli.

Besondere Hinweise: Um eine gute Verzweigung und somit dichtere und buschigere Pflanzen zu erzielen, ist bei jüngeren Pflanzen ein wiederholtes Stutzen erforderlich. Die folgenden Jahre sollte man die Pflanzen sich frei entwickeln lassen. Ist aufgrund der Größe ein

Rückschnitt erforderlich, so ist dafür Ende August der letzte Termin, damit die neuen Triebe noch genügend Zeit haben, um die Blühfähigkeit zu erlangen.

Glechoma hederacea, Gewöhnlicher Gundermann, Gundelrebe

>10° >5° 0°C 40-60%

Der Gundermann ist eine Staude mit langen, kriechenden Trieben, die an den Knoten wurzeln. Der Blattrand der runden bis nierenförmigen, aromatisch duftenden Blätter ist gekerbt. In den Blattachseln erscheinen aufrecht stehende mit blauen Blüten besetzte Blütenstände. Der Gundermann ist ein stark wachsender Bodendecker. Schon in kurzer Zeit bedecken wenige Pflanzen größere Flächen. Neben der grünen Art ist insbesondere die buntblättrige Form zu empfehlen.

Besondere Hinweise: Alle paar Jahre sollte man die Bodendecke erneuern.

Gloriosa superba, Ruhmeskrone, Prachtlilie, Gloriose

>15° >10° >60% 40-60%

Die im tropischen Asien und Afrika heimische Ruhmeskrone ist eine Kletterpflanze, deren Blüten von auffallender Schönheit sind. Aus einem knolligen Erdstamm entspringt ein verzweigter Spross mit gegen- oder zu dreien quirlständig stehenden Blättern, die in eine Rankenspitze ausgezogen sind. Die Blüten erscheinen einzeln in den Achseln der oberen Blätter. Sie sind im Knospenstadium nickend, doch richten sich die am Grunde leuchtend gelben, an der Spitze feuerroten und am Rand kraus gewellten sechs Blütenhüllblätter bald empor. Die Staubgefäße stehen, bogenförmig emporgebogen, seitlich weit ab und tragen in der Mitte eingelenkt die linealischen, schwebenden Staubbeutel. Der lange, schlanke Griffel steht eigenartig abgewinkelt waagerecht ab. Auf diese Weise entsteht eine Blüte von außergewöhnlicher bizarrer Färbung und Gestalt. Mit Beginn des Winters trocknet das Laub, die Pflanze zieht ein. Im Handel wird eine Reihe von Sorten angeboten, darunter auch solche mit rein gelben Blüten.

Besondere Hinweise: Die Ruhmesblume benötigt eine Kletterhilfe. Besonders hübsch entwickelt sie sich, wenn man die Triebe entlang von Drähten im Dachraum zieht. Auch Maschendraht ist geeignet. Mit der am Ende des Erdstamms sitzenden Triebknospe muss man sehr behutsam umgehen, da bei Beschädigung die Knollen nicht in der Lage sind, eine zweite Vegetationsspitze zu treiben und wertlos werden. Die Knollen sind waagerecht so in die Erde zu legen, dass sich die Knospen 3 bis 5 cm unter der Oberfläche befinden. Wenn die oberirdischen Triebe im Herbst abgestorben sind, nimmt man bei Auspflanzung auf Grundbeete den Erdstamm aus der Erde ohne die anhängende Erde zu entfernen, um ihn dann bei Temperaturen um 18 °C bis zum Frühjahr zu lagern. In Töpfen gehaltene Knollen belässt man bis zum Neuaustrieb im Gefäß.

◀ *Gloriosa superba*, eine fantastische, kletternde Blütenpflanze, stirbt im Herbst oberirdisch ab.

Goethea strictiflora (syn. G. cauliflora)

>15° >10° 40-60%

Johann Wolfgang von Goethe war Namensgeber bei dieser Gattung,

▲ Bei *Goethea strictiflora* entwickeln sich die Blüten an den alten Stämmen, was als Kauliflorie bezeichnet wird.

die insgesamt drei Arten umfasst und im tropischen Brasilien heimisch ist. Außergewöhnlich ist *G. strictiflora*. Die eirunden, lang gespitzten, grob und buchtig gezähnten Blätter sind an den Trieben deutlich spiralig gestellt. Die hübschen roten Blüten kommen gebüschelt aus dem Stamm oder dem alten Holz, was der Botaniker als Kauliflorie bezeichnet. Hauptblütezeit sind die Wintermonate.
Besondere Hinweise: Die Pflanzen sollte man sich frei entwickeln lassen.

Grevillea robusta, Australische Silbereiche

Die Australische Silbereiche ist mit ihrer attraktiven Belaubung nicht nur in ihrer australischen Heimat ein beliebter Park- und Alleebaum. Auch im Mittelmeergebiet kann man *G. robusta* als große Bäume antreffen. Das silbrig überhauchte Blatt ist fein doppelt gefiedert und erinnert an einen Farnwedel. Die Blätter älterer Pflanzen sind gröber gefiedert. Die attraktiven orangefarbenen Blüten darf man erst bei älteren Exemplaren erwarten. Neben dem interessanten Laub ist die raue Rinde von besonderer Attraktivität. Die Silbereiche ist ein höchst attraktiver Wintergartenbaum, wobei man sich von der Höhe nicht schrecken lassen muss, denn die Pflanzen sind äußerst schnittverträglich. Neben *G. robusta* sind auch die kleiner bleibenden *G. rosmarinifolia*, *G. × semperflorens* und *G. thelemanniana* für den Wintergarten interessant.
Besondere Hinweise: Gelegentlich findet man im Handel zu dritt in Tuffs gezogene Topfpflanzen. Dadurch wirken sie buschiger als die einzelne Pflanze, die sich zunächst nur mäßig verzweigt. Solche Tuffs sollten auseinander genommen werden. Die Einzelpflanze entwickelt sich auf Dauer schöner als ein Tuff. Zu groß gewordene Pflanzen können zur Verjüngung kräftig ins alte Holz zurückgeschnitten werden. Äußerst empfindlich reagieren die Pflanzen auf Ballentrockenheit. In der Regel muss mit dem Verlust der Pflanze gerechnet werden. Auch mögen sie keinen hohen pH-Wert. Deshalb kein hartes Gießwasser verwenden.

Griselinia, Griseline

Sechs Arten umfasst die Gattung *Griselinia*. Es sind immergrüne Sträucher, in ihrer Heimat Neuseeland auch kleine Bäume mit stielrunden bis kantigen Zweigen. Bei den ledrigen Blättern, die wechselständig angeordnet sind, ist die Basis oft schief ausgebildet und der Blattstiel in eine kleine Scheide verbreitert. Die kleinen, wenig ansehnlichen, zweihäusigen Blüten sitzen in kleinen Rispen achselständig. Zwei Arten, *G. littoralis* und *G. lucida*, eignen sich für Wintergärten. Ihre besondere

◀ *Grevillea robusta* ist nicht nur eine hübsche Blütenpflanze, das Blattwerk ist nicht weniger attraktiv.

Schönheit liegt im malerischen Wuchs und in der hübschen, hellgelbgrünen Belaubung.

Besondere Hinweise: Die Pflanzen sollte man sich frei entwickeln lassen. Man wird bei älteren Pflanzen nur den einen oder anderen Zweig, der die Krone überragt bzw. die Pflanzengestalt beeinträchtigt, einkürzen müssen. Da die Pflanzen sehr schnittverträglich sind, besteht auch die Möglichkeit, sie als Formpflanzen, z. B. als Hochstämmchen mit kugelförmiger Krone, zu ziehen.

Guzmania, Guzmanie

Die zu den Bromeliengewächsen gehörende Gattung *Guzmania* ist im nordwestlichen Südamerika heimisch. Die stets ganzrandigen Blätter sind zu dichten, wasserspeichernden Trichtern zusammengefasst. Die einseitswendigen, zylindrischen oder zapfenartigen bis kugelförmigen Blütenstände sind ebenso dekorativ, wie die schön gefärbten Hochblätter (meist rot, orange oder gelb) und die hübsch gezeichneten Blätter. Natürlicherweise blühen die Pflanzen meist von November bis Januar.

G. lingulata var. *minor* ist eine kleinwüchsige Art. Die Blätter werden nur etwa 20 cm lang. Der Blütenstand überragt meist nicht einmal die Blattspitzen und wird von leuchtend roten Hochblättern umgeben. Von dieser Art gibt es eine Vielzahl von Kulturformen, u. a. mit gelben, orangen und rotorangen Farbtönen. Ausgepflanzt, bedeckt *G. lingulata* var. *minor* im Laufe der Zeit größere Flächen.

G. monostachia hat einen besonders auffallenden, über dem Laub stehenden Blütenstand. Die Hochblätter des Blütenstands sind auf grünlichem Grund rotbraun gezeichnet, gehen aber zur Spitze hin in ein leuchtendes Rot über. Dazwischen leuchten die rein weißen Blüten hervor.

G. musaica hat bis zu 50 cm lange Blätter, die oberseits glatt mit feinen, braunen, welligen Querlinien gezeichnet und unterseits schuppig punktiert sind. Die Hoch- und Deckblätter des Blütenstandes sind rot, die Kelchblätter gelb mit weißen Spitzen und die Kronblätter weiß gefärbt.

G. sanguinea bildet eine dichte Rosette aus 30 bis 40 cm langen, meist scharf zugespitzten Blättern. Der in die Rosette eingesenkte Blütenstand trägt gelbe Blüten, die weiß gerandet sind.

G. zahnii hat gelbliche bis rötlich grüne Blätter, die von zahlreichen rötlichen Längsadern durchzogen sind. Der Blütenschaft wird bis 40 cm hoch, die Blüten sind goldgelb.

◀ Zur Blütezeit färben sich die Blätter von *Guzmania sanguinea* hübsch gelborange.

Gymnocalycium

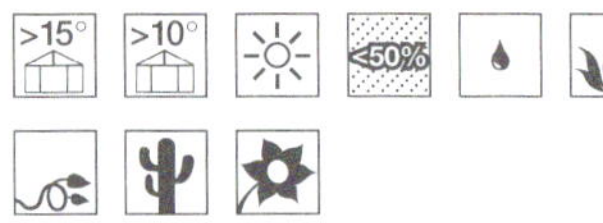

Gymnocalycium ist eine formen- und artenreiche Kakteengattung. Es handelt sich um einzeln wachsende oder Polster bildende, flachgedrückte, deutlich gerippte Kakteen mit hübscher Bedornung und attraktiven, auffällig beschuppten Blüten. Sie blühen meist rosa oder weiß, manchmal auch gelb. Wenn sie einmal die erforderliche Größe erreicht haben, blühen sie reich und sicher. Im Handel sind meist aus verschiedenen Arten hervorgegangene Hybriden erhältlich.

Gynura, Samtpflanze

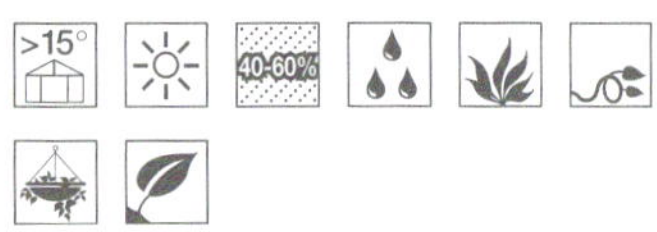

Drei Arten der Gattung *Gynura* sind für den Wintergarten interessant. *G. aurantiaca* hat bis 12 cm lange, lanzettliche, unregelmäßig

Nur bei hohem Lichtangebot färben sich die Blätter von *Gynura aurantiaca* so attraktiv.

grob gesägte Blätter, die beidseitig flaumig violett behaart sind, ein prächtiger Blickfang, wenn das Licht im richtigen Winkel einfällt. Im guten Kontrast dazu stehen die orangeroten Blüten, die im Erblühen allerdings unangenehm riechen. Nach Bestäubung entwickeln sich silberbehaarte Fruchtstände. Die Kulturform 'Purple Passion' ist besonders stark behaart. *G. aurantiaca* ähnlich sind *G. procumbens* und *G. scandens*.

Besondere Hinweise: Im Laufe der Zeit werden die Pflanzen unattraktiv. Ein Rückschnitt, um die Pflanzen neu aufzubauen, ist möglich, doch ist es besser, die Pflanzen zu ersetzen.

Harpephyllum caffrum, Kafirpflaume, Kaffernpflaume

Die Kaffernpflaume ist ein in Südafrika heimisches, baumartig wachsendes Gehölz mit ledrigen, glänzend dunkelgrünen, gefiederten Blättern. Während des Austriebes sind die Blätter kupferbraun gefärbt. Die Blüten sind unscheinbar. Attraktiv sind die den Oliven ähnlichen, dunkelroten, essbaren Früchte. Diese kann man allerdings nur erwarten, wenn man eine männliche und eine weibliche Pflanze besitzt, da *H. caffrum* zweihäusig ist.

Besondere Hinweise: Jüngere Pflanzen sind mehrmals zu stutzen, um einen buschigen Grundaufbau zu erhalten. Danach aber lässt man die Pflanzen frei wachsen. Zur Verjüngung können zu groß gewordene Pflanzen kräftig zurückgeschnitten werden.

Haworthia, Haworthie

Haworthien sind niedrige oder halbstrauchige Blattsukkulenten mit rosettig gestellten, kurzen, dicken, fleischigen Blättern, die im Laufe der Zeit größere Gruppen bilden. Die Blüten, sie sind wenig auffällig, stehen in lockertraubigen oder rispigen Blütenständen. Haworthien eignen sich mit anderen Sukkulenten hervorragend zur Bodenbedeckung in Wintergärten.

Hebe × andersonii-Cultivars, Strauchveronika

Die aus Kreuzung entstandenen Hybriden sind hübsch blühende Sträucher. Sie tragen glänzend grüne Blätter, die 5 bis 10 cm lang werden. Neben weiß blühenden sind rosa, violettrosa und violettblau blühende Formen im Handel. Die Sorte 'Variegata' hat weiß gerandete Blätter. Die einzelnen Blüten sind, ähnlich wie bei den meisten der ihnen nah verwandten Garten-Veronika, nicht sehr haltbar und fallen bald ab. Der Blütenstand ist im Allgemeinen jedoch so reichblütig, dass die Blüte sich über einen längeren Zeitraum erstreckt. Blütezeit ist von Juli bis Oktober.

Besondere Hinweise: Wie viele andere Blütenpflanzen entwickeln die Pflanzen ihre volle Schönheit nur an sonnigen Standorten. Wachstum ist zwar auch noch an relativ schattigen Standorten möglich, doch muss man dann auf Blüten weitgehend verzichten. Zu warm stehende Pflanzen verlieren ihre Blätter. Trockenheit und Nährstoffmangel führen zum Gelbwerden der unteren Blätter, die dann abfallen. Zu groß gewordene Pflanzen kann man nach dem Ab-

▶ *Hebe × andersonii* mit ihren zahlreichen Kulturformen ist eine hübsche Blütenpflanze.

blühen einem starken Rückschnitt unterziehen.

Hedera helix, Gewöhnlicher Efeu

Efeu kann im Wintergarten als Bodendecker, als Kletterpflanze zur Begrünung von Mauern oder als Ampelpflanze verwendet werden. Von *H. helix* ist im Laufe der Zeit durch Mutationen eine unüberschaubare Zahl von groß- und kleinblättrigen, weißbunten und grünen Sorten entstanden. Die drei- bis fünflappigen Blätter nehmen dabei ganzrandige, ovale, spitz auslaufende oder stark eingebuchtete Formen an. Als Bodendecker besonders bewährt hat sich die Sorte 'Sagittifolia'.

Besondere Hinweise: Verwendet man Efeu als Bodendecker ist darauf zu achten, dass die Pflanzen, wann immer sie die Möglichkeit dazu haben, an Wänden, Stämmen oder anderen Gegenständen emporwachsen. Stehen buntlaubige Formen zu schattig, vergrünen sie. Gefürchtet ist die Blattfleckenkrankheit. Auf den Blättern entwickeln sich kreisförmige oder unregelmäßig umrandete Flecken. Verkrüppelte, missgebildete, klein bleibende Blätter und verkahlende Triebenden weisen auf einen Befall durch Weichhautmilben hin.

◀ Unzählbar sind die Kulturformen von *Hedera helix*. Hier die Sorte 'Sagittifolia', die sich besonders gut als Bodendecker eignet.

Hedychium gardnerianum, Zieringwer, Himalaya-Schmetterlingsingwer

Der Zieringwer ist ein stattliches, bis 2 m hohes Kraut mit einem kräftigen Rhizom und hohen beblätterten Stängeln, die am Ende attraktive Blütenähren tragen. Die Heimat ist im Osthimalaya, in Nepal und Sikkim zu suchen. Die Blätter sind 20 bis 40 cm lang und 10 bis 15 cm breit. Die Blüten färben sich meist goldgelb und duften angenehm. Die gespaltene Lippe ist doppelt so lang wie die Staubfäden. Die Narben ragen weit heraus. Blütezeit ist August/September.

Heliconia, Hummerschere

Die zu den Bananengewächsen gehörende Gattung umfasst eine Reihe hübscher Arten, die sowohl wegen ihrer exotischen Blütenstände als auch der attraktiven Blätter für den Wintergarten interessant sind. Wie bei den Bananen bilden die zusammengerollten

▶ Von außergewöhnlicher Attraktivität sind Blütenstände von *Heliconia humilis*.

Blattscheiden einen mehr oder weniger hohen Scheinstamm. Auf dem Markt und für Wintergärten zu empfehlen sind *H. bihai*, die Scharlachrote Hummerschere, sie wächst stark und hat einen aufrechten Blütenstand sowie *H. farinosa* und *H. psittacorum*, kleiner bleibt *H. humilis*, die nur etwa meterhoch wird und von Februar bis Mai blüht.

Besondere Hinweise: Die Wärmeansprüche sind hoch, unter 15 °C dürfen die Temperaturen nicht absinken.

Hemionitis

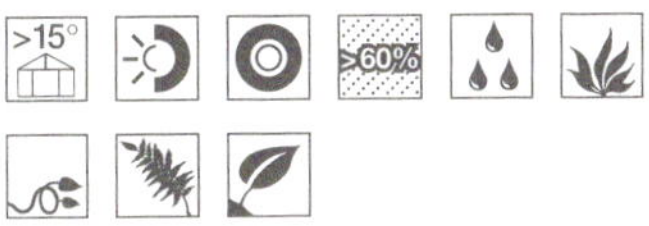

Zwei Arten der vergleichsweise kleinwüchsigen Farngattung sind interessante Pflanzen für den Wintergarten. Sie besitzen breitblättrige Wedel, die auf den ersten Blick wenig an Farnpflanzen erinnern. *H. arifolia* hat ledrige, wie Pfeilspitzen geformte Wedel. Die Wedel von *H. palmata* sind handförmig gefingert, die Ränder der fünf breiten Fiedern unregelmäßig gekerbt. An der Pflanzenbasis und an der Ansatzstelle des Wedels am Stiel bilden sich kleine Tochterpflanzen.

◀ *Hibbertia dentata* ist eine schöne Blütenpflanze mit dekorativem Laub.

Hibbertia scandens, Kletterndes Münzgold

Die Gattung *Hibbertia* mit ihren etwa 100 Arten ist bei uns relativ unbekannt. Es sind meist schlingende Sträucher mit immergrünen, wechselständig sitzenden Blättern und in der Regel gelben Blüten. Sie sind hauptsächlich in Australien beheimatet, aber auch in Tasmanien, Neukaledonien und Madagaskar anzutreffen. Für den Wintergarten sind zwei Arten interessant. Bei *H. dentata* färben sich die eiförmig-länglichen, bis 5 cm langen, an jeder Seite mit drei oder vier Zähnen versehenen Blätter bei starker Sonneneinstrahlung hübsch kupferfarben. Die dunkelgelben, etwa 5 cm großen, lang haltenden Blüten, die in der Regel zu Ausgang des Winters erscheinen, stehen in gutem Kontrast zum Laub. Bei *H. scandens* stehen die attraktiven, eiförmig bis lanzettlichen, ganzrandigen, dicklichen, oberseits glänzenden, unterseits seidenhaarigen Blätter in gutem Kontrast zu den goldgelben, einzeln stehenden, bis 7 cm großen, rosenartigen Blüten. Sie erscheinen im Frühjahr und Sommer, vereinzelt auch noch im Herbst und Winter an den Enden der wachsenden Triebe.

Besondere Hinweise: *Hibbertia* benötigt eine stabile Kletterhilfe. Die Triebe lassen sich auch sehr gut an Drähten im Dachraum entlang ziehen. Zu groß gewordene Pflanzen können zur Verjüngung kräftig zurückgeschnitten werden. Ist der Standort zu schattig, werden lange Triebe gebildet und die Pflanzen blühen weniger reich.

Hibiscus rosa-sinensis, Chinesischer Roseneibisch

Der *Hibiscus* zählt zu den bekanntesten und prachtvollsten Ziersträuchern der Tropen. Seine Heimat ist wahrscheinlich in China zu suchen. Von dort hat er sich seit frühester Zeit als Zierpflanze dank seiner vom Frühling bis in den Herbst dauernden Blütezeit über die Tropengärten der Erde ausgebreitet. Vom Chinesischen Roseneibisch gibt es viele Kulturformen auf dem Markt, die sich in Wuchs, Blattform und in der Blütenfarbe unterscheiden. Man kennt einfache, halb gefüllte und gefüllte Blüten. Die diversen Sorten bescheren uns auch in den Farben eine erfreuliche Vielfalt. Neben dem ursprünglichen Rot gibt es diverse Rosa-Tönungen, aber auch ganz aparte aprikosenfarbene, orangegelbe oder rein gelbe Blüten mit rotem Schlund sowie Formen mit eigenwillig geschlitztem, besonders tiefdunkelgrünem oder sogar hell-scheckigem Laub. Man könnte den Roseneibisch auch „König des Tages" nennen, da seine Blüten zu den ganz kurzlebigen gehören. Nach ein bis zwei Tagen fällt die Blüte ab. Da sich aber den ganzen Sommer über bis zum späten Herbst ununterbrochen neue Knospen öffnen, kann man das Abfallen der einzelnen Blüten verschmerzen.

Besondere Hinweise: *Hibiscus*-Pflanzen vertragen einen Schnitt sehr gut. Durch ihn wachsen sie malerischer, als wenn man sie ungestutzt lässt. Ältere Pflanzen sollte man regelmäßig auslichten und gegebenenfalls auch zurückschneiden. Der Nährstoffbedarf ist hoch. Besonders im Frühjahr treten an Knospen und jungen Trieben häufig Blattläuse auf. Im Sommer muss man auf Weiße Fliege und Spinnmilben achten.

Hoffmannia, Hoffmannie

Die Arten der in Mittel- und Südamerika heimischen Gattung *Hoffmannia* fallen durch ihre schön gefärbten Blätter auf. Am bekanntesten ist *H. ghiesbreghtii*, ein etwa 1,5 m hoch werdender Strauch mit scharf vierkantigen Zweigen und länglich lanzettlichen, oberseits samtig olivgrünen und unterseits purpurroten Blättern. Bei 'Variegata' sind die Blätter stark rahmweiß gefleckt und marmoriert, auch rötlich getönt. Bei *H. refulgens* besitzen die Blätter glänzend olivgrüne bis purpurbraune Blattoberseiten und weinrote Unterseiten.

Besondere Hinweise: Auf Schnittmaßnahmen sollte man weitgehend verzichten. Ältere, unten kahl gewordene Pflanzen können aber kräftig zurückgeschnitten werden.

Homalocladium platycladum, Bandbuschpflanze

Die nur mit einer Art (*H. platycladum*) vertretene Gattung *Homalocladium* gehört zur Familie der Knöterichgewächse (Polygonacea). Sie wurde bereits um die Mitte des vorigen Jahrhunderts von den Salomon-Inseln nach Europa eingeführt. Betrachtet man sie näher, kann sie mit keiner bekannten Knöterichart verglichen werden. Die am Stielansatz nur 2 mm, nach und nach bis zu 12 mm verbreiterten Triebe werden in Abständen

▲ Von *Hibiscus rosa-sinensis* gibt es eine unüberschaubare Fülle von Sorten im Blumenhandel.

▼ *Hoffmannia refulgens* ist eine Blattschmuckpflanze, die hohe Wärmeansprüche hat.

◀ Exotisch muten die flachen Triebe von *Homalocladium platycladum* an.

von 3 bis 4 cm durch Blattinternodien begrenzt, aus denen sich abwechselnd die Blätter entwickeln. Da die flachen Triebe wie auf ein „laufendes Band" abgestimmt sind, konnte auch keine treffendere Bezeichnung für die Bandbuschpflanze gefunden werden. Die Pflanzen können ausgepflanzt mehr als einen Meter hoch werden.
Besondere Hinweise: Ein Schnitt ist in der Regel nicht notwendig, doch können zu groß gewordene Pflanzen auch kräftig zurückgeschnitten werden.

Howea, Kentiapalme

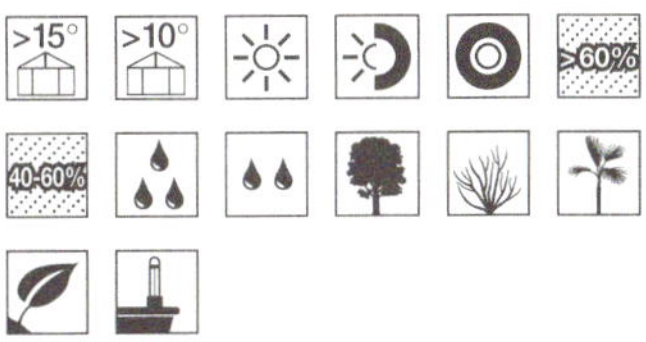

Das natürliche Verbreitungsgebiet der zwei bekannten *Howea*-Arten sind die Lord-Howe-Inseln östlich von Australien, nach denen die Gattung benannt ist. Charakteristisch für diese Palmengattung sind die fiederig geteilten Blätter. *H. belmoreana* bildet Fiedern mit einem eleganten Bogen. Dabei befinden sich die herabhängenden Blattspitzen nicht tiefer als die Mittelrippe. *H. forsteriana* hat breite und flache Fiedern, deren Spitzen abwärts gekrümmt sind. Dieser Art fehlt die Verdickung an der Stammbasis, die bei *H. belmoreana* ausgebildet ist. Von beiden Arten wird heute hauptsächlich *H. forsteriana* kultiviert, die rascher als *H. belmoreana* wächst. Seit rund 100 Jahren gehören beide Arten zum festen Bestandteil des Palmensortiments. Ihre Popularität verdanken diese Palmen ihrer Haltbarkeit und dem Flair von Südsee, den sie verbreiten. Im Alter entstehen „Bäume" mit glatten grünen Säulenstämmen, die von den Blattnarben gemustert sind.
Besondere Hinweise: Bei den im Handel erhältlichen Topfpflanzen haben die Gärtner meist mehrere Jungpflanzen zusammengesetzt, um eine bessere Wirkung zu erzielen. Bei Grundbeetpflanzungen ist zu empfehlen, die Zahl auf zwei bis drei Pflanzen zu reduzieren. Das Teilen muss selbstverständlich unter größtmöglicher Schonung der Wurzeln geschehen. Größere Exemplare sollten nicht mehr geteilt werden. Wenn man trotzdem einstämmige Exemplare haben möchte, ist es besser, überflüssige Stämme herauszuschneiden.

Hoya, Wachsblume, Porzellanblume

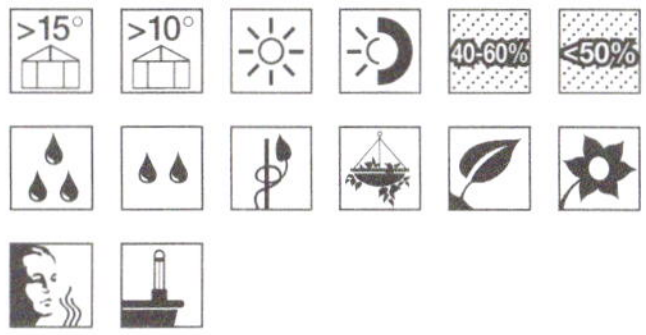

Etwa 200 Arten umfasst die zu den Seidenpflanzengewächsen gehörende Gattung *Hoya*. Sie sind in Südchina, auf dem indischen Archipel und in Australien beheimatet. Es sind immergrüne Kletterpflanzen mit dicken (sukkulenten), fleischigen oder ledrigen Blättern, die gegenständig angeordnet sind. Mit ihren großen Blütendolden sind die Wachsblumen eine Augenweide. Verwendet werden sie als Ampel- oder Kletterpflanzen.

H. carnosa bildet meterlange, verholzende Triebe mit fleischigen, glänzenden Blättern. Der Blütenstand, eine Scheindolde, steht an einem Kurztrieb. Offene Blüten verströmen einen betörenden, süßlichen Duft, der den ganzen Wintergarten erfüllt. Die Pflanzen erreichen im Laufe der Jahre beachtliche Dimensionen. 'Variegata' besitzt gelbweiße, oft rot gerandete Blätter, während sie bei 'Exotica' einen stark gelb betonten Mittelteil und grüne Ränder haben. 'Indian Rope' bildet Triebe, die recht dicht mit lanzettlich-löffelförmigen Blattquirlen besetzt sind.

H. australis, heimisch in Ostaustralien, weicht im Wuchs kaum von *H. carnosa* ab. Nur die Blütendolden sind etwas kleiner, dafür treten bei ihr die purpurroten Kronen auf dem rein weißen Grundton kontrastreicher in Erscheinung. Die Blätter sind kürzer und fast herzförmig.

Die zierliche *H. bella* stammt aus Java. Im Sommer erscheinen ihre wohlriechenden, weißen „Porzellanblüten" mit purpurroter Mitte, die in flachen Dolden zusammengefasst sind.

Bei *H. multiflora* aus dem tropischen Malesien besteht eine Blütendolde aus über 50 Einzelblüten, die von strohgelben Stielen getragen werden.

Besondere Hinweise: Die rankenden Triebe der Wachsblume führt man an einem kräftigen Spalier entlang oder lässt sie an Drähten unter dem Glasdach entlangwachsen. Die kurzen Triebe, aus denen sich die Blütendolden entwickeln, dürfen nach dem Abblühen nicht entfernt werden, da aus ihnen nach kurzer Zeit wieder neue Blütenstände entstehen. Während *H. multiflora* stark zurückgeschnitten werden kann, mögen die anderen Arten einen Rückschnitt nicht so sehr. *H. carnosa* kann sich an rauen Wänden auch mit Hilfe von Haftwurzeln festhalten.

Hypoestes phyllostachya, Hüllenklaue, Tüpfelblume, Rosa Pünktchen

>15° | 40-60%

Besonders hübsch ist dieser ausgepflanzt etwa 1 m hoch werdende Halbstrauch, der in Madagaskar beheimatet ist. Die an drahtigen Trieben gegenständig sitzenden Blätter sind auf dunkelgrünem Grund mit rosafarbenen oder auch weißen Tupfen bedeckt. Bei einigen Auslesen sind die Tupfen so ausgebreitet, dass sie fast die gesamte Blattfläche bedecken. Die Blüten sind eher unscheinbar.

Besondere Hinweise: Junge Pflanzen sollten, um eine reiche Verzweigung zu erzielen, mehrmals entspitzt werden. Später ist ein Einkürzen der Triebe von Zeit zu Zeit sinnvoll, damit die Pflanzen dicht belaubt bleiben.

Impatiens, Fleißiges Lieschen

>15° | >10° | >60% | 40-60%

Die weltweit verbreitete Gattung *Impatiens* umfasst etwa 800 Arten. Die bekannteste Art, *I. walleriana*, das eigentliche Fleißige Lieschen, bildet 30 bis 60 cm hohe, verzweigte Büsche mit saftreichen Trieben. *I. walleriana* ähnlich sind die *Neu*-Guinea-Hybriden. Sowohl *I. walleriana* als auch die *Neu*-Guinea-Hybriden verfügen heute über ein verwirrendes Sortenspektrum. Neue Sorten wurden immer wieder etwas verbessert. Außer einem echten Blau und dem noch gesuchten Gelb verfügen die *Impatiens* über jeden erdenklichen Farbton, von Weiß über Rosa bis zu Rot und Lila. Die Sortenzahl nimmt ständig zu. Wenn sich eine Sorte gerade eingeführt hat, stehen für sie schon wieder zwei neue bereit. Deshalb werden hier auch keine Sortenempfehlungen gegeben. *Impatiens* sind dankbare Pflanzen für die Krautschicht. Bezüglich der Blüte reagieren die

◀ *Hoya carnosa* ist insbesondere auf Pflanzbeeten eine hübsche Kletterpflanze.

▶ Noch selten im Angebot des Blumenhandels ist die krautige *Impatiens niamniamensis*.

Pflanzen auf die Lichtintensität. Deshalb blühen sie am reichsten von Mai bis September, während im Winterhalbjahr die Blüte etwas nachlässt.

Eine besonders interessante Art ist *I. repens*, die in Sri Lanka heimisch ist. Es handelt sich um eine kriechend bis überhängend wachsende Pflanze mit roten, glasigen Stängeln und kleinen, grünen, nierenförmigen Blättern. Aufgrund ihres Wuchses eignet sich *I. repens* als Bodendecker oder Ampelpflanze. Die gelben Blüten sitzen auf kurzen, roten Stielen einzeln in den Blattachseln. Sie sind etwa 3 cm groß und relativ kurzlebig. Außergewöhnlich ist *I. niamniamensis*. Besonders auffällig sind ihre großen, gelbrot kontrastierenden Blüten. Sie wächst aufrecht und wird etwa 60 bis 80 cm hoch.

Besondere Hinweise: Bei hoher Luftfeuchtigkeit und unzureichender Luftumwälzung kann es zu einem Befall durch Grauschimmel kommen. Deshalb sollte man das Laub beim Gießen auch nicht benetzen.

◀ *Iochroma coccineum* blüht bei entsprechendem Lichtangebot das ganze Jahr über.

Iochroma, Veilchenstrauch

Die in Südamerika heimische Gattung *Iochroma* enthält 15 Arten kleiner Bäume und Sträucher mit meist filzigen Blättern und in Paaren oder Büscheln stehenden Blüten. Diese sind langröhrig oder schmal-trichterförmig und erscheinen in den Blattachseln, gehäuft am oberen Ende der Triebe. Der Gattungsname setzt sich zusammen aus ion = blaues Veilchen und chroma = Farbe. Er sagt wenig über die Pflanze aus, denn außer der Blütenfarbe mancher Arten hat sie nichts mit Veilchen gemeinsam.

I. cyaneum ist ein weicher, bis 2 m hoch werdender Strauch mit recht brüchigen, graufilzigen Trieben. Die lang gestielten Blüten erscheinen in Büscheln zu 20 und mehr in den Blattachseln. Neben tiefblauen gibt es auch lila-, rosa- und purpurfarbene Typen. *I. coccineum* blüht scharlachrot. Die Blütezeit beider Arten beginnt etwa im Juli, dauert bis zum Oktober an und setzt sich bei genügend Licht den Winter über fort.

Besondere Hinweise: Durch häufiges Schneiden erzielt man Pflanzen mit mehr oder weniger aufrecht wachsenden Trieben. Man kann die Triebe auch an Spalieren oder an Drähten unter dem Glas entlangziehen. Sie sind so festzubinden, dass die Spitzen herabhängen können. Ein starker Rückschnitt verzögert die Blüte. Nur bei reichlicher Ernährung erzielt man gesunde, starkwüchsige und reich blühende Pflanzen. Wie viele andere Nachtschattengewächse leiden die Veilchensträucher unter Blattläusen, Weißer Fliege und Spinnmilben.

Ixora, Dschungelgeranie

Ledrige Blätter und attraktive Blütenstände mit leuchtenden Blüten sind das Kennzeichen dieser

▶ *Ixora coccinea* ist ein schöner Blütenstrauch, der nicht sehr hoch wird.
▼ *Jacaranda mimosifolia* benötigt im Laufe der Zeit viel Platz.

in den Tropen aller Erdteile verbreiteten Gattung. Von den etwa 400 Arten sind *I. coccinea*, Dschungelbrand, und *I. chinensis* sowie die aus beiden Arten hervorgegangenen Hybriden für den Wintergarten von Bedeutung. 'Biers Beauty' blüht orangefarben und ist besonders kleinwüchsig. 'Biers Glory' blüht dunkelorange, 'Fraseri' scharlachfarben und 'Shawii' lachsorangefarben.

Besondere Hinweise: Bei den hier angesprochenen kleinwüchsigen Formen, die in ihrer äußeren Gestalt unseren Buchsbäumen gleichen, ist ein Rückschnitt in der Regel nicht erforderlich. Bei nicht zusagenden Bedingungen, Trockenheit als auch Nässe oder im Winter bei Lichtmangel, verlieren *Ixora* oft schlagartig ihr Laub. Die Pflanzen mögen keinen Kalk. Bei zu hohem pH-Wert kommt es zu Eisenmangelchlorosen.

Jacaranda mimosifolia, Jacarandabaum, Palisander

>15° >10° 40–60%

Der in Südamerika heimische, heute in den Tropen der ganzen Welt als Zierbaum verbreitete Palisanderbaum hat farnartige, doppelt gefiederte, hellgrüne Blätter, die im hübschen Kontrast zur glatten, grauen Rinde des Baumes stehen und ein wundervoll zartes Ornament bilden. Die glockenförmigen, blauvioletten Blüten stehen in rispenförmigen Blütenständen vereint.

Besondere Hinweise: Da der Jacarandabaum zunächst unverzweigt wächst, bietet der Handel in der Regel in Tuffs gepflanzte Topfpflanzen an, um eine bessere Wirkung zu erzielen. Für den Wintergarten empfiehlt es sich, die Pflanzen einzeln zu setzen und durch entsprechende Schnittmaßnahmen baumförmig heranzuziehen. In den Subtropen der Welt ist die *J. mimosifolia* ein wichtiger Alleebaum, wo er häufig wie unsere Kugelrobinien geschnitten wird. Im Laufe der Zeit zu groß gewordene Pflanzen können zur Verjüngung kräftig zurückgeschnitten werden. Ein großes Problem des Palisanders ist das Rieseln – ab Herbst zerfallen über Wochen die Fiederblätter in ihre Bestandteile. Ballentrockenheit muss vermieden werden. Trocknet der Wurzelballen auch nur kurzfristig aus, so werden die Fiederblättchen gelb und fallen ab.

Jasminum, Jasmin

Die zu den Ölbaumgewächsen gehörende Gattung umfasst über 200 Arten. Es sind kletternde oder windende Sträucher mit weißen, gelben oder rosaroten, tellerförmigen Blüten mit langer, dünner Röhre. Sie sitzen in endständigen Trugdolden oder achselständig an den Triebenden. Viele Arten sind als Zierpflanzen ihres Duftes wegen in den Gärten rund um die Welt verbreitet. Für Wintergärten eignen sich besonders die folgenden Arten:

J. azoricum ist eine langsam kletternde Liane mit drehrunden, fast glatten, windenden Trieben. Die Blätter setzen sich aus drei eiförmigen Blättchen zusammen, wobei das mittlere das größte ist. Die weißen, wohlriechenden Blüten erscheinen von Juli bis September.

J. beesianum aus Westchina ist ein schwach windender, nicht sehr hoch werdender Strauch mit sehr dünnen, gerillten Zweigen. Die duftenden, hell- bis dunkelrosa gefärbten Blüten erscheinen im Mai.

J. humile ist eine sehr variable Art. Die Sorte 'Revolutum' ist fast immergrün. Die gelben, duftenden Blüten erscheinen vom Frühjahr bis zum Herbst.

J. mesnyi, der Primel-Jasmin, ist wohl die schönste gelb blühende Art. Die leuchtend gelben Blüten sitzen an langen, herabhängenden Zweigen. Sie erscheinen von Januar an bis weit in das Frühjahr hinein. Zu beachten ist, dass bei Temperaturen unter 5 °C das Laub weitgehend abgeworfen wird.

J. officinale, der Echte Jasmin, ist wohl die bekannteste Art. Aus den weißen, duftenden Blüten wird das für die Parfümherstellung wichtige Jasminöl gewonnen. Die Fiederblätter sind aus fünf bis neun Blättchen zusammengesetzt, die an vierkantigen, grünen Zweigen sitzen. Die Blüten erscheinen in Trugdolden am Ende der Zweige. Hauptblütezeit sind die Monate von August bis Oktober. Bei 'Affine' sind die Blüten größer und außen rosa.

◀ Mit seinen intensiv gelben Blüten ist *Jasminum mesnyi*, der Primel-Jasmin, etwas Besonderes.

Jasminum polyanthum, Zimmer-Jasmin

Der so genannte Zimmer-Jasmin ist *J. officinale* ähnlich. Die stark duftenden Blüten sind weiß, während die Knospen rosa gefärbt sind. Je nach Überwinterungstemperatur beginnt die Blütezeit zwischen Dezember und April.

Jasminum sambac, Arabischer Jasmin

Diese Art weicht in Wuchs und Belaubung stark von den anderen Arten ab – ein immergrüner, wenig verzweigter Kletterstrauch mit kantigen Trieben und vergleichsweise dicken, breit-ovalen Blättern. Die stark duftenden Blüten sind rein weiß und gehen beim Verblühen in ein zartes Rosa über. Sie erscheinen das ganze Jahr über. Die Blüten dienen zur Aromatisierung von Jasmintee. Im Handel sind meist mehr oder weniger gefüllt blühende Kulturformen, wie 'Grand Duke of Toskany' oder kurz 'Grand Duke', die bei uns auch als 'Großherzogin von Toskana' bekannt ist. Richtig schlingen kann dieser Jasmin nicht. Im Wintergarten wird man ihm

▲ Zur Aromatisierung von Jasmin-Tee dienen die Blüten von *Jasminum sambac*.

deshalb auch ein Gerüst anbieten müssen, an dem man die Triebe entlangzieht, oder man versucht, durch regelmäßiges Schneiden die Pflanzen aufrecht wachsend und kompakt zu halten.

Besondere Hinweise: In der Regel benötigen alle Jasmin-Arten eine Rankhilfe in Form eines Spaliers oder in Form von Drähten, die man an den Wänden oder im Dachraum entlangzieht. Schön wirken sie auch an Draht- oder Holzgestellen in Pyramidenform. Sind die Pflanzen einmal zu groß oder von unten kahl geworden, kann zur Verjüngung kräftig zurückgeschnitten werden.

Juanulloa mexicana (syn. J. aurantiaca), Guacamayastrauch

J. mexicana ist ein 1 bis 2 m hoher, in seiner Heimat Peru in der Regel epiphytisch wachsender Strauch mit filzig behaarten Ästen. Die wechselständig angeordneten, eirunden, zugespitzten, 5 bis 12 cm langen, oberseits matt dunkelgrünen und kahlen, unten weichhaarigen Blätter sitzen an einem kurzem, dicken Stiel. Die trichterförmigen, orangefarbenen Blüten mit fleischigem Kelch sitzen blattachselständig am Ende der Triebe. Die Blütezeit erstreckt sich in der Regel von Juni an bis in den Herbst hinein. Die Haltbarkeit der Einzelblüte ist aufgrund ihrer ledrig fleischigen Konsistenz außerordentlich hoch.

Besondere Hinweise: *Juanulloa* wird in der Regel strauchförmig gezogen. Die Neigung sich selbst ausreichend zu verzweigen, ist gering ausgebildet. Deshalb muss bei Jungpflanzen durch häufiges Stutzen für eine ausreichende Verzweigung gesorgt werden. Auch später muss aufgrund des sparrigen Wuchses regelmäßig geschnitten werden. Schnittmaßnahmen sollten im Anschluss an die Blüte erfolgen.

Trotz der ledrigen Blätter ist der Wasserbedarf in den Sommermonaten hoch. Den Winter über muss sehr vorsichtig gegossen werden.

Justicia brandegeana (syn. Beloperone guttata), Garnelen-Justizie, Zimmerhopfen, Spornbüchschen

Das Spornbüchschen aus Mexiko ist ein kleiner, reich verzweigter Halbstrauch mit weichen, behaarten Blättern. Das ganze Jahr über erscheinen seine lebhaft braunrot gefärbten Hochblätter, zwischen denen sich für wenige Tage die weißen Blüten zeigen. Den Namen „Zimmerhopfen" bekam diese Pflanze aufgrund ihrer Blütenstände, die tatsächlich an die Ähren des Hopfens erinnern.

Besondere Hinweise: Man kann den Zimmerhopfen, seinem natürlichen Wuchsverhalten entsprechend, als Strauch heranziehen, aber auch als Hochstämmchen, Ampelpflanze oder zu Pyramiden gebunden. Ausschlaggebend für die Blütenbildung ist die Beleuchtungsstärke. Blattabwurf ist meist die Folge von stauender Nässe oder Lichtmangel.

Justicia carnea (syn. Jacobinia carnea), Jacobinie, Brasilianische Justizie

Ein besonders schönes Akanthusgewächs ist die aus Brasilien stammende *J. carnea*. Es ist ein aufrecht wachsender, gabelig verzweigter Strauch mit ovalen, graugrünen Blättern, der im Wintergarten etwa einen Meter hoch wird. Besonders eindrucksvoll ist die 10 bis 15 cm lange, endständige Blütenähre mit den grünen Deckblättern und den klebrig be-

◀ *Justicia carnea* bringt mit ihren rosafarbenen Blütenständen Farbe in die Krautschicht des Wintergartens.

haarten, fleisch- bis purpurfarbenen Blüten. Man kann mit bis zu vier Blühschüben im Jahr rechnen.

Besondere Hinweise: Die im Handel erhältlichen Pflanzen sind, um kompakte Pflanzen zu erzielen, in der Regel mit Wuchshemmstoffen behandelt. Nach einiger Zeit setzt aber wieder normales Wachstum ein. Die Neigung, sich selbst zu verzweigen, ist nicht besonders stark ausgeprägt. Daher sind jüngere Pflanzen mehrmals zu stutzen, um ein buschiges Wachstum zu erzielen. Danach lässt man die Pflanzen ohne Schnittmaßnahmen heranwachsen. Sind die Pflanzen aber einmal zu groß geworden oder außer Form geraten, kann auch kräftiger zurückgeschnitten werden.

Justicia rizzinii (syn. Jacobinia pauciflora), Libonie

Die aus Brasilien stammende Libonie ist ein niedriger, vom Grunde an verästelter Strauch, der kaum höher als 50 cm wird. Im Winter schmückt sich der Strauch mit vielen, aus den Blattachseln einzeln erscheinenden, feuerroten, im unteren Viertel orangegelben Blüten. Die glänzend grünen Blätter sind sehr klein. Ähnlich ist *J. spicigera*, die gelegentlich angeboten wird.

Besondere Hinweise: *J. rizzinii* verzweigt sich von Natur aus recht gut von selbst. Alle paar Jahre ist ein mäßiger Rückschnitt der Triebe nach der Blüte zu empfehlen. An schattigen Plätzen werden die Triebe lang und die Pflanze verliert ihre Form. Auch werden kaum Blüten ausgebildet. Der Wurzelballen darf nie austrocknen, da sonst Blätter und Blütenknospen abgeworfen werden.

Kennedia, Purpurbohne

Die Gattung *Kennedia* umfasst etwa 15 Arten windender oder dem Boden aufliegender, mehr oder weniger verholzender Pflanzen, die in Australien heimisch sind. Interessant sind die Arten durch ihre attraktiven Schmetterlingsblüten. Vier Arten kommen für Wintergärten in Frage. *K. coccinea* ist ein stark wachsender, windender Halbstrauch. Die dunkelpurpurvioletten Blüten sitzen in achselständigen Trauben und erscheinen in der Regel im Mai/Juni. Die zurückgebogene Fahne weist in der Mitte einen grünen Fleck auf. Ähnlich ist *K. nigricans*. Bei *K. prostrata* erscheinen die scharlachroten Blüten achselständig, meist paarweise im Frühjahr. Die Fahne ist am Grunde mit einem gelben Fleck versehen. *K. rubicunda*, ein stark wachsender Schlingstrauch hat bräunlich dunkelscharlachrote Blüten, die gewöhnlich in achselständigen Paaren auf einem gemeinsamen Stiel sitzen. Die Fahne ist an der Spitze zurückgebogen und mit einem großen, blassen Fleck versehen.

Besondere Hinweise: In der Regel zieht man die Pflanzen an Spalie-

◀ *Justicia rizzinii* wird kaum höher als 50 cm.

▲ Von unvergleichlicher Schönheit sind die Blüten der Kreppmyrte, *Lagerstroemia indica*.

▶ *Kennedia rubicunda* ist ein stark wachsender Schlingstrauch mit Jahrestrieben von 2 bis 3 m Länge.

ren oder Drähten am Dach entlang. Bei guter Pflege können Jahrestriebe von 2 bis 3 m Länge gebildet werden. Die Verwendung als Bodendecker ist eher seltener und auch nur für größere Pflanzflächen zu empfehlen. Bei Bedarf kann zur Verjüngung kräftig zurückgeschnitten werden.

Lagerstroemia, Kreppmyrte

In mediterranen Ländern, wie Italien oder Spanien, bestimmen von Juli bis September die Lagerstroemien mit ihren hübschen Blüten den Vegetationscharakter ganzer Landschaften. Die langen Blütenrispen überdecken oft den ganzen Strauch. Auffallend ist die Gestalt der Kronblätter, die so gewellt und kraus wie Krepp sind. Die Blüte setzt im Juli ein und dauert bis Oktober. Beachtenswert ist neben der Blüte der glatte, grünbraune Stamm, der an junge Platanen erinnert und häufig tiefe Rillen aufweist. Lagerstroemien sind Laub abwerfend, jedoch verläuft der Laubfall stufenweise, sodass die Pflanzen selten völlig blattlos dastehen.

Die bekannteste Art ist *L. indica*, die sich baum- oder strauchförmig entwickelt. Im Handel ist eine Reihe von Sorten, u. a. mit weißen, karminrosa, scharlach- und purpurroten, hell- und dunkellilafarbenen, zierlich gekräuselten Blüten. Darunter befinden sich mehrere besonders kleinwüchsige Formen. Neben *L. indica* findet man *L. speciosa* im Handel. Die Blüten sind im Erblühen zartrosa und werden bis zum Abend dunkelpurpurfarben.

Besondere Hinweise: Pflanzen, die ihre „Endgröße“ erreicht haben, sollten Jahr für Jahr im Frühjahr kräftig zurückgeschnitten werden. Die Blüten bilden sich am jungen, diesjährigen Holz. Besonders während der Knospenentwicklung und zu Beginn der Blüte darf man die Erde keinesfalls trocken werden lassen, sonst werden die Knospen abgestoßen. Nach dem Laubfall nur sporadisch gießen. Der größte Feind der Lagerstroemien ist der Echte Mehltau, der Blätter und Knospen gleichermaßen befällt. Die infizierten Knospen öffnen sich bei Mehltaubefall nicht mehr. An Schädlingen können Weiße Fliege und Spinnmilben lästig werden.

Lampranthus, Eiskraut, Mittagsblume

Die Arten der in Südafrika verbreiteten Gattung sind in den Gärten des Mittelmeerraumes häufig anzutreffen und rufen immer wieder die Bewunderung der Touristen hervor. Es sind reich blühende Halbsträucher mit kriechenden Trieben und sukkulenten Blättern. Die dunkelrosa bis kräftig roten oder auch weißen und orangefarbenen Blüten werden von einer Vielzahl feiner Strahlen gebildet.

Besondere Hinweise: Ältere Exemplare werden allmählich sehr groß und auch unförmig und lassen im

▶ *Laurus nobilis* lässt sich beliebig beschneiden und ist als Hochstämmchen besonders beliebt.

Flor stark nach. Daher ist es angebracht, sie von Zeit zu Zeit durch eine Neupflanzung zu ersetzen. Zwischendurch trägt ein Zurückschneiden zur Verjüngung bei. Die Blüten öffnen sich nur bei Sonne.

Lantana, Wandelröschen

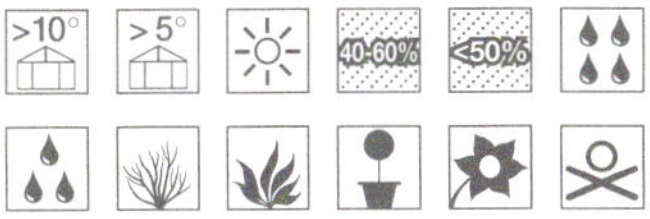

Das im tropischen Amerika heimische, halbstrauchartige Wandelröschen, *L. camara*, wurde schon in den Gärten der Renaissance in Europa gezogen. Die auf der Oberseite runzelig rauen, unten weich behaarten Blätter, sind an den Rändern kerbig gesägt. Die Blüten „wandeln" (daher auch der deutsche Name) im Laufe der Blühzeit ihre Farbe. Unter dem Namen *Lantana*-Camara-Hybriden ist eine Reihe von Sorten im Handel, die durch vielfältige Kreuzungen entstanden sind. Sie blühen weiß, rosa, gelb, orange oder violett mit entsprechenden Übergängen.

L. montevidensis ist noch weitgehend unbekannt. Es ist ein ausgebreitet wachsender Strauch mit hängenden Trieben und lilarosa gefärbten Blüten. Den Kaskadeneffekt der hängenden Triebe erreicht man am besten, wenn man die Zweige an einem Spalier hochzieht. Hauptblütezeit beider Arten sind die warmen, lichtreichen Sommermonate. Aber auch zu anderen Zeiten werden Blüten ausgebildet.

Besondere Hinweise: *L. camara* ist als Hochstämmchen besonders beliebt. Bei älteren Pflanzen sind im Frühjahr die Vorjahrestriebe regelmäßig zurückzuschneiden. Die Blüten bilden sich laufend an den wachsenden Trieben. Als Sträucher gezogene Pflanzen können, falls sie zu groß geworden sind, zur Verjüngung kräftig zurückgeschnitten werden. Anfällig sind die Lantanen für Weiße Fliege und Blattläuse.

◀ *Lantana camara*, das Wandelröschen, wandelt seine Blütenfarbe im Laufe der Zeit.

Laurus nobilis, Lorbeer

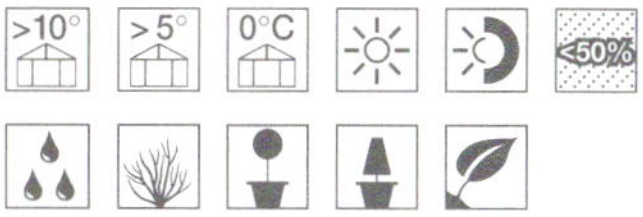

Der Lorbeer ist ein aromatisch duftender, kegelförmig wachsender Strauch mit schmal-elliptischen, 5 bis 10 cm langen, am Rand welligen, glänzend dunkelgrünen Blättern. Im März öffnen sich grünlich gelbe Blüten in kleinen, achselständigen Büscheln. Die Frucht ist eine glänzende, schwarze Beere. Allerdings kann man Früchte nur dann erwarten, wenn man neben einer weiblichen, auch eine männliche Pflanze besitzt, denn der Lorbeer ist zweihäusig. Im Handel ist auch eine Form mit gelbbunten Blättern erhältlich. Seit vielen Jahrhunderten ist der Lorbeerbaum in geschnittener Form eine unentbehrliche Dekorationspflanze.

Besondere Hinweise: Der Lorbeer, so schnittverträglich er auch ist, ist als frei wachsender Strauch nicht minder attraktiv. Kunstformen sollte man keinesfalls mit der Heckenschere formieren, weil man dabei die Blätter mit durchtrennt und braune Blattränder sehen nicht sonderlich schön aus. Am besten ist es, wenn man den Neutrieb mit den Fingernägeln auskneift.

Leonotis leonurus, Löwenohr

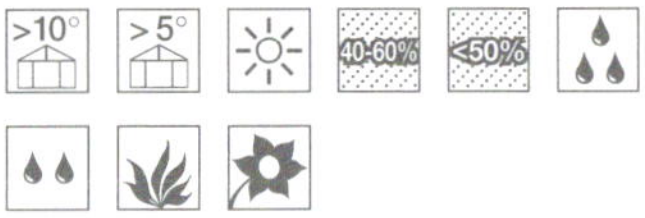

Löwenohr ist der volkstümliche Ausdruck für *L. leonurus*, einer Staude aus der Familie der Lippenblütler, die in Südafrika heimisch ist. Die leuchtend orangefarbenen Blüten stehen in Blütenständen, die ebenso sonderbar wie schön sind. An einem Stängel sind in jeweils 10 cm Abstand mehrere Blütenstände übereinander angeordnet. Neben der leuchtenden Farbe fällt der feinhaarige, samtige Blütenbelag auf. Die lanzettlichen, am Rand gezähnten Blätter erreichen etwa 10 cm Länge, sind allerdings nur 1 bis 2 cm breit. Am Grund der Stängel stehen sie dicht, zwischen den Blüten aber nur spärlich. Die Blüte beginnt im Sommer und setzt sich bis in den Herbst fort.

Besondere Hinweise: Da das Löwenohr eine Staude ist und sich aus dem Wurzelstock regeneriert, sind die Blütenstände nach dem Abblühen bis zum Boden zurückzuschneiden.

Leptospermum scoparium, Südseemyrte, „Teebaum", Neuseelandmyrte

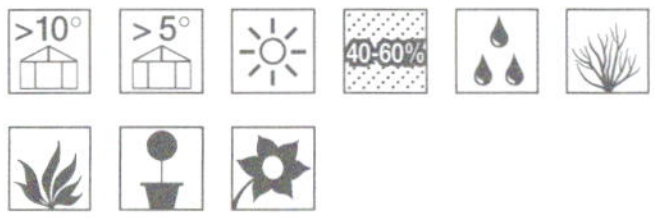

Ein attraktiver Blütenstrauch ist die Südseemyrte, die in ihrer australisch-neuseeländischen Heimat als Strauch oder kleiner Baum wächst. Die myrtenähnliche Belaubung besteht aus scharf zugespitzten Blättern, die gerieben aromatisch duften. Aus den Blattachseln der Seitenzweige erscheinen von Januar bis Juni einzeln oder zu dritt fünfteilige, weiße, rosafarbene oder rote Blüten. Im Handel ist eine Reihe von Kulturformen erhältlich, die sich in der Blütenfarbe, der Belaubung und in den Wuchseigenschaften unterscheiden.

Besondere Hinweise: Reich verzweigte und buschige Sträucher erhält man nur, wenn man Jungpflanzen häufig stutzt. Ältere Pflanzen sollte man nach der Blüte regelmäßig zurückschneiden. Ein Rückschnitt in das alte Holz kann nicht empfohlen werden. Das richtige Gießen verlangt viel Sorgfalt und Erfahrung. Ein Zuviel an Wasser ist besonders bei älteren Pflanzen sehr schädlich und kann zum Tode führen. Allerdings bringt auch Ballentrockenheit die Pflanzen um.

Ligustrum lucidum, Glänzender Liguster

Der Glänzende Liguster ist mit seinen großen Blättern und dem kräftigen Wuchs, die stattlichste und schönste Liguster-Art für Wintergärten. *L. lucidum*, heimisch in China und Korea, bildet einen starken Gegensatz zu unserem Hecken-Liguster. In seiner Heimat bildet er reizvolle, immergrüne, bis 15 m hohe Bäume mit einer halbkugeligen Krone und ei- bis lanzettförmigen Blättern, die oben dunkelgrün glänzen und bis 15 cm lang sind. Die Blüten stehen in 10 bis 20 cm langen und ebenso breiten, fliederähnlichen Rispen. Sie erscheinen von August bis September. Schon 1794 wurde *L. lucidum* in Europa eingeführt und avancierte in Norditalien und im Tessin zu einem beliebten Straßen- und Zierbaum. Es gibt einige Kulturformen, darunter auch solche mit gelb gefleckten Blättern.

Besondere Hinweise: Baumförmig gezogen, wirkt *L. lucidum* am

◀ *Leptospermum scoparium* ist eine hübsche Blütenpflanze, aber nicht einfach in der Pflege.

schönsten, doch können die Pflanzen auch zu Kunstformen geschnitten werden. Da Heckenscheren die Blätter zerschneiden und zerquetschen, diese dann absterben und der Pflanze ein bräunliches Aussehen verleihen, sollte man die Zweige und Triebspitzen bei formenden Schnittmaßnahmen gewissenhaft mit der Schere oder durch Abzwicken mit den Fingernägeln einkürzen.

Liriope muscari, Liriope, Lilientraube

Die kleine, aparte, ausdauernde Staude aus der Familie der Convallariaceae ist in China und Japan beheimatet. Sie bildet dichte, 30 cm hohe Horste aus schmalen glänzenden Blättern. Von August bis in den November hinein schmückt sie sich mit zierlichen, dunkelvioletten Blütenähren. Es gibt mehrere hübsche Sorten. Darunter auch solche mit goldgelben oder hell gestreiften Blättern. Sie ist eine der wichtigsten schattenvertragenden Bodendecker für Wintergärten. Angeboten wird auch *L. spicata*, die nur wenig verschieden ist.

Livistona, Livingstonpalme

Livistona ist eine Gattung relativ hoher Fächerpalmen mit großen, runden Fächerblättern, die auf langen, meist mit zwei Reihen scharfer Stacheln besetzten Stielen stehen. Die Spreite ist bis zur Mitte oder tiefer fächerig gespalten, die Fächerstrahlen sind zweispaltig, oft mit langen Endfasern. Zwei Arten, *L. australis* und *L. chinensis*, werden in Südeuropa häufig angepflanzt. Wegen ihres schlanken Wuchses und der glänzenden Fächerblätter sind sie in größeren Wintergärten sehr geschätzt. Die Herztriebe beider Palmen werden in ihrer asiatischen Heimat als Palmkohl verzehrt.

▲ Von *Lobivia silvestrii* gibt es eine Vielzahl von Kulturformen im Handel.

Lobivia silvestrii (syn. Chamaecereus silvestrii), Zwergsäulenkaktus

Die Kakteengattung *Lobivia* umfasst verhältnismäßig klein bleibende, einzeln wachsende oder gruppen- bis polsterbildende, tagblühende Kakteen, deren farbenprächtige Blüten immer wieder die Bewunderung des Betrachters auf sich ziehen. Die Blütenfarbe variiert von Weiß über Gelb bis Rot mit vielen Zwischentönen. Lobivien wachsen gut und blühen leicht und reich. Besonders zu empfehlen ist *L. silvestrii*, der Zwergsäulenkaktus, der fingerförmige Triebe bildet, die sich bei intensiver Sonneneinstrahlung lebhaft rot färben. Im Laufe der Zeit kann diese Art, ausgepflanzt, größere Flächen bedecken.

Besondere Hinweise: Die Blütenbildung wird von der Temperatur stark beeinflusst. Für eine reiche Blüte benötigen Lobivien im Winter eine zwei- bis dreiwöchige Kühlperiode bei 10 °C.

◀ *Liriope muscari* ist ein pflegeleichter Bodendecker, der sich für alle Wintergartentypen eignet.

Lycianthes rantonnetii (syn. Solanum rantonnetii), Blauer Kartoffelstrauch

Der von Argentinien bis Paraguay heimische „Blaue Kartoffelstrauch“ ist wegen seiner überreichen Dauerblüte eine beliebte Kübelpflanze. Die breit-lanzettlichen bis 10 cm langen, in den Blattstiel verschmälerten Blätter sind beidseitig leicht behaart. Die violettblauen Blüten mit hellgelber Mitte stehen zu zweit bis fünft in den Blattachseln. Bei entsprechenden Standortbedingungen erscheinen die Blüten das ganze Jahre über. Hauptblütezeit sind die lichtreichen und warmen Frühjahrs- und Sommermonate. Der Handel bietet Auslesen mit besonders großen Blüten an (u. a. ‘Grandiflorum’), die einen Durchmesser von bis zu 3 cm erreichen.

Besondere Hinweise: Der Handel bietet den Kartoffelstrauch häufig als Hochstämmchen an. Als Strauch gezogen, sind die Pflanzen jedoch am schönsten. Man kann die Triebe aber auch an ortsfesten Spalieren entlangziehen. Ein Schnitt ist auch während der Wachstumszeit möglich, da die Blüten in den Blattachseln der wachsenden Triebe angelegt werden und der Schnitt die Blüte nur vorübergehend beeinträchtigt. Insbesondere bei Hochstämmchen ist das Zurückschneiden der Triebe während der Wachstumszeit notwendig, damit die Pflanzen nicht zu kopflastig werden. Berufsgärtner setzen zur Hemmung des Längenwachstums häufig Hemmstoffe ein. Die Internodien bleiben kürzer und auch die Blätter sind etwas verkleinert. Je nachdem, welcher Hemmstoff verwendet wurde, hält die Wirkung wenige Wochen oder einige Monate an.

◀ *Lycianthes rantonnetii* ist ein unermüdlicher Blüher, der sich beliebig beschneiden lässt.

Macfadyena unguis-cati (syn. Doxantha unguis-cati), Gelber Trompetenwein, Krallentrompete, Katzenkralle

Die in Argentinien heimische Katzenkralle ist ein hoch kletternder Strauch mit glatten Trieben und länglich eiförmigen Blättern. Die gelben, 6 bis 10 cm breiten, trompetenförmigen Blüten, häufig mit orangefarbenen Linien im Schlund, sitzen in Büscheln an bis zu 3 cm langen Stielen. Sie erscheinen in der Regel von März bis Juni. Ihren Namen erhielt diese Pflanze aufgrund ihrer endständig sitzenden, dreiteiligen, krallenartigen Blattranken. Diese haben keine Saugnäpfe, sondern nadelfeine, katzenkrallenähnliche Haken an ihren Enden, mit denen sie sich an Mauern festhalten können, die für unsere Finger ganz glatt erscheinen. An Kunststoffputz und ähnlich versiegelten Flächen haften die Krallen allerdings nicht.

Besondere Hinweise: Erst ältere Pflanzen blühen reich. Ausgepflanzt, können sie sich kräftig entwickeln, sodass alle paar Jahre ein starker Rückschnitt erforderlich wird.

Mackaya bella

M. bella ist ein in Südafrika heimischer, zunächst aufrecht wachsender, später ausladender, verzweigter Strauch mit überhängenden Trieben. Die ovalen, glänzend grünen Blätter laufen in eine Spitze aus. Die röhrenförmigen, dunkel geaderten, lavendelfarbenen Blüten mit fünf großen Kronblattlappen stehen in Ähren und erscheinen von Frühjahr bis Herbst.

Besondere Hinweise: Auch Hochstämmchen lassen sich ziehen. Damit die Pflanzen ihren typisch hängenden Wuchs beibehalten, sollte mehr ausgelichtet und weniger zurückgeschnitten werden. Zu groß gewordene Pflanzen können kräftig zurückgeschnitten werden.

Magnolia grandiflora, Immergrüne Magnolie

Wer hat nicht schon die Pracht der immergrünen Magnolie in den Gärten rund um das Mittelmeer bewundert und sich gewünscht, dieses reizvolle Gehölz auch in unsere mitteleuropäischen Gärten zu holen? Leider reicht die Winterhärte dieser aus dem südöstlichen

◀ *Magnolia grandiflora* ist in erster Linie Blattpflanze, die Blüten sind aber nicht weniger attraktiv, wie dieses Foto zeigt.

Nordamerika stammenden Art nicht aus, um sicher die frostige Jahreszeit zu überstehen. Im kühlen Wintergarten jedoch entwickelt sich *M. grandiflora* zu einer außerordentlich hübschen Leitpflanze. Ihre großen, lederartigen, glänzenden Blätter bilden ein Gewölbe dichten Laubes, von dem sich die angenehm duftenden, rahmweißen Blüten gut abheben. Die jungen Triebe, wie auch die Knospen sind rostbraun filzig behaart. Die Blütezeit erstreckt sich über den ganzen Sommer und Herbst. Neben der Art gibt es eine Reihe von Kulturformen, die sich in Blattform, Blattgröße und Wuchs unterscheiden.

Besondere Hinweise: *M. grandiflora* braucht viel Platz, um ihre volle Schönheit zeigen zu können. Sie ist daher nur für wirklich große Wintergärten geeignet. Man sollte die Pflanzen sich möglichst ohne Schnitt frei entwickeln lassen.

Malpighia coccigera, Singapur-Stechpalme

Der in Westindien beheimatete Strauch trägt eiförmig rundliche, stark gezähnte, glatte, glänzende Blätter. Im Laufe des Sommers bedeckt sich die Pflanze über und über mit reizenden gefransten, pfirsichrosafarbenen Blüten. Ältere Pflanzen blühen nicht selten zwei- bis dreimal im Jahr. Auch ohne Blüten ist der bis 1 m hoch werdende Strauch eine Zierde. Auch *M. glabra*, die Barbados-Kirsche, eignet sich für Wintergärten. Es ist ein in seiner Heimat bis 5 m hoher Baum mit rosaroten Blüten und glänzend roten Früchten, die essbar sind.

Besondere Hinweise: Man sollte die Pflanzen sich frei entwickeln lassen. Schnittmaßnahmen sind jederzeit möglich, da die Pflanzen bevorzugt am mehrjährigen Holz blühen und keine Gefahr besteht, dass man die Blüten wegschneidet.

Malvaviscus arboreus, Beerenmalve

Die Beerenmalve ist eine auffallende Blütenpflanze, die in den Tropen Amerikas beheimatet ist. Die sich gleichzeitig öffnenden roten Blüten bedecken die ganze Oberfläche des Baumes. Während

▶ *Malvaviscus arboreus* ist mit ihrer Blütenfarbe und der außergewöhnlichen Blütenform eine auffallende Blütenpflanze.

im Allgemeinen bei den Malvaceen die Blütenkrone relativ flach und nur bei wenigen *Hibiscus*-Arten trichter- oder schüsselförmig ist, kommt hier eine relativ lange Röhre zustande, da sich die Blütenblätter nur unvollständig entfalten. Die breit-eiförmigen Blätter sind meist dreilappig und grob gezähnt. Oben sind sie verhältnismäßig rau, unten weich behaart. Die Blüten sitzen an einem relativ langen Blütenstiel einzeln in den Blattachseln und erscheinen den ganzen Sommer über bis in den Herbst hinein. Bei genügend Licht setzt sich die Blüte über den Winter hinweg fort.

Besondere Hinweise: *Malvaviscus* ist raschwüchsig, neigt aber dazu, sich kaum zu verzweigen. Deshalb sollten jüngere Pflanzen mehrmals entspitzt werden. Danach sollte man sie sich frei entwickeln lassen. Ältere Pflanzen sind regelmäßig auszulichten. Zur Verjüngung kann auch kräftig zurückgeschnitten werden.

Mammillaria, Warzenkaktus

In keiner Kakteengattung gibt es so viel reich und leicht blühende Arten, wie bei den Mammillarien. Es sind kugelige bis kurzzylindrische, einzeln wachsende, kolonien- oder polsterbildende Kakteen mit oder ohne Rübenwurzel. Die Rippen, die sich in zahlreiche Warzen auflösen, gaben diesen Kakteen ihren Namen. Außerordentlich vielgestaltig in Form und Farbe ist die Bedornung. Viele Mammillarien weisen eine nahezu mathematisch exakte Anordnung der Bestachelung auf. Sie bieten aufgrund der hübschen Bestachelung nicht nur zur Blütezeit einen prächtigen Anblick. Die Blüten der Mammillarien sind nicht allzu groß, erscheinen aber in reicher Zahl meist kranzförmig rings um die Pflanze. Die meisten Arten blühen vom Frühjahr bis zum Herbst, aber auch im Winter öffnen einzelne ihre Blüten. Die Blüten öffnen sich meist am Vormittag und schließen sich nachmittags wieder, dies aber oft über zwei bis drei Tage.

Besondere Hinweise: Dicht bedornte und wollige Mammillarien wollen vollsonnig stehen, während die „grünen" Arten in den Mittagsstunden keine pralle Sonne wünschen.

▶ Warzenkakteen weisen wie diese *Mammillaria microhelia* eine nahezu mathematisch exakte Bedornung auf.

Mandevilla (syn. Dipladenia), Falscher Jasmin, Dipladenie

Die durchweg im tropischen Amerika beheimatete Gattung *Mandevilla* enthält einige schöne, reich blühende Schlingpflanzen mit trichterförmigen Blüten. Die Blütezeit reicht in der Regel von Juni bis Oktober. Im Handel sind meist Hybriden von *M. laxa* und *M. sanderi*. 'Rosea' trägt lachsfarbene bis rosarote Blüten von 8 cm Durchmesser. Sie neigt nicht zu einer starken Triebbildung und wächst deshalb vergleichsweise gedrungen. 'Rubinia' hat große, kräftig rosarote Blüten und blasenartig aufgeworfene Blätter. 'Williamsii' ist eine weiß blühende Form mit tiefrotem Schlund. Bei *M.* × *amabilis* sitzen die lebhaft rosapurpur gefärbten Blüten in langen Trauben. 'Amoena' ist eine leicht blühende Sorte, deren blassfleischroten Blüten stets in Büscheln zusammenstehen. 'Alice DuPont' ist besonders rasch wachsend. Von Frühjahr bis Herbst erscheinen die 10 cm breiten Trichterblüten ununterbrochen in bis zu 20-blütigen Trauben. Die außergewöhnliche Blütenmasse macht diese Sorte besonders interessant.

Besondere Hinweise: Es sind rasch wachsende Schlinger, deren dün-

▶ *Mandevilla* × *amabilis* ist im Wintergarten als Kletterpflanze zu verwenden.

▶ *Maranta leuconeura* und ihre Kulturformen sind attraktive Blattschmuckpflanzen.

ne Triebe sich sehr gut an Drähten im Dach des Wintergartens entlangziehen lassen. Im Herbst ist bei älteren Pflanzen ein kräftiger Rückschnitt zu empfehlen. Die Blüten erscheinen an den wachsenden Trieben. Zu beachten ist, dass der Milchsaft giftig ist. Lichtmangel führt zu unerwünscht langen Trieben (Peitschentriebbildung) und Blattfall. Stängel- und Blattfäule sowie Fußkrankheiten entstehen bei hoher Luftfeuchte und niedrigen Temperaturen.

Manettia luteorubra (syn. M. bicolor bzw. M. inflata)

Manettien sind hübsche, dauerblühende, windende Kletterpflanzen, die im tropischen Amerika heimisch sind. *M. luteorubra* besitzt kleine, relativ dicht stehende, blaugrüne Blätter. Die hübschen Blüten, sie sehen wie winzige Feuer aus, stehen einzeln an kurzen Stielen. Die Kronröhre der Blüten ist etwa 2 cm lang und fleischig. Am Grunde ist sie etwas bauchig erweitert und leicht behaart. Die rote Farbe geht an der Spitze in Gelb über. Die Blütezeit erstreckt sich von April bis September.

Besondere Hinweise: Die dünnen Triebe winden am liebsten an Drähten oder Schnüren empor. Aber auch Maschendraht oder Spaliere sind geeignet. Es besteht hoher Wasserbedarf im Sommer. Einmal trocken geworden, werden die Blätter braun und bleiben an der Pflanze haften. Nachteilig ist die hohe Anfälligkeit für Weiße Fliege und Spinnmilben.

Maranta leuconeura, Marante, Bunte Pfeilwurz, Gebetspflanze

Die Gattung *Maranta* ist im tropischen Amerika verbreitet. Es sind flach ausgebreitet oder aufrecht wachsende Bodenbewohner des tropischen Regenwaldes. In der Regel findet man in Kultur nur *M. leuconeura* und ihre Kulturformen. Bei 'Kerchoviana' tragen die smaragdgrünen Blätter dunkelbraune Flecken. Die jungen Blätter sind tütenartig zusammengerollt und stehen oft kerzengerade in die Höhe. Das samtig tiefgrün gefärbte Laub der Sorte 'Massangeana' ist etwas kleiner und braun gefleckt. 'Erythroneura' hat bräunlich olivfarbene Blätter mit hellgrünen Aufhellungen entlang der Mittelrippe. Im guten Kontrast dazu stehen die leuchtend roten Blattadern.

Besondere Hinweise: Die Pflanzen sollten gleichmäßig feucht gehalten werden. Trockenheit ist ebenso schädlich wie Nässe. Kein kaltes und hartes Gießwasser verwenden! Braune Blattränder sind die Folge einer zu niedrigen Luftfeuchte.

Medinilla magnifica, Medinille

Zu den prächtigsten Blütenpflanzen für den Wintergarten gehört das Schwarzmundgewächs *M. magnifica*. Die aus vielen rosafarbenen Einzelblüten bestehenden Rispen sind in hängenden End- oder Seitenrispen zusammengefasst. Sie bilden sich in der Regel an der Spitze des letztjährigen Triebes. Bei älteren, gut ernährten Pflanzen brechen die Blütenknospen auch an den Knoten der nackten Stängel hervor. Der eigentliche Wert der Blüten liegt in den rosaweißen Tragblättern begründet, die wochenlang halten. Die dekorativen, dick ledrigen Blätter sind tief geadert und bis zu 30 cm lang. In ihrer Heimat wächst *M. magnifica* zu einem über 2 m hohen Strauch heran. Im Handel sind in der Regel kompakt wachsende Auslesen.

▲ Eine prächtige Blütenpflanze ist *Medinilla magnifica*, die ausgepflanzt und ungeschnitten durchaus 2 m hoch werden kann.

Besondere Hinweise: *M. magnifica* wächst sehr sparrig, auch durch Schnittmaßnahmen ändert sich das Verhalten des Strauches kaum. Man sollte der Pflanze deshalb genügend Raum für eine freie Entwicklung geben. Sind die Pflanzen einmal zu groß geworden, kann zur Verjüngung in das alte Holz zurückgeschnitten werden. Die Blütenbildung wird gefördert durch eine „Kühlphase" von acht Wochen im Winter bei 15 °C. Stehen die Pflanzen in dieser Zeit wärmer, treiben im Januar anstelle der Blütenknospen meist nur Blatttriebe durch. Zum Wachstum sind Temperaturen über 20 °C optimal. Wichtig! Die Bodentemperatur darf nie unter die Lufttemperatur absinken. Zugluft, Temperaturschwankungen oder kaltes Gießwasser haben Blattfall zur Folge.

Melaleuca, Myrtenheide

Die meisten der etwa 200 *Melaleuca*-Arten sind in Australien und Tasmanien heimisch. Es sind immergrüne Sträucher oder auch kleine Bäume, die sich durch aromatisch duftende, meist heidekrautähnliche Blätter auszeichnen. Die Blüten stehen in walzenförmigen Ähren oder kugeligen bis eiförmigen Köpfen. Sie sind bis auf ihre Größe den Blüten des Zylinderputzers (*Callistemon*) ähnlich. Im Handel sind u. a. *M. acuminata*, *M. citrina*, *M. coccinea*, *M. nematophylla*, *M. spathulata* und *M. squamea*. *M. leucadendra*, der Kajeputbaum, ist eine baumförmige Art mit im Alter sehr dicker, schwammiger, sich in Lagen ablösender, bräunlich weißer Rinde. Die rahmweißen Blüten stehen in bis zu 10 cm langen Ähren und erscheinen von Juni bis Oktober.

Besondere Hinweise: Man sollte die Pflanzen sich frei entwickeln lassen. Werden die Pflanzen zu groß oder erscheint eine Verjüngung angebracht, ist auch ein Rückschnitt ins alte Holz möglich. Ballentrockenheit kann, ebenso wie Nässe, zu empfindlichen Schäden oder gar zum Absterben der Pflanzen führen. Im Winter ist sehr sparsam zu gießen. *Melaleuca* ist kalkempfindlich, deshalb kein hartes Gießwasser verwenden.

Melia azedarach, Indischer Zederachbaum, Paternosterbaum

M. azedarach ist ein raschwüchsiger, äußerst anspruchsloser, schön blühender und fruchtender Baum. Heimisch ist der Zederachbaum in Südwestasien, vom unteren Himalaya bis Westchina. Inzwischen

▶ *Melia azedarach* kann aufgrund ihres raschen Wachstums nur für größere Wintergärten empfohlen werden.

ist er in vielen tropischen und subtropischen Ländern eingebürgert, wo er als hübscher Straßenbaum oft gepflanzt wird. Die Bezeichnungen Chinesischer Holunder, Persischer Flieder, Paradiesbaum, Perlenbau und Stolz von Indien geben einen Hinweis auf seine Schönheit und Beliebtheit. Die 25 bis 35 cm langen Fiederblätter setzen sich aus scharf gesägten bis gelappten Blättchen zusammen. Im zeitigen Frühjahr erscheinen die 2 cm breiten, angenehm nach Flieder duftenden, zwittrigen Blüten in lockeren, 20 bis 25 cm langen Rispen. Ihre Krone ist lila, Staubblattröhre und Griffel sind violett und die Staubgefäße gelb gefärbt. Die kugeligen, 1,5 cm dicken Früchte färben sich hellgelb. Sie bleiben oft noch bis zur Blütezeit des folgenden Jahres hängen. Aus den harten Samen werden Halsketten und Rosenkränze gefertigt. Bei der Kulturform 'Umbraculifera' (in Texas wichtiger Straßenbaum) ist die Krone flach ausgebreitet, die Blätter sind kleiner und schmaler.

Besondere Hinweise: Baumartig gezogen, wirkt der Zederachbaum am schönsten. Die ersten Jahre sind dem Aufbau der Krone zu widmen. Bei älteren Pflanzen sind im Herbst oder vor dem Austrieb im zeitigen Frühjahr alle schwachen, vorjährigen Triebe abzuschneiden, die stärkeren leicht einzukürzen.

Melianthus major, Honigstrauch

>5° | 40-60%

Der in Südafrika heimische Honigstrauch ist ein großblättriger Halbstrauch mit ausgebreitetem Wuchs. Mit seinen graugrünen, 20 bis 45 cm langen, unpaarig gefiederten Blättern, ist er eine ausgezeichnete Blattpflanze. Die sehr dicht stehenden, dunkelrotbraunen Blüten, stehen in endständigen Trauben und erscheinen im Sommer. Sie sondern viel Nektar ab, daher auch der Name Honigstrauch.

Besondere Hinweise: Damit sich die Pflanzen natürlich entfalten können, sollte man ihnen genügend Platz einräumen. Zu groß gewordene Pflanzen können kräftig zurückgeschnitten werden.

Metrosideros excelsa, Pohutukawa-Eisenholzbaum

>10° | >5° | <50%

M. excelsa aus Neuseeland ist nicht nur eine hübsche Blütenpflanze, sondern auch eine vorzügliche Blattschmuckpflanze. Der Name Eisenholzbaum nimmt auf das hohe spezifische Gewicht des Holzes Bezug. Die 5 bis 7 cm langen, ovalen Blätter, die an elegant überhängenden Trieben sitzen, sind in ihrem Jugendstadium zart und weich und, ebenso wie die jungen Triebe, silbrig behaart. Ältere Blätter hingegen sind oberseits glänzend dunkelgrün und hart. Die großen, endständigen Trugdolden erreichen etwa 10 bis 15 cm Durchmesser. Die Blütenfarbe wird nicht wie bei den meisten Pflanzen durch die Blütenblätter hervorgerufen, sondern durch eine Vielzahl von tiefroten, etwa 5 cm langen Staubfäden. Die rote Blütenfülle kann das Grün der Blätter fast völlig überdecken. Die Neuseeländer haben den Eisenholzbaum zu ihrem Weihnachtsbaum erklärt, weil die Hauptblütezeit dort auf Ende Dezember fällt.

Besondere Hinweise: Die Schnittverträglichkeit ist außerordentlich gut. Eine regelmäßige Verzweigung erfolgt aber auch ohne Schnittmaßnahmen. Im Wintergarten kann auf Stutzen verzichtet werden, solange keine bestimmte Wuchsform erwünscht ist. Zu groß gewordene Pflanzen können kräftig zurückgeschnitten werden. Notwendige Schnittmaßnahmen sollte man direkt nach der Blüte durchführen, um die nächstjährige Blüte nicht zu gefährden. Bei älteren Pflanzen fördert ein vorübergehendes Trockenhalten der Pflanzen im Winter den Blütenansatz.

Monstera deliciosa, Fensterblatt, Zimmerphilodendron

>15° | >10° | >60% | 40-60% | <50%

Das Fensterblatt ist eine Charakterpflanze des mittelamerikanischen Regenwaldes, eine Liane, die sich an den Bäumen emporschlingt und ihre Luftwurzeln zur Aufnahme von Feuchtigkeit und Nährstoffen in die Erde sendet. Sämlin-

▶ *Monstera deliciosa* ist eine altbekannte Zimmerpflanze, die auch noch mit wenig Licht gut zurechtkommt.

ge besitzen zunächst herzförmige und ganzrandige Blätter. Ab dem vierten/fünften Blatt zeigen sich die ersten Löcher oder die Blätter sind mehr oder weniger tief eingeschnitten und fiedrig gelappt. Ausgepflanzt, können die Pflanzen mächtige Dimensionen annehmen und die Blätter 1 m im Durchmesser erreichen. Im Handel ist in der Regel die Kulturform 'Borsigiana'. Ihre Blätter bleiben schmaler und sind weniger mit „Fenstern" versehen. 'Variegata' ist eine Sorte mit rahmweißer Zeichnung. Sie wächst deutlich langsamer als die grünen Formen. Ältere Pflanzen kommen leicht zur Blüte. Der 15 cm lange Kolben trägt zwittrige Blüten, die von einer 25 cm langen und 20 cm breiten, cremeweißen Spatha umgeben werden. Schwachwüchsiger als *M. deliciosa* ist *M. obliqua*. Ihre Blätter sind wie bei dem „Fensterblatt" perforiert, weisen jedoch immer einen zusammenhängenden Blattrand, also keine Einschnitte, auf.

Besondere Hinweise: Das Fensterblatt benötigt ein starkes Gerüst oder eine Wand, wo sich die Pflanze anlehnen kann bzw. sich befestigen lässt. Luftwurzeln, die die Erde berühren, bilden Saugwurzeln und dienen fortan der Wasser- und Nährstoffaufnahme. Die Luftwurzeln sind nicht lebensnotwendig, d.h., wenn man sie abschneidet, richtet man keinen Schaden an. Sie sollten jedoch an der Pflanze belassen werden, denn sie gehören zum Charakter dieses Urwaldbewohners. Das Fensterblatt verzweigt sich kaum. Zu groß gewordene Pflanzen können zur Verjüngung kräftig zurückgeschnitten werden. Bei stauender Nässe kommt es zu Chlorose. Braune bzw. schwarze Blattränder sind in der Regel die Folge von Wurzelfäulnis, verursacht durch übermäßiges Gießen.

▶ *Muehlenbeckia complexa* hat ein kräftiges Wachstum, die Triebe wachsen wirr durcheinander.

Manchmal ist zu beobachten, dass die Pflanze bei Erscheinen eines neuen Blattes eines der älteren verliert, die Blattzahl so auf Dauer stagniert. Ursache dafür ist Nährstoffmangel.

Muehlenbeckia, Drahtstrauch

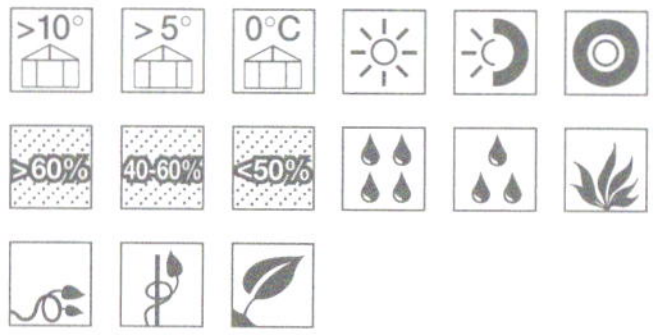

Drahtige Triebe sind das Kennzeichen von *M. axillaris* und *M. complexa*, die in Neuseeland heimisch sind. Es sind Zwergsträucher mit niederliegendem Wuchs.

M. axillaris wird mit seinen verworren wachsenden Trieben kaum höher als 10 cm. Die nur 3 bis 8 mm großen Blätter sind oberseits oliv- oder rötlich grün. Ähnlich ist *M. complexa*, die höhere und breitere Büsche bildet.

Besondere Hinweise: Sobald die Drahtsträucher einen Halt finden, etwa einen Strauch oder ein Spalier, klettern sie daran empor. Die Pflanzen können beliebig geschnitten werden.

Murraya paniculata, Orangenraute

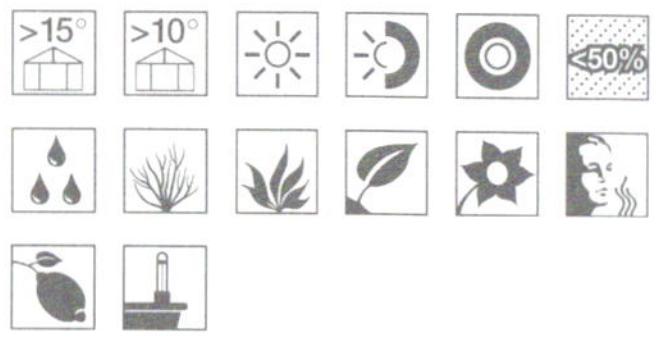

Die in Ostasien und im indomalaiischen und pazifischen Raum heimische Orangenraute ist ein aufrechter Strauch, der im Wintergar-

▼ *Murraya paniculata* ist ein attraktiver Strauch mit hübschem Blattwerk, duftenden Blüten und attraktiven Früchten.

ten im Laufe der Zeit mehr als 2 m hoch und ebenso breit werden kann. Die Blätter sind unpaarig gefiedert und bestehen aus drei bis sieben eiförmigen Teilblättchen. Die weißen, glockigen Blüten stehen in endständigen, rispigen, drei- bis sechsblütigen, duftenden Blütenständen. Aus ihnen entwickeln sich bei ausreichender Bestäubung (gegebenenfalls muss mit dem Pinsel etwas nachgeholfen werden) kleine, eiförmige, rote Früchte. Von besonderer Attraktion ist auch die weißgraue borkige Rinde an den älteren Trieben und Zweigen.

Besondere Hinweise: Der Strauch wächst etwas sparrig. Gezielter Rück- und Auslichtungsschnitt ist die beste Methode, den Strauch in Form zu bringen, ohne dabei auf Blüten- und Fruchtschmuck verzichten zu müssen.

Musa, Banane

Bananen gehören zu den ungewöhnlichsten Erscheinungen im Pflanzenreich. Es gibt Arten, die eine Höhe von 15 m erreichen, und dennoch handelt es sich bei ihnen nicht um Bäume, sondern um riesige Stauden mit Scheinstämmen, die sich aus gegenseitig umfassenden Blattstielscheiden bilden. Der „Stamm" entwickelt sich aus einem knolligen Rhizom, das flach unter der Erde sitzt. Während des Wachstums bildet der Vegetationspunkt im Boden in dichter Folge Anlagen für ein Riesenblatt nach dem anderen. Jedes junge Blatt, das an der Spitze des Scheinstammes herauswächst, ist zunächst eng zusammengerollt. Die großen Blattspreiten hält ein zarter Randnerv zusammen, der durch Windbewegung zerreißen kann und das Blatt bis zur Mittelrippe fiederig zerlappt. Das vegetative Wachstum der Banane schließt mit einem Blütenstand ab. Dabei durchwächst der Blütenstand den Scheinstamm, um zunächst nach oben zu wachsen, bevor die Spitze beginnt, sich durch das eigene Gewicht nach unten zu senken. Jede Banane kann nur einen Fruchtstand hervorbringen und stirbt nach der Reife ab. Noch vor dem Absterben aber haben die Wurzelstöcke um die Mutterpflanze Schösslinge gebildet, die das Leben der Mutterpflanze fortsetzen. Von den etwa 40 Bananen-Arten sind für den Wintergarten nur Arten bzw. Kulturformen mit niedriger Wuchshöhe geeignet. Die im normalen Blumenhandel als Bananen angebotenen Pflanzen gehören in der Regel der Art *Ensete ventricosum* an.

◀ *Musa basjoo* ist eine der wenigen Bananen-Arten, die auch für kleinere Wintergärten empfohlen werden kann.

Musa acuminata, Banane

Die Zwerg-Banane, die aus Ostasien stammt, und auf den Kanarischen Inseln in großem Umfang angebaut wird, gehört zu den kleineren Arten. Die Früchte sind essbar. Für den Wintergarten besonders gut geeignet sind die Kulturformen 'Dwarf Cavendish' und 'Sumatrana', die Ladyfinger-Banane.

Musa basjoo, Japanische Faser-Banane Musa uranoscopos, Scharlachrote Banane

Beide Arten bleiben vergleichsweise klein und sind auch für nicht so große (hohe) Wintergärten geeignet.

Musa × paradisiaca, Ess-Banane

Die eigentliche Ess-Banane und ihre Kulturformen sind wegen ihrer Größe für „normal" hohe Wintergärten nicht geeignet.

Musa 'Dwarf Chyla'

Diese Kulturform, die durch Gewebekultur vermehrt wird, wächst kompakt und erreicht eine Höhe von 2 bis 3 m. Das Besondere an

▲ *Myrtus communis* ist ebenfalls eine sehr attraktive Blütenpflanze, wie dieses Foto zeigt.

dieser Züchtung ist, dass die Blätter bereits tief unten am Stamm ansetzen, wodurch kein kahler Stamm entsteht.

Gelegentlich angeboten wird die in Indien heimische Assam-Banane *M. mannii*, die etwa mannshoch wird. Etwas größer, aber für kleinere Wintergärten ebenfalls brauchbar, ist *M. sumatrana*, die Blut-Banane.

Besondere Hinweise: Bananen sollten so stehen, dass die Blätter nicht „im Wege" sind. Beim Vorbeistreifen kann es passieren, das die Blattspreiten bis zur Mittelrippe aufreißen (in der Natur ein ganz natürlicher Vorgang) und wie zerrupft aussehen.

Myrciaria myriophylla (syn. Eugenia myriophylla)

M. myriophylla ist ein dicht verzweigter, langsam wachsender, kleiner Strauch mit zimtbraunen Zweigen. Die glänzend grünen Blätter sind bis 4 cm lang und nur 3 mm breit.

Besondere Hinweise: Mit ihren überhängenden Zweigen sind die Pflanzen frei wachsend besonders schön. Sie lassen sich aber durch Schneiden auch gut formen bzw. zu Formpflanzen erziehen. Sind die Pflanzen zu groß geworden, kann zur Verjüngung kräftig zurückgeschnitten werden.

Myrsine africana, Myrsine

Die Myrsine ist ein immergrüner, sehr dicht belaubter, kaum über 1 m hoch werdender Strauch mit kleinen, myrtenähnlichen, wechselständig angeordneten Blättern. Die winzig kleinen, rötlich oder bräunlich gefärbten Blüten befinden sich zu drei bis sechs in sitzenden Büscheln in den Blattachseln und erscheinen im Mai.

Besondere Hinweise: Die Myrsine lässt sich wie Buchsbaum beliebig schneiden.

Myrtus communis, Gewöhnliche Myrte

Im Zusammenhang mit Myrten denkt man häufig an Hochzeiten. Denn wenn Braut und Bräutigam an Traditionen festhalten, dann trägt sie ein Myrtenkränzchen im Haar und er ein kleines Myrtenkränzchen am Revers und das seit rund 400 Jahren. Denn schon seit dem 16. Jahrhundert benutzt man Myrten als Brautschmuck. Die zu den ältesten Zimmerpflanzen zählende Myrte ist auch eine interessante Wintergartenpflanze. *M. communis* ist als Strauch oder als ein bis zu 5 m hoher Baum ein beständiges Element der Macchie der Mittelmeerländer. Die kleinen, eiförmigen oder lanzettlichen Blätter duften aromatisch. Die kleinen weißen Blüten mit den zahlreichen Staubfäden entfalten sich einzeln in den Blattachseln. Ihnen folgen schwarzviolette

Früchte. Die Blütezeit erstreckt sich in der Regel von Juli bis August. Von *M. communis* gibt es verschiedene Auslesen, die sich in Blattstellung, Blattgröße und Blühwilligkeit unterscheiden.

Besondere Hinweise: Frei wachsende Myrten-Sträucher wirken am schönsten, vor allem auch deshalb, weil sie dann reich blühen. Ähnlich wie der Buchsbaum kann man aber Myrten auch stutzen und in Form schneiden: zu Kugeln, Pyramiden oder Kronenbäumchen. Zu groß gewordene Pflanzen kann man zur Verjüngung kräftig zurückschneiden. Ein wichtiger Punkt bei der Pflege ist das gleichmäßige Gießen, nicht zu viel und nicht zu wenig. Die Erde darf nie ganz austrocknen (schon an einem Wochenende ohne Wasser kann eine Myrte austrocknen), aber auch nie richtig feucht sein (dann werden die Blätter gelb und die Wurzeln faulen). Nicht selten wird die Meinung vertreten, Myrten sollte man nur wenig oder überhaupt nicht düngen, weil die Pflanzen sonst nicht blühen würden. Dies ist falsch, nur ausreichend ernährte Pflanzen sind auch in der Lage, Blüten zu bilden. Neben Wurzelfäulnis aufgrund stauender Nässe ist insbesondere auf einen Befall mit Schildläusen und Weißer Fliege zu achten.

Nandina domestica, Nandine, Himmelsbambus

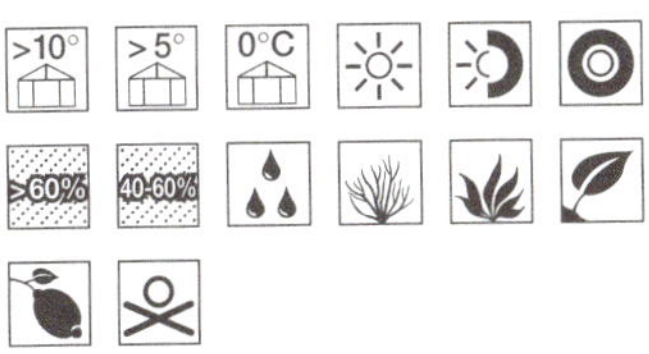

N. domestica ist ein mehr oder weniger immergrüner, aufrecht wachsender, meist unverzweigter, vielstämmiger Strauch mit fingerdicken Stämmen. Die 30 bis 60 cm langen Blätter sind doppelt bis dreifach gefiedert. Die Fiederblättchen sind im Austrieb rotbraun, später sattgrün, unterseits heller und im Herbst meist purpurfarben. Die Nandine wächst nicht allzu stark. Ausgepflanzt und bei guter Ernährung erreicht sie auch einmal 2 m. Im Handel sind eine Reihe von Kulturformen, darunter auch solche, die ganzjährig ihre dunkelrote Farbe behalten. Daneben gibt es kleinblättrige und weißbunte Typen. Auch der Fruchtbehang ist nicht uninteressant. Aus dem endständigen Blütenstand mit den vielen kleinen weißen Blüten entstehen rote (es gibt auch eine Sorte mit weißen) essbare Beeren, die die Pflanze lange Zeit schmücken. Die Nandine ist Japans „geheiligter Bambus", dessen Fruchtzweige im Winter massenhaft auf den Märkten angeboten werden und als Schmuck der Wohnräume und Altäre dienen.

Besondere Hinweise: Die Nandine breitet sich durch Ausläufer aus. Das ist bei ihrer Verwendung auf Pflanzbeeten zu beachten. Wo gewünscht, kann der Himmelsbambus auch als „Hecke" eingesetzt werden. Von Zeit zu Zeit sind die älteren „Stämme" herauszuschneiden, um so aus dem Wurzelstock heraus eine Verjüngung zu erreichen.

Neoregelia, Neoregelie

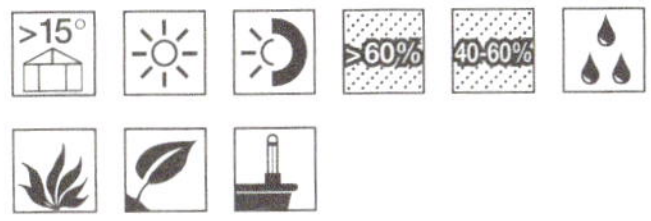

Die Arten der in den Regenwäldern Ostbrasiliens heimischen Bromeliengattung *Neoregelia* wachsen vorwiegend epiphytisch. Ihre derben Blätter bilden Rosetten, die in der Regel so angeordnet sind, dass sie einen mehr oder weniger flachen Teller darstellen. Im Zentrum der Rosette stehen die kleineren Herzblätter, die einen engröhrigen Trichter bilden. Die Blütenstände sind in die Rosettenmitte eingesenkt. Sie werden von violetten, blauen oder weißen Hoch-

▼ *Neoregelia carolinae* 'Tricolor' kann, auf Beeten ausgepflanzt, durch reichliche Kindelbildung im Laufe der Zeit größere Flächen bedecken.

◀ *Nephrolepis exaltata* ist ein vergleichsweise pflegeleichter Farn, der auch zur Bodenbedeckung verwendet werden kann.

blättern umgeben. Am bekanntesten ist *N. carolinae* mit roten Herzblättern. Aus ihr ist die Sorte 'Tricolor' hervorgegangen, bei der die rot getönten Blätter von gelblichen Längsstreifen durchzogen sind.

Besondere Hinweise: Neoregelien wirken auf Pflanzbeeten in Gruppen gepflanzt am schönsten. Wie andere Bromelien auch, sterben Neoregelien nach der Blüte ab. Dies ist aber kein Grund, auf diese Pflanze zu verzichten, denn bevor sie abstirbt, hat sie durch die Bildung von Kindeln für ausreichend Nachwuchs gesorgt. Gewöhnlich beginnen die aus Kindeln gezogenen Pflanzen nach etwa zwei bis drei Jahren zu blühen.

Nephrolepis, Schwertfarn, Nierenschuppenfarn

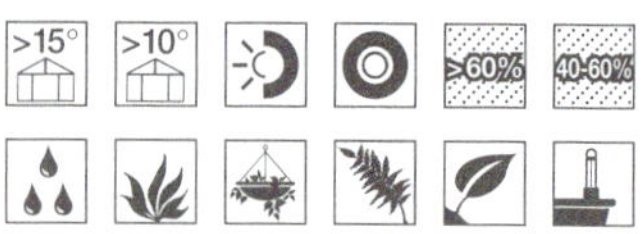

Die in den Tropen der ganzen Welt beheimatete Farngattung umfasst etwa 30 Arten. Etwa 60 cm lang werden die mehr oder weniger stark gefiederten und überhängenden Wedel von *N. cordifolia*. Bei der Kulturform 'Plumosa' ist die äußere Hälfte der Fiedern nochmals gefiedert. Von *N. exaltata* gibt es viele Kulturformen. Gewellte, gekrauste oder gedrehte Wedel kommen ebenso vor wie unterschiedlich stark gefiederte, bogig herabhängende oder mehr aufrecht stehende Blätter. Zu den höher wachsenden, einfach gefiederten Sorten gehören beispielsweise 'Bostoniensis' und 'Rooseveltii'. Mehrfach gefiederte Sorten sind 'Whitmannii' und 'Undulata'. Gedrungen wachsen 'Boston Zwerg' und 'Teddy Junior'.

Besondere Hinweise: Die Schwertfarne sind hübsche Pflanzen für die Krautschicht, für Blumenständer oder Ampeln. *N. exaltata* ist ausgepflanzt in der Lage, größere Flächen zu bedecken, denn er bildet lange fadenförmige Ausläufer, die sich bewurzeln, sobald sie auf die Erde treffen. Unansehnlich gewordene, verkahlte Pflanzen können zur Verjüngung total zurückgeschnitten werden. Gelbe Fieder, die schließlich abfallen, sind in der Regel die Folge von Staunässe oder zu niedriger Temperaturen. Fahlgelbes Aussehen der Wedel ist auf Nährstoffmangel zurückzuführen.

Nerium oleander, Oleander

Der Oleander gilt als Inbegriff der mediterranen Flora. Er ruft Ferienerinnerungen wach und bringt Mittelmeeratmosphäre in den Wintergarten. Die ursprünglich einfachblütigen, rosenroten Blüten stehen in endständigen vielblütigen Trugdolden. Durch Züchtung und Auslese sind im Laufe der Zeit viele Sorten entstanden, deren einfachen oder gefüllten Blüten weiß, cremeweiß, blassgelb, hellrosa, aprikosenfarben, lachsfarben, purpurrosa oder rot sind. Sorten mit weißgrün und gelbgrün panaschierten Blättern sind ebenfalls bekannt. Die Blütezeit reicht in der Regel von Juli bis in den Spätherbst hinein. Viele Oleandersorten, die im Freien nur wenig oder gar nicht blühen, gedeihen im Wintergarten ausgezeichnet. Das sind nicht nur die großblumigen Sorten mit gefüllten Blüten, sondern auch Zwergsorten, die aussehen wie Topfazaleen. Die gefüllten Sorten gedeihen im Wintergarten besser als draußen.

Besondere Hinweise: Die für Sträucher typische basitone Verzweigung ist bei den vielen Kulturformen des Oleanders unterschiedlich ausgeprägt. Bei Formen mit starker, basitoner Verzweigung beschränkt sich das Schneiden auf das Entfernen älterer Triebe. Es gibt aber auch Sorten, die von Natur aus weniger Neigung zur Bildung von Basistrieben besitzen. Diese Sorten sind mehrmals zu stutzen, um einen buschigen Wuchs zu erzielen. Zu groß gewordene Pflanzen können zum Winterausgang zur Verjüngung auch kräftig zurückgeschnitten werden.

Blütenbildung und -entwicklung sind von der Lichtintensität abhängig. So ist es nicht verwunderlich, dass sich in regenreichen wolkenbehangenen Sommern die Blütenknospen nicht entfalten. Im Sommer besteht hoher Wasserbedarf. Bei Trockenheit verschlechtern sich Wachstum und Blühkraft. Gefahr droht durch den Oleanderkrebs. Anzeichen: Auf den Blättern werden kleine schwarze, von hellem Rand umgebene Flecken sichtbar, die sich vergrößern, emporwölben und schließlich aufbrechen. Auf den Zweigen zeigen sich schwarze aufgebrochene Linien, die Blütenanlagen verkümmern. Eine Bekämpfung ist praktisch nicht möglich. Befallene Teile sind zu vernichten.

ACHTUNG!

Oleander enthalten in allen Teilen verschiedene Herzglykoside, deren wichtigstes das Oleandrin ist, sodass beim Verzehr von Pflanzenteilen Vergiftungen auftreten können. Sie äußern sich in Übelkeit und Brechdurchfällen, unter Umständen sogar in starken Herzstörungen. Daraus ergibt sich für den praktischen Umgang mit Oleanderpflanzen Folgendes: Auf Kinder aufpassen! Bei Pflegearbeiten (Schneiden, Putzen) Berührung von verletzten Pflanzenteilen (Saft) mit Wunden vermeiden! Nach beendeter Arbeit Hände, Gesicht und verwendete Werkzeuge gründlich mit Seife waschen. Da das Einhalten der Vorsichtsmaßnahmen in der Regel leicht ist, ist die Giftigkeit des Oleanders kein Grund, auf ihn zu verzichten.

Nidularium, Nestbromelie, Nidularie

>15° >10° >60% 40-60%

Die Bromeliengattung *Nidularium* ist in den Regenwaldgebieten Ostbrasiliens heimisch. Die meisten Arten sind Epiphyten mit dichtrosettigen, etwas dornig gezähnten Blättern. In der Rosettenmitte sind die nistenden Blütenstände eingesenkt, die von lebhaft gefärbten Hochblättern umgeben sind. Bei *N. fulgens* sind die äußeren Blätter oberseits licht- bis tiefgrün und trübgrün marmoriert, unterseits heller. Die blauen Blüten werden von weißen bis scharlachroten Herzblättern umgeben. Bei *N. innocentii* sind die äußeren Blätter auf der Oberseite grün, auf der Unterseite purpurrot. Die Herzblätter sind glänzend feuer- bis orangerot, die Blüten grünlich weiß.

Besondere Hinweise: Nidularien sind hübsche, haltbare Beipflanzen für die Krautschicht, die ausgepflanzt, durch Kindelbildung im Laufe der Zeit größere Flächen bedecken können.

Notocactus, Buckelkaktus

>15° >10° >5° <50%

Die Notokakteen sind kugelige bis kurzsäulige, meist sprossende und

▲ *Notocactus leninghausii* bildet im Laufe der Zeit größere Gruppen.

dann größere Gruppen bildende, pflegeleichte Kakteen. Die Rippen sind durch Querfurchen geteilt. Die Bedornung ist sehr variabel: haar- bis borstenförmig, derb oder locker, mit allen Übergängen. Bemerkenswert sind die sehr großen, vorwiegend gelben, seidenglänzenden Blüten, die meist im Sommer erscheinen. Ein Erkennungsmerkmal der Notokakteen sind die roten oder purpurnen Narben, die sehr auffällig von den Blütenblättern und Staubbeuteln abstehen.

Ochna serrulata, Wilder Birnbaum, „Micky-Maus-Pflanze“

>10° 40-60% <50%

Etwas ganz besonderes ist *O. serrulata*. Die in Südafrika heimische Pflanze ist ein kleiner Strauch mit glänzenden, an den Rändern zierlich gezackten Blättern, die im Aus-

▲ Bei *Ochna serrulata* beeindrucken die gelben Blütenblätter, die roten Kelchblätter und die schwarzen Früchte.

trieb rosa und bronze gefärbt sind. Was die Pflanze so interessant macht, sind die gelben, dezent duftenden Blüten und die grünen Kelchblätter, die sich nach dem Verblühen hochrot verfärben. Gekrönt wird der rote Kelch von fünf bis sechs kugeligen, fast erbsengroßen, zunächst grünen, später schwarzen, glänzenden Früchten. Die Ähnlichkeit dieser schwarzen Steinfrüchte mit der Nase der weltberühmten Micky Maus brachte ihr den Namen „Micky-Maus-Pflanze" ein. In der Regel finden sich Blüten und Früchte zu gleicher Zeit an der Pflanze. Wegen der gelben Blüten wird *O. serrulata* auch als Adonisröschenstrauch bezeichnet. Hübsch ist auch die Rinde der Zweige, die dicht mit Lentizellen (Atmungsöffnungen) bedeckt ist.

Besondere Hinweise: Jüngere Pflanzen sind mehrfach zu stutzen, ältere lässt man ungestutzt wachsen, denn frei wachsende Sträucher sind am schönsten.

Olea europaea, Ölbaum

Der Ölbaum stellt eine charakteristische Pflanze der Länder rund um das Mittelmeer dar, wo er sich seit Jahrtausenden in Kultur befindet. Ölbäume sind kleine bis mittelgroße, knorrige Bäume, die in freier Natur etwa 10 bis 12 m hoch werden. Die Krone ist licht und stark verzweigt. An jungen Bäumen ist die Rinde noch graugrün und glatt, im Alter wird sie rissig. Die hartledrigen, auf der Oberseite hellgrünen, auf der Unterseite silbrig weißen Blätter sitzen an einem kurzen Stiel. Die Blattform ist bei den verschiedenen Varietäten bzw. Sorten unterschiedlich ausgeprägt. So kommen neben schmalen auch breite Blätter vor. Aus den Blattachseln treiben, je nach Standort, bereits ab Februar die ligusterähnlichen, rispenartigen Blütenstände. Die Einzelblüten sind klein, gelblich weiß und duften leicht. Sie halten sich über mehrere Wochen. Ihnen folgen als Früchte die bekannten Oliven. Es gibt selbst befruchtende Sorten und solche, die einen Partner zur Bestäubung brauchen, der aber nicht von derselben Sorte sein darf. Innerhalb von vier bis sechs Monaten reifen die Oliven. Es gibt zahlreiche Sorten, darunter auch Formen (z. B. 'Cipressino' und 'Pyramidalis'), die vom Wurzelansatz an mit Ästen garniert sind.

Besondere Hinweise: Ölbäume entwickeln ein umfangreiches Wurzelwerk, das sich sowohl in die Breite als auch in die Tiefe ausdehnt. Große Pflanzgefäße sind somit nötig, in denen die Pflanzen lange Jahre verbleiben können. Ölbäume sind außerordentlich schnittverträglich und können beliebig geschnitten werden.

Olearia × haastii, Baumaster, Gänseblümchenstrauch

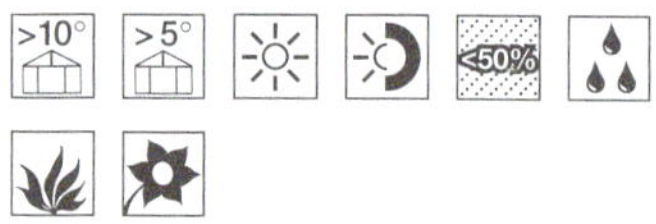

Die in den Verwandtschaftskreis der Astern gehörende Gattung *Olearia* ist mit etwa 100 Arten auf der Südhalbkugel, besonders in Australien und Neuseeland, vertreten, wo sie zu den charakteristischen Bestandteilen der Laubwaldformationen zählt. In mediterranen, oberitalienischen und englischen Gärten sind Olearien beliebte Blütensträucher, die durch ihre schöne immergrüne Belaubung und durch eine reiche Blüte auffallen. *O. × haastii* ist ein rundlicher, buschiger Strauch mit dicht grauweiß filzig behaarten Zweigen. Die dick ledrigen, oben dunkelgrünen, glänzend und kahlen, unten weißfilzigen, ganzrandigen Blätter sind 12 bis 25 mm lang und stehen dicht gedrängt. Die in achselständigen Trugdolden in den oberen Blattachseln stehenden

Blüten bilden eine endständige, flache Trugdolde. Die einzelnen Köpfchen sind nur 8 mm breit. Sie erscheinen im Juli/August.

Besondere Hinweise: Jüngere Pflanzen sind mehrmals zu stutzen, damit sie schön buschig werden. Später sollte man die Pflanzen sich frei entwickeln lassen, wobei gelegentliches Auslichten einzelner Zweige zu einer kontinuierlichen Verjüngung beiträgt. Ein kräftiger Rückschnitt in das alte Holz kann nicht empfohlen werden. Das richtige Gießen verlangt viel Sorgfalt und ein wenig Erfahrung. Die Pflanzen verdunsten zwar an heißen sonnigen Tagen im Sommer viel Wasser, vertragen aber stauende Nässe überhaupt nicht.

Ophiopogon japonicus, Japanischer Schlangenbart

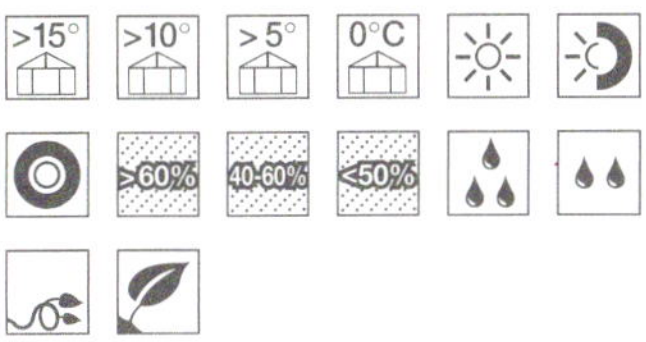

Seine sehr bescheidenen Ansprüche an Licht und Temperatur machen den Schlangenbart zu einem wertvollen Bodendecker für den Wintergarten. In Japan und Korea ist dieses grasartige Liliengewächs zu Hause, das im Laufe der Zeit durch Ausläuferbildung dichte Rasen bildet. *O. japonicus* hat derbe, lang-linealische, schmale Blätter, die dunkelgrün gefärbt sind und eine Länge von 15 bis 20 cm erreichen. Bei der Sorte 'Minor' sind die Blätter kaum länger als 10 cm. Im Handel ist auch eine gelblich weiß gestreifte Kulturform. Reizend sind die bis 10 cm langen weißen Blütentrauben, denen hübsch weiß oder violett gefärbte Beeren folgen. Neben *O. japonicus* sind auch *O. jaburan* und *O. planiscapus* interessant. Aufgrund der großen Anpassungsfähigkeit kann der Schlangenbart in allen vier Wintergartentypen eingesetzt werden.

Besondere Hinweise: Alle paar Jahre sind die Pflanzen aufzunehmen, zu teilen und neu zu pflanzen.

Opuntia, Feigenkaktus

Die Opuntien zeigen hinsichtlich ihrer Wuchsformen eine große Mannigfaltigkeit: von niederliegend-kriechenden Zwergformen über extreme Polsterpflanzen gibt es alle Übergänge bis zu strauch- und baumförmigem Wuchs. Die bekanntesten Feigenkaktusformen sind die plattgliedrigen Scheibenopuntien. Die blattartig abgeflachten Sprosse sind rundlich bis länglich und zeichnen sich durch ein rhythmisches Längenwachstum aus. Jedes Glied beginnt mit dünner Basis, erreicht dann eine maximale Breite, um gegen Ende der Triebperiode wieder an Durchmesser abzunehmen. Die Stämme älterer Pflanzen nehmen dann durch Dickenwachstum und Bildung eines Holzkörpers eine rundliche Querschnittsform an und lassen nur noch undeutlich Wachstumsgrenzen erkennen.

Besondere Hinweise: So hübsch Opuntien auch sind, so haben sie doch einen Nachteil. Opuntien haben neben stechenden Dornen noch Glochiden, das sind kleine, in Bündeln lose stehende, steife Borsten mit Widerhaken, die auch auf den Früchten zu finden sind. Sowie Glochiden berührt werden, brechen sie ab und bleiben in der Haut stecken. Sie sind wegen der Widerhaken nur mühselig zu ent-

▶ *Ophiopogon jaburan* kann wie andere Schlangenbart-Arten in allen vier Wintergartentypen verwendet werden.

fernen, da sie sehr klein sind. Bei der Verwendung von Opuntien im Wintergarten ist deshalb darauf zu achten, dass die Pflanzen nicht in Wege hineinragen.

Osmanthus fragrans, Süße Duftblüte

Über 30 Arten rechnet man zur Gattung *Osmanthus*, von denen zwei für den Wintergarten interessant sind. Neben dem Duft der Blüten zeichnen sich die Arten durch ihr hübsches Laub aus.

O. fragrans ist wohl die schönste Art. Der im Himalaya, in Japan und China verbreitete Strauch oder kleine Baum trägt lang zugespitzte, fein gezähnte, derb ledrige, unterseits stark geaderte, länglich lanzettliche bis elliptische Blätter, die 5 bis 10 cm lang sind. Die sehr stark duftenden weißen Blüten stehen einzeln oder zu wenigen in gestielten Büscheln. Sie erscheinen im Sommer. Vor allem in China verwendet man die wohlriechenden Blüten und Blätter von *O. fragrans* zum Parfümieren von Tee. Hübscher als die Art ist die Kulturform 'Aurantiacus' mit ganzrandigen Blättern und orangefarbenen Blüten.

▲ Opuntien blühen zwar sehr schön, sollten aber wegen der starken Bestachelung stets in einiger Entfernung von Wegen und Sitzplätzen aufgestellt bzw. gepflanzt werden.

O. delavayi ist ein breit-rundlicher Strauch mit fein und scharf gezähnten, oben tiefgrünen und glänzenden, eiförmig bis elliptischen, 1,5 bis 3 cm langen Blättern. Die rein weißen, duftenden Blüten stehen zu vier bis acht in kleinen, achsel- und endständigen Büscheln. Sie erscheinen im Frühjahr.

Besondere Hinweise: Natürlich wachsende Sträucher sind besonders schön. Daher sollte die Schere nur gelegentlich zum Einsatz kommen. Standorte in praller Sonne direkt hinter dem Glas mögen die Pflanzen nicht.

Pachycereus pringlei

P. pringlei ist eine spärlich verzweigte, baumförmige Kaktee mit deutlich entwickeltem Stamm und aufsteigenden, säulenförmigen Ästen. Die blaugrünen, elf- bis siebzehnrippigen Triebe sind im Alter fast dornenlos, während Jungpflanzen noch wild bedornt sind.

Pachypodium, Madagaskarpalme, Dickfuß

Die Pachypodien sind interessante Stammsukkulenten mit strauchartigem oder säulenförmigem Wuchs. Zwei baumförmige Arten, die auf Madagaskar beheimatet sind und am Ende ihrer Triebe einen Schopf Blätter tragen, der ihnen den Namen Madagaskarpalme einbrachte, sind für den Wintergarten besonders interessant. Sie besitzen einen hohen, sukkulenten, vorwiegend aus Wassergewebe bestehenden Stamm und im Alter eine lockere, gabelig verzweigte Krone aus dünneren Seitenästen. Die Verzweigung setzt erst nach Erlangung der Blühreife ein und erfolgt dann wegen endständiger Stellung der Blütenstände jeweils im Anschluss an die Blühperiode.

Bei *P. geayi* ist der zylindrische, silbrig graue Stamm dicht mit Dornen bedeckt. Die schmal-linealen, silbergrauen, unterseits meist rötlichen Blätter stehen an den Enden der Triebe in einer Rosette beisammen. Die weißen Blüten sind relativ groß und erscheinen zu mehreren in kurz gestielten Blütenständen.

P. lamerei (die bekanntere Art) unterscheidet sich von *P. geayi* durch ihre lebhaft grünen, kurz gestielten, länglich lanzettlichen Blätter. Der Stamm ist mit relativ derben, lederbraunen Dornen bedeckt. Die großen, rein weißen oder leicht rötlichen Blüten finden sich zu mehreren in kurz gestielten, endständigen Blütenständen.

Besondere Hinweise: Den klimatischen Bedingungen des heimatlichen Standortes entsprechend entwickeln sich die Blattschöpfe in der Regenzeit und fallen in der Trockenzeit ab. Diesem Wachstumsrhythmus haben sich die Wassergaben anzupassen – stärkere Wassergaben im belaubten Zustand und eine Ruheperiode in der nur sporadisch gegossen wird, sobald die Blätter beginnen abzufallen. Allerdings ist der Wachstumsrhythmus durch den Standort bedingt, nicht jedoch erblich fixiert. Es ist also eine erzwungene Ruhezeit. Unter geeigneten Kulturbedingungen – Wassergaben

▶ *Pachypodium lamerei* sollte man genügend Platz einräumen, da sich die Pflanze im Laufe der Zeit zu einer attraktiven Leitpflanze entwickelt.

auch in den Wintermonaten bei viel Bodenwärme – behalten die Pflanzen während des ganzen Jahres ihre Blätter und werfen nur jeweils die älteren ab. Zeigen sie durch Abwerfen von Blättern Wachstumsruhe an, so ist die Pflege darauf abzustellen und das Gießen einzustellen. Bei Nässe und niedrigen Bodentemperaturen werden die Blätter schwarz und fallen schließlich ab.

Pachystachys lutea, Gelber Hopfen, Gelbe Dickähre

Der Gelbe Hopfen ist eine attraktive Blütenpflanze. Während des ganzen Sommers erzeugt sie ohne Unterlass ihre goldgelben Blütenstände. Die in Mexiko und Peru heimische *Pachystachys* ist ein Strauch, der ausgepflanzt 1 m Höhe und mehr erreichen kann. Von dem mattdunkelgrünen Laub heben sich die 12 bis 15 cm langen, stumpfpyramidalen Blütenrispen sehr deutlich ab. Ihre hopfenähnlichen Hoch- oder Deckblätter stehen aufrecht nach oben. Zwischen den leuchtend gelben oder orangegelben Deckblättern erscheinen für wenige Tage die cremeweißen Zungenblüten. Nach dem Abfallen der Blüten halten die farbigen Hochblätter noch viele Wochen.

Besondere Hinweise: Der Wuchs von *P. lutea* ist sehr sparrig. Durch regelmäßigen Auslichtungs- und Rückschnitt erhält man buschige Pflanzen. Kahl gewordene Pflanzen können zur Verjüngung kräftig zurückgeschnitten werden. Blattaufhellungen sind die Folge von Stickstoffmangel. Bei ungleichmäßiger Nährstoffversorgung treten Blattverkrüppelungen auf.

Pandanus, Schraubenbaum

Die in den Tropen der ganzen Welt verbreiteten Schraubenbäume sind Sträucher oder Bäume mit einfachen oder abstehend verzweigten Stämmen bzw. Ästen. Sie senden Luftwurzeln aus, die in den Boden eindringen, oft sehr stark werden und dann als Stelzen fungieren. Sie bilden die Flora des tropischen Mangrovenwaldes, der während der Flut halb unter Wasser steht. Schraubenbäume heißen sie, weil die langen, schwertförmigen, zuweilen scharf bewehrten, rinnenförmigen Blätter in drei, den Stamm schraubig umlaufenden Zeilen stehen. Bei zahlreichen Arten weist das Laubwerk verschieden breite, weiße oder gelbliche Streifen von großer Zierde auf. Für den Wintergarten empfehlen sich *P. veitchii* aus Polynesien, *P. sanderi* vom Malaiischen Archipel und der aus Madagaskar stammende *P. utilis*.

Besondere Hinweise: Schraubenbäume sind nur für größere Wintergärten und nur für Pflanzbeete zu empfehlen, da sie viel Platz brauchen, um sich artgerecht entwickeln zu können. In Kübeln gezogen, können sich die Stelzwurzeln nicht normal entwickeln, die Pflanzen verlieren mit zunehmendem Alter an Standfestigkeit.

Pandorea, Pandorea

Die sowohl im Laub als auch in der Blüte attraktiven Kletterpflanzen aus der Familie der Bignoniaceen sind in Malaysien und Australien verbreitet. Bei *P. jasminoides* setzen sich die dunkelgrünen Blätter aus fünf bis neun fast sitzenden, spitz eiförmigen Fiederblättchen zusammen. Die weißen, außen oft rosa überlaufenen Blüten erscheinen im Sommer. Bei der Kulturform 'Alba' sind die Blüten ganz

◀ Die hübsch blühende *Pachystachys lutea* muss regelmäßig zurückgeschnitten werden.

◀ *Pandorea jasminoides* ist eine attraktive Schlingpflanze, die ein starkes Rankgerüst benötigt.

weiß, bei 'Lady Di' weiß mit gelbem Schlund. *P. pandorana* ist noch starkwüchsiger. Die Blätter sind bei dieser Art unterschiedlich groß. Sie setzen sich aus bis zu sieben eiförmigen, ganzrandigen oder grob gekerbten Fiederblättchen zusammen. Das hübsch dunkelgrüne Laub ist im Austrieb bronzefarben gefärbt. Die rahmweißen bis gelblich weißen oder rosaweißen Blüten mit purpurnem Fleck im Schlund erscheinen schon im Mai/Juni. Die Sorte 'Rosea' hat rosa Blüten.

Besondere Hinweise: Beide Arten sind robuste Kletterpflanzen, die mit kurzen Pausen fast ganzjährig blühen. Jahrestriebe von mehr als 2 m sind bei entsprechender Düngung und Bewässerung nicht selten. Sie benötigen ein kräftiges Gerüst, an dem die Triebe hochranken können. Man kann sie auch sehr schön an Drähten im Dachraum entlangziehen. Zur Verjüngung kann kräftig zurückgeschnitten werden. Bei Temperaturen unter 10 °C wird ein Großteil der Blätter abgeworfen, ebenso bei Lichtmangel in den Wintermonaten.

◀ Von unvergleichlicher Schönheit sind die Blüten von *Passiflora quadrangularis*.

Passiflora, Passionsblume

Die etwa 400 Vertreter der Gattung *Passiflora* gehören zum überwiegenden Teil der Flora des tropischen und subtropischen Amerika an. Es sind meist starkwüchsige Kletterpflanzen mit achselständigen Stängelranken, deren Blätter je nach Art einfach, gelappt oder gefingert sind. Ihre Blüten zeigen ein unvergleichliches Farben- und Formenspiel. Man hat sie mit dem Leiden Christi in Zusammenhang gebracht. Die drei Narben werden als Nägel, die fünf Staubbeutel als Wunden gedeutet. Der gestielte Fruchtknoten soll den Schwamm und der violette Strahlenkranz die Dornenkrone darstellen. In den Ranken werden die Geißel und in den dreilappigen Blättern die Lanze gesehen. Die nachfolgenden, in blütenschöne und blattschöne Arten eingeteilten Passionsblumen stellen nur eine kleine Auswahl dar.

Zu den blütenschönen Passifloren gehören die folgenden Arten:

P. alata steht *P. quadrangularis* sehr nahe. Ihre Blüten zeigen eine Färbung von weißen, roten und braunen Bändern.

P. amethystina trägt tief dreilappige Blätter, die zum Teil aber auch miteinander verwachsen sind. Ihre purpurrosa gefärbten Blüten sitzen an relativ langen Stielen. Die Strahlenkranzfäden sind an der Spitze violett, in der Mitte weiß, am Grunde wie die inneren Fäden schwarzviolett.

P. caerulea ist aufgrund ihrer Pflegeleichtigkeit besonders zu empfehlen. Die Blätter setzen sich aus fünf bis sieben länglichen Lappen zusammen. Vom Frühjahr bis zum Herbst erscheinen die weißblauen Blüten mit einem blauen Fadenkranz. Die Sorte 'Kaiserin Eugenie' blüht schon als junge Pflanze. 'Comtesse Elliott' blüht elfenbeinweiß.

P. coccinea hat rote Blüten. Der äußere Fadenkranz ist schwarzrot und weiß gespitzt, der innere weiß. Fast die gesamte Pflanze ist samtig behaart. Die Blätter sind ungeteilt und scharf gesägt. *P. coccinea* blüht bei guten Bedingungen fast ununterbrochen.

P. edulis, die Purpur-Granadilla aus dem tropischen Südamerika, wird überall in den Tropen wegen ihrer wohlschmeckenden Früchte angebaut.

P. quadrangularis ist von unvergleichlicher Schönheit. Der Strahlenkranz ihrer Blüten setzt sich aus fünf Reihen weiß und purpurn gefärbter Fäden zusammen. An den vierkantigen Trieben sitzen ovale Blätter.

P. racemosa ist ein dankbarer Blüher. Ihre scharlachroten Blüten sind in Trauben zusammengefasst.

Zu den blattschönen Passifloren gehören die folgenden Arten:

P. organensis weist eine absonderliche Blattform auf. Die dreieckigen Blätter zeigen an den Enden der Hauptadern nur noch geringe Auswölbungen. Von der dunkelgrünen Färbung heben sich zwischen den Adern helle Fleckenpartien ab. Die purpurfarbene Unterseite der Blätter bildet einen auffallenden Farbkontrast.

P. trifasciata hat dreilappige, verhältnismäßig große Blätter. Entlang der Hauptnerven zeigen sie eine silberweiße Zeichnung. Von dem samtartigen rosa Glanz des Untergrundes heben sich die hellen Fleckenpartien besonders schön ab.

Besondere Hinweise: Für *P. caerulea* genügen im Winter 10 °C. Höhere Wärmeansprüche haben die anderen Arten. Passionsblumen brauchen ein kräftiges Gerüst, an dem sie sich mit ihren Ranken festhalten können. Im Frühjahr austreibende Seitentriebe können ab etwa 40 cm Länge entspitzt werden, die sich bildenden Verzweigungen blühen besonders reich. Zu groß gewordene Pflanzen können zur Verjüngung kräftig zurückgeschnitten werden.

Pavonia multiflora, Pavonie

Die aus den tropischen Wäldern Brasiliens stammende Pavonie ist ein vielblütiger, schwachtriebiger Strauch mit auffälligen Blüten. Diese stehen aufrecht in den Blattachseln der jungen Triebe. Die dunkle Blumenkrone wird von einem korbförmigen, purpurroten Hüllkelch umschlossen. Die weit aus dem Hüllkelch herausragenden Griffel sind von einem dichten Büschel blauer Staubbeutel umgeben. Blütenschwerpunkt sind die Monate September bis Juni.

◀ *Pavonia multiflora* trägt an den Triebspitzen auffällige, rote Blüten.

Besondere Hinweise: Die Neigung sich von selbst zu verzweigen ist bei Pavonien nur wenig ausgeprägt. Jüngere Pflanzen sind mehrmals zu stutzen, damit die Pflanzen recht buschig heranwachsen. Kahl gewordene Pflanzen können kräftig zurückgeschnitten werden. Braune Blattränder sind in der Regel auf Wurzelschäden zurückzuführen. Als Ursachen kommen zu niedrige Temperaturen oder ein zu nasses Substrat in Frage.

Pellaea, Klippenfarn, Pellefarn

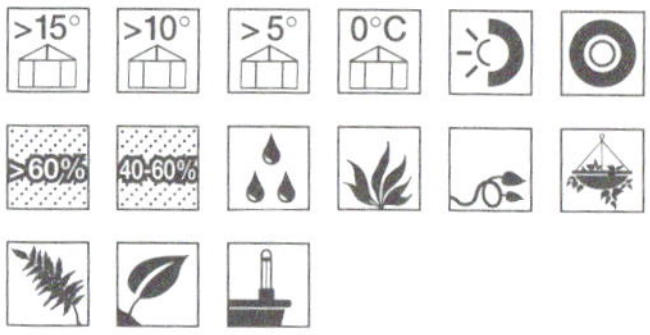

Zwei Arten der etwa 80 Arten umfassenden Farngattung sind für den Wintergarten von Bedeutung. Die einfachen Fiedern der in Neuseeland heimischen *P. rotundifolia* setzen sich aus runden (der Artname nimmt darauf Bezug), schwarzgrünen Blättchen zusammen. Sie bilden bis zu 30 cm lange Wedel mit 10 bis 20 Fiederpaaren. Die Wedel erheben sich nur wenig, meist liegen sie dem Boden auf. Die hellgrünen Wedel der in Südafrika, Madagaskar und auf den Maskaren heimischen *P. viridis* erreichen eine Länge von bis zu 60 cm und sind zwei- bis dreifach gefiedert. Beide Arten bilden ausgepflanzt im Laufe der Zeit größere Horste. *P. rotundifolia* wirkt auch sehr gut in einer Ampel oder auf einem Blumenständer.

Besondere Hinweise: Beide Arten vertragen erstaunlich gut Trockenheit und sind gegen Nässe auf den Blättern sehr empfindlich. Im Laufe der Zeit unansehnlich gewordene Wedel schneidet man am besten kurz zurück.

◀ *Pellionia repens* ist ein robuster Bodendecker, der auch in Ampeln hübsch anzusehen ist.

Pellionia, Pellione, Melonenbegonie

Die zu den Brennnesselgewächsen gehörenden Pellionien sind flach wachsende, kriechende Kräuter des tropischen Regenwaldes. Die Wuchsform der Pellionia erlaubt es, sie als Bodendecker und Ampelpflanze zu verwenden. Pellionien fallen durch ihre hübsch gezeichneten Blätter auf. *P. pulchra* trägt an rötlich gefärbten Stielen Blätter, die auf silbergrauer Grundfarbe entlang der Adern dunkeloliv getönt sind. Bei *P. repens* (syn. *P. daveauana*) weist die Blattoberseite einen dunklen Bronzeton auf, der mit zunehmendem Alter in ein Olivgrün übergeht. Die Blattmitte hat einen großen hellgrünen Fleck, der, je nach Typ, nahezu die gesamte Blattfläche einnehmen kann. Unter dem Namen *P. repens* 'Argentea' und 'Viridis' werden Pflanzen angeboten, die im Gegensatz zur Art völlig silbrig grüne Blätter ohne Zeichnung besitzen.

Besondere Hinweise: Alle paar Jahre kann es erforderlich sein, die Bodendecke durch eine Neupflanzung zu erneuern. Zwischendurch kann man die Pflanzen zur Verjüngung zurückschneiden.

Peperomia, Peperomie, Zwergpfeffer

Die Gattung *Peperomia* ist in den Regenwäldern des tropischen und subtropischen Amerika heimisch. Es sind krautige, aufrecht wachsende oder kriechende Pflanzen mit dicken Trieben und fleischigen Blättern. Peperomien werden hauptsächlich der schönen Blätter wegen gezogen. Die aufrecht wachsenden Arten werden im Wintergarten als Beipflanzen in der Krautschicht, solche mit kriechenden Trieben auch als Bodendecker verwendet. Von der Gattung *Peperomia* gibt es Hunderte von Arten und Formen. Die nachfolgend aufgeführten Arten stellen daher nur eine kleine Auswahl dar.

P. obtusifolia gibt es in verschiedenen gelbgrün panaschierten Formen. Sie wächst aufrecht und trägt steife, verkehrteiförmige bis elliptische, kurz gestielte Blätter. *P. scandens* ist eine kriechende Art mit relativ kleinen Blättern. Im Handel gibt es meist nur buntlaubige Formen. *P. scandens* ähnlich ist die besonders starkwüchsige *P. glabella*. Ein hübscher Bodendecker für kleinere Flächen ist *P. rotundifolia*. An fadenförmigen Trieben sitzen kreisförmige, smaragdgrüne Blättchen. Bei der aufrecht wachsenden *P. argyreia* sind die Blätter an einem kurzen Stämmchen rosettig gestellt. Die

▶ *Peperomia scandens* ist eine kriechend wachsende Peperomien-Art, die sich sehr gut zur Bepflanzung von Ampeln eignet.

▶ Bei *Persea americana* kann man in der Regel Früchte nur erwarten, wenn man zwei Pflanzen besitzt, die Avocado ist ein Fremdbefruchter.

dunkelgrüne Blattfläche des mit langen, roten Stielen versehenen Blattes weist zwischen den Adern große, weiße Streifen auf. Die aufrecht wachsende *P. fraseri* bildet weiße, angenehm duftende Blütenstände aus. *P. caperata*, die Gerunzelte Peperomie, ist eine rosettig wachsende Art, die an ihrem stark runzeligen Blatt leicht erkennbar ist.

Besondere Hinweise: In der Regel lässt man Peperomien ohne Schnittmaßnahmen wachsen. Bei den bodendeckenden Arten ist alle paar Jahre eine Neuanpflanzung vorzunehmen. Die Blütenstände sind nach der Blüte zu entfernen, da sie leicht faulen. Verschiedene Pilze verursachen Stängel- und Blattfäulen, hervorgerufen durch Nässe in Verbindung mit niedrigen Temperaturen.

Persea americana, Avocadobirne, Avocado

Die Avocadobirne ist ein immergrünes Lorbeergewächs mit 8 bis 20 cm langen, elliptisch-eiförmigen oder elliptisch-länglichen Blättern und birnenähnlichen Früchten, die ein sehr nahrhaftes, wohlschmeckendes Fruchtfleisch enthalten. Die Avocado entwickelt sehr kleine, grüne Blüten, die in endständigen Trauben sitzen. Trotz des sehr reichen Flors ist nur dann ein Fruchtansatz zu erwarten, wenn man zwei Pflanzen sein eigen nennt, denn die zwittrigen Blüten sind selbststeril. Die empfängnisfähigen Narben können nur mit dem reifen Pollen einer zweiten Pflanze bestäubt werden. Nachdem sich die Blüten frühmorgens zum ersten Mal geöffnet haben, um den Pollen zu entlassen, schließen sie sich wieder, um sich erst am Nachmittag des nächsten Tages zur Bestäubung des Fruchtknotens erneut zu öffnen. Auf diese Weise wird Fremdbefruchtung erzwungen. Allerdings wird diese Art des Blütenöffnens in gewissem Grade auch vom Klima bestimmt. Im kühleren Klima verschiebt sich der Zyklus so weit, dass alle Blüten längere Zeit offen bleiben und deswegen eine gewisse spontane Selbstbefruchtung möglich ist. Im Handel ist eine Reihe von Sorten, die sich durch ihr Wuchsverhalten und die Größe der Früchte voneinander unterscheiden.

Besondere Hinweise: Jungpflanzen wachsen zunächst unverzweigt, um sich dann ab etwa 1 m Höhe zu verzweigen. Zu groß gewordene Pflanzen kann man kräftig zurückschneiden. Bevorzugt sollte dabei auf weiter unten stehende Seitenzweige geschnitten werden.

Philodendron, Baumfreund, Philodendron

Die Gattung *Philodendron*, die in den Regenwäldern Mittel- und Südamerikas beheimatet ist, ist eine formenreiche Gattung von wärmeliebenden Blattschmuckpflanzen. Allen Arten gemeinsam sind ihre einhäusigen Blütenkolben mit dicker, weißer, roter oder gelber Spatha (Hochblatt). Der überwiegende Teil der Arten klettert an Bäumen empor (daher der Name Baumfreund). Die Befestigung des langen, krautigen Sprosses erfolgt mit Hilfe von Adventivwurzeln (Luftwurzeln), von denen manche wie Bindfäden den Trägerbaum umschlingen, andere seilförmig herabhängen. Es gibt aber auch aufrecht wachsende, mehr oder weniger hohe Stämme bildende Arten. Die Blattformen sind ebenso zahlreich wie die Arten. Die Blätter können ganzrandig oder eingeschnitten bis gefiedert sein. Neben den grünblättrigen Arten kennt man auch solche mit braunroten oder marmorierten Blättern. Die meisten Philodendren bilden in der Jugend andere Blattformen als im Alter. Im Wintergarten werden die Philodendren je nach Art und Wuchsverhalten zur Bepflanzung von Gittern, zur Wandbekleidung, zur Berankung von Epiphytenstämmen, als bodendeckende Pflanzen oder zur Bepflanzung von Ampeln bzw. auch als aufrecht wachsende Solitärpflanzen verwendet. Nachfolgend eine Auswahl von Arten, die sich in Wintergärten bewährt haben.

P. angustisectum (syn. *P. elegans*) ist eine großblättrige Kletterpflanze mit bis zu 70 cm langen, herzförmigen Blättern, die bis zum Mittelnerv eingeschnitten sind, sodass die Herzform kaum erkennbar ist. Er eignet sich zur Wandbekleidung und zur Berankung von Gittern. Seine langen Luftwurzeln verstärken die Atmosphäre einer Tropenlandschaft.

P. bipennifolium, der Geigenblatt-Philodendron, hat olivgrüne, ledrige, bis 30 cm lange und 20 cm breite, im Alter speerförmige Blätter an 30 cm langen Stielen.

P. bipinnatifidum (syn. *P. selloum*), der Baum-Philodendron, ist eine aufrecht wachsende, stammbildende Art mit fiederteiligen, relativ großen Blättern, die am Ende des Stammes schopfartig angeordnet sind. Die Pflanzen können beträchtliche Ausmaße annehmen.

P. erubescens, der Rotblättrige Philodendron, ist eine äußerst schnell wachsende Liane, die sich besonders gut zur Wandbekleidung oder zur Berankung von Trenngittern eignet. Die bis zu 40 cm langen, länglich pfeilförmigen Blätter sind auf der Oberseite glänzend dunkelgrün und von einem weinroten, fadendünnen Streifen eingefasst. Pflanzen, die nicht zu schattig stehen, zeigen auf der Unterseite ihrer Blätter einen roten Überzug. 'Golden Erubescens' hat goldgelbes Laub, die jungen Triebe und die Unterseite der Blätter sind rosafarben. 'Red Emerald' hat lange, rubinrote Blattstiele und weinrote Stämme. Die Blätter sind glänzend dunkelgrün und besitzen Blattrippen, die auf der Unterseite rot gefärbt sind.

P. melanochrysum ist eine besonders schöne, kletternde Art. Seine ovalen Blätter sind nach vorn in eine längliche Spitze ausgezogen und nach hinten mit einer herzförmigen Basis versehen. Bei älteren Pflanzen können die Blätter eine Länge von 80 cm erreichen. Über das Grün der Blätter breitet sich ein samtähnliches Schwarz mit goldenem Schimmer aus.

P. scandens, der Kletternde Philodendron, hat sehr veränderliche Blätter. In der Jugend sind sie herzförmig und etwa 7 bis 10 cm lang, während sie im Alter eine Länge von bis zu 30 cm erreichen und pfeilförmig sind. Er eignet sich zur Bodenbedeckung ebenso gut wie zur Wandbekleidung oder als Ampelpflanze.

P. squamiferum ist besonders gut zur Berankung reich verzweigter Epiphytenstämme geeignet. Die Blätter weisen große Formveränderungen auf. Von der ungeteilten Blattform jugendlicher Pflanzen zeigen die Spreiten mit zunehmendem Alter alle Übergangsformen. An den älteren, bis zu 60 cm langen Blättern ist eine deutliche Differenzierung in fünf Teile festzustellen. Besonders auffallend sind die 10 bis 60 cm langen Blattstiele, die in der Jugend mit roten, im Alter mit grünen Borsten besetzt sind.

Besondere Hinweise: Kletternde Philodendren benötigen eine kräftige Stütze, am besten ein Klettergerüst, an dem die Pflanzen emporwachsen können. Im Laufe der Zeit werden die starkwüchsigen Arten sehr groß und müssen von Zeit zu Zeit zurückgeschnitten werden. Bei stauender Nässe oder zu niedrigen Bodentemperaturen kann bakterielle Nassfäule oder *Phytium*-Wurzelfäule auftreten.

◀ *Philodendron erubescens* braucht ein kräftiges Klettergerüst, an dem die Triebe festgebunden werden können.

Phlebodium aureum, Tüpfelfarn, Hasenfußfarn

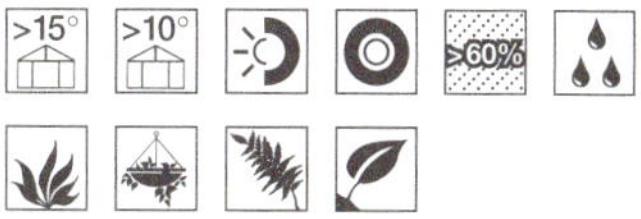

Aus Südamerika stammt dieser interessante Farn, dessen blau bereiften, tief fiederspaltigen Blätter bis zu 1 m lang werden können. Sie entspringen einem flach über dem Boden kriechenden, gelblich braunen, behaarten Rhizom, das eine weitere Zierde dieser Pflanze darstellt. Auf der Unterseite der Blätter sitzen große, goldgelbe Sporenhäufchen. Die Kulturform 'Glaucum' wächst schwächer. 'Mandaianum' hat gekrauste, unregelmäßig geformte Blattspitzen. Der Tüpfelfarn bedeckt ausgepflanzt im Laufe der Zeit größere Flächen, ist aber auch als Ampelpflanze hübsch anzusehen.

Besondere Hinweise: Unansehnlich gewordene Wedel sollte man rechtzeitig entfernen. Zur Verjüngung oder bei starkem Schildlausbefall kann man auch alle Blätter abtrennen, da schon bald nach dem Rückschnitt neues Wachstum einsetzt.

Phoenix, Phönixpalme, Dattelpalme

Zur Gattung *Phoenix* zählen die bekanntesten Palmen. Es sind Fiederpalmen mit mehr oder weniger großer Krone. Drei Arten sind für den Wintergarten von Interesse: *P. canariensis* und *P. dactylifera* (sie eignen sich für die Wintergartentypen 1, 2 und 3) sowie *P. roebelenii* (nur für Typ 1 geeignet).

P. canariensis, die Kanarische Dattelpalme, ist auf dem kanarischen Inselarchipel beheimatet, wo sie stellenweise noch wild wächst. Schon sehr früh erkannte man ihren hohen Zierwert als Straßen- und Alleebaum.

P. dactylifera, die Echte Dattelpalme, ist in ganz Nordafrika bis in den arabischen Raum verbreitet, der Oasenbaum schlechthin. Infolge der vieltausendjährigen Kultur durch den Menschen sind keine Wildformen der Dattelpalme bekannt. Was angeboten wird, sind Hybridformen, die im Laufe der Zeit durch natürliche Auslese entstanden sind.

P. roebelenii, die Zierliche Dattelpalme, ist in Asien zwischen Assam und Südvietnam beheimatet. Ihr Äußeres unterscheidet sich sehr von dem der größeren Verwandten. Der Stamm ist im Alter nur etwa 15 bis 20 cm dick und selten höher als 2 m. Die Fiedern sind leicht mehlig bestäubt und mit 5 bis 10 cm langen weißen Fäden behangen, die sich vom äußeren Rand der Fiedern ablösen. Der Blattstiel besitzt sehr harte grüne Dornen, die schmerzhafte Verletzungen beim unachtsamen Berühren verursachen können.

Phormium tenax, Neuseeländer Flachs

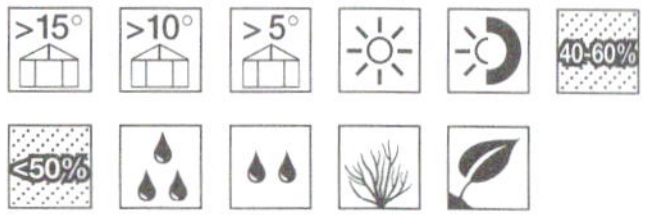

Die in Neuseeland sowie auf der Insel Norfolk heimische Pflanze ist durch zahlreiche grundständige, zweireihig angeordnete, linealische bis schwertförmige, bis zu 3 m lange und 5 bis 12 cm breit werdende Blätter gekennzeichnet. Ihre tiefgrüne Farbe geht an den Rändern und am Blattkiel in Rot oder bräunlich über. Im Handel sind einige Sorten erhältlich, die sich in der Größe, im Wuchsverhalten und in der Färbung der Blätter unterscheiden. So gibt es Formen mit rötlicher und bronzener Färbung

▶ *Phormium tenax* ist eine robuste Wintergartenpflanze, die Pflegefehler nicht gleich krumm nimmt.

(z. B. ‘Atropurpureum’ oder ‘Dazzler’) sowie weiß oder gelb gestreifte Sorten (z. B. ‘Variegatum’ oder ‘Veitchianum’). Zum Blühen kommen nur alte Pflanzen. Die Blätter liefern Bastfasern, aus denen in Neuseeland und Indien außerordentlich feste und dauerhafte Gewebe, Netze und Stricke gefertigt werden. Für den Wintergarten ist der Neuseeländer Flachs eine wertvolle Blattpflanze, die einzeln stehend am besten zur Geltung kommt.

Besondere Hinweise: Werden die Pflanzen im Laufe der Jahre zu umfangreich, sollte man sie durch Teilung verjüngen.

▲ *Phyllostachys nigra* ist mit ihren schwarzen Halmen eine schöne Bambus-Art.

Photinia × fraseri, Frasers Glanzmispel

Frasers Glanzmispel ist ein immergrüner Strauch mit elliptischen bis verkehrteiförmigen, 7 bis 9 cm langen, glänzend frischgrünen Blättern. Die weißen Blüten stehen in 10 bis 12 cm breiten Schirmrispen. ‘Birmingham’ hat glänzend dunkelgrüne, im Austrieb hellpurpurne Blätter. ‘Red Robin’ hat scharf gesägte Blätter, die im Austrieb leuchtend rot, später glänzend grün sind.

Phyllostachys

Phyllostachys ist die bei uns am weitesten verbreitete und auch vielseitigste Bambusgattung. Die Heimat der etwa 60 Arten liegt in China, Vietnam, Indien und Nepal. Das besondere Ebenmaß, die harmonische Form dieser Gattung, ist der Grund, warum *Phyllostachys* das Vorbild für fast alle asiatischen Bambusbilder ist. Die Halme wachsen in der Regel streng aufrecht, bei einigen Arten neigen sie sich an der Spitze bogenförmig herab. Stehen die Halme dicht beisammen, ist der untere Teil der Rohre unbezweigt und unbeblättert, sodass das bei vielen Arten gestreifte oder gefleckte Rohr gut zu sehen ist. Die Halme dieser Bambusgattung haben eine besondere Eigenschaft, sie besitzen eine Längsrinne, die man Sulcus nennt. Bei jungen Pflanzen kann man diesen Sulcus vom untersten Internodium bis zur Spitze des Halmes beobachten, bei älteren Halmen findet man nur noch an den Internodien eine Kerbung.

Bei *P. aurea*, Goldrohrbambus, färben sich die von Natur aus grünen Halme in der Sonne leuchtend gelb. Im guten Kontrast dazu stehen die maigrünen Blätter. Die Halme, die am heimatlichen Standort 3 bis 6 m Höhe erreichen, stehen aufgrund kurzer Ausläufer sehr dicht beieinander. Bei ‘Holochrysa’ ist die Färbung, unabhängig von der Besonnung gelb bis orange.

Die Halme von *P. aureosulcata* sind in der Jugend mattgrün und rau, der Sulcus ist leicht gelb, später ganz gelb, manchmal stark zickzackförmig. Die locker stehenden Blätter sind relativ klein. Verbunden mit den locker stehenden Halmen (lange Ausläufer) bildet sich eine lockere, durchsichtige Laubkrone.

Bei der Art *P. flexuosa* ist der grüne, weich überhängend oder ziemlich aufrecht wachsende Halm zunächst grün, später gelb mit schwarzen Flecken, die mit den Jahren immer größer werden. Die Halmscheide ist grünbeige mit eng stehenden roten Adern und kleinen braunen Flecken.

P. nidularia ist eine dicht horstartig wachsende Art mit kurzen Ausläufern. Die großen Blätter färben sich hübsch hellgrün. Die jungen Sprosse gelten als die besten Sprosse für die Küche.

P. nigra gehört wegen ihrer glänzend schwarzen Halme mit zu den schönsten Bambus-Arten. Im Austrieb sind diese erst grün, dann braun gepunktet, später rotbraun, um sich dann glänzend schwarz zu färben. Durch die relativ kleinen Blätter wirken die Halme besonders schön. Im Kübel erreichen die Pflanzen Höhen zwischen 2 und 3 m.

P. viridiglaucescens bildet weit überhängende Halme mit erhabenen Knoten, die bei dem Abfall der Blattscheiden hübsch bläulich bemehlt sind. Die glänzend grünen Blätter sind unterseits behaart und bläulich. Die Art bildet keine allzu dichten Horste und wächst im Ganzen lockerer.

Besondere Hinweise: Allgemeines zu Bambus siehe Seite 152 und zur Pflege Seite 152/153 bei *Bambusa*.

Pilea, Kanonierblume

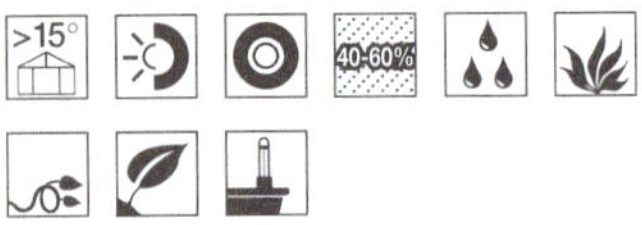

Bei den etwa 200 Arten der Gattung *Pilea*, die außer in Australien in allen tropischen Gebieten der Erde zu finden sind, handelt es sich um krautige Pflanzen mit schön gezeichneten Blättern. Die meisten haben reliefartige Blätter mit auffälliger Zeichnung. Manche erinnern bei näherer Betrachtung an die Haut von Reptilien. Der interessante Schleudermechanismus ihrer Blüten hat der ganzen Gattung den Namen Kanonierblume eingetragen. Beim Öffnen der kleinen Blütchen werden ungeahnte Spannungen frei. Explosionsartig schnellen die einwärts gekrümmten Staubblätter zurück und schleudern den pulverigen Pollen in kleinen Wölkchen weg. Dieser Effekt kann durch Erschütterungen, Wechsel von Schatten zu Sonne oder beim Abtrocknen feuchter Blüten ausgelöst werden. Für Wintergärten kommen die nachfolgend beschriebenen Arten in Frage.

P. cardierei, die Vietnamesische Kanonierblume, hat zwischen den Adern leicht blasig aufgetriebene Blätter, die auf grünem Grund in vier Reihen angeordnete weiße Flecken aufweisen. Zu empfehlen ist besonders die kleinblättrige Sorte 'Minima'.

P. crassifolia ist eine der schönsten Kanonierblumen. Sie hat behaarte, eirunde, spitz auslaufende Blätter mit gesägtem Rand. Die frischgrüne Blattfläche ist im Zentrum dunkelrotbraun gefärbt. Das gesamte Blatt ist runzelig. Im Handel befindet sich meist nur die Sorte 'Moon Valley'.

P. involucrata, die Eingehüllte Kanonierblume, ist eine besondere Schönheit. Die Ränder der fast kreisförmigen Blätter sind rund ausgebuchtet, die Oberfläche ist blasenartig genoppt. An hellen Standorten nimmt die Oberseite der Blätter einen kupferbraunen Glanz ein. Die Unterseiten sind dunkelpurpurrot. Die Blätter von *P. involucrata* 'Norfolk' weisen zwei weiße Längsstreifen auf.

P. microphylla, die Artilleriepflanze oder Kleinblättrige Kanonierblume, bildet mit ihren vielen kleinen Blättchen, die an wedelartigen Zweigen sitzen, eine sehr schöne, hellgrüne Bodendecke aus. Sie sät sich von selbst aus und ist auch für die Wintergartentypen 2 und 3 geeignet.

P. nummularifolia, die Münzenblättrige Kanonierblume, trägt an niederliegenden Trieben leuchtend grüne, zottig runzlige Blätter.

Besondere Hinweise: Die Kanonierblumen mögen stauende Nässe überhaupt nicht. Alle paar Jahre ist es erforderlich, die Pflanzen aufzunehmen, zu vermehren und neu zu pflanzen.

Pisonia umbellifera, Pisonie, Vogelfang-Baum

Die auf den Marquesas-Inseln und Tahiti bis nach Neuseeland und Australien verbreitete Pisonie ist eine attraktive Blattpflanze, die am heimatlichen Standort bis zu 15 m hohe Bäume bildet. Die jungen Triebe sind fleischig und frischgrün, bis sie verholzen und sich mit einer feinen, grauen Borke überziehen. Im Handel ist nur die buntblättrige Sorte 'Variegata'. Ihre glänzenden Blätter, die an den Rändern grau und weiß marmoriert sind, zeigen zwei Grüntöne. Junge Blätter sind am Rande rot gefärbt. Die Blätter sind gegenständig, oft auch quirlartig gestellt. Ältere Pflanzen kommen bei uns auch zur Blüte, doch sind die Blüten unscheinbar.

Besondere Hinweise: Pisonien verzweigen sich von Natur aus nur

▶ *Pilea nummularifolia* ist eine hübsche, bodendeckende Pflanze, die sich schnell ausbreitet.

▶ *Pistacia lentiscus* ist pflegeleicht und fällt durch ihre hübsche Belaubung auf.

wenig. Daher sind junge Pflanzen mehrmals zu stutzen, damit sie buschig werden. Größere Pflanzen können zur Verjüngung kräftig zurückgeschnitten werden. Sowohl Nässe als auch Trockenheit sind schädlich und führen zu braunen Blatträndern, Vergilben der Blätter und Blattfall.

Pistacia lentiscus, Mastixstrauch

Die Gattung *Pistacia* umfasst eine Reihe immergrüner oder auch Laub abwerfender Sträucher und kleiner Bäume. Im Mittelmeerraum heimisch ist der Mastixstrauch, *P. lentiscus*, der durch seine hübschen, unpaarig gefiederten Blätter und die interessante Zweigstruktur auffällt. Die zweihäusigen Blüten, sie stehen in seitenständigen Rispen, besitzen keine Blumenblätter und fallen deshalb wenig auf.

Besondere Hinweise: Der Mastixstrauch ist gut schnittverträglich, am besten lässt man die Pflanzen aber sich frei entwickeln. Zu groß gewordene Pflanzen können zur Verjüngung kräftig zurückgeschnitten werden.

Pittosporum, Klebsame

Der Name Klebsame, der über ganz Asien und einen Teil Afrikas verbreiteten Gattung *Pittosporum*, nimmt Bezug auf die klebrige Masse (Pulpa), in die die Samen in der Frucht eingebettet sind. Die nachfolgend aufgeführten Arten bilden recht ornamentale Sträucher, die in erster Linie durch ihre hübsche Belaubung wirken. Einzelne Arten blühen auch sehr schön und manche duften sogar.

P. bicolor ist ein kleiner Baum, dessen junge Triebe filzig behaart sind. Die linealischen, ledrigen, ganzrandigen Blätter sind an den Rändern leicht eingerollt. Auf der Oberseite sind sie dunkelgrün und kahl, unten zuerst weißfilzig, später braun. Die braunroten Blüten duften angenehm.

P. crassifolium, der Karo-Klebsame, ist ein Strauch mit relativ dicken, ledrigen, oben dunkelgrünen, unten graufilzig behaarten Blättern. Die dunkelroten Blüten stehen in endständigen Büscheln und erscheinen im Spätwinter.

P. eugenioides, der Zitronen-Klebsame, besitzt ledrige, glänzende Blätter, deren Rand meist gewellt ist. Die grünlich gelben Blüten duften dezent. Die Kulturform 'Variegata' hat weiß gerandete Blätter.

P. tenuifolium, der Schmalblättriger Klebsame, ist ein sehr dicht beasteter, kleiner Baum, dessen junge Triebe fast schwarz sind. Die länglichen oder elliptischen, ganzrandigen Blätter mit welligem Rand glänzen matt. Die duftenden, purpurbraunen Blüten stehen meist zu zweit in den Blattachseln. Neben der Art sind auch einige Kulturformen im Handel. Bei 'Garnettii' sind die Blätter unregelmäßig rahmweiß gerandet und rosa oder rot gepunktet. Bei 'Irene Paterson' sind die Blattränder stark wellig, junge Blätter oft fast ganz weiß, grün gesprenkelt und punktiert, im Winter rötlich überlau-

◀ Die Samen von *Pittosporum tobira* sind in eine klebrige Masse eingebettet.

fen. Bei 'James Stirling' sind die Blätter silbrig grün und sitzen an dünnen, schwärzlich roten Zweigen. 'Purpureum' hat tief bronzebraune bis fast schwarze Blätter (in der Wirkung wie eine Blutbuche).

P. tobira, der Pech- oder Chinesische Klebsame, ist die bekannteste Art. Er ist ein dicht verzweigter Strauch mit verkehrteiförmigen, dick-ledrigen Blättern, deren Blattrand oft eingerollt ist. Die nach Honig duftenden Blüten erscheinen zu mehreren endständig. 'Variegatum' hat weiß gefleckte Blätter. 'Nanum' und 'Compactum' wachsen nahezu ohne Schnitt breitrund, blühen aber kaum. Beide Formen eignen sich sehr schön als Unterpflanzung. Gelegentlich wird *P. tobira* als Hochstämmchen gezogen.

P. undulatum, der Orangen-Klebsame, trägt stark gewellte Blätter. Die Blüten sind rahmweiß.

Besondere Hinweise: Form und Größe lassen sich bei den *Pittosporum*-Arten durch Schnittmaßnahmen beliebig korrigieren. Doch sind frei wachsende Sträucher im Allgemeinen am schönsten. Wenn die Pflanzen zu groß geworden sind, kann man sie zur Verjüngung kräftig zurückschneiden. Sonnige Standorte sind Voraussetzung für eine gute Blütenbildung und hübsche Blattfärbung.

Plectranthus, Mottenkönig, Harfenstrauch

Die etwa 350 Arten umfassende Gattung *Plectranthus* ist in den subtropischen und tropischen Gebieten der Welt verbreitet. Die nachfolgend aufgeführten Arten sind pflegeleichte, niederliegende, krautartige Pflanzen, die auch als Bodendecker oder Ampelpflanzen verwendet werden können. Bereits nach relativ kurzer Zeit bilden sie eine geschlossene Bodendecke.

Die niederliegenden Triebe von *P. oertendahlii* sind dicht mit ovalen Blättchen besetzt. Die samtige, smaragdgrüne Blattoberfläche kontrastiert mit einem silberweißen Adernetz. Wenn *P. oertendahlii* nicht ständig zurückgeschnitten wird, erscheinen im Spätsommer an den Enden der Triebe weißliche Blütentrauben. *P. forsteri* (syn. *P. coleoides*) hat in der Sorte 'Marginatus' eine sehr schöne Form mit weiß gerandeten Blättern.

Besondere Hinweise: Im Sommer besteht hoher Wasserbedarf. Die Pflanzen schlappen sehr schnell, erholen sich aber auch schnell wieder, wenn rechtzeitig gegossen wird. Zu nass gehaltene Pflanzen beginnen schnell zu faulen. Da ältere Pflanzen unansehnlich werden, sollte man rechtzeitig neu vermehren.

Plumbago auriculata, Kap-Bleiwurz

Die aus Südafrika stammende Kap-Bleiwurz ist ein Halbstrauch mit rutenförmigen, stark überhängenden, mehr oder weniger kletternden Zweigen. Beliebt ist *P. auriculata* wegen der porzellanblauen Blüten, die in endständigen Ähren sitzen und von Mai bis in den Oktober hinein erscheinen. Es gibt auch einige Kulturformen, darunter auch weiß blühende Sorten.

Besondere Hinweise: Im Wintergarten ausgepflanzt und nicht beschnitten, entwickeln sich die Pflanzen zu vielrutigen, als Spreizklimmer wachsende Sträucher. Die Triebe können sich jedoch

◄ *Plumbago auriculata* sollte ausgepflanzt im Wintergarten ein Klettergerüst erhalten.

nicht von selbst festhalten und müssen daher angeheftet werden. Die Kap-Bleiwurz lässt sich auch zu Pyramiden, Halb- und Hochstämmen heranziehen. Kräftige Bodentriebe sind für die Stamm- und die spätere Kronenbildung am besten geeignet. Ein gelegentliches Auslichten im Frühjahr trägt zur Verjüngung bei. Zu groß gewordene Pflanzen können kräftig zurückgeschnitten werden. Größere Schäden kann ein Befall mit Weichhautmilben verursachen, der an gekrümmte Triebspitzen, die braun werden und schließlich absterben, zu erkennen ist.

Plumbago indica, Indische Bleiwurz

P. indica ist ein immergrüner, ausladender Strauch mit überhängenden Trieben und ovalen bis elliptischen Blättern. Die roten oder rosafarbenen Blüten erscheinen in endständigen Trauben im Sommer.

Plumeria, Frangipani, Tempelblume

Die Gattung *Plumeria* gehört zu den Hundsgiftgewächsen und umfasst etwa acht Arten. Sie sind von Westindien über Mittelamerika bis in das nördliche Südamerika verbreitet. Als Zierpflanzen kommen ihre zahlreichen, oft nur schwer unterscheidbaren Kulturformen heute in allen wärmeren Ländern vor. Meist sind es Abkömmlinge von *P. alba* und *P. rubra*. Von Natur aus ist der Frangipani ein kleiner Baum mit dicken, fleischigen Zweigen, der durch die regelmäßige Gabelung seines Astwerks auffällt. Die lanzettlichen bis keilförmigen, lang gestielten Blätter sitzen an den Triebenden schopfartig gehäuft. Die wachsartigen Blüten, deren Farbe variiert, stehen in endständigen Trugdolden und duften außerordentlich stark. Neben rosa gefärbten Blüten in allen Abstufungen findet man auch weiße, gelb gefleckte und rein gelbe. Die Blüten dienen zur Parfümgewinnung ebenso wie zur Herstellung der bekannten Blütenketten der Polynesierinnen.

Besondere Hinweise: Voraussetzung für einen regelmäßigen Blütenansatz ist die strikte Einhaltung einer Ruheperiode in den Monaten November bis Mai, in der nur sporadisch gegossen werden darf. Der Frangipani wird zwar zunächst alle Blätter verlieren, dann aber durch reiche Blüte für den etwas traurigen Anblick entschädigen. Bei uns werfen die Pflanzen ungeachtet der Temperatur im Winter meist alle Blätter ab. Solange es ihnen zu kühl und zu wenig hell ist, stehen sie da wie verzweigte Besenstiele, monatelang. In dieser Zeit sind sie höchst empfindlich und müssen weitgehend trocken gehalten werden.

▼ Mit *Plumeria alba* holt man sich südländischen Flair in den Wintergarten.

Podocarpus, Steineibe

Die zu den Nadelgehölzen gehörende Gattung *Podocarpus* ist in den subtropischen Gebieten der südlichen Erdhalbkugel verbreitet. Am natürlichen Standort meist mächtige Bäume bildend, werden sie im Wintergarten als attraktive, pflegeleichte Leitpflanzen verwendet. Die schraubig angeordneten, linealischen oder lanzettlichen bis eiförmigen, manchmal auch schuppenförmigen Blätter sind im Austrieb oft rosa oder rötlich überlaufen. Im Handel sind in der Regel *P. macrophyllus* und *P. salignus*, aber auch andere Arten kommen in Frage.

Besondere Hinweise: Die Steineiben sind äußerst schattenverträglich. Selbst an Standorten ohne einen Strahl Sonne, gedeihen und wachsen sie noch. Allerdings ist an solchen Plätzen kein großer Zuwachs zu erwarten. Bei jüngeren, durch Stecklinge aus Seitenzweigen gezogenen Pflanzen ist es erforderlich, den Haupttrieb durch einen Stab zu stützen, bis er soweit verholzt ist, dass er von alleine fest steht. Obwohl Steineiben sehr schnittverträglich sind, sollte man die Pflanzen sich möglichst frei entwickeln lassen, denn so wirken sie am schönsten.

Podranea ricasoliana, Rosa Trompetenwein

Schon 1887 wurde diese Art, damals unter dem Namen *Tecoma ricasoliana*, aus Südafrika importiert. Die gegenständig sitzenden, gefiederten Blätter des immergrünen Kletterstrauches setzen sich aus sieben bis elf kurz gestielten, oben tiefgrünen, etwa 2,5 cm langen Blättchen zusammen. Die glockige, trichterförmige, rosafarbene Krone der Blüte trägt dunkelrote Streifen und ist etwa 5 cm lang. Die Blüten erscheinen von Anfang Juli bis weit in den Herbst hinein.

Besondere Hinweise: Am besten ist es, wenn man sie im Wintergarten an Drähten im Dachraum entlangführt. Zu groß gewordene Pflanzen können kräftig zurückgeschnitten werden.

Polygala myrtifolia, Kreuzblume

Der bis 1,5 m hohe, verzweigte, immergrüne Hartlaubstrauch des Kaplandes mit ansehnlich großen, purpurroten Blüten überdauert bereits an der Riviera im Freien und ist dort stellenweise vollständig verwildert. Die länglichen Blätter mit kleinem Spitzchen sind

▲ *Podocarpus macrophyllus* hat, wie andere Steineiben, eine hohe Anpassungsfähigkeit an Licht und Temperatur.

▼ *Podranea ricasoliana* macht sich besonders gut an Drähten im Dachraum des Wintergartens.

▶ *Poncirus trifoliata* ist an die Temperatur sehr anpassungsfähig.

kurz gestielt. Die intensiv purpurfarbenen Blüten haben einen großen geaderten Kiel und schließen sich am Abend.

Besondere Hinweise: Das Wachstum ist im Vergleich zu anderen Pflanzen sehr langsam und der Wuchs sehr locker. Jungpflanzen werden mehrfach gestutzt, ältere lässt man dagegen ungestutzt wachsen. Nur so entwickeln sie ihre elegant und grazil überhängenden Zweige. Zur Verjüngung ist die Krone älterer Pflanzen gelegentlich auszulichten.

Polyscias, Fiederaralie

Die Heimat der Fiederaralien ist in Polynesien und im tropischen Asien zu suchen. Die nachfolgend aufgeführten Arten sind hinsichtlich der Blattform als auch der Blattfärbung sehr veränderlich. Alle beanspruchen wegen ihres schlanken Wuchses relativ wenig Platz.

P. filicifolia, die Farnblättrige Fiederaralie, trägt lang gestielte, farnblättrige, hellgrüne Blätter.

P. fruticosa ist vieltriebig und hat unregelmäßig zwei- bis dreifach gefiederte Blätter. Die Formen 'Elegans' und 'Plumata' sind noch feiner gefiedert.

P. guilfoylei hat mehr oder weniger unregelmäßig, oft mehrfach gefiederte oder zumindest eingeschnittene Blätter. Auch von ihr gibt es eine Reihe von Kulturformen.

P. scutellaria (syn. *P. balfouriana*) ist ein hoch wachsender, dicht buschiger Strauch mit hellgrünen Stämmen, die dunkel gestreift sind. Die Blätter sind glänzend grün. Von der Art gibt es sehr schöne Sorten mit weißen Blatträndern oder gelbgrüner Marmorierung.

Besondere Hinweise: Fiederaralien, sie wachsen langsam, sollte man sich frei entwickeln lassen. Zu groß gewordene Pflanzen kann man zurückschneiden, dabei sollte der Schnitt möglichst tief ansetzen. Die Erde sollte gut wasserdurchlässig sein, weil die Pflanzen stehende Nässe nicht mögen.

Polystichum falcatum (syn. Cyrtomium falcatum), Ilexfarn, Sichelfarn

Gelten Farne im Allgemeinen als schwer zu pflegen, kann man dies von *P. falcatum* nicht behaupten. Die bis zu 50 cm langen, einfach gefiederten, glänzend dunkelgrünen Blätter sind von ledrig derber Beschaffenheit. Die Sorte 'Rochfordianum' hat scharf und spitz gezähnte Blätter.

Poncirus trifoliata, Dreiblättrige Zitrone, Bitterorange

Die ursprüngliche Heimat von *P. trifoliata* umfasst Nordchina und Korea. Heute ist sie in allen Gebieten, in denen *Citrus*-Anbau erwerbsmäßig betrieben wird, weit verbreitet und dient unter anderem als Veredlungsunterlage für Zitronen und Orangen. *P. trifoliata* ist ein kleiner, sommergrüner Baum oder auch nur Strauch, dessen dunkelgrüne Triebe mit starken, steifen, grünen Dornen besetzt sind. Der Blattstiel der dreizähligen Blätter ist geflügelt. Die kleinen, weißen Blüten erscheinen in den Blattachseln der einjährigen Triebe oder des Neuaustriebs im April und Mai. Sie besitzen goldgelbe Staubgefäße und sind zwittrig. Aus den Fruchtknoten entwickeln sich tischtennisballgroße, ungenießbare, harte Früchte, die im reifen Zustand das typische Zitronengelb zeigen.

Besondere Hinweise: Die Pflanzen vertragen einen Rückschnitt gut, allerdings lässt dann, bedingt durch den verstärkten Neutrieb, die Blüten- und Fruchtbildung zunächst nach. Bei zu viel Kalk in Erde und Gießwasser (hoher pH-Wert) tritt Eisenmangelchlorose auf.

Pseuderanthemum

Die Gattung *Pseuderanthemum* gehört zur Familie der Akanthusgewächse und ist in den Tropen der ganzen Welt verbreitet. Es sind hübsche Pflanzen, die durch ihre bunte Laubfärbung wirken. Verschiedene Schattierungen von Grün, Rosa, Rot, Braun oder Gelb geben den Blättern eine interessante Marmorierung, die am schönsten bei jungen Pflanzen zur Geltung kommt. Auch in der Form der Blätter sind sie äußerst variabel. Es gibt sowohl Typen mit schmal lanzettlich als auch mit breiteiförmigen Blättern. Am bekanntesten ist *P. atropurpureum*, von der es einige Farbvarianten gibt. 'Tricolor' ist mit ihren rosaroten und weiß gezeichneten Blättern besonders schön. *P. reticulatum* hat grüne mit einem dichten Netz goldgelber Adern überzogene Blätter.

Besondere Hinweise: Die Pflanzen sind ausgezeichnete Farbflecke für halbschattige Standorte. Da ältere Exemplare viel an Attraktivität einbüßen, sollten die Pflanzen immer wieder kurz entspitzt oder auch mal kräftiger zurückgeschnitten werden.

Pseudopanax, Scheinginseng

Bei der Gattung *Pseudopanax* handelt es sich um immergrüne Sträucher oder kleine Bäume, die wegen ihrer ungewöhnlichen Blätter beliebt sind. Die außergewöhnlich veränderlichen Blätter sind einfach oder handteilig. Außerdem sind die Blätter der jungen Pflanzen oft sehr abweichend von denen ausgewachsener Pflanzen. Die zweihäusigen Blüten stehen in Dolden, diese zu Rispen oder Trauben vereinigt. Zwei in Neuseeland heimische Arten sind besonders zu empfehlen. Es sind dies *P. crassifolius* und *P. lessonii*.

Besondere Hinweise: Die Pflege und Kultur der *Pseudopanax* gleicht völlig der von *Fatsia*.

Psidium, Guave

Die zu den Myrtengewächsen gehörende Gattung *Psidium* umfasst mehr als 100 Arten immergrüner Sträucher oder Bäume, von denen viele essbare Früchte ausbilden. Sie sind im tropischen Amerika und in Westindien heimisch. Heute sind sie weltweit in den Tropen und, da sie auch kühlere Temperaturen vertragen, auch in den Subtropen verbreitet. Zwei Arten sind für Wintergärten von Bedeutung.

P. guajava ist ein kleiner Baum mit glatter hellbrauner Rinde, die sich in Schuppen vom Stamm ablöst. Die Stängel der jungen Zweige sind vierkantig. Die gegenständigen, länglich elliptischen bis ovalen Blätter erscheinen auf der Unterseite fein flaumig behaart. Ihre deutlich fiedrigen Nerven sind auf der Oberseite leicht eingesenkt und treten auf der Unterseite plastisch hervor. Die Blüten stehen meist zu zwei bis drei in den Blattachseln zusammen. Zahlreiche

◀ Für den Wintergarten ist *Psidium guajava* in erster Linie eine Blattschmuckpflanze, aber auch die kleinen weißen Blüten und die essbaren Früchte sind hübsch anzusehen.

Staubfäden (typisch für Myrtengewächse) füllen das Innere der weißen Blüten. Die Frucht ist eine kugelige bis birnenförmige Beere, die von den bleibenden Kelchblättern gekrönt wird. Die essbaren Früchte sind reich an Vitaminen, aus ihnen werden aromatische Gelees und Marmeladen hergestellt. Reife Früchte strömen einen angenehmen Duft aus.

P. littorale var. *littorale*, die Erdbeer-Guave, und *P. littorale* var. *longipes* (syn. *P. cattleianum*), die Purpurne Erdbeer-Guave, haben wesentlich kleinere Blätter. Sie sind mehr eiförmig und von dunkelgrüner Farbe. Die Zweige sind wesentlich dünner und eher weidenartig.

Besondere Hinweise: Beide Arten werden häufig als dichte, kugelförmig geschnittene Hochstämme angeboten, was auf die gute Schnittverträglichkeit hinweist. In der Regel wird man Guaven, ihrer Natur entsprechend, aber strauch- oder baumförmig ziehen. Guavesträucher sind Selbstbefruchter. Wer jedoch sicher gehen will, sollte den Pollen mit einem Pinsel auf die Narbe bringen. Die Früchte reifen je nach Sonneneinstrahlung in einem halben bis dreiviertel Jahr. Früchte, die zu wenig Sonne bekommen, weisen ein fades Aroma auf. Äußerst empfindlich sind die Pflanzen gegen Nässe. Je niedriger die Temperatur, desto weniger Feuchtigkeit verträgt die Pflanze. Stehen sie zu kühl oder unter schlechten Lichtverhältnissen, werfen sie das Laub meist völlig ab.

Pteris, Saumfarn

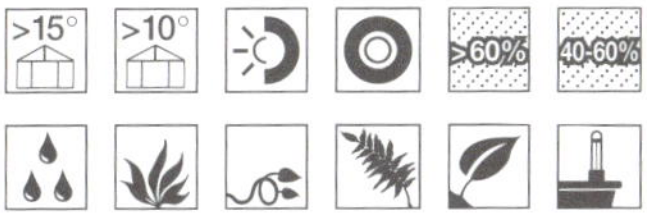

Die über 200 Arten der Gattung *Pteris* sind in vielen tropischen und subtropischen Gebieten, einige auch in den gemäßigten Zonen der Erde beheimatet. An einem relativ kurzen Rhizom sitzen an langen Stielen meist einfach gefiederte Wedel.

P. cretica bildet bis zu 30 cm lange Wedel, die aus zwei bis sechs gegenständigen, gesägten oder eingeschnittenen Seitenfiedern zusammengesetzt sind. Neben der Art ist eine unüberschaubare Menge unterschiedlicher Formvarianten im Handel. Bei 'Albo-Lineata' haben die breiten Fiedern einen hellen, weißlichen Mittelstreifen. 'Wimsettii' hat hellgrüne, unregelmäßig doppelt gefiederte Blätter mit gekrausten Blattspitzen.

P. ensiformis ähnelt *P. cretica*, besitzt jedoch unterschiedliche Wedel. Die überhängenden, bis 30 cm langen, sterilen Wedel haben elliptische Fiedern, die fertilen Wedel stehen dagegen aufrecht, die Ränder der Fiedern sind gewellt. 'Victoriae' ist eine kleinwüchsige Kulturform mit silbrig weißen Streifen in der Mitte ihrer fertilen Fiedern. Bei 'Evergemiensis' sind die weißen Bänder noch ausgeprägter und regelmäßiger.

P. quadriaurita mit der Sorte 'Argyraea' ist besonders schön. Die großen Wedel mit den feinen, dunkelgrünen Fiederblättern weisen einen attraktiven silbernen Mittelstreifen auf.

P. tremula, der Australische Saumfarn, wächst stärker als die zuvor genannten Arten. Die Stiele werden 30 cm hoch, die Wedel bis 60 cm lang und 30 cm breit. Die gelbgrünen Wedel sind doppelt unterteilt und wirken deshalb trotz ihrer Größe leicht und locker.

Besondere Hinweise: Abgestorbene Wedel sind regelmäßig herauszuschneiden. *P. cretica* verträgt auch einen totalen Rückschnitt. Niemals austrocknen lassen! Nicht direkt in die Pflanzen gießen, sonst kleben die Wedel zusammen und es kommt zur Fäulnis. Blattälchen verursachen an den Blättern zwischen den Adern große, schwarze Flecken. Derart befallene Pflanzen sind zu vernichten.

Punica granatum, Granatapfel

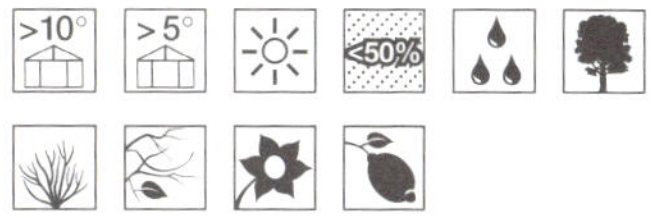

Der Granatapfel ist wahrscheinlich eines der ältesten Kulturgehölze der Menschheit und wird in orientalischen Ländern seit dem Altertum verehrt. Die früheste Erwähnung fand er zur Zeit der Pharaonen (16. Jh. v. Chr.). Paris erkannte der Venus die Frucht als Preis zu, bei den Ägyptern und Griechen galt der Baum als heilige Pflanze. In der Bildersprache des Hohenliedes Salomos werden dem Granatapfel in zahlreichen Umschreibungen viele Loblieder gesungen. Seine Form wird mit der Schönheit der Frau verglichen, sein Samenreichtum symbolisiert Fruchtbarkeit, die von der Schale umschlossenen Samen gelten als Sinnbild der Einigkeit, sein köstlicher roter Saft ist der Nektar der Liebenden und der Duft seiner vielen Blüten ist der Inbegriff des erwachenden Frühlings in seiner Lieblichkeit. Die geöffnete Granate gilt als Wahrzeichen der spanischen Stadt Granada. Der botanische Name *Punica* erinnert daran, dass der Granatapfel im ehemaligen Punien, dem heutigen Tunesien, sehr weit verbreitet war. Heute wird er in den Subtropen der ganzen Welt angebaut. Er ist in freier Natur ein aufrechter, sehr stark verästelter, bis 2 m hoher Strauch oder bis 5 m hoher Baum. Die Äste tragen viele Kurztriebe, an denen die lanzettlichen Blätter

◀ Auch vom Granatapfel, *Punica granatum*, sind verschiedene Kulturformen im Handel, darunter auch gefüllt blühende Sorten.

büschelig angeordnet sind. In ihren Achseln entspringen von Juni bis September die brennend roten Blüten. Die Früchte sind kugelige Beeren mit einer ledrigen Schale. Neben der Wildform gibt es im Handel eine Reihe von Kulturformen, u. a. mit weißlichen, gelben, gestreiften und auch gefüllten Blüten. Besonders häufig wird die Sorte 'Nana' angeboten, die ausgewachsen kaum höher als 2 m wird.

Besondere Hinweise: Der Granatapfel blüht an gebüschelten Kurztrieben und an den Spitzen der Langtriebe. Darauf ist bei notwendigen Schnittmaßnahmen zu achten. Im Allgemeinen lässt man die Pflanzen sich frei entwickeln. Zurückgeschnitten werden sollten die Pflanzen nur, wenn sie zu groß geworden sind. Bei älteren Pflanzen ist von Jahr zu Jahr die Krone etwas auszulichten, damit von innen heraus immer wieder neue Triebe gebildet werden. Für eine Blüte im kommenden Jahr ist das Ausreifen der Triebe sehr wichtig. Ab Ende August ist das Gießen einhergehend mit dem Laubfall nach und nach einzuschränken. Wenn Granatäpfel zu dunkel stehen und zu gut ernährt werden, schießen die Pflanzen ins Kraut, blühen schlecht und werden anfällig für Weiße Fliege.

Pyrostegia venusta, Feuerranke, Flammenwein

Der Flammenwein ist eine bemerkenswerte Kletterpflanze mit intensiv orange gefärbten, dicht besetzten, recht großen Blütentrauben. Keine andere Art hat diese leuchtenden Blüten im Winter zu bieten. Blütezeit ist vom Spätherbst bis zum Frühjahr, doch werden auch zu anderen Zeiten Blüten ausgebildet. Verbreitet ist die Feuerranke in den Tropen und Subtropen der ganzen Welt, die eigentliche Heimat ist Brasilien und Paraguay. Die Blätter setzen sich meist aus drei elliptischen bis mehr länglichen, kurz zugespitzten, oben kahlen, unten behaarten Blättchen zusammen. Die Feuerranke klettert mit Hilfe dreispaltiger, fadenförmiger Ranken.

Besondere Hinweise: Diese prachtvolle Blütenpflanze eignet sich zur Bekleidung von Wänden oder Spalieren im Wintergarten, lässt sich aber auch an Drähten im Dachraum entlangziehen. Die Feuerranke wächst bei optimalen Wachstumsbedingungen recht schnell. Bei älteren Pflanzen ist ein Schnitt nach der Blüte angebracht. Dabei sind die stärkeren Triebe etwa um ein Drittel, schwache Triebe etwa um das Doppelte zu kürzen. Bei Lichtmangel im Winter werfen die Pflanzen sehr viel Laub ab.

Quercus, Eiche

Die beiden nachfolgend beschriebenen, im Mittelmeerraum heimischen, immergrünen Eichen gehören zu den Wintergartenpflanzen, denen man eine größere Verbreitung wünscht. Sie verbinden Pflegeleichtigkeit mit dekorativem Äußeren.

Q. ilex, die Stein-Eiche, ist ein wunderschöner und immergrüner

▶ *Quercus ilex*, eine immergrüne Eichen-Art, kann beliebig beschnitten werden.

Laubbaum. Die Farbe der ovalen oder lanzettlichen Blätter schwankt zwischen einem recht hellen Grün im Schatten und einem satten Dunkelgrün im Sonnenlicht. Junge Blätter sind mit einem Flaum weißer Härchen überzogen, die bei ihrer Entfaltung bernsteinfarben leuchten. Am heimischen Standort bilden die Bäume eine breite Kuppel mit bis zum Boden herabhängenden Ästen aus.

Q. suber, die Kork-Eiche, ist ein kleiner knorriger Baum mit etwa 5 cm langen, dunkelgrünen, glänzenden Blättern. Was die Kork-Eiche so interessant macht, ist ihre Korkrinde, die sie (im Gegenteil zur Elefantenhaut-Rinde der Stein-Eiche, von der man nicht viel sieht) aufgrund ihres offenen Wachstums recht freigiebig zeigt.

Besondere Hinweise: Eichen lässt man einfach wachsen. Triebe, welche die Gestalt beeinträchtigen, kann man das ganze Jahr über entfernen. Es ist aber auch möglich, die Pflanzen wie Buchsbaum „in Form" zu schneiden.

▼ *Rebutia*-Cultivars sollten in einem Wintergarten mit Sukkulenten nicht fehlen.

Radermachera sinica, Stubenesche

R. sinica ist am heimatlichen Standort (Südchina) ein rasch wachsender, bis 6 m hoher Baum oder Strauch mit gegenständigen, doppelt gefiederten, farnähnlichen Blättern, die sich aus etwa 5 cm langen, leicht zugespitzten, dunkelgrünen, glänzenden Fiederblättchen zusammensetzen. Die schwefelgelben, 10 bis 12 cm langen, röhrenförmigen, ungleich fünfgelappten Blüten stehen in großen endständigen Rispen. Trotz der hübschen Blüten ist die Stubenesche vor allem Blattschmuckpflanze.

Besondere Hinweise: Die Pflanze wächst langsam in die Höhe und verzweigt sich natürlicherweise erst in Brusthöhe. Auf Kulturfehler, wie unregelmäßige Wassergaben, reagiert die Stubenesche schnell mit dem Abwurf der unteren Blätter. Auch bei schlechten Lichtbedingungen im Winter wird das Laub abgeworfen. Allerdings treiben die Pflanzen auch schnell wieder aus. Wichtig ist, dass sie allseitig Licht bekommen. Ein Platz mit nur einseitigem Lichteinfall bringt sie bald „außer Form".

Rebutia

Rebutien sind kleine, äußerst blühwillige, meist sprossende Kugelkakteen mit niedrigen, in Warzen aufgelösten, spiralig verlaufenden Rippen und feinborstigen Dornen. Die Blüten erscheinen nicht im Scheitel, sondern weit unten an der Basis oder seitlich an der Pflanze. Im Verhältnis zum Körper sind sie sehr groß, meist leuchtend rot, aber auch gelb, orange oder violett. Sie halten mehrere Tage. Gegen Abend schließen sie sich zwar, öffnen sich aber am nächsten Morgen wieder. Meist blühen sie im Frühjahr, häufig aber noch ein zweites Mal im Herbst. Rebutien sind eine besonders dankbare Kakteengattung für die „Krautschicht“ eines Wintergartens mit Sukkulenten.

Reinwardtia indica, Gelber Flachs

Der in kühleren Gebirgslagen Nordindiens heimische Gelbe Flachs blüht im Winter (von Oktober an den ganzen Winter hindurch) und ist deshalb für den Wintergarten eine besondere Zierde. Es ist ein etwa 60 cm hoher Halbstrauch mit glatten, dünnen, fiedernervigen Blättern. Die bis 5 cm breiten, goldgelben Blüten, deren Kronblätter am Grunde zu einer kurzen Röhre verwachsen sind, erscheinen einzeln oder zu wenigen in achsel- oder endständigen, trugdoldenartigen Büscheln.
Besondere Hinweise: Mehrmaliges Stutzen ist bei jüngeren Pflanzen für eine reiche Verzweigung wichtig. Gegen zu viel Feuchtigkeit sind sie sehr empfindlich. Die Temperaturen sollten im Winter 15 °C nicht über- und 10 °C nicht unterschreiten.

Rhaphiolepis, Traubenapfel

Rhaphiolepis ist eine Gattung immergrüner Sträucher, von denen zwei Arten für den Wintergarten interessant sind.

R. indica, der Chinesische Traubenapfel, ist ein etwa 1 m hoher Strauch mit lanzettlichen, 5 bis 7 cm langen, mehr oder weniger scharf gesägten, zugespitzten Blättern. Die weißen Blüten mit hellrosafarbener Mitte und karminrosafarbenen Staubblättern stehen in lockeren Trauben und erscheinen von Februar bis August.

R. umbellata, der Japanische Traubenapfel, ist in seiner Heimat ein bis zu 4 m hoher Strauch, mit dicken, ledrigen, oben tiefgrünen Blättern. Die duftenden, weißen Blüten mit karminfarbenen Staubblättern stehen in aufrechten, 5 bis 10 cm langen Rispen oder Trauben. Sie erscheinen im Mai/Juni.
Besondere Hinweise: Die Pflanzen wachsen sehr langsam und der Wuchs ist sparrig.

Rhapis, Ruten- oder Steckenpalme, Lady-Palme

Die Steckenpalmen waren als Zimmerpflanzen bei uns früher weit verbreitet. Zwischenzeitlich etwas in Vergessenheit geraten, erleben sie heute eine Renaissance. Die rohrartigen Stämme, die an Bambus erinnern, sind mit einem groben Fasergeflecht locker umgeben. Die fächerigen, tief eingeschnittenen Blätter bestehen aus bis zu zehn Segmenten. Im Handel befinden sich zwei Arten: *R. excelsa* und *R. humilis*, von denen es eine Reihe von Formen gibt.
Besondere Hinweise: Steckenpalmen wirken nur in Gruppen. Zwar bilden Einzelpflanzen im Laufe der Zeit durch Ausläuferbildung größere Gruppen, doch muss man lange darauf warten. Deshalb sollten bei Neupflanzungen gleich mehrere Einzelpflanzen zusammengesetzt werden.

Rhipsalidopsis, Osterkaktus

Rhipsalidopsis ist eine epiphytisch wachsende Kakteengattung mit vier- bis fünfkantigen, im Alter borkigen Trieben, aus denen

◀ Blütezeit von *Rhaphiolepis umbellata* ist das zeitige Frühjahr.

▲ *Rhipsalidopsis* × *graeseri*. Die Hybriden dieses Artbastards blühen besonders reich.

flachkeulige Glieder mit leicht gekerbten Rändern wachsen. Die Kanten der Glieder sind zartgelblich weiß „bestachelt“. Aus den Stachelpolstern (End-Areolen) am Ende der Glieder wachsen die Neutriebe und die Blüten. *R. gaertneri*, der Osterkaktus, hat scharlachrote, *R. rosea* kleine, rosaviolette Blüten. Die Hybriden beider Arten sind besonders blühwillig und unter der Bezeichnung *R.* × *graeseri* im Handel.

◀ *Rhipsalis*-Arten, hier *Rhipsalis crispata*, sind pflegeleichte Ampelpflanzen.

Besondere Hinweise: Siehe *Rhipsalis*.

Rhipsalis, Rutenkaktus, Binsenkaktus, Korallenkaktus

Die Gattung *Rhipsalis* erhielt ihren Namen nach dem griechischen Wort „rhips“, was Rute oder Flechtwerk bedeutet und auf die Trieb- bzw. Wuchsformen einiger Arten hinweist. Die bis auf wenige Ausnahmen im tropischen Amerika heimischen, epiphytisch wachsenden Kakteen besitzen herabhängende, binsenartige Triebe oder gegliederte Sprosse. Die Blüten sind klein, erscheinen aber meist sehr zahlreich. Sie sind weiß, gelblich oder grünlich. Besonders hübsch sind die Pflanzen, wenn sie mit ihren weißen, roten oder fast schwarzen, erbsengroßen Beeren reich besetzt sind.

Besondere Hinweise: *Rhipsalis* benötigen, um ihre ganze Schönheit zu zeigen, wegen ihrer langen hängenden Triebe, einen erhöhten Standort. Dies kann eine Ampel im Dachraum oder auch eine Blumensäule sein. Zu groß und unförmig gewordene Pflanzen kann man zurückschneiden. Bei hoher Luftfeuchte oder wenn die Triebe den Boden berühren bilden die Pflanzen Luftwurzeln aus. Man darf diese Kakteen nicht, wie andere Kakteenarten trocken werden lassen.

Rhoicissus capensis, Kapland-Klimme, Kapwein, Sumachwein

R. capensis stammt, wie der Name schon andeutet, aus dem südafrikanischen Kapland. Die jungen Triebe, wie auch die Unterseiten der grünen Blätter sind dicht mit braunen Haaren besetzt. Die lang gestielten, breitrunden, am Grunde fast herzförmigen, kantig gebuchteten Blätter werden bis 15 cm lang und bis 18 cm breit.

Besondere Hinweise: Der Kapwein ist eine schnell wachsende Kletterpflanze, deren Triebe sich nicht von selbst festhalten, sondern angebunden werden müssen. Ältere Pflanzen können zur Verjüngung kräftig zurückgeschnitten werden. Braune Blattränder oder Blattfall sind in der Regel auf Nässe zurückzuführen. Achten muss man auf Weichhautmilben.

Rhopalostylis sapida, Nikaupalme

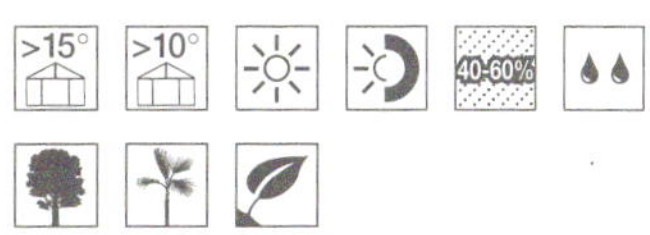

R. sapida ist in Neuseeland heimisch. Es ist eine mittelhohe Palme mit glattem, grünem Stamm, der von den Narben der abgefallenen Blätter geringelt ist. Die Blätter bilden eine vergleichsweise starre, schräg nach oben gerichtete Wedelkrone. Sie besitzen kräftige Fiedern mit ausgeprägter Mittelrippe. Auffallend ist auch der glatte, grüne Blattgrund.

Rosmarinus officinalis, Rosmarin

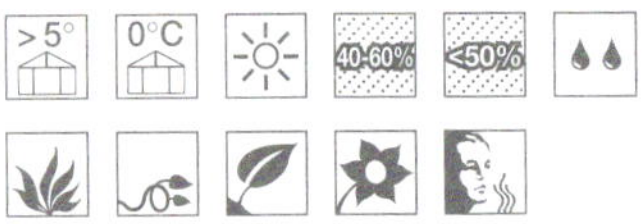

Der im Mittelmeerraum verbreitete Rosmarin ist ein reich blühender, trockenheitsverträglicher, bis über 1 m hoch werdender Strauch mit schmalen, dunkelgrünen, unterseits grauen Blättern, deren Ränder nach unten eingerollt sind. Die hübschen Lippenblüten sind weiß oder zartblau und erscheinen in achselständigen Trauben bevorzugt von Mai bis Juni, aber auch zu anderen Jahreszeiten, so meist noch einmal kurz nach Weihnachten. Der aromatische Duft der Blätter ist bei intensiver Sonneneinstrahlung besonders stark. Neben aufrecht wachsenden Formen gibt es auch extrem flache, kriechend wachsende Typen, die sich ausgezeichnet als Bodendecker für sonnige Standorte eignen.

Besondere Hinweise: Kahl gewordene Pflanzen können zur Verjüngung kräftig zurückgeschnitten werden.

Rubus reflexus, China-Brombeere

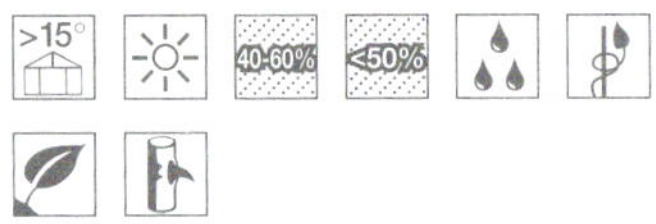

Eine hübsche Kletterpflanze mit attraktiver Belaubung ist die China-Brombeere. Ihre smaragdgrünen Blätter sind drei- bis fünfzipflig, wobei der Mittelteil am stärksten, die seitlichen Lappen weniger stark ausgeformt sind. Das samtähnliche Moosgrün der Blattoberfläche ist längs der rotbraunen Hauptadern von einem breiten, dunkelgrünen Streifen durchzogen. Die intensive Panaschierung verliert sich bei niedrigen Temperaturen und älteren Blättern. Die weißen Blüten sind nicht besonders attraktiv und nur an älteren Pflanzen zu erwarten.

Besondere Hinweise: Die China-Brombeere benötigt ein stabiles Gerüst. Ihre langen Ranken halten sich mit Hilfe weit verteilter Stacheln fest. Zu groß gewordene Pflanzen können kräftig zurückgeschnitten werden.

Ruscus, Mäusedorn

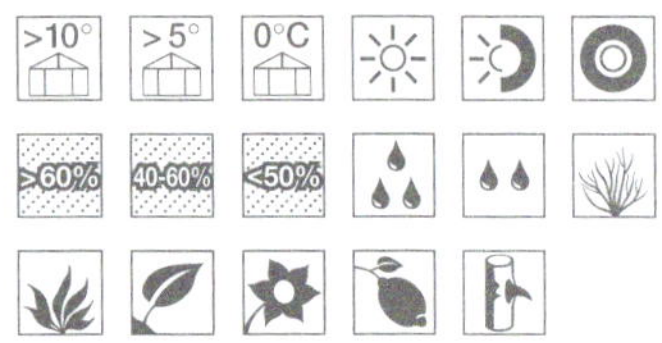

Auf Madeira und vom Mittelmeergebiet bis in den Iran ist die Gattung *Ruscus* mit sieben Arten verbreitet. Es sind immergrüne, niedrige, reich verzweigte Sträucher mit grünen Sprossen und blattartigen Kurztrieben (Phyllokladien), die den Achseln kleiner, schuppenförmiger Blätter entspringen. Die kleinen, zweihäusig verteilten, weißen Blüten sitzen auf der Unterseite der Flachsprosse. Da *Ruscus* zweihäusig ist, entwickeln sich Früchte nur dann, wenn man beide Geschlechter besitzt. Aus den weiblichen Blüten entwickeln sich rote Beeren.

R. aculeatus wird etwa 1 m hoch. Die stechenden, sitzenden, eiförmigen Phyllokladien sind 2 bis

◀ *Rosmarinus officinalis*. Um sich artgerecht zu entfalten, ist Rosmarin auf hohe Lichtintensitäten angewiesen.

◄ Schachtelhalmähnlich sind die Triebe von *Russelia equisetiformis*.
▲ Zu einer prächtigen Hauptpflanze wächst *Sanchezia nobilis* heran.

3 cm lang und sitzen dicht spiralig an starren Seitenzweigen. Die Blüten sind kurz gestielt und erscheinen in der Regel im Frühjahr. Die roten, breitkugeligen Früchte sind etwa 1 cm dick.

R. hypoglossum, das Hadernblatt, ist *R. aculeatus* ähnlich, bleibt aber insgesamt kleiner. Die Wärmeansprüche sind etwas höher, deshalb kommt der Wintergartyp 4 für diese Art nicht in Frage.

Besondere Hinweise: Es sind sehr anspruchslose Pflanzen, die Trockenheit und Schatten lieben, doch auch die volle Sonne vertragen. Durch gezieltes Schneiden lassen sich die natürlicherweise sparrig wachsenden Sträucher gut in Form halten. Zu groß gewordene Pflanzen können auch kräftig zurückgeschnitten werden.

Russelia equisetiformis, Russelie

Die in Mexiko heimische, schachtelhalmähnliche Russelie ist ein hübscher, kleiner Blütenstrauch. Die ginsterähnlichen, rutenförmigen, grünen Äste sind vielfach verzweigt und enden in zahlreichen feinen, leicht überhängenden Zweigen. Nur am Grunde der Sprosse trägt die Pflanze lanzettliche bis linealische Blätter. In den oberen Partien der Zweige sind die Laubblätter auf schuppenförmige Zähne zurückgebildet. Die scharlachroten Blüten, sie erscheinen an den jungen Trieben, stehen in lockeren Trauben. Die Blütezeit reicht vom Frühjahr bis spät in den Herbst hinein.

Besondere Hinweise: Die Russelie sollte sich frei entwickeln können. Jahr für Jahr sollte man einige der älteren Triebe an der Basis entfernen. Wird die Pflanze im Laufe der Zeit gar zu üppig, kann zur Verjüngung auch kräftig zurückgeschnitten werden.

Sanchezia, Sanchezie

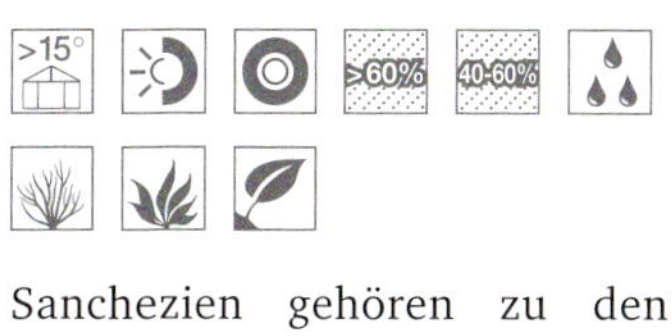

Sanchezien gehören zu den schönsten und stattlichsten Blattpflanzen für den Wintergarten. Ausgepflanzt, entwickeln sich Sanchezien zu meterhohen Sträuchern. Allerdings verlangen sie viel Wärme und eine hohe Luftfeuchtigkeit. Von den 20 in Südamerika heimischen Arten befinden sich nur zwei in Kultur. *S. nobilis* hat aufrechte, dicke, vierkantige Triebe. Die Blätter sind kräftig grün und entlang der Adern gelb gefärbt, sodass ein schöner Kontrast gebildet wird. Weniger zierend sind die gelben, rötlich überhauchten Blüten, die zwischen den Deckblättern sitzen. *S. nobilis* sehr ähnlich ist *S. parvibracteata*, die mit der Sorte 'Variegata' mit goldgelb gezeichneten Blättern verbreitet ist.

Besondere Hinweise: Die Pflanzen sollte man sich frei entwicklen lassen und nur wenig schneiden. Zu groß gewordene Pflanzen, welche die unteren Blätter abgeworfen haben, können zur Verjüngung kräftig zurückgeschnitten werden.

Sansevieria trifasciata, Bogenhanf, Schwiegermutterzunge

Die in Afrika heimischen Sansevierien sind ausdauernde Pflanzen mit einem kriechenden Wurzelstock. Ihre mehr oder weniger ledrigen Blätter können lanzettlich und flach, rundlich oder zylindrisch sein. Die Blattfasern werden zur Anfertigung von Seilerwaren oder zum Herstellen von Bogensehnen verwendet, deshalb der Name „Bogenhanf". Hübsch sind auch die Blütenstände mit weißen, intensiv duftenden Blüten. Am bekanntesten ist *S. trifasciata*. Die rinnenförmigen, hübsch quergebänderten Blätter erreichen über 1 m Höhe. Besonders schön ist die gelb gerandete 'Laurentii'. 'Silver Cloud' hat silbrige Blätter und 'Hahnii' relativ kurze Blätter, die trichterförmige Rosetten bilden.

Besondere Hinweise: Sansevierien können wie Sukkulente längere Trockenperioden überstehen, ohne Schaden zu nehmen. Bei Nässe oder zu großen Temperaturunterschieden entstehen braune Blattflecken oder Korkbildungen. Stammgrundfäule tritt auf, wenn die Pflanzen zu kühl und zu nass gehalten werden.

Saxifraga stolonifera, Judenbart, Rankender Steinbrech

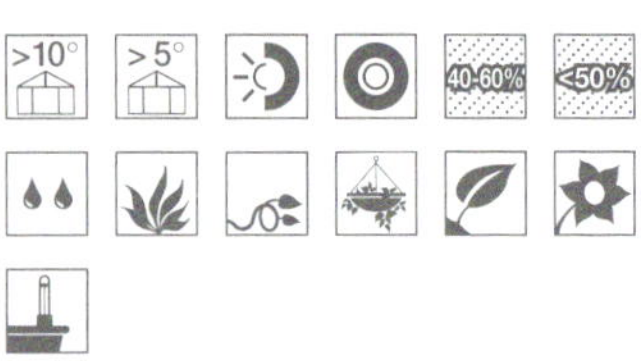

Der als „Judenbart" bekannte, rankende Steinbrech ist eine altbekannte, früher weit verbreitete Zimmerpflanze. Ausgepflanzt, greift *S. stolonifera* mit seinen Ranken nach allen Seiten und begrünt in kurzer Zeit größere Flächen. Hübsch anzusehen ist der Judenbart auch als Ampelpflanze. Die lang gestielten, behaarten Blätter mit weißer Nervatur sind rund bis nierenförmig, unterseits tiefviolett, oberseits dunkelgrün gefärbt. Im Sommer ist die große Rispe mit vielen weißen Blüten eine zusätzliche Zierde. Bevorzugt verwendet wird die Sorte 'Tricolor'. Bei ihr kommt zu der grünen Blattoberseite und der violetten Unterseite ein cremeweißer, breiter Blattrand hinzu.

Besondere Hinweise: Alle paar Jahre sollte die Bodendecke durch Neuanpflanzung erneuert werden. Abgeblühte Blütenstände sind sorgfältig zu entfernen, damit sich keine Fäulnisherde bilden können.

Scadoxus puniceus 'König Albert' (syn. Haemanthus puniceus), Gefleckte Frühe Blutblume

Im Frühjahr entwickelt dieses Zwiebelgewächs zahlreiche, bis zu 40 cm lange, tiefgrüne und länglich geformte Blätter. Ihnen folgen in der Regel im Juli oder August außerordentlich eindrucksvolle, scharlachrote Blütendolden, die einen Durchmesser von über 20 cm erreichen. Die Dolden bestehen aus zahlreichen röhrenförmigen Einzelblüten, aus denen die deutlich längeren Staubgefäße herausragen. Im Laufe der Jahre entstehen durch Brutzwiebelbildung größere Gruppen.

Besondere Hinweise: Blühfähige *Scadoxus* ruhen im Winter. Etwa Ende September werden die Zwiebeln durch geringere Wassergaben und völliges Einstellen der Düngung zum Ruhen gebracht. Während der Ruhezeit ziehen die Pflanzen nicht ganz ein. Deshalb müssen die Zwiebeln, auch im Winter etwas gegossen werden, damit sie nicht zu stark schrumpfen. In dieser Zeit genügen 12 °C. Bei Wachstumsbeginn und nachfolgend sind Temperaturen um 15 bis 18 °C optimal.

Schefflera (syn. Brassaia), Strahlenaralie, Schefflera, Lackblatt

Die meisten der über 700 Schefflera-Arten, die nahezu in fast allen Teilen der Tropen verbreitet sind, sind immergrüne Sträucher oder kleine Bäume mit handförmig geteilten Blättern. Neben den nachfolgend näher beschriebenen Arten kommen für Wintergärten auch *S. heptaphylla*, der Efeubaum, und *S. pueckleri* (syn. *Tupidanthus calyptratus*) in Frage.

Schefflera actinophylla, Queensland-Strahlenaralie

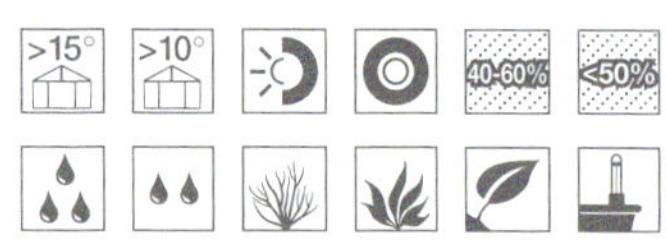

S. actinophylla ist ein attraktiver Blattbaum, der Stattlichkeit mit Eleganz vereint. Er stammt aus Australien und fällt durch seine dunkelgrün glänzenden, linealischen bis lanzettlichen Blätter auf, die an einem langen Blattstiel schirmförmig gruppiert sind. Daher auch die Bezeichnung Regenschirmbaum. Bei der Kulturform 'New Hawaiian Dwarf' bleiben die Blattstiele und die Abstände zwischen den Blättern kürzer. 'Variegata' ist eine grauweiß getuschte Form. Beide Kulturformen bleiben wesentlich kleiner als die Art und sind deshalb auch für kleinere Wintergärten geeignet.

◀ *Schefflera arboricola* 'Golden Capella' eignet sich wie andere Schefflera-Arten gut für die Hydrokultur.

Schefflera arboricola, Kleine Strahlenaralie

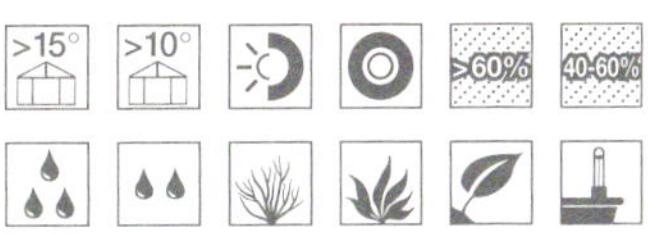

Die Blätter von *S. arboricola*, der Kleinen Strahlenaralie, ähneln denen von *S. actinophylla*, bleiben aber kleiner und sind etwas fleischiger, weniger ledrig. Der nicht oder nur wenig verzweigte Stängel bleibt länger frischgrün und verholzt erst später. Außerdem bleibt *S. arboricola* strauchförmig und erreicht nicht die Höhe von *S. actinophylla*. Es gibt eine Reihe von Kulturformen. Unter den grünblättrigen Sorten sind 'Milena' und 'Renate' interessant. 'Golden Capella' ist eine gelbbunte Form. Neben den üblichen Strauchformen, meist sind mehrere Pflanzen im Topf zusammengesetzt, gibt es im Handel Hochstammpflanzen, bei denen mehrere „Stämme“ zusammengeflochten sind, die eine verzweigte Krone tragen.

Besondere Hinweise: Damit die Pflanzen nicht umknicken, benötigen sie im Jugendstadium eine Stütze. Wird bei einer zu groß gewordenen Pflanze mit dickem Stamm die Spitze entfernt, so bildet sich eine Krone und ein Baum entsteht. Eindrucksvoll sind auch Gruppen von mehreren Einzelpflanzen. Zu groß gewordene Pflanzen können zur Verjüngung kräftig zurückgeschnitten werden. Wurzel- und Stängelgrundfäule tritt bei Nässe in Verbindung mit niedrigen Temperaturen auf.

Schefflera elegantissima (syn. Dizygotheca elegantissima), Fingeraralie, Neukaledonische Strahlenaralie

Die Fingeraralie ist in Neukaledonien und auf anderen Inseln des Stillen Ozeans heimisch und wird wegen ihrer aparten Blattform als Zierpflanze hoch geschätzt. An dünnen Stämmchen sind die an langen Stielen sitzenden, handförmig geteilten Blätter wechselständig angeordnet. Von einem Punkt ausgehend, zeigen die Blattfächer sieben bis elf Blattfinger. Die stark gezähnten Blättchen haben einen olivgrünen Grundton mit rötlichem oder weißem Mittelnerv. Der Blattstiel ist auffallend gelblich weiß gefleckt. Mit zunehmendem Alter verbreitern sich die filigranartigen Blätter, sodass sich die Blattformen völlig verändern. Neben der reinen Art gibt es im Handel noch den Typ 'Pollux' mit kräftig geformten Blattfingern. 'Castor' hat einen federbuschähnlichen, fast säulenförmigen, schmalen Aufbau.

Besondere Hinweise: Die Fingeraralie wächst eintriebig, auch nach dem Entspitzen. Im Laufe der Zeit werden die Pflanzen natürlicherweise von unten kahl. Dann sollte zur Verjüngung tief zurückgeschnitten werden. Größere Temperaturschwankungen sind zu vermeiden. Eingetrocknete, braune Blattspitzen sind in der Regel auf eine zu niedrige Luftfeuchte zurückzuführen.

Schinus molle var. molle, Gewöhnlicher Pfefferbaum

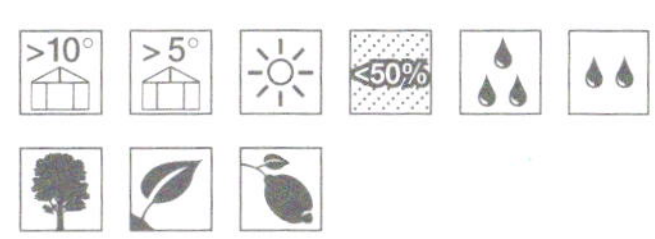

Die Gattung *Schinus* gehört zur Familie der Sumachgewächse und umfasst etwa 30 ausschließlich in Süd- und Mittelamerika beheimatete Arten, von denen *S. molle* die bekannteste ist. Es handelt sich um einen knorrigen Baum von

▶ *Schinus molle* var. *molle* benötigt auf Dauer viel Platz, um sich artgerecht entwickeln zu können.
▼ *Schlumbergera*-Cultivars bringen um die Weihnachtszeit Farbe in den Wintergarten.

grazilem Habitus, der von der Ferne gesehen an eine Trauerweide erinnert. Gelegentlich ist *S. molle* auch in den Mittelmeerländern angepflanzt. Sowohl die dünnen Zweige mit den reich gefiederten Blättern, als auch die reich verzweigten rispigen Blütenstände mit ihren kleinen, gelblich grünen Blüten und später die mit den roten oder rosaroten Steinfrüchten versehenen Fruchtrispen hängen schlaff herab. Der Ausdruck „Pfefferbaum“ beruht darauf, dass die Früchte in Südamerika oft zum verfälschen von Pfeffer verwendet werden. *S. molle* liefert das amerikanische „Mastix-Harz“, ein grünliches bis farbloses Harz, das in der Medizin und als Klebe- und Kittmittel verwendet wird.

Besondere Hinweise: Als frei wachsender Strauch oder als Baum mit einer schirmförmig gezogenen Krone wirkt der Pfefferbaum am besten. Im Winter wird bei schlechten Lichtverhältnissen und niedrigen Temperaturen ein Teil des Laubes abgeworfen.

Schlumbergera-Cultivars, Weihnachtskaktus

Wenn die erste Kerze entzündet wird, hat auch der Weihnachtskaktus seinen großen Auftritt, denn ab Anfang Dezember zeigt er sich in seiner ganzen Blütenpracht. Die Arten der Gattung *Schlumbergera* stammen aus den brasilianischen Regenwäldern, wo sie als Epiphyten hoch oben in den Urwaldbäumen wachsen. Sie bilden kleine, strauchartige Pflanzen mit gabelig verzweigten, überhängenden Ästen. Ihre Sprosse bestehen aus blattartigen Abschnitten, den so genannten Phyllokladien. Im Handel sind heute ausschließlich Hybriden erhältlich, an deren Entstehung insbesondere *S. russelliana* und *S. truncata* beteiligt waren. Neben karminroten und purpurfarbenen Kulturformen gibt es auch orangefarbene Sorten.

Besondere Hinweise: Im Sommer sind die Pflanzen an heißen Tagen für hohe Luftfeuchtigkeit dankbar. Nach der Blüte sollte man sie trocken halten, doch dürfen die Glieder nicht welken. Das Abstoßen der Blüten kann verschiedene Ursachen haben: Die Pflanzen wurden während der Knospenbildung gedreht und der Lichteinfall verändert, zu große Temperaturunterschiede zwischen Tag und Nacht, Ballentrockenheit während der Wuchsperiode oder durch die Verwendung von zu kaltem Wasser.

Scindapsus pictus, Gefleckte Efeutute

S. pictus ist eine attraktive, in Malaysia heimische Kletter- oder Hängepflanze mit asymmetrischen, schwarzgrünen, bläulich gepunkteten Blättern. Besonders hübsch ist die Sorte ‘Argyraeus’, deren Blätter dicht silberweiß gepunktet sind.

Besondere Hinweise: Als Liane kann *S. pictus* mit Hilfe ihrer Luftwurzeln an grobrindigen Ästen emporsteigen. Zu groß gewordene Pflanzen können zur Verjüngung kräftig zurückgeschnitten werden. Lichtmangel macht sich durch Vergrünen der Blätter bemerkbar. Temperaturen unter 15 °C führen zu dunkelbraunen Flecken auf den Blättern und fortschreitend zum Absterben der Pflanzen. Dies gilt auch bei Verwendung von kaltem Gießwasser.

◀ *Sedum morganianum* ist eine hübsche Ampelpflanze, kann aber auch als Bodendecker verwendet werden.

Sedum, Fetthenne, Mauerpfeffer

Die Gattung ist mit rund 300 Arten die größte Crassulaceen-Gattung. Viele Arten sind winterhart und auch bei uns heimisch. Die nicht winterharten, strauchigen, hoch sukkulenten Arten, die für Wintergärten geeignet sind, entstammen den Trockengebieten der Neuen Welt. Nachfolgend eine kleine Auswahl der Arten, die in der Krautschicht verwendet werden können. Einige von ihnen sind vorzügliche Bodendecker oder können auch als Ampelpflanzen verwendet werden.

S. allantoides ist ein etwa 40 cm hoher, locker beblätterter Zwergstrauch mit rundlich weißgrau bereiften Blättern. Die grünlich weißen Blüten erscheinen im Juni/Juli.

S. compactum ist eine zierliche, rasenbildende Art, die sich vorzüglich zur Bodenbedeckung eignet. Die kleinen, eiförmigen, graugrünen Blätter stehen dicht übereinander. Die kleinen, weißen Blüten erscheinen im Frühjahr und duften angenehm.

S. dasyphyllum ist der vorigen Art ähnlich. Die weißen Blüten sind rötlich gepunktet.

S. morganianum ist besonders gut als Ampelpflanze geeignet, kann aber auch als Bodendecker verwendet werden. An dünnen Sprossachsen, die sich von der Basis her verzweigen, sitzen dicht gedrängt dickfleischige, lanzettlich zugespitzte, wachsig bereifte Blätter. Die Blütenstände an den Sprossenden tragen eine Vielzahl lang gestielter, rosa bis purpurroter Blüten.

S. nussbaumerianum ist ein bis zu 40 cm hoher, locker beblätterter Zwergstrauch, dessen gelblich grünen Blätter sich bei intensiver Sonneneinwirkung bräunlich rot verfärben.

S. pachyphyllum ist ein niedriger Halbstrauch mit aufsteigenden, später niederliegenden, dicht beblätterten Ästen. Die keulenförmigen, spiralig angeordneten Blätter enden in einer intensiv rot gefärbten Spitze. Die Rotfärbung ist umso intensiver, je sonniger die Pflanze steht.

S. rubrotinctum ist der vorigen Art ähnlich. Die Blätter zeichnen sich auch hier durch eine schöne Rotfärbung aus, die bei voller Sonneneinwirkung besonders prachtvoll ausfällt.

Besondere Hinweise: Bei den meisten *Sedum*-Arten brechen die fleischigen Blätter schon bei leichter Berührung ab. Man muss deshalb sehr vorsichtig mit den Pflanzen umgehen.

Selaginella, Moosfarn, Mooskraut

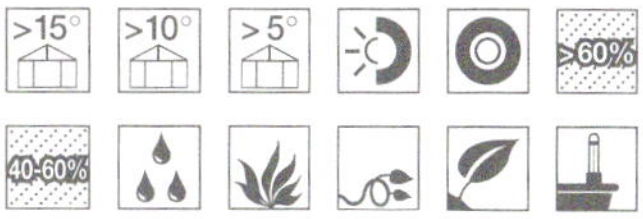

Die überwiegend in den tropischen Regenwäldern heimischen Moosfarne sind hübsche Bodendecker. Sie besitzen teils niederliegende, teils aufrechte, gabelig verzweigte Stängel. An den Gabelstellungen der Stängel entspringen Büschel von Adventivwurzeln.

S. apoda, der Wiesen-Moosfarn, zeichnet sich durch hellgrüne,

▶ Alle Moosfarne, wie hier *Selaginella kraussiana*, sind vorzügliche Bodendecker.

▶ *Senecio herreanus* ist eine hübsche bodendeckende Pflanze für Wintergärten mit Sukkulenten.

sehr fein gesägte Blätter und einen rasenbildenden Wuchs aus.

S. kraussiana bildet dicht über dem Boden kriechende, federartig verzweigte Triebe mit frischgrünen Blättern. Daneben gibt es auch eine gelbgrüne und eine grünweiße Kulturform.

Die Zweige von *S. martensii* sind flach fächerig ausgebreitet, wachsen anfangs aufrecht, werden bis zu 30 cm hoch und legen sich später nieder. Wegen ihres raschen Wachstums ist diese Art zur großflächigen Bodenbedeckung besonders gut geeignet.

Besondere Hinweise: Zu beachten ist, dass Moosfarne eine hohe Luftfeuchte benötigen, um auf Dauer existieren zu können. Alle paar Jahre ist es sinnvoll, die Pflanzen aufzunehmen, zu teilen und neu zu pflanzen. Grauschimmel tritt auf, wenn die feinen Blättchen ständig nass sind. Auf Nacktschnecken muss man achten.

Semele androgyna, Klettermäusedorn

Die Gattung *Semele* ist mit nur einer Art auf den Kanaren beheimatet. Sie ist eine dekorative Schlingpflanze mit kräftigen Trieben und regelmäßig angeordneten, dunkelgrünen Seitenzweigen. Dabei handelt es sich um abgeflachte Sprosse (so genannte Phyllokladien), die im Aussehen an große, gefiederte Blätter erinnern. An deren Rändern erscheinen die kleinen, gelben Blüten.

Besondere Hinweise: *Semele* benötigt ein stabiles Rankgerüst, ein Spalier oder entsprechend gespannte Drähte im Dachraum.

Senecio, sukkulente Arten

Die an unterschiedlichen Wuchsformen so überaus reiche, weltweit verbreitete Gattung *Senecio* hat bemerkenswerte und interessante Sukkulenten hervorgebracht. In der Mehrzahl sind es Blattsukkulente. Verwendet werden sie im Wintergarten als hübsche Beipflanzen in der Krautschicht, solche mit kriechenden Trieben als Bodendecker oder als Ampelpflanzen.

S. articulatus ist eine nur 20 cm hohe Stammsukkulente, deren Sprosse in einzelne grau bereifte, zylindrische Glieder unterteilt sind. Jüngere Triebe sind von der Basis her beblättert, während ältere nur an den Enden der Sprosse eine Rosette von Blättern tragen. Die gelben Blütenstände erscheinen im Herbst.

S. crassissimus ist eine reich verzweigte, etwa 50 cm hoch werdende Blattsukkulente. Die grünen Triebe, wie auch die Ränder der senkrecht gestellten Blätter sind hübsch blauviolett überlaufen.

S. haworthii gehört mit zu den schönsten und auffälligsten Arten unter den Blattsukkulenten. Der mäßig verzweigte Zwergstrauch wird ausgepflanzt etwa 20 bis 30 cm hoch. An dünnen, aufrechten Sprossen sitzen an beiden Enden zugespitzte, sukkulente Blätter, deren Oberfläche von einem dichten, weißen Haarfilz bedeckt ist.

S. herreanus trägt an dünnen Sprossachsen fast kugelrunde Blätter, wie Perlen an einer Schnur. Die Oberseite weist ein schmales, blattgrünfreies Fenster auf. Ähnlich sind *S. radicans* und *S. citriformis*. Diese Arten sind hübsche Ampelpflanzen, eignen sich aber auch als Bodendecker.

S. macroglossus, das Kap-Greiskraut, ist eine niederliegend oder kletternd wachsende Pflanze mit ledrig sukkulenten, efeuförmigen, dunkelgrünen Blättern. In Kultur befindet sich meist nur die Form mit gelbgrünen Blättern.

S. medley-woodii ist eine strauchig wachsende Blattsukkulente, die durch ihre großen gelben Blütenköpfe auffällt, die im Winter erscheinen. Die keilförmigen Blätter sind stumpf gezähnt und weiß behaart.

Senecio grandifolius, Kreuzkraut

Dieses Kreuzkraut ist eine baumartig wachsende krautige Pflanze aus Mexiko, die im Wintergarten 2 bis 3 m hoch werden kann. Ihr Stamm ist einfach, die Blätter sind groß, oft bis 30 cm lang und bis 18 cm breit. Die gelben Blütenköpfchen sind am Ende der Haupt- und Seitenzweige zu einer großen, zusammengesetzten Doldentraube zusammengefasst. Blütezeit ist in der Regel das Frühjahr. *S. grandifolius* ähnlich ist *S. petasitis*.

Besondere Hinweise: Die Pflanzen wachsen rasch und üppig und können, wenn sie zu groß geworden sind, kräftig zurückgeschnitten werden.

Senna (syn. Cassia), Cassie, Gewürzrinde

Charakteristisch für die Arten der Gattung *Senna*, die Bäume, Sträucher und Kräuter umfasst, sind die gefiederten Blätter und ihre auffallenden, gelben Blütenstände. Sie gehören zu den schönsten blühenden Wintergartenpflanzen. Zu empfehlen sind insbesondere die folgenden Arten:

S. corymbosa var. *corymbosa* (syn. *Cassia corymbosa*) aus dem tropischen Argentinien wächst strauchförmig. Die runden Spitzen sind ein Kennzeichen der immergrünen, glänzenden, meist unpaarig gefiederten Blätter. Die goldgelben Blüten erscheinen in lang gestielten, achsel- und endständigen Doldentrauben vom Frühjahr bis zum Herbst. Man kann aus der Art hübsche Hochstämmchen ziehen.

S. didymobotrya (syn. *Cassia didymobotrya*), die Geflügelte Senna, aus dem tropischen Afrika ist im Mittelmeerraum weit verbreitet. Es ist ein straff aufrecht wachsender Strauch bis kleiner Baum, dessen junge Triebe und Blätter fein behaart sind. Ihre großen, auffallenden, gelben Blütenstände erscheinen wie Kerzen am Ende der aufrechten Sprosse. Im reizvollen Kontrast zum leuchtenden Gelb der bereits geöffneten Blüten stehen die noch geschlossenen schwärzlichen Knospen am oberen Ende des Blütenstandes. Bei optimalen Kulturverhältnissen erscheinen sie nahezu das ganze Jahr über. Nach dem Verblühen bilden sich an der Basis des alten Blütenstandes einige neue Infloreszenzen. Wenn man die abgeblühten Kerzen zeitig entfernt, können sich aus den Blattachseln umso schneller neue Blüten entwickeln.

S. multiglandulosa (syn. *Cassia tomentosa*) ist ein in Mexiko, Guatemala und im westlichen Südamerika beheimateter Baum, dessen Triebe und vor allem die Blattunterseiten weißfilzig behaart sind. Die goldgelben Blüten stehen in achsel- und endständigen Trauben. Sie erscheinen vom Spätwinter bis zum Frühsommer.

S. septemtrionalis (syn. *Cassia laevigata*) ist ein aufrecht wachsender Strauch mit kleinen, hellgelben Blüten, die in kleinen, traubenförmigen Blütenständen vereint sind. Die Hauptblütezeit liegt im Juli/August.

Besondere Hinweise: Um reich verzweigte Exemplare zu erzielen, sind jüngere Pflanzen mehrmals zu stutzen. Ältere Pflanzen, welche die vorgesehene Endgröße erreicht haben, sind nach der Blüte regelmäßig zurückzuschneiden. Alle paar Jahre kann auch ein Verjüngungsschnitt im Frühjahr sinnvoll sein.

▼ Bei *Senna didymobotrya* erscheinen die Blütenstände wie Kerzen an den Enden der Triebe.

Sesbania tripetii (syn. S. punicea), Scharlachrote Sesbanie

S. tripetii ist in Südbrasilien, Uruguay und Nordargentinien zu Hause. Der sommergrüne Strauch wird etwa 1,5 m hoch. Die farnartig wirkenden Blätter setzen sich aus 6 bis 20 Paaren, 2,0 bis 2,5 cm langer Fiederblättchen zusammen. Die zinnoberroten, weithin leuchtenden Blüten stehen in etwa 10 cm langen Trauben. Sie erscheinen zwischen Frühjahr und Herbst. Im Mittelmeerraum ist die Art häufig als schöner Blütenstrauch zu finden.

Besondere Hinweise: Im Sommer ist der Wasserbedarf bei sonnigem Wetter sehr hoch. Nach dem Blattabwurf im Herbst sind die Pflanzen weitgehend trocken zu halten. In der Regel zieht man *S. tripetii* durch jährlichen Rückschnitt als mehrtriebigen Busch. Wenn man die Fruchtstände regelmäßig entfernt, blühen die Pflanzen besonders reich.

Setaria palmifolia, Palmgras, Palmblättrige Borstenhirse

S. palmifolia ist ein im tropischen Asien heimisches Gras, das stattliche Blätter trägt, die bis 10 cm breit werden und palmwedelähnlich gefaltet sind. Am heimatlichen Standort wird das Gras mehr als 2 m hoch, in Kultur bleibt es im Allgemeinen wesentlich kleiner, insbesondere bei Kultur in Gefäßen.

Besondere Hinweise: Bei zu hohen Temperaturen im Winter, verbunden mit schlechten Lichtverhältnissen, verlieren die Pflanzen schnell ihre Standfestigkeit. Größere Probleme können Spinnmilben bereiten.

Siderasis fuscata, Siderasie

Dieses Commelinengewächs besitzt große Blätter, die am krautigen, kräftigen Stängel mehr oder weniger rosettenartig angeordnet sind. Sie sind tief dunkelgrün gefärbt und aufgrund der dichten fuchsroten Behaarung mit einem braunroten Schleier überzogen. Im hübschen Kontrast dazu steht ein silbrig weißer, schmaler Streifen, der sich in der Mitte über die gesamte Spreite erstreckt. Im Zentrum der Rosette sitzen die typischen blauvioletten Commelinenblüten, die nur kurzlebig sind, aber über längere Zeit nach und nach erscheinen.

▶ *Siderasis fuscata* ist eine attraktive Blattschmuckpflanze für die Krautschicht.

▼ *Skimmia japonica* muss im Winter kühl stehen, wenn sie sich artgerecht entwickeln soll.

Besondere Hinweise: Unansehnlich gewordene „Blattrosetten“ können herausgeschnitten werden. Schon bald erfolgt ein Neuaustrieb.

Skimmia japonica, Skimmie

Skimmien sind lorbeerartige, immergrüne Sträucher mit dicken, ledrigen, wechselständigen Blättern. Sie erreichen ausgepflanzt bis 1 m Höhe. Im Frühjahr erfreuen die Skimmien mit ihren in endständigen Rispen stehenden kleinen, weißen Blüten. Aus ihnen entstehen nach Befruchtung rote Beeren, die lange an der Pflanze haften.

Besondere Hinweise: Man verwendet Skimmien einzeln, in kleinen Gruppen oder auch in flächigen Pflanzungen.

Smilax aspera, Raue Stechwinde

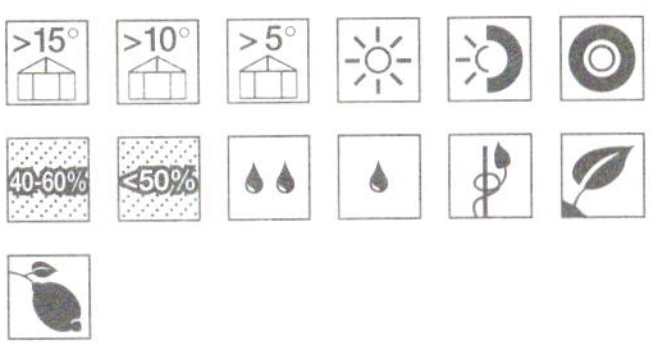

Die Raue Stechwinde ist die einzige europäische Vertreterin ihrer Gattung. Heimat der Pflanze ist das südliche Europa, wo sie in Gebüschen und Wäldern mit ihren stacheligen Stängeln und Blättern an anderen Gewächsen emporklettert. Ihre glänzenden, dreieckig herzförmigen Blätter sind hell oder dunkel gefleckt und immergrün. Die Blütchen sind zweihäusig, die roten Früchte sind den Johannisbeeren ähnlich. Die getrockneten Wurzeln haben medizinische Bedeutung, denn die Inhaltsstoffe wirken blutreinigend, wasser- und schweißtreibend. Gelegentlich sind auch andere Arten der Gattung im Handel, so *S. china*.

Solandra grandiflora, Goldkelch, Goldbecher

Der Goldkelch ist ein in den Tropen von Mittel- und Südamerika verbreiteter Kletterstrauch, der wegen seiner derben, immergrünen, glänzenden Blätter und der auffallend schönen, großen, glockigen Blüten beliebt ist. Auf den Kanarischen Inseln wird der Goldbecher häufig angepflanzt. Die wachsartigen Blütenknospen sind zunächst hell, färben sich dann beim Aufblühen goldgelb und vergehen nach etwa vier Tagen in einem Zartorange. Die großen Blütenbecher tragen innen eine dunkelviolette Zeichnung. Die Blüten duften ähnlich wie Aprikosen. Sie erscheinen in der Regel im Frühjahr und Sommer, aber auch zu anderen Jahreszeiten. Neben *S. grandiflora* wird im Handel *S. maxima* angeboten, die nicht so starkwüchsig ist.

Besondere Hinweise: Aufgrund des starken Wachstums ist der Goldkelch nur für größere Wintergärten geeignet, wo er sich sehr gut an Drähten im Dachraum entlangziehen lässt. Zunächst sollten sich die Pflanzen frei entwickeln können. Bei ausgewachsenen Pflanzen schneidet man die abgeblühten Langtriebe ständig zurück. Zu groß gewordene Pflanzen können zur Verjüngung kräftig zurückgeschnitten werden. Eine kurze Trockenruhe im Sommer wirkt sich positiv auf die nächste Blüte aus.

Solanum, Nachtschatten

Etwa 1500 Arten umfasst die auf der ganzen Welt verbreitete Gattung *Solanum*. Während alle *Solanum*-Arten sich durch eine große Übereinstimmung im Blütenbau auszeichnen, sind die vegetativen Organe innerhalb der Gattung außerordentlich mannigfaltig. Neben Arten mit Fiederblättern existieren solche mit ganzrandigen Spreiten, es gibt unbestachelte und bestachelte, und neben Kräutern gibt es auch Sträucher und kleine Bäume. Viele der Arten sind bekannte Nutzpflanzen. Am bekanntesten ist wohl die stärkereiche Knollen liefernde *S. tuberosum*, die uns bekannte Kartoffel. Unter den *Solanum*-Arten gibt es aber auch eine Reihe von Arten mit großem Zierwert. Die nachfolgend beschriebenen Arten gehören mit zu den schönsten und am zuverlässigsten blühenden Wintergartenpflanzen. Mit ihrem raschen, üppigen Wachstum schaffen sie schnell eine südländische Atmosphäre. Ein Nachteil der *Solanum*-Arten ist die hohe Schädlingsanfälligkeit, insbesondere für Läuse und Weiße Fliege.

Kletternde Solanum-Arten

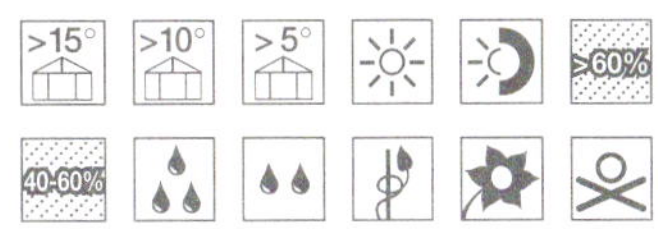

S. crispum aus Chile ist ein hoch wachsender Kletterstrauch mit Jahrestrieben von bis zu 3 m Länge. Die meist wellig kraus gerandeten, kurz gestielten Blätter sind eiförmig bis lanzettlich. Die Blüten stehen in etwa 10 cm breiten Trugdolden. Die in der Mitte zusammenstehenden, gelben Staubbeutel heben sich von der lilablauen Krone lebhaft ab. Sie erscheinen ab Ende Mai bis in den Herbst hinein. Ihnen folgen erbsengroße, gelblich weiße (giftige) Früchte. Im Handel wird in der Regel die Kulturform 'Glasnevin' (syn. 'Autumnale') angeboten, eine großblütige Auslese.

S. jasminoides aus dem tropischen Südamerika ist ein rasch wachsender, reich verzweigter Schlingstrauch mit dünnen, rutenförmigen Zweigen – im Mittelmeerraum eine weit verbreitete Kletterpflanze. Sie ist vielseitig verwendbar und lässt sich nach Bedarf beliebig zurückschneiden. Die Blätter sind verschieden geformt. Während die unteren Blätter in der Regel drei- bis fünfteilig

▲ *Solanum crispum* 'Glasnevin' ist ein stark wachsender Kletterstrauch mit attraktiven Blüten.
◀ Die Blüten von *Solanum jasminoides* sind, anders als man vermuten könnte, ohne Duft.

ausgebildet sind, sind die an den Triebspitzen sitzenden eilanzettlich und ganzrandig. Die weißblauen Blüten erscheinen in rispenartigen, end- und seitenständigen, zierlichen Trauben. Bei der Kulturform 'Alba' sind sie rein weiß und tief fünfspaltig. Wenn auch die Blüten der Pflanze jasminähnliches Aussehen verleihen, so sind sie doch ohne Duft. Die schwarzen Beerenfrüchte sind giftig, reifen bei uns aber meist nicht heran. Wenn es die Standortverhältnisse zulassen, blüht *S. jasminoides* praktisch das ganze Jahr über. Hauptblütezeit sind die lichtreichen Frühjahrs- und Sommermonate.

S. seaforthianum ist *S. jasminoides* ähnlich, hat aber größere Blüten, wächst nicht so stark und ist wärmebedürftiger. Die unteren Blätter sind entweder gefiedert oder tief geschlitzt, die oberen ganzrandig und lanzettlich. Die Blüten stehen zahlreich in langen, hängenden, achselständigen Rispen. Die tief fünfteilige, sternförmige Krone ist hellpurpurfarben oder lilablau.

S. wendlandii ist in Costa Rica heimisch. Von Juni bis September bringt sie im Überfluss auffallende, hängende Bündel großer, blauvioletter Blüten, von denen sich die gelben Staubbeutel lebhaft abheben. An den Trieben und den Mittelrippen der Blätter sitzen verstreut kurze, hakenförmige Stacheln, mit deren Hilfe die Pflanze in ihrer Heimat an Sträuchern und Bäumen emporklettert. Die Blätter variieren stark in ihrem äußeren Erscheinungsbild. Die oberen Blätter sind meist ungeteilt, länglich oder dreilappig. Die unteren bis 25 cm langen Blätter sind mehr oder weniger stark fiederteilig. *S. wendlandii* eignet sich besonders gut zur Bekleidung von Wänden an ortsfesten Spalieren.

Besondere Hinweise: *S. jasminoides*, *S. seaforthianum* und *S. wendlandii* entwickeln sich am schönsten an ortsfesten Spalieren, frei aufgestellt oder an einer Wand. Auch Stützpfeiler sind interessante Standorte für diese Arten. In der Nähe eines größeren Strauches gepflanzt, benötigt man keine künstliche Kletterhilfe, da sich die Pflanzen beim Durchwachsen von Sträuchern und Bäumen selbst zu helfen wissen. Im zeitigen Frühjahr kann nach Bedarf formiert oder auch stärker zurückgeschnitten werden, um die Zahl der Basistriebe zu erhöhen. Bei Temperaturen unter 10 °C werfen die Pflanzen in der Regel das Laub völlig ab.

Alle Arten haben einen hohen Nährstoffbedarf. Gelbwerden der Blätter im unteren Drittel der Pflanzen mit anschließendem Blattfall wird durch Nährstoff- und/oder Wassermangel verursacht.

Solanum pseudocapsicum, Korallenstrauch, Jerusalemkirsche

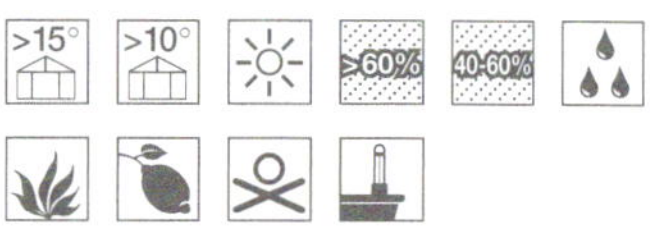

Der Korallenstrauch ist ein kleiner Halbstrauch mit lanzettförmigen, gewellten Blättern. Was den Korallenstrauch so beliebt macht, sind die kugelrunden, orangefarbenen, bei einigen Sorten auch gelb gefärbten Früchte. Die Blüte-

▶ *Soleirolia soleirolii*, das Bubiköpfchen, kann als bodendeckende Pflanze und als Ampelpflanze verwendet werden.

zeit ist von Mai bis Juni. Die Früchte halten sich bis in den Winter hinein.

Besondere Hinweise: Man sollte die Korallensträucher sich frei entwickeln lassen. Zu groß oder kahl gewordene Pflanzen können zur Verjüngung zurückgeschnitten werden.

Soleirolia soleirolii, Bubiköpfchen

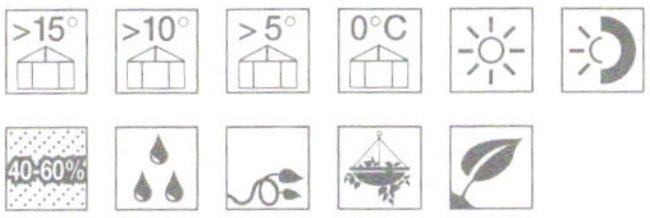

Dieses kleine, auf Korsika und Sardinien heimische, kriechende Kraut ist mit seinen fadenförmigen Zweigen und den dicht stehenden, winzigen, hellgrünen Blättchen ein hübscher Bodendecker, kann aber auch als Ampelpflanze verwendet werden. Die Blüten sind unscheinbar. Neben der hellgrünen Art gibt es eine Kulturform mit silbrigen und eine mit goldgrünen Blättern.

Besondere Hinweise: Die schönsten Polster bildet das Bubiköpfchen an Standorten mit viel Licht. An schattigen Standorten werden die Polster höher und lockerer. Das Bubiköpfchen kann, wenn die Polster einmal zu groß geworden sind, bis zum Boden zurückgeschnitten werden. Danach ist ausreichend zu wässern und schon bald bildet sich eine neue Bodendecke aus. Im Winter kann leicht Grauschimmel auftreten, insbesondere dann, wenn von oben gegossen wird und die Pflanzen nicht abtrocknen.

Sollya heterophylla, Glockenblumenwein, Blauglöckchen

Der kleine, windende, in Südwestaustralien heimische Strauch bildet dünne Triebe aus, an denen in der Form sehr veränderliche, 2,5 bis 5 cm lange, ganzrandige Blätter sitzen, die in einen kurzen Stiel verschmälert sind. Die kleinen, blauen Blüten stehen meist zu vier bis acht in endständigen oder einem Blatt gegenüberstehenden, hängenden Trugdolden.

Besondere Hinweise: *Sollya* ist sowohl gegen Nässe als auch Trockenheit sehr empfindlich. Jungpflanzen sind mehrmals zu stutzen, damit sie sich buschig aufbauen. Am besten werden mehrere Jungpflanzen zusammengesetzt. Die Triebe sollte man an engmaschigen Gittern emporranken lassen. Sehr hübsch machen sich die Pflanzen auch an ballonförmigen Drahtgestellen.

◀ *Sophora tetraptera* schmückt sich im Spätwinter mit goldgelben Blüten.

Sophora, Schnurbaum, Schmuckbaum

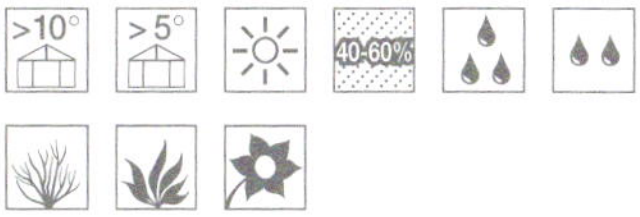

Etwa 50 Arten umfasst die in Nordasien, Neuseeland und Chile verbreitete Gattung sommer- oder immergrüner Bäume und Sträucher. Für Wintergärten sind die nachfolgend beschriebenen drei Arten als hübsche Blütenpflanzen interessant.

S. tetraptera, der „Goldregen Neuseelands“, zählt zu den farbenprächtigsten Pflanzen Neuseelands. Es handelt sich dabei um einen kleinen Baum oder großen Strauch mit ausladendem Wuchs und gefiederten Blättern. Die hübsch goldgelben Blüten stehen zu zwei bis acht in hängenden, kurzen Trauben. Blütezeit ist in der Regel der Spätwinter, aber auch zu anderen Jahreszeiten kann der Baum zur Blüte kommen. Ähnlich ist *S. microphylla*, die durch hin und her gebogene Zweige ein interessantes Zweigmuster aufweist.

S. prostrata ist ein niederliegend oder ansteigend wachsender Strauch mit wirr durcheinander wachsenden, drahtartigen Trieben. Die bräunlich gelben bis orangefarbenen, kleinen Blüten stehen auf dünnen, seidig behaarten Stielen. 'Little Baby' ist ein Klon, der mit 80 cm Höhe und 50 cm Breite kleiner bleibt, als die Art.

Besondere Hinweise: Die Pflanzen wachsen recht sparrig. Deshalb sollte man den Wuchs seinen Vorstellungen entsprechend schon frühzeitig durch formierende Schnittmaßnahmen lenken. Ein Rückschnitt in das alte Holz kann nicht empfohlen werden.

Sparrmannia africana, Zimmerlinde

Die in Südafrika heimische Zimmerlinde ist ein baumartiger, stark wachsender Strauch mit bis zu 25 cm großen, hellgrünen, weichhaarigen Blättern. Die lang gestielten, vielblütigen Dolden tragen rein weiße Blüten mit einem Büschel gelber Staubfäden. Diese erscheinen meist im Winter. Eine gefüllt blühende Kulturform ist 'Plena'.

Besondere Hinweise: Die Zimmerlinde ist raschwüchsig und vermag schon innerhalb einer Wachstumsperiode zu einem beachtlichen Strauch heranzuwachsen. Dieser starke Zuwachs zwingt zu einem häufigeren Rückschnitt. Im Sommer ist der Wasserbedarf sehr hoch. Im Winter sparsam gießen. Keine Nässe aufkommen lassen. Gelbe Blätter sind die Folge von Nährstoffmangel.

Spartium junceum, Pfriemenginster, Besenginster

Der Pfriemenginster ist ein im Mittelmeergebiet heimischer, 2 bis 3 m hoher Strauch mit rutenförmigen, ginsterähnlichen, grünen Trieben, die meist blattlos sind oder verstreut kleine, lanzettliche Blätter tragen. Interessant sind die Pflanzen durch ihre relativ großen, goldgelben, duftenden Blüten, die in lockeren Trauben stehen. Blütezeit ist in der Regel von April bis Juni, aber auch zu anderen Jahreszeiten werden gelegentlich Blüten gebildet. Im Mittelmeerraum existieren einige Kulturformen. Bei 'Ochroleucum' sind die Blüten hellgelb bis fast weiß. 'Plenum' ist eine gefüllt blühende Form.

Besondere Hinweise: Frei wachsende Sträucher wirken am schönsten. Ein gelegentliches Auslichten älterer Zweige reicht zur Verjüngung vollkommen aus. Die Blüten erscheinen an den Spitzen der letztjährig gewachsenen Triebe.

▼ Einen zarten Duft verströmen die Blüten von *Spartium junceum*.

Spathiphyllum, Einblatt, Blattfahne

Hübsche und dazu noch dankbare Blatt- und Blütenpflanzen sind die Arten der Gattung *Spathiphyllum*. Im Handel sind in der Regel nur Hybriden erhältlich, die aus Kreuzungen zwischen *S. cannifolium*, *S. patinii*, *S. wallisii* und *S. floribundum* entstanden sind. Alle *Spathiphyllum*-Arten bilden zwar nur ein kurzes, nicht oder kaum zu erkennendes Stämmchen aus, dennoch erreichen die einzelnen Kulturformen zum Teil mehr als 1 m Höhe. Die lang-ovalen, dunkelgrünen Blätter erreichen Längen von bis zu 30 cm. Der für alle Araceen typische Blütenkolben wird von einem meist rein weiß gefärbten Hochblatt (Spatha) umgeben. Die Blütenbildung ist abhängig von der Lichtmenge, daher werden im Winter nur wenige Blüten gebildet. 'Mauna Loa' ist eine besonders dekorative Sorte. Sie wird mit Blüten bis zu 1,5 m hoch. 'Petite' ist eine klein bleibende Hybride, die, auf Beete ausgepflanzt, im Laufe der Zeit dichte Gruppen bildet.

◀ Äußerst attraktiv sind die Blüten von *Stapelia grandiflora*, weniger angenehm ist der Duft der Blüten.

Besondere Hinweise: Zu viel Licht führt zu Blattaufhellungen, zu wenig Licht zu langen Blatt- und Blütenstielen. *Phytium*-, Wurzel- und Stängelgrundfäule treten bei Nässe in Verbindung mit niedrigen Temperaturen auf.

Stapelia, Aasblume, Ordensstern

Aus dem Süden und Südwesten Afrikas stammt die Gattung *Stapelia*, die zu den Seidenpflanzengewächsen gehört. Stapelien sind kleine Stammsukkulenten mit kurzen, fleischigen, vierkantigen Stämmchen, die sich rasenartig ausbreiten. Märchenhaft sind die oft riesengroßen, in verschiedenen Rot- und Brauntönen lebhaft gefärbten, häufig behaarten Blüten. Ihr großer Nachteil liegt allerdings in ihrem penetranten, aasartigen Geruch. Blütezeit ist bei uns im Allgemeinen der Spätsommer bis Herbst. Verwendung finden Stapelien als hübsche Beipflanze in der Krautschicht oder auch, aufgrund ihres rasenartigen Wuchses, als Bodendecker.

Besondere Hinweise: Die Sprosse dürfen nicht welken oder schrumpfen, da sie sich davon nicht wieder erholen. Gefürchtet ist der „Schwarze Tod", eine Krankheit, die während der Wintermonate zu schwarzen Flecken (besonders an der Sprossbasis) und schließlich zum Absterben führt. Werden die dunkelglasigen Flecken sichtbar, gibt es kaum noch eine Rettung für die Pflanzen. Allenfalls können die Sprossspitzen neu bewurzelt werden.

Stenocarpus sinuatus, Feuerradbaum

Die zu den Proteusgewächsen gehörende *S. sinuatus* ist eine attraktive Blattpflanze. In seiner Heimat Australien (Queensland, New South Wales) ist der Feuerradbaum ein bis zu 30 m hoher Baum. Die glänzend grünen Blätter sind entweder tief fiederlappig oder länglich lanzettlich und völlig ungelappt. Als Zierbaum ist *Stenocarpus* in Südafrika heimisch geworden. Auch am Lago Maggiore kann man diesen Baum bewundern. Die nur an älteren Pflanzen erscheinenden Blüten sind scharlachrot und besitzen gelbe Staubblätter.

Besondere Hinweise: In der Regel lässt man jüngere Pflanzen zunächst unbeeinflusst jeglicher Schnittmaßnahmen wachsen. Gegebenenfalls hilft man mit formenden Schnittmaßnahmen etwas nach. Zu groß gewordene Pflanzen kann man zur Verjüngung kräftig zurückschneiden. Ballentrockenheit ist für die Pflanze tödlich.

Stenotaphrum secundatum, Hohlspelze, St.-Augustin-Gras

Ein idealer, begehbarer Bodendecker ist dieses tropische Gras, das sich auch für Ampeln und auf Blumensäulen gut eignet. Die kriechenden Halme wurzeln in regelmäßigen Abständen an den Knoten. Zwischen den Knoten liegen 3 bis 7 cm lange Stängelglieder, die aneinander gereiht 1 bis

▲ Der starke Schlinger *Stephanotis floribunda* benötigt ein kräftiges Klettergerüst.

2 m lang werden können. An jedem Knoten entstehen bis zu zwei „Ableger" mit jeweils zwei bis vier Blättern. 'Variegata' ist eine buntblättrige Form.

Besondere Hinweise: Durch häufigen Rückschnitt erhält man dichte, begehbare Rasen. Ideale Bedingung findet die Hohlspelze im lichten Schatten größerer Solitärpflanzen. An zu schattigen Standorten werden die Ausläufer lang und unansehnlich, die gelbbunte Form vergrünt. Bei kräftiger Düngung breiten sich die Pflanzen besonders schnell aus.

Stephanotis floribunda, Kranzschlinge, Madagaskar-Jasmin

>15° >10° >60% 40-60%

Die auf Madagaskar heimische Kranzschlinge ist ein Kletterstrauch mit glänzend dunkelgrünen Blättern und hübschen rein weißen Blüten, die kurz gestielt in Scheindolden stehen und angenehm duften. Sie erscheinen in der Regel zu Ausgang des Winters, aber auch zu anderen Jahreszeiten. Hin und wieder werden große, pflaumenartige Früchte gebildet, die mindestens ein Jahr zur Reife benötigen, dann aufspringen und den flachen, braunen, mit silbrigen Haaren besetzten Samen freigeben.

Besondere Hinweise: Die Kranzschlinge braucht ein kräftiges Klettergerüst, an das die Triebe angeheftet werden können. Wenn die Pflanzen zu groß werden oder wegen Pflegefehler einzelne Triebe verkahlen, kann kräftig zurückgeschnitten werden. Im Winter sollte man sie weitgehend trocken halten.

▶ *Strelitzia nicolai* ist im Gegensatz zu *S. reginae* nur für größere Wintergärten geeignet.

Strelitzia, Strelitzie, Paradiesvogelblume

>15° >10° >5° 40-60%

Die Strelitzien sind spektakuläre Wintergartenpflanzen. Den Namen Paradiesvogelblume verdankt die Strelitzie ihrem exotischen Blütenstand, der in einem unglaublichen Farbenspektrum leuchtet.

S. reginae, die Königs-Strelitzie als bekannteste Art, ist eine 1 bis 2 m hohe Staude mit einem kräftigen Rhizom. Die Blätter bestehen aus derben, langen Stielen mit einer lederartigen, glatten, länglich eiförmigen Blattspreite mit rotem Mittelnerv. Zwischen den Blättern ragt der dekorative Blütenstand hervor. Er besitzt ein kahnförmiges, rot bis blauviolett überlaufenes Tragblatt, aus dem im Verlauf des Blühvorgangs die Blüten von der Basis zur Spitze hin hervortreten. Die prächtigen Einzelblüten (Blütezeit Wintermitte bis Ende Frühjahr) setzen sich aus drei außen liegenden, schmal lanzettlichen, orangefarbenen Blütenblättern und umgebildeten, metallisch blau schillernden inneren

▶ Ein wundervoller Blütenstrauch mit speziellen Kulturansprüchen ist *Streptosolen jamesonii.*

Blütenblättern zusammen, die pfeilförmig aus der Blüte hervorragen. Viele Wochen bleibt der Blütentraum erhalten. Sehr oft schiebt die Strelitzie gleich eine zweite Blüte nach.

S. nicolai, die Baum-Strelitzie oder Natal-Strelitzie, ist nur für große Wintergärten geeignet, denn sie wird mehrere Meter hoch und wächst im Laufe der Zeit zu einem mehrstämmigen, baumförmigen „Strauch" heran. Ihre etwa 40 cm langen weißblauen Blütenstände erscheinen im Frühjahr.

Besondere Hinweise: Trotz ihres exotischen Aussehens sind Strelitzien keineswegs schwer zu pflegen. Bis die erste Blüte erscheint, dauert es bei jüngeren Pflanzen vier bis sechs Jahre.

Streptosolen jamesonii, Drehkrone, Kanarenblümchen

S. jamesonii ist ein attraktiver, viel zu wenig bekannter, blühender Kletterstrauch, der im Mittelmeerraum häufig angepflanzt wird und auf den Kanarischen Inseln verwildert ist. Daher kommt auch der häufig gebrauchte Name „Kanarenblümchen". Die ganzrandigen, etwas aufgetrieben-rauen, 3 bis 5 cm langen Blätter sind wechselständig angeordnet. Die leuchtend orangeroten Blüten sind in endständigen Doldenrispen zusammengefasst.

Besondere Hinweise: Die Heimat von *S. jamesonii* befindet sich in den Gebirgen von Kolumbien und Ecuador in etwa 2000 m ü. N.N. Seine Blüteninduktion steht in einem direkten Bezug zur Höhenlage. Auch in Kultur erfolgt nur bei einer optimalen UV-Strahlung und Tag-Nacht-Absenkung der Temperatur ein reicher Knospenansatz. Eine gute Verzweigung lässt sich nur erreichen, wenn die Pflanzen mehrmals gestutzt werden. Alte Triebe, die absterben oder schwache Zweige, die kaum Blüten ansetzen, vertragen im Frühjahr einen kräftigen Rückschnitt. *S. jamesonii* lässt sich auch zu Pyramiden oder Hochstämmchen erziehen.

Strobilanthes dyerianus (syn. Perilepta dyeriana), Perilepte

Die in Burma heimische Perilepte ist eine wunderschöne Blattpflanze, die als krautiger Strauch mit vierkantigen Zweigen und schönen, metallartig gezeichneten Blättern auftritt. Auf der Oberseite sind die Blätter blau und violett mit metallischem Glanz, unterseits purpurrot gefärbt.

Besondere Hinweise: Mit zunehmendem Alter der Triebe verblassen die hübschen Blattfarben. Ein regelmäßiges Entfernen der Triebspitzen führt zur Verjüngung und damit auch wieder zu farbenprächtigen Blättern. Zu groß gewordene Pflanzen können auch kräftig zurückgeschnitten werden.

Syngonium, Fußblatt, Purpurtute

Bei der etwa 30 Arten umfassenden, milchsaftführenden, zur Familie der Aronstabgewächse gehörenden Gattung handelt es sich um kletternde oder kriechende Pflanzen, die an den Knoten Luftwurzeln bilden. Die Blütenstände sind unscheinbare Kolben. Schmuckwert haben insbesondere die Blätter, die einer erstaunlichen Wandlung unterworfen sind. In der Jugend sind sie pfeilförmig.

Nachdem sie das Jugendstadium durchlaufen haben, teilen sich die Blätter je nach Art bis zu elffach. Interessant sind *S. auritum*, *S. podophyllum* und *S. wendlandii*. Im Handel sind meist buntblättrige Kulturformen dieser Arten erhältlich.

Besondere Hinweise: Die verschiedenen Arten von *Syngonium* entwickeln lianenartige Triebe, die ein kräftiges Klettergerüst benötigen.

Syzygium, Rosenapfel

>10° >5° 40-60% <50%

Zu den wunderbarsten Gewächsen der Tropen, die heute weltweit angepflanzt werden, zählen die Rosenäpfel, die der Familie der Myrtengewächse angehören. Das natürliche Verbreitungsgebiet der Gattung *Syzygium* reicht vom tropischen Afrika über Indonesien bis Australien und Hawaii. Andere Arten finden sich in den Tropen der Neuen Welt, so in Brasilien und Chile. Es handelt sich um Bäume oder Sträucher, die vielfach wegen der Schönheit ihrer Blüten und Früchte, aber auch wegen ihrer hübschen Belaubung Aufsehen erregen. Dabei hat der intensiv rosa bis rote Austrieb besonderen Zierwert.

S. jambos aus Südostasien ist als Obst- und Zierbaum bekannt. Die beerenartigen Früchte werden frisch gegessen oder zu Gelee verarbeitet. Der breitkronige Baum besitzt lanzettliche, glänzend ledrige Blätter mit einer Länge von bis zu 20 cm. Bei anhaltend hoher Luftfeuchtigkeit neigt der Baum zur Bildung kurzer Luftwurzelbüsche an den Zweigen. Die Blüten erscheinen in endständigen, grün bis grünlich weiß gefärbten Trugdolden, die recht angenehm duften. Als eine Eigenart der Pflanze werden nach dem Aufblühen die Kronblätter als Ganzes abgeworfen, sodass die Blüten dann nur noch aus Kelch und Staubgefäßen bestehen. Die Farbe der reifen Früchte variiert von weißlichen über gelbliche bis zu kirschroten Tönen.

S. oleosum ist in den Regenwäldern Australiens (nordöstliches Queensland) beheimatet. Die Blätter sind elliptisch bis oval geformt, etwa 3,5 cm breit und 10 cm lang. In den Blattachseln erscheinen die weißen Blüten, denen glänzend blaue Früchte folgen.

S. paniculatum (syn. *Eugenia paniculata*) aus Australien ist in seiner Heimat ein bis zu 10 m hoher Baum mit glattem Stamm, dessen jüngere Triebe und Blätter lebhaft rot gefärbt sind. Die kurz gestielten, länglich lanzettlichen, 3 bis 7 cm langen, lang zugespitzten Blätter sind an der Basis keilförmig ausgebildet. Die weißen Blüten stehen in kurzen, achsel- und endständigen Rispen über dem Laub. Die eirunde Frucht färbt sich rosarot. *S. paniculatum* ist in Habitus, Größe der Blüten und Form der Blätter sehr veränderlich. In Kalifornien und Florida wird sie gern als Hecke verwendet.

Besondere Hinweise: Für den Pflanzenaufbau gibt es verschiedene Möglichkeiten. Tiefes Stutzen führt zu einem flachen Pflanzenaufbau. Kompakte Büsche erhält man durch höheres und mehrfaches Stutzen. Die Anzucht von Stämmchen verlangt besonderen Aufwand, da mindestens sechs bis acht Formschnitte für einen befriedigenden Kronenaufbau notwendig sind. *S. jambos* wächst aufrecht und muss in der Jugend nicht so oft gestutzt werden. Rosenäpfel kommen in unserem Klima nach einigen Jahren zum Blühen, die Früchte reifen je nach Sonnenlicht innerhalb eines halben bis ganzen Jahres heran. Zu groß gewordene Pflanzen können zur Verjüngung kräftig zurückgeschnitten werden. Die Pflanzen lassen Verblühtes und reife Früchte fallen, was von manchen Zeitgenossen als unschön empfunden wird.

▶ *Syngonium podophyllum* entwickelt sich auch an schattigen Standorten noch recht gut.

Tecoma, Trompetenstrauch

>15° >10° 40-60% <50%

Die Gattung *Tecoma* ist in den wärmeren Teilen Amerikas von Mexiko bis Peru und Argentinien verbreitet. Es sind aufrecht wachsende Sträucher oder auch kleine Bäume mit gegenständig angeordneten, gefiederten Blättern. Die trompetenförmigen, goldgelben Blüten stehen in endständigen Trauben oder Rispen beisammen. Zwei Arten empfehlen sich für den Wintergarten. *T. stans*, der Gelbe Trompetenstrauch als einer der bekanntesten subtropischen Blütensträucher, ist überall auf der Welt verbreitet. Er trägt goldgelbe Blüten, die den Sommer über erscheinen. *T. castaneifolia* blüht ebenfalls goldgelb und zeichnet sich durch einen beständigen Blütenflor von Anfang Juli bis in den Herbst hinein aus.

Besondere Hinweise: *T. castaneifolia* wirkt baumförmig am schönsten. Größere Pflanzen können kräftig zurückgeschnitten werden. Bei Temperaturen unter 15 °C kommt es im Winter bei den dann herrschenden schlechten Lichtverhältnissen zu Laubfall.

▲ Mit seinen goldgelben Blüten verbreitet *Tecoma stans* Tropenatmosphäre im Wintergarten.

Tecomaria capensis, Tecomarie, Kapgeißblatt

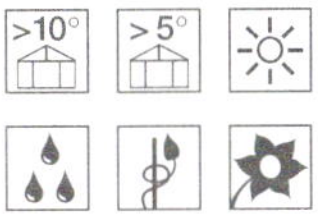

Das im tropischen Südafrika heimische Kapgeißblatt ist heute in vielen tropischen Gebieten als Zierpflanze verbreitet. Es ist ein dichtbuschiger, mehr oder weniger kletternder Strauch mit langen, peitschenförmigen Trieben, an denen dunkelgrüne Fiederblätter sitzen. Die feuerroten Blüten erscheinen in endständigen Trauben von Juni bis weit in den Winter hinein. An den Zweigenden bilden 12 bis 15 Blüten ein Bündel und erzeugen so die intensive Farbwirkung. Die Blüte wird aus einer leicht gebogenen Röhre gebildet, die an ihrer Öffnung eine nach hinten gebogene, breite Lippe aufweist. Bei den Kulturformen gibt es auch eine mit gelben Blüten.

Besondere Hinweise: In der Regel wird man die Tecomarie an einem Rankgitter hochziehen. Mit entsprechendem Schnittverfahren lässt sich aber ebenso eine hübsche, mehr oder weniger aufrecht wachsende Pflanze erzielen. Ohne Kletterhilfe oder starken Rückschnitt kann die Tecomarie mit ihren langen Trieben, die, wenn sie den Boden berühren, wurzeln, auf Pflanzbeeten größere Flächen bedecken.

◀ *Tecomaria capensis* entwickelt sich an einem Rankgitter besonders gut.

Tetrapanax papyrifer, Reispapierbaum

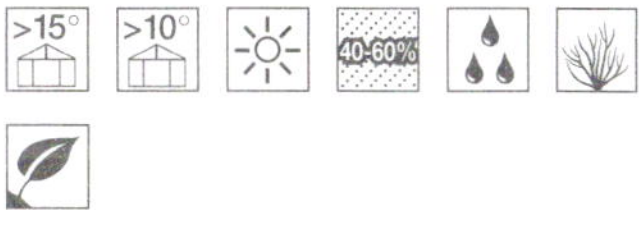

Der in Südchina heimische, zu den Araliengewächsen gehörende Reispapierbaum ist eine wirkungsvolle Blattpflanze, die in den Gärten des Mittelmeergebietes häufig angepflanzt wird. Es ist ein kleiner, Ausläufer bildender Strauch, dessen „Stämme“ bis 2 m hoch werden. Die wechselständig angeordneten, dünnen, lederartigen Blätter mit dickem Stiel, sind handförmig gelappt. Oben sind sie tiefgrün, auf der Unterseite rostrot bis weiß sternfilzig. Die kleinen wei-

▶ Von *Thunbergia alata* gibt es Kulturformen mit weißen, gelben und orangen Blüten.

ßen Blüten stehen in Dolden, die zu endständigen Rispen vereinigt sind. Blütezeit ist der Sommer.

Tetrastigma voinierianum, Kastanienwein, Tongkingwein

Wegen seiner Anspruchslosigkeit gepaart mit Wuchsfreudigkeit (in einem Jahr können bis 5 m lange Ranken gebildet werden) und der großen, handförmig fünffach geteilten, am Rand grob gesägten Blätter, die an bis zu 25 cm langen Stielen sitzen, ist der Kastanienwein eine ideale Kletterpflanze für die Begrünung größerer Flächen. Blüten erscheinen nur an sehr alten Pflanzen.

Besondere Hinweise: Der Kastanienwein benötigt ein kräftiges Klettergerüst. Zu groß gewordene Pflanzen können kräftig zurückgeschnitten werden.

Thunbergia, Thunbergie

Die Gattung kommt im tropischen Afrika, außerdem in Madagaskar und Asien vor. Es sind meist windende Kräuter oder Sträucher, von denen die folgenden Arten für Wintergärten interessant sind.

T. alata, die Schwarzäugige Susanne, ist eine dankbare Blütenpflanze, die uns ununterbrochen (Hauptblütezeit sind die Sommermonate) mit ihren reizvollen Blüten erfreut. Der deutsche Name bezeichnet treffend die Blüte dieser Art, die gelben oder orangenen Blüten weisen in der Mitte einen tiefschwarzen Schlund, ein „Auge“ auf. Die herzförmig bis pfeilförmig spitzen Blätter sitzen an dünnen, schlingenden Trieben. Im Handel sind Sorten in verschiedenen Farbschattierungen erhältlich. *T. gregorii* hat rein orange Blüten und ist *T. alata* ähnlich.

Im tropischen Regenwald des Malaiischen Archipels ist *T. grandiflora* heimisch. Die hell- bis lilablauen, trichterförmigen Blüten haben einen gelblichen Schlund. Die Blüte dauert von Juni bis Oktober und setzt sich bei guten Bedingungen über den Winter fort.

T. laurifolia ist eine vom Sommer bis zum Herbst blühende Art mit relativ großen Blättern. Die Blüten erscheinen in achselständigen Trauben, während sich der Kronsaum blauviolett färbt, ist die Röhre weißlich.

Besondere Hinweise: Die Arten benötigen eine Kletterhilfe. Spaliere aus Draht oder gespannte Drähte eignen sich besonders gut. Bei *T. alata* entwickeln sich die Triebe im Laufe der Zeit zu einem unentwirrbaren Durcheinander aus lebenden und abgestorbenen Trieben und totem Laub. Solche Pflanzen sind im zeitigen Frühjahr zu Beginn der neuen Wachstumsperiode bis kurz über den Boden zurückzuschneiden. Bei schlechten Lichtverhältnissen im Winter und hohen Temperaturen lassen die Thunbergien viel Laub fallen.

Tibouchina urvilleana, Prinzessinnenblume

In Amerika nennt man die *Tibouchina* zu Recht Prinzessinnenblume, blüht die elegante Brasilianerin doch mit riesigen Blüten in exquisiten Blautönen. *T. urvilleana* ist ein aufrecht wachsender, wenig verzweigter, weichhaariger Strauch. Die ovalen Blätter werden von fünf kräftigen Längsnerven durchzogen. Sie sind oberseits runzelig und tiefgrün, unterseits heller, beiderseits rauhaarig und bis zu 12 cm lang. Die Blüten sitzen meist einzeln oder bis zu drei an den Zweigenden, gelegentlich auch in den unteren Blattachseln. Sie sind kurz gestielt und leuchtend violettblau. Dazu kommen purpurfarbene, sehr ungleich lange und ebenso wie der Griffel behaarte Staubblätter. Die natürliche Blütezeit reicht von November bis März, wobei auch zu anderen Jahreszeiten Blüten gebildet werden können. Die Haltbarkeit der Blüten beträgt an warmen und sonnigen Tagen einen vollen Tag. Bei kühler Witterung und an trüben Tagen sind sie dagegen bis zu vier Tage geöffnet.

Besondere Hinweise: *Tibouchina* kann in Strauchform oder als Hochstamm in beliebiger Höhe gezogen werden. Da sich die Pflanze von Natur aus schlecht verzweigt, müssen Jungpflanzen mehrmals gestutzt werden. Anfangs sollte dies nach jedem neuen Blattpaar erfolgen, damit der Aufbau der Pflanze kompakt wird. Später entwickeln sich nach der Blüte die Triebknospen in den Achseln des oberen Blattpaares und wachsen in langen Trieben weiter. Dieser Vorgang setzt sich in den folgenden Jahren fort, sodass sich Sträucher mit bis zu 3 m langen Trieben bilden. Ein zu starker Rückschnitt darf nicht erfolgen, da sich am alten Holz keine entwicklungsfähigen Triebknospen befinden. Hohe Lichtmengen sind zur Blütenbildung erforderlich. Stauende Nässe ist unbedingt zu vermeiden. Hartes Gießwasser darf nicht verwendet werden. Bei hohem pH-Wert treten Chlorosen auf. Bei hoher Luftfeuchtigkeit im Winter kann es schnell zu Befall durch Grauschimmelpilze kommen.

Tolmiea menziesii, „Henne und Küken"

Der deutsche Name „Henne und Küken" bezieht sich auf die Art und Weise, wie diese Pflanze für Nachwuchs sorgt. In den Ausbuchtungen der Blätter, wo der Stiel in die Spreite übergeht, entwickeln sich kleine Pflänzchen, die somit dem „Mutterblatt" geradezu aufsitzen. Die drei- bis fünflappigen, drüsig behaarten, lang gestielten Blätter sind in Rosetten angeordnet. Verwendet wird *T. menziesii* als Bodendecker oder als Ampelpflanze.

Besondere Hinweise: Bei Verwendung als Bodendecker auf Pflanzbeeten ist es sinnvoll, alle paar Jahre eine Neupflanzung vorzunehmen. Es besteht hoher Wasserbedarf im Sommer, denn die reich beblätterten Pflanzen verdunsten sehr viel Wasser. Im Winter sollten die Blätter möglichst nicht benetzt werden, da erhöhte Fäulnisgefahr besteht.

◀ *Tolmiea menziesii* ist eine hübsche Ampelpflanze, eignet sich aber auch sehr gut als Bodendecker.

Trachelospermum, Sternjasmin

Die zur Familie der Apocynaceae (Hundsgiftgewächse) gehörende Gattung *Trachelospermum* umfasst etwa 20 Arten. Es handelt sich um milchsaftführende Klettersträucher mit gegenständig sitzenden, meist auffällig geaderten, ledrigen Blättern, die einen guten Kontrast zu den weißen, sternförmigen, nach Jasmin duftenden Blüten bilden (daher der Name Sternjasmin). Blütezeit sind in der Regel die Sommermonate, aber auch zu anderen Jahreszeiten können Blüten gebildet werden.

Für den Wintergarten eignen sich *T. asiaticum* und *T. jasminoides*. Sie sind nicht einfach auseinander zu halten und häufig im Handel auch falsch bezeichnet. *T. jasminoides* ist bei uns am weitesten verbreitet. Bei der Kulturform 'Variegatum' verfärben sich die weiß gerandeten oder gefleckten Blätter im Herbst bei kühlem Stand rot. Bei 'Wilsonii' sind die Blätter besonders hübsch geadert und färben sich im Herbst karminrot. Besonders interessant ist *T. asiaticum* 'Tricolor', die in Holland gezüchtet wurde. Sie besitzt weiß, grün und rosa gezeichnete Blätter. Sie klettert nicht so stark wie die Art und wächst sehr langsam. Man kann sie auch als Bodendecker verwenden.

Besondere Hinweise: Im Verlauf der Wachstumszeit bildet der Sternjasmin peitschenartige Triebe aus, die sich an jeder Kletterhilfe, seien es Spaliere oder Drahtnetze, emporwinden. Auch sind sie in der Lage, durch Ausbilden von Haftwurzeln an feuchten Flächen zu wurzeln. Anfangs schwachwüchsig, können die Pflanzen im Laufe

▲ Die Blüten von *Trachelospermum jasminoides* duften angenehm nach Jasmin.

der Zeit sehr groß werden. Zu groß gewordene Pflanzen können zur Verjüngung kräftig zurückgeschnitten werden. Ein stärkeres Abtrocknen der Erde zwischen den Wassergaben im Winter wirkt sich günstig auf die Blütenbildung aus.

Trachycarpus fortunei, Chinesische Hanfpalme

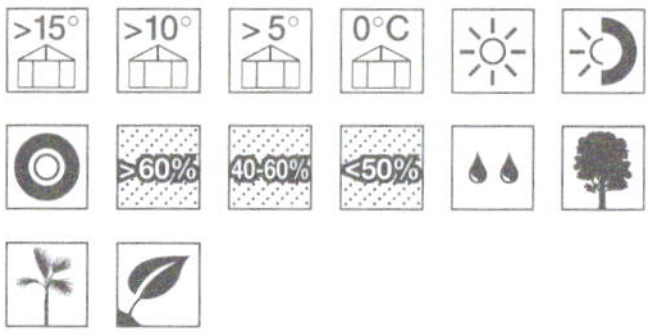

Die Hanfpalme ist eine klassische Fächerpalme, die stets einstämmig wächst. Heimisch ist sie vom nördlichen Indien bis in den Himalaya hinein, im südlichen China und in Südjapan. Da sie sich unempfindlich gegenüber tieferen Temperaturen zeigt, ist sie weltweit im subtropischen Klimabereich verbreitet. In Italien ist sie bis Meran zu finden und kommt auch im schweizerischen Tessin vor. Selbst an der vom Golfstrom erwärmten Südwestküste von England und sogar vereinzelt in Schottland und

Irland gedeiht sie ganzjährig ausgepflanzt im Freien. Auffallend und namensgebend sind die dichten, braunen Fasergespinste, die den Stamm und die Blattstielansätze umhüllen. Die Blattstiele sind seitlich nicht bedornt, eher knorpelig rau. Die matt dunkelgrünen Blattfächer sind bis unter die Mitte strahlig gespalten und bilden bis zu zwei Drittel eines Kreises. Sie stehen lange waagerecht, neigen sich erst nach zwei bis drei Jahren nach unten und trocknen langsam ein.

Tradescantia, Dreimasterblume, Tradeskantie

Die Gattung *Tradescantia* enthält eine Reihe kriechend wachsender Kräuter, die seit Jahrzehnten zu den dankbarsten Zimmerpflanzen gehören. Die nachfolgend aufgeführten Arten für Wintergärten werden häufig als allzu gewöhnlich abgelehnt, obwohl sie ausgezeichnete Schmuckpflanzen sind. Sie sehen am schönsten aus, wenn sie in einer Ampel im Dachraum hängen oder wenn sie ihre langen Triebe von einer Blumensäule herunterfallen lassen. Sie eignen sich aber auch vorzüglich als Bodendecker.

T. cerinthoides trägt relativ große, rote, unterseits weißzottige Blätter. An der Spitze der Triebe bringt sie end- und achselständige, weißrote Blüten hervor. Die Triebe wachsen zunächst aufrecht, um sich später nach unten zu neigen.

T. crassula ist empfehlenswert aufgrund der hellgrünen, saftigen Blätter und der hübschen weißen Blüten. Die Kulturform 'Variegata' hat weiß gezeichnete Blätter.

T. fluminensis (syn. *T. albiflora*) trägt frischgrüne Blätter. 'Albovittata' hat Blätter mit rahmfarbigen Längsstreifen und 'Rocheford Silver' eine ausgeprägt schneeweiße Zeichnung. 'Tricolor' trägt weiße und hellviolette Streifen. Bei 'Variegata' sind die Blätter von weißen Längsstreifen durchzogen.

T. pallida (syn. *Setcreasea pallida*) 'Purple Heart', das Rotblatt, ist eine bis 40 cm hohe Staude, die in allen Teilen purpurviolett gefärbt ist. Die wenigblütigen Blütenstände mit ihren blasspurpurfarbenen Blüten sind von zwei laubblattähnlichen Hochblättern umhüllt. An schattigen Plätzen vergrünen die Blätter und die Triebe werden lang und unansehnlich. Die Blätter sollten nicht benetzt werden, da sonst Blattflecken auftreten.

T. sillamontana ist eine besonders schöne Art. In allen Teilen ist sie mit langen, weißen Haaren bedeckt. Die Blüten sind rosafarben. Zu beachten ist, dass diese Art im Winter eine strenge Winterruhe durchmacht und oberirdisch, wie unsere Stauden, vollkommen abstirbt, um im Frühjahr wieder auszutreiben.

T. zebrina (syn. *Zebrina pendula*) besitzt Blätter mit zwei silberweißen Längsstreifen und einer roten Unterseite. 'Quadricolor' ist zusätzlich weiß gebändert und rosa getönt. Ihre purpurrosafarbenen, unterseits weißlichen Blüten haben nur eine kurze Lebensdauer.

Besondere Hinweise: Als Faustregel für den Standort gilt: Je bunter die Blätter, desto mehr Helligkeit und Wärme brauchen die Pflanzen. Den grünen Arten ist es relativ egal, ob sie hell oder schattig, warm oder kühl gehalten werden. Ältere Pflanzen werden im Laufe der Jahre unansehnlich, daher sollte alle paar Jahre die Bodendecke durch eine Neupflanzung erneuert werden. Ein Rückschnitt der Triebe zur Verjüngung ist möglich. *Phytium*-Wurzel- und Stängelgrundfäule treten bei Vernässung in Verbindung mit niedrigen Temperaturen auf.

◀ *Tradescantia sillamontana* ist als Bodendecker von unvergleichlicher Schönheit.

Tradescantia spathacea (syn. Rhoeo spathaceae), Purpurblättrige Dreimasterblume

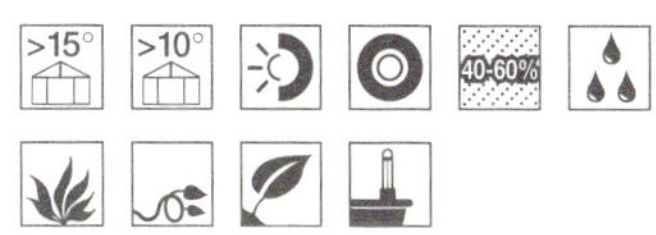

Eine Pflanze, die wie eine Kreuzung zwischen einer Bromelie und einer jungen *Dracaena* oder *Cordyline* aussieht, ist *T. spathacea*. Die steifen, fleischigen, spitzen Blätter gehen von einem kurzen Mittelstamm aus und sind oben dunkelgrün, an der Unterseite purpurrot gefärbt. Relativ unscheinbar sind die kleinen weißen Blüten, die in muschelförmigen Hochblättern in den Blattachseln sitzen. Die Kulturform 'Variegata', auch unter dem Sortennamen 'Vittata' im Handel, zeichnet sich zusätzlich durch gelbe Längsstreifen aus. Ausgepflanzt, bilden die Pflanzen im Laufe der Zeit größere Gruppen.

Besondere Hinweise: Ältere Sprosse können zurückgeschnitten werden, wenn sie unansehnlich geworden sind. Braune Blattspitzen sind auf trockene Luft zurückzuführen. Wollläuse können sich in den Blattnischen ansiedeln. Auf Spinnmilben ist zu achten.

Trichocereus

Hinsichtlich ihrer Wuchsformen ist die Kakteengattung *Trichocereus* recht variabel. Neben riesigen Säulenkakteen gibt es zwergige, z. T. niederliegende Arten. Auch die Bedornung ist sehr unterschiedlich. Ein Merkmal haben alle Trichocereen gemeinsam: relativ große, zumeist weiße Trichterblüten, deren schlanke Röhren eine dichte, wollige Behaarung aufweisen.

T. bridgesii ist eine hoch wachsende, bläulich grüne Säulenkaktee mit nach Jasmin duftenden, weißen Blüten. *T. candicans* wächst aufrecht bis liegend. Der Körper ist grasgrün bis bläulich grün gefärbt, die Blüten sind weiß. *T. pachanoi* und *T. terscheckii* wachsen baumförmig und sind daher als Leitpflanzen geeignet.

Viburnum tinus, Laurustinus, Immergrüner Schneeball, Steinlorbeer

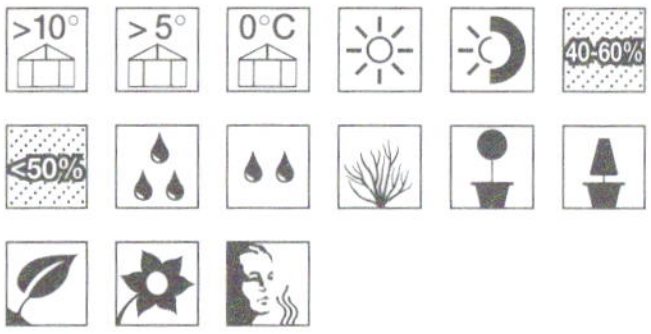

Schon im Altertum war diese *Viburnum*-Art als „tinus" bekannt. Plinius schildert sie als eine Art Lorbeer mit blauen Beeren und

▲ *Trichocereus candicans* bildet im Laufe der Zeit größere Gruppen.

nannte sie deshalb „laurus tinus". *V. tinus* stammt wie der Lorbeer aus dem Mittelmeergebiet. Er bildet dort mehr oder weniger hohe, dicht beblätterte Sträucher mit glänzend dunkelgrünen Blättern. Ab Ende November bis weit in das Frühjahr hinein erscheinen in zahlreichen Trugdolden zart duftende Blüten, die beim Aufblühen außen blassrosa, innen rein weiß sind. Ihnen folgen rundliche, zunächst dunkelblaue, später schwärzliche Beeren. 'Eva Price' ist eine besonders dichtbuschige, kompakt und langsam wachsende Form mit leicht rosafarbenen Blüten. 'Lucidum' wächst lockerer und stärker und besitzt weiße Blüten, die größer sind als bei der Art. Auch eine weißbuntlaubige Kulturform ist im Handel.

Besondere Hinweise: Man sollte die Sträucher sich möglichst frei entwickeln lassen. Gegebenenfalls

◀ Ein attraktiver Winterblüher ist der Immergrüne Schneeball, *Viburnum tinus*.

▶ Typisch für *Vriesea* × *poelmannii* sind die verzweigten Blütenstände.

sind formende Schnittmaßnahmen durchzuführen. Einmal zu groß gewordene Pflanzen können zur Verjüngung kräftig zurückgeschnitten werden. Der Steinlorbeer eignet sich auch zur Erziehung von Kunstformen, wie Pyramiden, Kegel- oder Kugelbäumchen.

Vriesea

>15° >10° 40–60%

Die zu den Ananasgewächsen gehörenden Arten der Gattung *Vriesea* leben in ihrem Verbreitungsgebiet als Epiphyten auf Bäumen und an Felsen. Die wichtigsten Merkmale der Gattung sind ganzrandige, trichterförmig angeordnete, grün oder grau beschuppte Blätter. Häufig sind sie sehr schön gezeichnet. Die in der Regel kräftig gefärbten, schwertförmigen Blütenstände halten monatelang. Nachfolgend eine Aufzählung der wichtigsten Arten, unterteilt in zwei Gruppen. Gruppe 1 enthält die Arten, die insbesondere wegen ihrer hübsch gezeichneten Blätter die Aufmerksamkeit auf sich ziehen, Gruppe 2 solche, die ausschließlich wegen der Schönheit ihres Blütenstandes gehalten werden.

Gruppe 1:
Bei *V. fenestralis* sind die Blätter mit dunkelgrünen Adern und Querlinien auf hellgrünem Grund gitterartig gezeichnet.

V. gigantea besitzt glänzend dunkelgrüne Blätter, die oberseits mit hellgelblichen Flecken schachbrettartig gemustert sind.

Die grünen Blätter von *V. hieroglyphica* sind oben mit dunkelgrünen, unten mit fast schwarzen Querbändern versehen.

Bei *V. saundersii* sind die Blätter oberseits blau- oder graugrün und etwas weiß gefleckt, unterseits rotbraun gefleckt.

Gruppe 2:
V. splendens mit ihren zahlreichen Formen ist wohl die bekannteste Art. Die dunkelgrünen Blätter sind mehr oder weniger stark dicht mit schwarzbraunen Querbändern gezeichnet. Durch die Wirkung des schwertförmigen Blütenstandes mit glänzend scharlachroten Deckblättern (daher auch der deutsche Name „Flammendes Schwert") und gelben Blüten gehört sie mit zu den schönsten Bromelien.

V. × *poelmannii* hat verzweigte Blütenstände mit karminroten Deckblättern.

Washingtonia, Priesterpalme, Washingtonie

>15° >10° >5° <50%

Die ausgedehnten Trockengebiete von Kalifornien, Arizona und Mexiko sind die Heimat von *W. filifera* und *W. robusta*. Heute begegnet man diesen Fächerpalmen überall in der tropischen und subtropischen Welt, ja selbst noch an einigen Stellen der gemäßigten Breiten, wo sie als dekorative „Bäume" die Gärten, Parks, Straßen und Plätze zieren. Das hervorstechende Merkmal an größeren, älteren Bäumen dieser Palmengattung ist die natürliche, aus den abgestorbenen Blattwedeln gebildete, dichte Umhüllung des Stammes. Da die Wedel nach dem Vertrocknen nicht abfallen, bildet diese Umhüllung eine sehr dauerhafte „Säule“. Dieser Behang ist in seinem Aussehen einem Damenunterrock nicht unähnlich. In den USA nennt man Washingtonien deshalb Petticoat-(Unterrock-) Palmen oder auch Priesterpalmen (in Anlehnung an die Soutane). Ein weiteres Merkmal sind die mehr oder weniger dicht mit Bastfäden umgebenen Blätter und die bewehrten Blattstiele. *W. filifera* besitzt graugrüne, *W. robusta* bräunliche Blattstiele.

Besondere Hinweise: Washingtonien sind auf Dauer nur für größere Wintergärten geeignet, wo sie genügend Platz haben. Bei zu wenig Licht werden die Blattstiele lang und instabil, die Blätter neigen sich frühzeitig oder knicken gar. Die Pflanzen sehen dann fast welk aus.

Yucca, Palmlilie

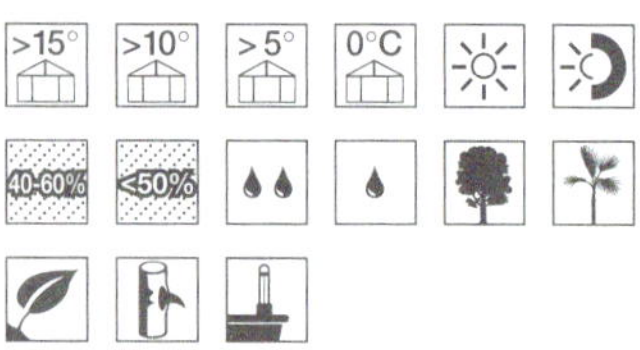

Bei der im Süden Nord- und Mittelamerikas heimischen Gattung *Yucca* handelt es sich um stammlose (sie interessieren uns hier nicht) oder stammbildende Pflanzen mit zahlreichen, mehr oder weniger ledrigen oder derben, schopfig gestellten Blättern. Die in großen Blütenständen sitzenden, ansehnlichen Blüten, entwickeln sich nur an älteren Pflanzen. Mehrere Arten sind für Wintergärten interessant.

Bei *Y. aloifolia* sind die in dichten Rosetten stehenden, mattgrünen Blätter stark zugespitzt. Ihr Standort im Wintergarten ist so zu wählen, dass ein direkter Kontakt mit den Blattspitzen möglichst ausgeschlossen ist. Neben der Art sind im Handel auch buntblättrige Kulturformen erhältlich.

Y. elephantipes ist am weitesten verbreitet. Ausgepflanzt, bildet diese Art einen knollenförmig verdickten Stamm aus. Eine besonders robuste Natur wird der Kulturform 'Jewel' nachgesagt, deren Blätter auf der Oberseite von cremeweißen Längsstreifen durchzogen sind. Die Farbe der Unterseite variiert von Hellgrün bis Cremeweiß.

Besondere Hinweise: Zu groß gewordene Pflanzen können beliebig zurückgeschnitten werden. Die dornigen Blattspitzen der *Yucca* sind gefährlich. Soweit sie in Wege und Sitzplätze hineinragen, sollten sie durch Schnitt abgerundet werden.

Zamia furfuracea, Palmfarn

Z. furfuracea aus Mexiko ist neben *Cycas revoluta* der wohl am häufigsten kultivierte Palmfarn. Die verkehrteiförmigen bis rundlichen Blattfiedern sind groß und wie das ganze Blatt dick und ledrig. Neben dieser Art ist die kleiner bleibende *Z. pumila* im Handel.

Zantedeschia, Zimmerkalla

Die Zantedeschien sind Sumpfstauden mit fleischigen Rhizomen,

▶ Von *Zantedeschia* gibt es eine Reihe von Kulturformen im Handel, darunter auch solche mit rosa Spatha.

spieß- oder pfeilförmigen Blättern und einhäusigen Blüten, die an dichten Kolben auf langen Schäften sitzen. Die für Aronstabgewächse typische Spatha bildet eine aufrechte, trichterförmige Röhre mit offenem Schlund. Von den sechs Arten der Gattung sind drei Arten für den Wintergarten interessant.

Z. aethiopica, die eigentliche Zimmerkalla, hat eine große weiße Spatha und war früher eine weit verbreitete Zimmerpflanze. *Z. albomaculata* hat weiß gefleckte Blätter und eine rahmweiße Blütenscheide, die am Grunde mit einem schwarzen Fleck gezeichnet ist. *Z. elliottiana* hat eine tiefgelbe Spatha. Neben diesen Arten gibt es eine Reihe von Kulturformen im Handel.

Besondere Hinweise: Bei *Z. aethiopica* sollten die Pflanzen alle zwei bis drei Jahre aufgenommen und geteilt werden. Gelegentlich wird empfohlen, die Pflanzen während der Ruhezeit absolut trocken zu halten. Dies ist aber nicht notwendig. Es ist vielmehr ratsam, sie im Sommer weniger bzw. sporadisch zu gießen, sodass die Blätter erhalten bleiben. Vorsicht! Der ätzende Saft verursacht Hautentzündungen.

Z. elliottiana und *Z. albomaculata* benötigen eine andere Pflege. Nach der Blüte stellt man das Gießen langsam ein. Wenn die Blätter gelb werden und absterben, nimmt man im Herbst die Knolle aus der Erde und lässt sie abtrocknen. Nach einer kühlen Überwinterung pflanzt oder topft man sie im März/April des nächsten Jahres wieder ein. Hinsichtlich der Temperatur reichen während der Ruhezeit von Mai bis Juni 18 bis 20 °C, zur Blütenbildung im Frühjahr sind 12 bis 18 °C optimal. Temperaturen darüber führen zu langen Blatt- und Blütenstielen. Temperaturen unter 10 °C verzögern die Blütenbildung. In der Wachstums- und Blütezeit muss reichlich gegossen werden. Nach der Blüte, also von Juni bis Ende Juli, ist nach und nach das Wasser zu entziehen. Mit Beginn der Triebentwicklung im Herbst wird wieder mit dem Gießen begonnen. Zeigen sich auf Blatt- und Blütenstielen braune, gezonte Blattflecken von unterschiedlicher Größe, handelt es sich um die *Phyllosticta*-Blattfleckenkrankheit.

Tabelle der Wintergartenpflanzen

Wintergartentyp

>15° Die Art eignet sich für den ständig warmen (zimmerwarmen) oder ganzjährig bewohnbaren Wintergarten.

>10° Die Art eignet sich für den temperierten Wintergarten.

>5° Die Art eignet sich für den kühlen, aber frostfreien Wintergarten.

0°C Die Art eignet sich für den nicht sicher frostfreien Wintergarten oder Solarwintergarten.

Wachstumsbedingungen

Die Pflanze bevorzugt bzw. verlangt volle Sonneneinstrahlung.

Die Pflanze bevorzugt Halbschatten. Sie benötigt zwar viel Licht, ist aber bei Südausrichtung des Wintergartens insbesondere gegen mittägliche Prallsonne sehr empfindlich. In solchen Wintergärten sind Pflanzen in den Schattenbereich größerer Pflanzen zu setzen. Besteht der Pflanzenbestand überwiegend oder ausschließlich aus solchen Pflanzen, ist bei Südausrichtung des Wintergartens rechtzeitig zu schattieren. Bei Ost- oder Westausrichtung des Wintergartens ist für solche Pflanzen ein besonderer Schutz vor Sonne in der Regel nicht erforderlich.

Die Pflanze erträgt bzw. bevorzugt vollen Schatten, sie nimmt mit wenig Licht vorlieb. Direkte Sonneneinstrahlung, besonders Prallsonne, ist unerwünscht bzw. schädlich. Es sind Pflanzen, die sich im Schatten anderer Pflanzen am wohlsten fühlen. Soweit die Pflanzenauswahl sich nur auf solche Pflanzenarten beschränkt, ist bei Südausrichtung und Sonnenschein der Wintergarten rechtzeitig zu schattieren.

>60% Die Pflanze benötigt eine hohe relative Luftfeuchtigkeit, die auf Dauer nicht unter 60 % absinken sollte.

40-60% Die Pflanze benötigt eine mäßige relative Luftfeuchtigkeit um 50 %. Sie sollte 60 % auf Dauer nicht überschreiten und 40 % auf Dauer nicht unterschreiten.

<50% Die Pflanze benötigt eine niedrige relative Luftfeuchtigkeit, die auf Dauer 50 % nicht überschreiten sollte.

Das Substrat ist gleichmäßig feucht zu halten, die Erde darf nicht austrocknen.

Das Substrat ist mäßig feucht zu halten, die Erde sollte zwischen den Wassergaben oberflächlich abtrocknen.

Das Substrat ist eher trocken zu halten, die Erde sollte zwischen den Wassergaben stärker abtrocknen, ohne allerdings „Ballentrockenheit" aufkommen zu lassen.

Das Symbol steht überwiegend für sukkulente Pflanzenarten, die erst wieder gegossen werden sollten, wenn die Erde abgetrocknet ist. Dies gilt insbesondere für Zeiten, in denen den Pflanzen wenig Licht zur Verfügung steht, z. B. die lichtarmen Herbst- und Wintermonate.

Lebensformen, Wuchs- und sonstige Eigenschaften

Pflanzen der Wahrnehmungseinheit 1, die durch ihre Größe (Höhe und Breite) auffallen. In der freien Natur sind es in der Regel Bäume oder Großsträucher. Auch die Mehrzahl der Palmen gehört in diese Gruppe, aber nur wenige krautige Pflanzenarten (z. B. *Musa*-Arten).

Pflanzen der Wahrnehmungseinheit 2. Es sind Pflanzen, die im ausgewachsenen Zustand Augenhöhe erreichen oder in Augehöhe durch entsprechende Schnittmaßnahmen gehalten werden können. In der Mehrzahl sind es von Hause aus Sträucher, einige gehören zu den Großstauden (z. B. Strelitzia oder Agapanthus).

Pflanzen der Wahrnehmungseinheit 3. Sie umfasst niedrig wachsende, auch im Alter niedrig bleibende Pflanzenarten, die mit ihren Blättern (z. B. Farne, Bromelien, verschiedene Aronstabgewächse) oder Zweigen und Trieben (gegebenenfalls durch entsprechende Schnittmaßnahmen) oder Blütenständen etwa Tischhöhe erreichen.

Pflanzen der Wahrnehmungseinheit 4. Es sind Pflanzen mit mehr oder weniger kriechendem Wuchs oder Pflanzen mit zahlreichen dicht und aufrecht stehenden Trieben, die sich durch Ausläufer ausbreiten, Polster oder Horste bilden. Ihre Verwendung ist weitgehend auf Pflanzbeete beschränkt, bei Gefäßbepflanzung werden sie nur sporadisch eingesetzt. Diejenigen mit kriechendem oder hängendem Wuchs finden in der Regel auch als Ampelpflanzen Verwendung. Wenn sie sich dafür eignen, sind sie zusätzlich mit dem Ampelsymbol (siehe weiter unten) gekennzeichnet.

Pflanzen, die sich auch zu Hochstämmchen mit kugel- oder halbkugelförmiger Krone gestalten lassen und häufig als solche im Handel angeboten werden.

Pflanzen, die mit Hilfe besonderer Kletterorgane (z. B. Wurzeln, Dornen, Kletterhaare, Ranken) an natürlichen oder künstlichen Stützen emporzuklettern vermögen.

Pflanzen, die sich durch methodischen Schnitt beispielsweise zu Kugeln, Kegeln und Würfeln formen lassen.

Pflanzen, die in freier Natur kriechend oder kletternd wachsen und sich als Hängepflanzen für die Kultur in Ampeln eignen.

Pflanzen, die Jahr für Jahr natürlicherweise, wie unsere heimischen sommergrünen Laubgehölze, ihr Laub verlieren. Die Mehrzahl der für Wintergärten geeigneten Pflanzenarten ist immergrün, d. h., die Blätter überdauern mehrere Jahre, ehe auch sie nach und nach abgeworfen und durch neue ersetzt werden.

Pflanzen, die zur Gruppe der Nadelgehölze gehören. Für Wintergärten gibt es nur wenige Arten. Dies hängt damit zusammen, dass in den für Wintergärten geeigneten Klimazonen nur wenige Nadelgehölze heimisch sind.

Mit dem Symbol einer Palme sind „stammbildende Blattpflanzen" gekennzeichnet, die am Ende eines mehr oder weniger hohen, von Blattnarben bedeckten Stammes einen Schopf größerer oder kleinerer Blätter tragen. Neben echten Palmen sind mit dem Palmensymbol auch den Palmen ähnliche Pflanzenarten gekennzeichnet (z. B. *Yucca*, *Cordyline*, *Dracaena* und *Cycas*).

Pflanzen, die in den verschiedensten Organen (Wurzel, Blatt, Stamm) Wasser für längere Trockenzeiten speichern können, einschließlich der Kakteen.

Pflanzen, die zur Familie der Farngewächse gehören. Neben Farnen, die als Bodendecker oder in der Krautschicht verwendet werden können, enthält diese Pflanzengruppe auch Arten, so die Baumfarne, die als Haupt- und Leitpflanzen geeignet sind.

Pflanzen, die die Aufmerksamkeit des Betrachters durch ihre schöne Belaubung auf sich ziehen. Palmen und Farne, die auch zu den Blattpflanzen gehören, sind wegen ihrer besonderen Bedeutung durch ein zusätzliches Symbol gekennzeichnet.

Pflanzen, die auffällig und attraktiv blühen. Der besondere Zierwert dieser Pflanzen wird in ihren Blüten gesehen.

Pflanzen, die sich durch einen besonderen (meist angenehmen) Geruch auszeichnen. Er kann von der Blüte (die Regel), aber auch vom Blattwerk, von den Trieben oder auch von der Rinde ausgehen.

Pflanzen, die die Aufmerksamkeit des Betrachters aufgrund der Früchte auf sich ziehen und in der Regel essbar sind.

Pflanzen, die in allen Teilen oder teilweise giftig sind und Mensch und Tier gesundheitlich gefährden können. Es ist stets gut zu wissen, welche Pflanzen mehr oder weniger stark giftig sind. Das heißt nicht, dass sie aus dem Wintergarten entfernt werden müssten; sind jedoch Kinder im Haus, sollte man vorsichtig sein.

Pflanzen, die Stacheln, Dornen oder sonstige scharfspitzige Organe ausbilden, an denen sich Mensch und Tier verletzen können.

Pflanzen, die im Handel in Hydrokultur angeboten werden.

	>15°	>10°	>5°	0°C				>60%	40–60%	<50%																								
Abelia floribunda			>5°	0°C	x	x		>60%	40–60%			x	x			x	x											x	x	x	x	x		
Abutilon-Cultivars	>15°	>10°			x	x		>60%	40–60%		x	x				x	x												x					
Abutilon megapotamicum	>15°	>10°			x	x			40–60%	<50%		x	x				x		x			x							x					
Abutilon pictum	>15°	>10°			x	x		>60%	40–60%		x	x				x	x											x						
Acacia baileyana		>10°	>5°		x					<50%			x		x	x												x	x					
Acacia dealbata		>10°	>5°		x				40–60%	<50%		x			x	x												x	x					
Acacia melanoxylon		>10°	>5°		x				40–60%			x	x		x	x												x	x	x				
Acacia paradoxa		>10°	>5°		x					<50%			x		x	x												x	x				x	
Acacia retinodes		>10°	>5°		x				40–60%	<50%		x	x		x	x													x	x				
Acacia verticillata		>10°	>5°		x				40–60%	<50%		x			x	x												x	x					
Acalypha hispaniolae	>15°					x		>60%	40–60%			x						x				x							x					
Acalypha hispida	>15°				x	x		>60%	40–60%		x					x			x										x			x		x
Acalypha wilkesiana	>15°					x		>60%	40–60%		x					x												x						
Acca sellowiana		>10°	>5°		x				40–60%		x	x			x	x												x	x		x			
Acorus gramineus	>15°	>10°	>5°		x	x	x		40–60%	<50%		x	x					x										x						x
Actiniopteris australis		>10°				x	x		40–60%			x						x									x	x						
Adenium obesum	>15°	>10°	>5°		x					<50%				x			x						x			x			x			x		x
Adiantum peruvianum	>15°					x	x	>60%				x					x	x									x	x						x
Adiantum raddianum	>15°					x	x	>60%				x					x	x									x	x						x
Adiantum tenerum	>15°					x	x	>60%				x					x	x									x	x						x
Aechmea species	>15°				x	x			40–60%				x				x											x	x					x
Aeonium arboreum	>15°	>10°			x					<50%			x	x		x	x									x		x						
Aeschynanthus lobbianus	>15°				x	x		>60%	40–60%			x						x				x							x					x
Aeschynanthus pulcher	>15°				x	x		>60%	40–60%			x						x				x							x					x

Aeschynanthus radicans	>15°				>60%	40-60%	
Agapanthus-Cultivars		>10°	>5°			40-60%	<50%
Agave americana	>15°	>10°	>5°				<50%
Agave attenuata	>15°	>10°	>5°				<50%
Agave filifera	>15°	>10°	>5°	0°C			<50%
Agave parviflora	>15°	>10°	>5°	0°C			<50%
Agave potatorum	>15°	>10°	>5°	0°C			<50%
Agave toumeyana	>15°	>10°	>5°	0°C			<50%
Agave victoriae-reginae	>15°	>10°	>5°	0°C			<50%
Aglaonema commutatum	>15°	>10°			>60%	40-60%	
Aglaonema costatum	>15°	>10°			>60%	40-60%	
Aglaonema crispum	>15°	>10°			>60%	40-60%	
Aglaonema modestum	>15°	>10°			>60%	40-60%	
Albizia lophanta		>10°	>5°			40-60%	
Albizia julibrissin		>10°	>5°			40-60%	
Allamanda cathartica	>15°				>60%	40-60%	
Alocasia macrorrhiza	>15°				>60%		
Alocasia sanderiana	>15°				>60%		
Aloe albiflora	>15°	>10°	>5°				<50%
Aloe arborescens	>15°	>10°	>5°				<50%
Aloe aristata	>15°	>10°	>5°				<50%
Aloe ciliaris	>15°	>10°	>5°				<50%
Aloe dichotoma	>15°	>10°	>5°				<50%
Aloe ferox	>15°	>10°	>5°				<50%
Aloe humilis	>15°	>10°	>5°				<50%
Aloe pillansii	>15°	>10°	>5°				<50%
Aloe variegata	>15°	>10°	>5°				<50%

	>15°	>10°	>5°	0°C				>60 %	40–60 %	<50 %																								
Aloysia triphylla			x		x	x			x			x	x				x											x	x	x				
Alpinia purpurata	x	x			x	x		x	x			x				x	x											x	x	x				x
Alpinia zerumbet	x	x			x	x		x	x			x				x	x											x	x	x				
Alyogyne huegelii	x	x			x	x			x			x				x	x		x										x					
Ampelopsis brevipedunculata	x	x			x	x			x			x						x		x			x					x						
Ananas comosus	x	x			x			x	x			x					x											x	x		x		x	x
Anigozanthos species		x			x					x			x				x												x					
Anisodontea capensis		x			x	x			x		x	x				x			x										x					
Anthurium andraeanum	x					x	x	x	x			x	x			x	x											x	x					x
Anthurium crystallinum	x						x	x				x				x												x						
Anthurium scherzerianum	x					x	x	x	x			x	x				x											x	x					x
Aphelandra aurantiaca	x				x	x		x	x			x					x											x	x					x
Aphelandra sinclairiana	x				x	x		x	x			x					x											x	x					x
Aphelandra squarrosa	x				x	x		x	x			x					x											x	x					x
Aporocactus flagelliformis	x	x	x		x					x			x	x				x				x				x			x				x	
Aptenia cordifolia	x	x			x					x				x				x				x				x		x	x					
Araucaria araucana			x	x	x				x	x	x	x	x		x									x				x						
Araucaria heterophylla		x			x	x			x	x	x	x	x		x									x				x						x
Arbutus unedo		x	x		x					x		x	x		x													x	x		x			
Ardisia crenata		x	x		x	x			x	x		x				x	x											x	x		x			x
Areca catechu		x			x	x			x			x			x										x			x						x
Argyranthemum frutescens			x		x				x	x		x				x			x										x					

Aristolochia littoralis	>15°	>10°			>60%	40-60%	
Asclepias curassavica	>15°	>10°				40-60%	<50%
Asparagus asparagoides		>10°				40-60%	<50%
Asparagus densiflorus		>10°				40-60%	<50%
Asparagus falcatus		>10°				40-60%	<50%
Asparagus setaceus		>10°				40-60%	<50%
Aspidistra elatior		>10°	>5°			40-60%	<50%
Asplenium bulbiferum	>15°	>10°			>60%	40-60%	
Asplenium nidus	>15°	>10°			>60%	40-60%	
Asplenium scolopendrium			>5°		>60%	40-60%	
Astrophytum species	>15°	>10°					<50%
Aucuba japonica		>10°	>5°	0°C		40-60%	<50%
Azara microphylla		>10°	>5°		>60%	40-60%	
Bambusa species		>10°	>5°	0°C	>60%	40-60%	
Bauhinia species	>15°	>10°			>60%	40-60%	
Beaucarnea recurvata	>15°	>10°					<50%
Beaumontia grandiflora	>15°	>10°			>60%	40-60%	
Begonia species	>15°	>10°			>60%		
Bignonia capreolata		>10°	>5°	0°C		40-60%	<50%
Billbergia nutans	>15°	>10°				40-60%	<50%
Bixa orellana	>15°				>60%	40-60%	<50%
Blechnum gibbum		>10°			>60%	40-60%	
Boronia heterophylla	>15°					40-60%	
Bougainvillea species		>10°	>5°				<50%
Brachychiton species		>10°	>5°			40-60%	<50%

								>60%	40–60%	<50%																								
	>15°	>10°	>5°	0°C																														
Brugmansia species			>5°		x				x		x				x	x													x	x		x		
Brunfelsia pauciflora	>15°				x	x			x			x	x			x													x			x		
Bucida buceras	>15°	>10°			x	x			x		x				x													x						
Buddleja colvilei			>5°		x				x	x		x	x			x													x					
Buddleja madagascariensis			>5°		x				x	x		x	x			x													x					
Caesalpinia gilliesii		>10°	>5°		x					x		x	x			x													x					
Calathea species	>15°					x	x	x				x					x											x						x
Calliandra tweedii	>15°	>10°			x			x	x			x			x	x													x					
Callisia species	>15°	>10°				x	x		x			x	x					x				x						x						
Callistemon species		>10°	>5°		x	x			x	x	x	x			x	x			x									x	x					
Camellia japonica		>10°	>5°	0°C	x	x		x	x			x				x												x	x					
Carex brunnea			>5°	0°C	x	x			x	x		x					x	x				x						x						x
Carica papaya	>15°	>10°			x	x			x	x	x				x	x															x			
Carica pentagona	>15°	>10°			x	x			x	x	x				x	x															x			
Carissa macrocarpa		>10°	>5°		x	x				x		x	x			x	x											x	x	x	x		x	
Carpobrotus edulis		>10°	>5°		x					x			x	x				x				x				x		x	x					
Caryota mitis	>15°	>10°			x	x			x			x			x										x			x						x
Casuarina species		>10°	>5°		x	x			x			x	x		x													x						
Catharanthus roseus	>15°	>10°				x			x			x					x											x	x			x		
Cedrus libani			>5°	0°C	x	x			x			x	x		x									x				x						
Cephalocereus senilis	>15°	>10°			x					x				x	x	x										x							x	
Ceratonia siliqua		>10°	>5°		x	x			x	x			x		x	x												x			x			
Ceratostigma willmottianum		>10°	>5°		x	x			x	x		x	x				x												x					
Cereus species	>15°	>10°			x					x				x	x	x										x							x	
Ceropegia linearis	>15°	>10°	>5°		x	x				x			x	x				x				x				x		x	x					x
Cestrum species		>10°	>5°		x	x			x			x	x			x													x	x				
Chamaedorea elegans	>15°	>10°			x	x	x	x	x			x	x		x										x			x	x					x
Chamaerops humilis		>10°	>5°		x	x			x	x			x	x		x									x			x					x	x

Chamelaucium uncinatum		>10°	>5°		x				40-60%			x	x			x	x								x				
Chlorophytum species	>15°	>10°	>5°		x	x	x	>60%	40-60%			x	x					x		x				x					x
Choisya ternata		>10°	>5°	0°C	x	x			40-60%	<50%		x	x			x								x	x	x			
Chorisia speciosa	>15°	>10°	>5°		x	x			40-60%				x	x	x						x			x	x			x	
Chrysalidocarpus lutescens	>15°				x	x		>60%	40-60%		x				x							x		x					x
Cinnamomum camphora		>10°	>5°		x	x	x	>60%	40-60%	<50%	x	x			x									x					
Cissus antarctica	>15°	>10°			x	x	x		40-60%			x						x	x	x				x					x
Cissus discolor	>15°				x	x	x	>60%	40-60%			x						x	x	x				x					
Cissus rhombifolia	>15°	>10°			x	x	x		40-60%			x						x	x	x				x					x
Cissus striata		>10°	>5°		x	x	x		40-60%			x						x	x	x				x					
Cistus species		>10°	>5°		x					<50%		x					x							x	x	x			
× *Citrofortunella microcarpa*		>10°			x	x			40-60%			x	x			x	x								x	x	x		x
Citrus species		>10°	>5°		x	x			40-60%			x	x			x									x	x	x	x	
Cleistocactus species	>15°	>10°	>5°		x					<50%				x		x	x						x		x			x	
Clematis armandii			>5°	0°C	x	x		>60%	40-60%	<50%		x							x						x				
Clerodendrum bungei		>10°	>5°	0°C	x	x			40-60%	<50%		x	x			x									x				
Clerodendrum paniculatum	>15°	>10°			x	x			40-60%	<50%		x				x									x				
Clerodendrum splendens	>15°	>10°			x	x		>60%	40-60%			x	x						x						x				
Clerodendrum thomsoniae	>15°	>10°			x	x			40-60%	<50%	x	x							x						x				x
Clethra arborea	>15°	>10°			x	x	x	>60%	40-60%			x	x		x	x								x	x				
Cleyera japonica		>10°	>5°			x	x		40-60%			x	x			x								x		x			
Clianthus puniceus	>15°	>10°			x	x		>60%	40-60%			x	x				x	x	x	x					x				
Clivia miniata	>15°	>10°			x	x			40-60%			x	x				x							x	x				x
Clusia major	>15°				x	x	x		40-60%	<50%		x	x		x									x	x				x
Clytostoma callistegioides		>10°	>5°	0°C	x	x			40-60%	<50%		x	x						x					x	x				

	>15°	>10°	>5°	0°C				>60%	40–60%	<50%																								
Coccoloba uvifera	x	x			x	x			x			x			x													x	x		x			
Cocculus laurifolius		x	x		x	x			x	x		x	x		x	x												x	x		x			
Codiaeum variegatum	x	x			x	x		x	x			x				x	x											x				x		x
Coffea arabica	x	x			x	x		x	x			x				x												x	x		x			x
Columnea species	x				x	x		x	x			x	x					x				x						x	x					x
Coprosma species		x			x	x			x			x	x			x	x	x										x			x			
Cordyline australis		x	x		x	x			x			x	x		x	x									x			x						x
Cordyline indivisa		x	x		x	x			x			x	x		x	x									x			x						x
Cordyline stricta		x	x		x	x			x			x	x		x	x									x			x						x
Cordyline terminalis	x	x			x	x			x			x	x		x	x												x						x
Corokia cotoneaster		x	x		x				x	x		x					x											x	x	x	x			
Correa species		x	x		x	x			x	x		x					x	x										x	x					
Corynocarpus laevigatus		x			x	x		x	x	x		x			x	x												x				x		x
Costus malortieanus	x	x			x	x		x	x	x		x	x			x	x											x	x					
Cotyledon species	x	x	x		x					x			x	x			x									x		x						
Crassula species	x	x	x		x					x			x	x			x									x		x	x					
Crinodendron species			x		x	x			x			x				x	x											x	x					
Crinum × powellii	x	x	x	x	x	x			x	x		x				x													x	x		x		
Ctenanthe species	x					x	x	x				x				x	x											x						x
Cupressus species		x	x	x	x				x				x		x						x			x				x						x
Cyanotis kewensis	x	x				x			x	x			x					x				x						x						
Cyathea species		x	x		x	x	x	x	x			x	x		x	x									x		x	x						
Cycas revoluta	x	x	x		x	x		x	x				x			x	x								x			x						x
Cyperus species	x	x			x	x			x		x					x												x						x
Cyphomandra betacea	x	x			x	x			x	x	x				x	x															x			
Danae racemosa		x	x	x	x	x	x		x	x		x	x				x											x			x		x	
Dasylirion acrotrichum	x	x	x		x				x	x			x	x		x												x					x	
Davallia species	x	x				x	x	x	x		x	x					x	x				x					x	x						
Delairea odorata	x	x	x		x	x			x	x		x						x		x		x						x						

Delosperma species	>15°	>10°	>5°		x					<50%			x	x				x		x			x			x					
Dianella tasmanica		>10°	>5°		x	x			40-60%	<50%		x	x				x	x							x	x		x			
Dichorisandra species	>15°					x	x	>60%	40-60%			x					x								x	x					
Dicksonia antarctica		>10°	>5°			x	x	>60%	40-60%			x	x			x						x		x	x						
Didymochlaena truncatula	>15°					x	x	>60%				x					x	x						x	x						
Dieffenbachia seguine	>15°	>10°				x	x	>60%				x				x	x								x				x		x
Diospyros kaki		>10°	>5°	0°C	x	x			40-60%			x			x						x							x			
Distictis buccinatoria		>10°			x	x				<50%		x							x							x					
Dodonaea viscosa		>10°	>5°		x					<50%			x			x									x	x		x			
Dombeya species	>15°	>10°			x	x		>60%	40-60%	<50%	x				x	x										x					
Dracaena deremensis	>15°	>10°			x	x	x	>60%	40-60%			x	x			x						x			x						x
Dracaena draco	>15°	>10°	>5°		x	x				<50%			x	x	x							x			x						
Dracaena fragrans	>15°	>10°			x	x	x			<50%			x			x						x			x						x
Dracaena marginata	>15°	>10°			x	x	x			<50%			x			x						x			x						x
Dracaena reflexa	>15°	>10°			x	x	x	>60%	40-60%				x			x									x						x
Dracaena sanderiana	>15°	>10°			x	x		>60%	40-60%				x			x									x						x
Dracaena surculosa	>15°	>10°	>5°		x	x	x	>60%	40-60%			x	x			x									x			x			x
Dregea sinensis		>10°	>5°		x	x			40-60%	<50%		x							x							x	x				
Duchesnea indica		>10°	>5°	0°C		x	x			<50%		x						x	x	x					x	x		x			
Duranta erecta		>10°	>5°		x	x			40-60%			x	x			x										x		x			
Echeveria species		>10°	>5°		x				40-60%	<50%			x	x			x	x					x		x	x					
Echinocactus grusonii	>15°	>10°	>5°		x				40-60%	<50%			x	x			x						x							x	x
Echinopsis species	>15°	>10°	>5°		x				40-60%	<50%			x	x				x					x			x	x				
Elaeagnus species			>5°	0°C	x	x			40-60%	<50%		x				x									x	x	x				
Ensete ventricosum	>15°	>10°			x			>60%	40-60%		x	x			x	x									x						x
Epiphyllum species	>15°	>10°			x	x			40-60%			x					x						x			x					
Epipremnum species	>15°				x	x	x		40-60%			x	x					x	x	x					x						x

	>15°	>10°	>5°	0°C				>60%	40–60%	<50%																								
Eriobotrya japonica		>10°	>5°	0°C	x	x				<50%		x			x													x	x	x	x			
Espostoa species	>15°	>10°	>5°		x					<50%				x		x										x							x	
Eucalyptus species		>10°	>5°		x					<50%	x	x			x	x												x	x	x				
Eugenia uniflora	>15°	>10°			x	x			40–60%	<50%		x	x		x	x			x		x							x	x		x			
Euonymus fortunei			>5°	0°C	x	x			40–60%	<50%		x						x		x								x				x		
Euonymus japonicus		>10°	>5°		x	x	x		40–60%	<50%		x	x			x												x			x	x		x
Euphorbia, sukkulente Arten	>15°	>10°			x				40–60%	<50%			x	x	x	x	x									x			x			x	x	x
Fabiana imbricata			>5°	0°C	x	x			40–60%			x	x				x												x			x		
Farfugium japonicum	>15°	>10°	>5°		x	x	x	>60%	40–60%			x					x	x										x	x					
× *Fatshedera lizei*		>10°	>5°	0°C	x	x	x		40–60%			x				x				x								x						x
Fatsia japonica		>10°	>5°		x	x	x		40–60%			x			x	x												x				x		x
Ferocactus species	>15°	>10°	>5°		x					<50%				x		x	x									x			x				x	
Ficus aspera	>15°				x			>60%	40–60%			x			x	x												x						x
Ficus benghalensis	>15°	>10°			x	x		>60%	40–60%			x	x		x	x												x						x
Ficus benjamina	>15°	>10°			x	x		>60%	40–60%			x	x		x	x												x						x
Ficus binnendijkii	>15°	>10°			x	x	x	>60%	40–60%			x			x	x												x						x
Ficus carica		>10°	>5°	0°C	x	x			40–60%	<50%	x				x								x					x			x			
Ficus cyathistipula	>15°	>10°			x	x	x		40–60%			x				x	x											x			x			x
Ficus deltoidea	>15°	>10°			x	x		>60%	40–60%			x					x											x			x			x
Ficus elastica	>15°	>10°			x	x	x	>60%	40–60%			x			x													x						x
Ficus lyrata	>15°	>10°			x	x	x	>60%	40–60%	<50%		x			x													x						x
Ficus macrophylla	>15°	>10°			x	x	x	>60%	40–60%			x			x													x						x
Ficus microcarpa	>15°	>10°			x	x	x	>60%	40–60%			x			x	x												x			x			x
Ficus pumila	>15°	>10°	>5°		x	x	x		40–60%			x						x		x		x						x						x
Ficus rubiginosa	>15°	>10°			x	x			40–60%			x	x		x	x												x						x
Ficus sagittata	>15°	>10°			x	x	x	>60%	40–60%			x						x				x						x						x
Fittonia species	>15°	>10°				x	x	>60%	40–60%			x					x											x						x
Fortunella species		>10°	>5°		x	x			40–60%	<50%		x					x														x			
Fremontodendron californicum		>10°	>5°		x	x			40–60%	<50%		x				x												x	x					
Fuchsia-Cultivars		>10°	>5°	0°C		x		>60%	40–60%			x				x	x		x			x							x					
Gardenia jasminoides		>10°			x	x			40–60%	<50%		x	x				x											x	x	x				x

Gasteria species	>15°	>10°	>5°		●	●			40-60%	<50%			●	●			●	●						●	●				
Gelsemium sempervirens		>10°	>5°		●				40-60%	<50%		●							●						●	●		●	
Genista canariensis			>5°		●	●			40-60%	<50%			●			●	●								●	●			
Glechoma hederaceae		>10°	>5°	0°C		●	●		40-60%			●	●					●		●				●		●		●	
Gloriosa superba	>15°	>10°			●	●		>60%	40-60%			●							●						●				
Goethea strictiflora	>15°	>10°			●	●			40-60%			●	●			●								●	●				
Grevillea robusta	>15°	>10°	>5°		●	●			40-60%			●	●		●									●	●				●
Griselinia species		>10°	>5°		●	●			40-60%				●			●	●							●	●	●	●		●
Guzmania species	>15°				●	●	●	>60%	40-60%			●					●							●	●				●
Gymnocalycium species	>15°	>10°			●					<50%				●			●	●				●			●				
Gynura species	>15°				●				40-60%			●					●	●		●				●					
Harpephyllum caffrum	>15°	>10°			●	●				<50%		●	●		●									●			●		●
Haworthia species	>15°	>10°	>5°		●				40-60%	<50%			●					●				●		●					
Hebe × andersonii-Cultivars			>5°	0°C	●	●			40-60%			●	●			●	●							●	●				
Hedera helix		>10°	>5°	0°C	●	●	●		40-60%	<50%		●						●	●					●				●	●
Hedychium gardnerianum		>10°	>5°		●	●			40-60%			●				●								●	●	●			
Heliconia species	>15°				●	●		>60%	40-60%			●				●								●	●				
Hemionitis species	>15°					●	●	>60%				●					●	●					●	●					
Hibbertia scandens		>10°	>5°		●	●			40-60%			●							●					●	●				
Hibiscus rosa-sinensis	>15°	>10°			●				40-60%		●				●	●									●				●
Hoffmannia species	>15°					●		>60%	40-60%			●				●	●							●					
Homalocladium platycladum		>10°	>5°		●	●		>60%	40-60%			●					●							●					
Howea species	>15°	>10°			●	●	●	>60%	40-60%			●	●		●	●					●			●					●
Hoya species	>15°	>10°			●	●			40-60%	<50%		●	●						●	●				●	●	●			●
Hypoestes phyllostachya	>15°				●	●	●		40-60%			●					●							●					●
Impatiens species	>15°	>10°			●	●	●	>60%	40-60%		●	●					●			●				●	●				

	>15°	>10°	>5°	0°C				>60%	40–60%	<50%																								
Iochroma species		x	x		x	x			x			x	x			x	x												x					
Ixora species	x				x	x		x	x			x					x											x	x					x
Jacaranda mimosifolia	x	x			x				x			x			x													x	x					
Jasminum azoricum		x	x	x	x	x			x			x								x									x	x				
Jasminum beesianum		x	x	x	x	x			x			x								x									x	x				
Jasminum humile		x	x	x	x	x			x			x								x									x	x				
Jasminum mesnyi		x	x	x	x	x			x			x								x									x	x				
Jasminum officinale		x	x	x	x	x			x			x								x									x	x				
Jasminum polyanthum		x	x		x	x			x			x								x									x	x				x
Jasminum sambac	x	x			x	x			x			x								x									x	x				x
Juanulloa mexicana	x	x			x	x		x	x			x					x			x								x	x					
Justicia brandegeana	x	x			x				x			x					x		x		x	x							x					
Justicia carnea	x	x			x	x			x			x					x											x	x					
Justicia rizzinii		x	x		x	x			x			x					x											x	x					
Kennedia species		x			x					x		x					x	x		x									x					
Lagerstroemia species		x	x		x				x		x				x	x							x						x					
Lampranthus species	x	x	x		x					x			x	x				x				x				x			x					
Lantana species		x	x		x				x	x	x	x				x	x		x										x			x		
Laurus nobilis		x	x	x	x	x				x		x				x			x		x							x						
Leonotis leonurus		x	x		x				x	x		x	x				x												x					
Leptospermum scoparium		x	x		x				x			x				x	x		x										x					
Ligustrum lucidum		x	x	x	x				x	x		x	x		x	x			x									x	x					
Liriope muscari	x	x	x	x		x	x	x	x			x	x					x										x	x					
Livistona species	x	x			x	x	x		x			x			x										x			x						
Lobivia silvestrii	x	x	x		x					x				x			x	x								x			x				x	
Lycianthes rantonnetii		x	x		x				x			x				x	x		x										x			x		

Macfadyena unguis-cati		>10°	>5°		●	●	●		40-60%	<50%		●	●							●						●					
Mackaya bella	>15°	>10°			●	●	●		40-60%	<50%		●				●										●					
Magnolia grandiflora		>10°	>5°	0°C	●	●	●		40-60%			●			●										●	●					
Malpighia coccigera	>15°	>10°			●				40-60%			●				●	●								●	●				●	
Malvaviscus arboreus		>10°	>5°		●	●			40-60%			●				●										●					
Mammillaria species	>15°	>10°	>5°		●					<50%			●	●			●						●			●				●	
Mandevilla species	>15°	>10°			●	●		>60%				●	●							●		●			●	●			●		
Manettia luteorubra	>15°	>10°			●	●			40-60%			●								●						●					
Maranta leuconeura	>15°	>10°				●	●	>60%	40-60%			●					●								●						●
Medinilla magnifica	>15°				●	●		>60%	40-60%			●					●								●	●					●
Melaleuca species		>10°	>5°		●	●			40-60%	<50%		●				●	●								●	●					
Melia azedarach		>10°	>5°		●				40-60%			●			●										●	●	●		●		
Melianthus major			>5°		●				40-60%			●				●									●	●					
Metrosideros excelsa		>10°	>5°		●	●				<50%		●			●	●									●	●					
Monstera deliciosa	>15°	>10°				●	●	>60%	40-60%	<50%		●			●	●				●					●				●		●
Muehlenbeckia species		>10°	>5°	0°C	●	●	●	>60%	40-60%	<50%	●	●					●	●		●					●						
Murraya paniculata	>15°	>10°			●	●	●			<50%		●				●	●								●	●	●	●			●
Musa acuminata	>15°				●	●		>60%	40-60%			●			●										●			●			
Musa basjoo		>10°	>5°	0°C	●	●		>60%	40-60%			●			●										●						
Musa 'Dwarf Chyla'	>15°	>10°			●	●		>60%	40-60%			●			●										●			●			
Musa × paradisiaca	>15°				●	●		>60%	40-60%			●			●										●			●			
Myrciaria myriophylla	>15°	>10°			●	●			40-60%	<50%		●	●		●	●			●		●				●	●		●			
Myrsine africana		>10°	>5°		●	●	●			<50%		●					●		●		●				●						
Myrtus communis		>10°	>5°		●	●				<50%	●	●				●	●		●		●				●	●					●
Nandina domestica		>10°	>5°	0°C	●	●	●	>60%	40-60%			●				●	●								●			●	●		
Neoregelia species	>15°				●	●		>60%	40-60%			●					●								●						●
Nephrolepis species	>15°	>10°				●	●	>60%	40-60%			●					●					●		●	●						●
Nerium oleander		>10°	>5°		●				40-60%	<50%	●					●										●	●		●		
Nidularium species	>15°	>10°			●			>60%	40-60%			●					●								●	●					
Notocactus species	>15°	>10°	>5°		●					<50%			●	●			●						●			●				●	

	>15°	>10°	>5°	0°C				>60 %	40–60 %	<50 %																								
Ochna serrulata		>10°			x	x			x	x		x	x				x											x	x	x	x			
Olea europaea		>10°	>5°		x	x			x	x			x		x	x												x			x			
Olearia × haastii		>10°	>5°		x	x				x		x					x												x					
Ophiopogon japonicus	>15°	>10°	>5°	0°C	x	x	x	x	x	x		x	x					x										x						
Opuntia species	>15°	>10°	>5°	0°C	x					x			x	x		x	x									x							x	
Osmanthus fragrans		>10°	>5°		x	x			x			x	x			x												x	x	x	x			
Pachycereus pringlei	>15°	>10°	>5°		x					x			x	x		x										x							x	
Pachypodium lamerei	>15°	>10°			x				x	x			x	x	x	x										x		x					x	x
Pachystachys lutea	>15°	>10°			x	x		x	x		x	x					x												x					
Pandanus species	>15°	>10°			x	x		x	x	x		x			x	x												x					x	x
Pandorea species		>10°	>5°		x	x		x	x		x	x								x								x	x					
Passiflora species	>15°	>10°			x	x			x			x								x								x	x		x			
Pavonia multiflora	>15°	>10°			x	x		x	x			x	x			x	x											x	x					x
Pellaea species	>15°	>10°	>5°	0°C		x	x	x	x			x					x	x				x					x	x						x
Pellionia species	>15°	>10°				x	x	x	x			x						x				x						x						
Peperomia species	>15°	>10°			x	x		x	x			x					x	x										x						x
Persea americana	>15°	>10°	>5°		x	x			x			x			x													x			x			
Philodendron species	>15°	>10°				x	x	x	x			x			x	x		x		x								x						x
Phlebodium aureum	>15°	>10°				x	x	x				x					x					x					x	x						
Phoenix species	>15°	>10°	>5°		x				x	x		x			x	x									x			x					x	x
Phormium tenax	>15°	>10°	>5°		x	x			x	x		x	x			x												x						
Photinia × fraseri		>10°	>5°		x	x			x	x		x	x			x												x	x					
Phyllostachys species		>10°	>5°	0°C	x	x		x	x		x	x			x	x												x						
Pilea species	>15°					x	x		x			x					x	x										x						x
Pisonia umbellifera	>15°	>10°				x		x	x			x			x	x												x						x
Pistacia lentiscus		>10°	>5°		x	x			x	x			x			x												x						
Pittosporum species		>10°	>5°		x	x			x	x		x			x	x	x		x									x	x	x				
Plectranthus species		>10°	>5°		x	x			x			x					x	x				x						x	x					
Plumbago auriculata		>10°	>5°		x				x	x		x				x	x		x	x									x					
Plumbago indica	>15°	>10°			x	x		x	x			x	x				x			x									x					

Plumeria species	>15°				x					<50%		x	x	x							x			x		x	x	x		x		
Podocarpus species		>10°	>5°	0°C	x	x	x		40-60%		x			x								x				x						
Podranea ricasoliana		>10°	>5°		x				40-60%		x								x								x					
Polygala myrtifolia		>10°	>5°		x				40-60%		x	x			x			x								x	x					
Polyscias species	>15°	>10°				x	x	>60%	40-60%			x			x	x										x						x
Polystichum falcatum		>10°	>5°			x	x	>60%	40-60%		x					x									x	x						x
Poncirus trifoliata		>10°	>5°	0°C	x				40-60%	<50%		x			x						x					x	x	x	x		x	
Pseuderanthemum species	>15°	>10°			x	x	x	>60%	40-60%		x					x										x						x
Pseudopanax species	>15°	>10°	>5°			x	x	>60%	40-60%		x				x											x						
Psidium species		>10°	>5°		x	x			40-60%		x	x			x			x								x	x		x			
Pteris species	>15°	>10°				x	x	>60%	40-60%		x					x	x								x	x						x
Punica granatum		>10°	>5°		x					<50%	x			x	x						x						x		x			
Pyrostegia venusta	>15°	>10°			x				40-60%		x								x								x					
Quercus species		>10°	>5°	0°C	x	x			40-60%	<50%	x	x		x												x						
Radermachera sinica	>15°	>10°			x	x	x	>60%	40-60%		x				x											x	x					x
Rebutia species	>15°	>10°	>5°		x				40-60%	<50%		x	x			x								x			x					
Reinwardtia indica		>10°				x	x		40-60%		x	x				x											x					
Rhaphiolepis species		>10°	>5°		x	x				<50%	x				x	x										x	x	x	x			
Rhapis species	>15°	>10°			x	x	x	>60%	40-60%	<50%	x	x		x	x								x			x						x
Rhipsalidopsis species	>15°	>10°			x	x			40-60%	<50%	x	x				x				x				x			x					
Rhipsalis species	>15°	>10°			x	x			40-60%	<50%	x	x				x				x				x			x		x			
Rhoicissus capensis	>15°	>10°			x	x	x		40-60%	<50%	x						x		x							x						
Rhopalostylis sapida	>15°	>10°			x	x			40-60%			x		x									x			x						
Rosmarinus officinalis			>5°	0°C	x				40-60%	<50%		x				x	x									x	x	x				
Rubus reflexus	>15°				x				40-60%	<50%	x								x							x					x	

	>15°	>10°	>5°	0°C				>60 %	40–60 %	<50 %																								
Ruscus species		>10°	>5°	0°C	x	x	x	>60 %	40–60 %	<50 %		x	x			x	x											x	x		x		x	
Russelia equisetiformis	>15°	>10°			x	x		>60 %	40–60 %			x					x					x							x					
Sanchezia species	>15°					x	x	>60 %	40–60 %			x				x	x											x						
Sansevieria trifasciata	>15°	>10°			x	x	x			<50 %			x	x			x											x		x				x
Saxifraga stolonifera		>10°	>5°			x	x		40–60 %	<50 %			x				x	x				x						x	x					x
Scadoxus puniceus	>15°	>10°			x	x			40–60 %			x					x												x					
Schefflera actinophylla	>15°	>10°				x	x		40–60 %	<50 %		x	x			x	x											x						x
Schefflera arboricola	>15°	>10°				x	x	>60 %	40–60 %			x	x			x	x											x						x
Schefflera elegantissima	>15°	>10°			x	x			40–60 %			x				x	x											x						x
Schinus molle		>10°	>5°		x					<50 %		x	x		x													x			x			
Schlumbergera-Cultivars	>15°	>10°			x	x			40–60 %			x					x					x				x			x					x
Scindapsus pictus	>15°				x	x	x	>60 %	40–60 %			x						x				x						x						x
Sedum species	>15°	>10°	>5°		x				40–60 %	<50 %			x	x			x	x				x				x		x						
Selaginella species	>15°	>10°	>5°			x	x	>60 %	40–60 %			x					x	x										x						x
Semele androgyna	>15°	>10°			x	x	x	>60 %	40–60 %	<50 %		x	x							x								x						
Senecio, sukkulente Arten	>15°	>10°	>5°		x					<50 %			x	x			x	x				x				x		x						
Senecio grandifolius	>15°	>10°	>5°		x	x			40–60 %		x	x				x												x	x					
Senna species		>10°	>5°		x				40–60 %	<50 %		x			x	x													x					
Sesbania tripetii		>10°	>5°		x				40–60 %			x	x				x						x						x					
Setaria palmifolia	>15°	>10°			x	x	x	>60 %	40–60 %			x				x	x											x						
Siderasis fuscata	>15°					x	x	>60 %	40–60 %			x					x											x						
Skimmia japonica			>5°	0°C	x	x		>60 %	40–60 %				x				x											x	x		x			
Smilax aspera	>15°	>10°	>5°		x	x	x		40–60 %	<50 %			x	x						x								x			x			
Solandra grandiflora	>15°	>10°			x	x		>60 %	40–60 %	<50 %	x									x									x					

Solanum crispum	>15°	>10°	>5°		>60%	40-60%	
Solanum jasminoides	>15°	>10°	>5°		>60%	40-60%	
Solanum pseudocapsicum	>15°	>10°			>60%	40-60%	
Solanum seaforthianum	>15°	>10°	>5°		>60%	40-60%	
Solanum wendlandii	>15°	>10°	>5°		>60%	40-60%	
Soleirolia soleirolii	>15°	>10°	>5°	0°C		40-60%	
Sollya heterophylla		>10°				40-60%	
Sophora species		>10°	>5°			40-60%	
Sparrmannia africana		>10°				40-60%	
Spartium junceum		>10°	>5°	0°C			<50%
Spathiphyllum species	>15°	>10°			>60%	40-60%	
Stapelia species	>15°	>10°				40-60%	<50%
Stenocarpus sinuatus		>10°	>5°			40-60%	<50%
Stenotaphrum secundatum		>10°	>5°			40-60%	
Stephanotis floribunda	>15°	>10°			>60%	40-60%	
Strelitzia species	>15°	>10°	>5°			40-60%	
Streptosolen jamesonii		>10°	>5°			40-60%	
Strobilanthes dyerianus	>15°				>60%	40-60%	
Syngonium species	>15°	>10°			>60%	40-60%	<50%
Syzygium species		>10°	>5°			40-60%	<50%
Tecoma species	>15°	>10°				40-60%	<50%
Tecomaria capensis		>10°	>5°			40-60%	<50%
Tetrapanax papyrifer	>15°	>10°				40-60%	

	>15°	>10°	>5°	0°C				>60 %	40–60 %	<50 %																								
Tetrastigma voinierianum	>15°	>10°			x	x	x	x	x			x	x							x								x						x
Thunbergia species	>15°	>10°			x	x		x	x	x		x					x			x									x					
Tibouchina urvilleana	>15°	>10°			x				x			x				x				x								x	x					
Tolmiea menziesii	>15°	>10°	>5°		x	x	x		x			x						x				x						x						
Trachelospermum species		>10°	>5°		x	x			x	x		x	x							x								x	x	x				
Trachycarpus fortunei	>15°	>10°	>5°	0°C	x	x	x	x	x	x			x		x										x			x						
Tradescantia species	>15°	>10°			x	x	x		x	x	x	x						x				x						x						x
Tradescantia spathacea	>15°	>10°				x	x		x			x					x	x										x						x
Trichocereus species	>15°	>10°	>5°		x					x			x	x	x	x										x							x	
Viburnum tinus		>10°	>5°	0°C	x	x			x	x		x	x			x			x		x							x	x	x				
Vriesea species	>15°	>10°			x	x	x		x			x	x				x											x	x					x
Washingtonia species	>15°	>10°	>5°		x	x				x		x	x		x										x			x					x	x
Yucca species	>15°	>10°	>5°	0°C	x	x			x	x			x	x	x										x			x					x	x
Zamia furfuracea	>15°	>10°			x	x		x				x				x									x			x						x
Zantedeschia species		>10°	>5°		x	x			x	x	x	x					x												x			x		

Literaturverzeichnis

Bärtels, A. (1996): Farbatlas Tropenpflanzen. Verlag Eugen Ulmer, Stuttgart.

Bundesverband Garten-, Landschafts- und Sportplatzbau e. V. (2002): Jahrbuch Innenraumbegrünung 2001. Thalacker Medien, Bernhard Thalacker Verlag GmbH & Co. KG, Braunschweig.

Erhardt, W., Götz, E., Bödeker, N. und S. Seybold (2002): Zander – Handwörterbuch der Pflanzennamen. Verlag Eugen Ulmer, Stuttgart.

Forschungsgesellschaft Landschaftsentwicklung Landschaftsbau e. V. (FLL) (2002): Richtlinie für die Planung, Ausführung und Pflege von Innenraumbegrünungen.

Göhler, F. und H.-D. Molitor (2002): Erdelose Kulturverfahren im Gartenbau. Verlag Eugen Ulmer, Stuttgart.

Götz, E. und G. Gröner (2000): Kakteen. Verlag Eugen Ulmer, Stuttgart.

Jansen, D. (2001): Licht und Pflanzen. Jahrbuch Innenraumbegrünung. Thalacker Medien, Bernhard Thalacker Verlag GmbH & Co. KG, Braunschweig.

Jansen, H., Bachthaler, E., Fölster, E. und H.-C. Scharpf (1998): Gärtnerischer Pflanzenbau. Verlag Eugen Ulmer, Stuttgart.

Kawollek, W. (1996): Sukkulenten für Zimmer und Fensterbank. Verlag Eugen Ulmer, Stuttgart.

Kawollek, W. (1997): Kübelpflanzen. Verlag Eugen Ulmer, Stuttgart.

Köchel, C. und L. Köhler (2001): Wintergarten. BLV Verlagsgesellschaft mbH, München.

Lötschert, W. (1985): Palmen. Verlag Eugen Ulmer, Stuttgart.

Rauh, W. (1990): Bromelien. Verlag Eugen Ulmer, Stuttgart.

Recht, C. und M.-F. Wetterwald (1988): Bambus. Verlag Eugen Ulmer, Stuttgart.

Reimherr, P. (1991): Neue Zierpflanzen. Verlag Eugen Ulmer, Stuttgart.

Röber, R. (Hrsg., 1994): Topfpflanzenkulturen. Verlag Eugen Ulmer, Stuttgart.

Röber, R. und K. Schaller (1985): Pflanzenernährung im Gartenbau. Verlag Eugen Ulmer, Stuttgart.

Rücker, K. (1998): Die Pflanzen im Haus. Verlag Eugen Ulmer, Stuttgart.

Schmidt, W. (1999): Hortus Mediterraneus – Gehölze für mediterrane Gärten. Verlag Eugen Ulmer, Stuttgart.

Stahl, M. und H. Umgelter (1976): Pflanzenschutz im Zierpflanzenbau. Verlag Eugen Ulmer, Stuttgart.

Strasburger, E. (1983): Lehrbuch der Botanik für Hochschulen. Gustav Fischer Verlag, Stuttgart – New York.

Veth, R. (Hrsg., 1998): Handbuch Innenraumbegrünung. Thalacker Medien, Bernhard Thalacker Verlag GmbH & Co. KG, Braunschweig.

Volm, C. (2002): Innenraumbegrünung in Theorie und Praxis. Verlag Eugen Ulmer, Stuttgart.

Walter, H. (1968): Vegetation der Erde, Band I und II. VEB Gustav Fischer Verlag, Jena.

Walter, H. (1990): Vegetation und Klimazonen. Verlag Eugen Ulmer, Stuttgart.

Bildquellen

Fotos

GBA/GPL: S. 129

Jahreszeiten-Verlag/A. Garells: S. 116/117

P. Jarosch, Lahr: S. 33

M. Majerus/Agentur Strauß (GBA/GPL): S. 2/3

Picture Alliance/Picture Press: S. 63

W. Redeleit, Bienenbüttel: S. 10, 11, 15, 34

H. Reinhard, Heiligkreuzsteinach: S. 7, 20, 22, 52, 67, 92, 94, 96, 98, 101 (rechts oben), 102, 104, 110, 112, 123, 130, 133, 134, 135, 139, 142, 143, 145, 146 (oben), 148 (unten), 150, 151 (oben), 153, 154 (unten), 156 (beide), 157, 158 (oben), 159, 161, 162, 163, 164, 165 (beide), 168, 169 (unten), 172 (oben), 173, 175, 177 (unten), 178, 180, 181, 182, 183 (links oben), 184, 186, 187, 190, 193 (oben), 195 (unten), 196, 197 (unten), 200 (unten), 201, 202 (unten), 203, 204, 205, 208, 209, 212 (unten), 214, 215 (unten), 218 (oben), 222, 224 (beide), 225, 229 (oben), 231 (unten), 233 (oben), 236 (oben), 240, 241, 242, 245, 246, 249 (unten), 252, 254, 255, 258, 259 (oben), 260 (unten), 261, 262, 264, 265 (oben), 266, 267 (unten), 269 (links oben), 271, 272 (oben), 276 (unten), 278 (links oben), 280, 282 (oben), 283, 284, 286, 287, 288, 290 (beide), 291, 292

N. Reinhard, Heiligkreuzsteinach: S. 166, 191, 200 (oben), 218 (unten), 229 (unten), 285 (oben)

J. Stork, Ohlsbach: S. 121

F. Strauß, Au in der Hallertau: Umschlagfotos (beide), S. 8/9, 12, 16, 154 (oben), 124/125

H. u. K. Urban, Frankfurt/Main: S. 5

Alle übrigen Fotos stammen vom Autor.

Zeichnungen

Die Zeichnung auf S. 97 wurde aus Walter, Vegetation und Klimazonen, Verlag Eugen Ulmer, leicht verändert übernommen.

Alle übrigen Zeichnungen fertigte Ernst Halwaß, Nossen, nach Vorlagen des Autors an.

Bezugsquellen

Nützlinge

Sautter & Stepper GmbH
Rosenstr. 19
D-72119 Ammerbuch (Altingen)
Tel.: 0 70 32 / 95 78 30
Fax: 0 70 32 / 95 78 50
info@nuetzlinge.de
www.nuetzlinge.de

W. Neudorff GmbH KG
An der Mühle 3
31860 Emmerthal
Tel.: 0 51 55 / 624-0
Fax: 0 51 55 / 6010
info@neudorff.de
www.neudorff.de

SERAMIS®
Masterfoods GmbH
Am Bollscheid
56424 Mogendorf
Tel.: 0 26 23 / 60 84-0
Fax: 0 26 23 / 60 84-10
www.seramis.de

Raumbegrünungen – Pflanzen

(nach Postleitzahlgebieten geordnet)
Aufgeführt sind Firmen, die sich speziell mit der Begrünung von Räumen, insbesondere auch von Wintergärten, beschäftigen. Teilweise haben die Betriebe auch Niederlassungen in anderen Postleitzahlbereichen. Viele der beschriebenen Pflanzen erhält man in seinem Gartencenter oder seiner Gärtnerei vor Ort. Weitere Adressen für Anbieter von Pflanzen (auch seltenere) finden Sie im Internet im Pflanzeneinkaufsführer des Verlages Eugen Ulmer unter *www.ppp-index.de.*

Gärtnerei Naumann GbR
Engelsdorfer Str. 160
04316 Leipzig
Tel.: 03 41 / 6 51 55 46
Fax: 03 41 / 6 51 29 88
naumann@dieraumbegruener.de
www.gaertnerei-naumann.de

Richter Hydro Master Service GmbH
Weststr. 98a
09116 Chemnitz
Tel.: 03 71 / 2 39 31 11
Fax: 03 71 / 30 16 88
a.richter@Gartenfachmarkt-Richter.de

REUTER-Raumbegrünung
Gustav-Müller-Str. 48
10829 Berlin
Tel.: 030 / 78 71 71 04
Fax: 030 / 78 71 71 05
info@reuter-raumbegruenung.de
www.reuter-raumbegruenung.de

GegenbauerBosse
Hegauer Weg 23
14163 Berlin
Tel.: 030 / 79 49 03 30
Fax: 030 / 79 49 03 70
www.gegenbauerbosse.de

Hermann Rothe Gartenbau GmbH
Clayallee 282
14169 Berlin
Tel.: 030 / 8 11 10 11
Fax: 030 / 8 11 10 29
hermann@rothe-gartenbau.de

Südflora Baumschulen Peter Klock
Stutsmoor 42
22607 Hamburg
Tel.: 040 / 89 16 39
Fax: 040 / 8 90 11 70

Rieche Grünkultur
Mühlenberg 1
30982 Pattensen
Tel.: 0 51 02 / 93 82-0
Fax: 0 51 02 / 93 82-20
Rieche.gruenkultur@t-online.de

Kremkau Raumbegrünung
Bindersche Str. 1
31188 Holle
Tel.: 0 50 62 / 81 25
Fax: 0 50 62 / 15 92
mail@kremkau.de
www.kremkau.de

Gieseler Begrünungen
Peiner Str. 54
31228 Peine OT Stederdorf
Tel.: 0 51 71 / 2 24 23
Fax: 0 51 71 / 58 11 92
mail@gieseler-begruenungen.de
www.gieseler-begruenungen.de

Engel & Engelke „Die Raumbegrüner"
Friedrich-Bach-Str. 29
31675 Bückeburg
Tel.: 0 57 22 / 33 25
Fax: 0 57 22 / 2 67 14
e.engelke@t-online.de
www.kreativgarten.de

HYDROKULTUR Spezialist KG
Hatzfelder Str. 39
33104 Paderborn
Tel.: 0 52 54 / 80 94 94
Fax: 0 52 54 / 80 90 71
info@hydrokultur-spezialist.de
www.hydro-shop.de

Blumen Schmid GmbH
Fuldatalstr. 26
34125 Kassel
Tel.: 05 61 / 87 38 91
Fax: 05 61 / 87 13 27
csschmid@aol.com
www.blumen-schmid-kassel.de

Hydro-Zink GmbH
Gutenbergring 4
35463 Fernwald
Tel.: 0 64 04 / 66 28-0
Fax: 0 64 04 / 66 28-16
info@hydro-zink.de
www.hydro-zink.de

Dagmar Weber Hydrokulturen
Kreuzerstr. 36
35633 Lahnau-Waldgirmes
Tel.: 0 64 41 / 66 27-0
Fax: 0 64 41 / 66 27-2
info@dagmar-weber.de
www.dagmar-weber.de

Kuska, Manfred
Hydrokulturen
Großlerstr. 69
37075 Göttingen
Tel.: 05 51 / 3 60 22
Fax: 05 51 / 30 03 33

OK-Hydro-Team
Grasweg 15
37191 Gillersheim
Tel.: 0 55 56 / 99 53-18
Fax: 0 55 56 / 99 53-24
info@ok-hydro-team.de
www.ok-hydro-team.de

Heskamp, Johannes
Gartenbau Niederrhein
Schwarzer Weg 18
46569 Hünxe
Tel.: 0 20 64 / 3 42 73
Fax: 0 20 64 / 8 93 03
www.home.t-online.de/home/Gartenbau_Niederrhein

Hydrokultur vom Niederrhein
Leo Thissen
Auf dem Kamp 21b
47533 Kleve

Tel.: 0 28 21 / 4 94 31
Fax: 0 28 21 / 4 85 83
mail@hydrothissen.de
www.hydrothissen.de

Hutzel Hydrokulturen GmbH
Osningweg 3
49186 Bad Iburg
Tel.: 0 54 03 / 73 75-0
Fax: 0 54 03 / 50 28
d.hutzel@hutzel-hydrokulturen.de
www.hutzel-hydrokulturen.de

Boymann Begrünungen GmbH & Co. KG
Iburger Str. 11
49219 Glandorf
Tel.: 0 54 26 / 94 49-0
Fax: 0 54 26 / 94 49-44
info@boymann.de
www.boymann.de

Gärtnerei Bußmann
Ledder Str. 24
49477 Ibbenbüren
Tel.: 0 54 51 / 27 19
Fax: 0 54 51 / 97 11 15
info@hydrokultur-bussmann.de

Raum und Grün GmbH
Der Begrünungs-Spezialist
Pieper-Keller-Str. 1
51702 Bergneustadt
Tel.: 0 22 61 / 29 04 78-0
Fax: 0 22 61 / 29 04 78-9
info@raumundgruen.de
www.raumundgruen.de

Giesen Begrünungen GmbH
Trierer Str. 791
52078 Aachen
Tel.: 02 41 / 56 87 99-0
Fax: 02 41 / 56 87 99-22
info@giesen.biz
www.giesen.biz

Kuckertz Innenraumbegrünung
Lindenstr. 1
52146 Würselen
Tel.: 0 24 05 / 50 16
Fax: 0 24 05 / 9 58 92
manfred.kuckertz@innenraumbe-gruenung-kuckertz.de

Fachverband Raumbegrünung
und Hydrokultur im Zentralverband
Gartenbau (ZVG) e. V.
Godesberger Allee 142–148
53175 Bonn
Tel.: 02 28 / 8 10 02 31
Fax: 02 28 / 8 10 02 48
info@fvrh.de
www.fachverband-raumbegruenung.de

hydrokps ... Ihr grüner Daumen
Industriestraße 35
53359 Rheinbach
Tel.: 0 22 26 / 1 42 60
Fax: 0 22 26 / 1 07 20
hydrokps@t-online.de
www.hydrokps.de

Fünfsinn, Blumen
Kölner Str. 227
57290 Neunkirchen
Tel.: 0 27 35 / 22 35
Fax: 0 27 35 / 67 73

HYDRO-TIP
Christina Pfeiffer e. K.
Elisabethstr. 28
58095 Hagen
Tel.: 0 23 31 / 58 76 23
Fax: 0 23 31 / 58 77 40
hydro-tip@gmx.de
www.hydro-tip.de

Gärtner Gregg
Berger 14
59394 Nordkirchen
Tel.: 0 25 96 / 20 70
Fax: 0 25 96 / 93 73 83
gregg@gaertner-gregg.de
www.gaertner-gregg.de

Claussen GmbH
Hinter der Au 2
61206 Wöllstadt
Tel.: 0 60 34 / 91 77-0
Fax: 0 60 34 / 27 48
hc.zentrale@hydro-claussen.de
www.hydro-claussen.de

Rogel Raumbegrünung GmbH
Hans-Böckler-Str. 3
63179 Obertshausen
Tel.: 0 61 04 / 46 76 22
Fax: 0 61 04 / 46 76 24
rogel@hydrokultur.de
www.hydrorogel.de

Zucht und Handelsgärtnerei
Köberich & Bauer OHG
Wiesenweg 28–36
64720 Michelstadt
Tel.: 0 60 61 / 24 86
Fax: 0 60 61 / 47 43

BAUMHAUS GmbH Raumbegrünung
Pflanzenpflege
Blierweg 2
65201 Wiesbaden
Tel.: 06 11 / 18 25 50
Fax: 06 11 / 26 06 22
info@baumhaus.de
www.baumhaus.de

IMMERGRÜN-Hydrokulturen
Adolf-Todt-Str. 2
65203 Wiesbaden-Biebrich
Tel.: 06 11 / 6 70 06
Fax: 06 11 / 6 70 07
immergruen-hydro@t-online.de
www.hydro-wiesbaden.de

Rotter Hydrokulturen GmbH
Auf der Bierau
65205 Wiesbaden
Tel.: 0 61 22 / 9 56 70
Fax: 0 61 22 / 95 67 29
h.a.rotter@magicgreen.de
www.magicgreen.de

W. Wollrab & Sohn
Sulzbacher Str. 9
65760 Eschborn
Tel.: 0 61 96 / 4 12 91
Fax: 0 61 96 / 4 27 12
kontakt@wollrab.de
www.wollrab.de

Storb Gartenbau & Floristik
Julius-Kiefer-Str. 220
66119 Saarbrücken
Tel.: 06 81 / 5 66 59
Fax: 06 81 / 5 89 39 13
gartenbau.storb@t-online.de
www.storb.com

Otto Blumen GmbH
Cheliusstr. 15
68167 Mannheim
Tel.: 06 21 / 33 10 99
Fax: 06 21 / 33 40 50
info@otto-blumen.de
www.otto-blumen.de

Die Hydroteufel Hydrokulturen GmbH
Alter Postweg 77
68309 Mannheim
Tel.: 06 21 / 73 42 92
Fax: 06 21 / 72 33 00
hydroteufel@t-online.de
www.hydroteufel.de

Schiller & Fath GmbH
Rohrbacher Straße 98A
69126 Heidelberg
Tel.: 0 62 21 / 37 46 25
Fax: 0 62 21 / 3 22 83

Beiermeister Hydrokultur
Carl-Seilacher-Str. 15
70825 Korntal-Münchingen
Tel.: 0 71 50 / 95 85-0
Fax: 0 71 50 / 95 85-20
muenchingen@beiermeister-grosshandel.de
www.beiermeister-grosshandel.de

Uhlig Kakteen
Postfach 1107
Hegnacher Str. 31
71394 Kernen
Tel.: 0 71 51 / 4 18 91
Fax: 0 71 51 / 4 67 28
Uhlig-Kakteen@t-online.de
www.uhlig-kakteen.com

Jetter, Hermann
Fachverkauf Blumen und Pflanzen
Lange Str. 15
72336 Balingen
Tel.: 0 74 33 / 3 69 40
Fax: 0 74 33 / 33 60
info@blumen-im-fachkauf.de
www.blumen-im-fachkauf.de

Höfer Hydrogärtnerei
Staufeneckstr. 55
73054 Eislingen
Tel.: 0 71 61 / 81 66 25
Fax: 0 71 61 / 81 78 55
hydro.hoefer@t-online.de
www.hydrogaertnerei-hoefer.de

GrünConcept GbR
Reichenbacherstr. 29
73072 Donzdorf
Tel.: 0 71 62 / 94 11 93
Fax: 0 71 62 / 94 11 97
schmidt-thierer@t-online.de
www.gruenconcept-gbr.de

Ruof - Grün • Raum • Konzepte
Banatstr. 21
73730 Esslingen
Tel.: 07 11 / 31 54 54-0
Fax: 07 11 / 31 54 54-10
ruof-info@t-online.de

Blumen Sumser
Weberstr. 1
79249 Merzhausen
Tel.: 07 61 / 4 79 98 80
Fax: 07 61 / 47 99 88 50
info@blumen-sumser.de
www.sumser.de

Mohr Hydrokultur
Pappelallee 39a
80995 München
Tel.: 0 89 / 1 50 01 63
Fax: 0 89 / 15 00 16 59
info@mohr-hydro.de
www.mohr-hydro.de

Hydro Oberbauer
Schonstetter Str. 32
83123 Amerang
Tel.: 0 80 75 / 10 64
Fax: 0 80 75 / 14 33
info@gaertnerei-oberbauer.de
www.gaertnerei-oberbauer.de

Flora Mediterranea
Königsgütler 5
84072 Au/Hallertau
Tel.: 0 87 52 / 12 38
Fax: 0 87 52 / 99 30
info@floramediterranea.de
www.floramediterranea.de

BOTANICA Hydrokultur
Münchner Str. 16
85774 Unterföhring
Tel.: 0 89 / 3 13 13 14
Fax: 0 89 / 3 13 15 88
info@botanica.de
www.botanica.de

Gärtnerei Wörner
Pflanzenparadies & mehr ...
Benzstr. 4
86420 Diedorf
Tel.: 08 21 / 48 89 40
Fax: 08 21 / 48 56 26
herbert.woerner@t-online.de
www.gaertnerei-woerner.com

Vietzen Blumen und Pflanzen
Baumgartenstr. 28
89231 Neu-Ulm
Tel.: 07 31 / 8 10 06
Fax: 07 31 / 8 76 65
info@vietzen.de
www.vietzen.de

flora toskana
Schillerstr. 25
89278 Nersingen OT Straß
Tel.: 0 73 08/9 28 33 87
Fax: 0 73 08/9 28 33 89
info@flora-toskana.de
www.flora-toskana.de

Blumen Kuhn Floraldesign GmbH
Vordere Sterngasse 13
90402 Nürnberg
Tel.: 09 11 / 22 13 55 oder 22 13 56
Fax: 09 11 / 20 94 83
webmaster@blumenkuhn.de
www.blumenkuhn.de

Herrmannsdörfer Hydrokultur GmbH
Bereich: Decker Raumbegrünung
Bereich: Decker Blumenhaus
Frankfurter Str. 19–21
97082 Würzburg
Tel.: 09 31 / 45 08 20 oder 45 07 07
Fax: 09 31 / 41 69 64
jh@decker-hydro.de
www.decker-hydro.de

Register

Fett gedruckte Seitenzahlen verweisen zusätzlich auf eine Abbildung.

Wolfgang Kawollek, geb. am 21. März 1947. Gärtnermeister, Technischer Leiter der Botanischen Lehr- und Versuchsanlage des Fachbereichs Naturwissenschaften der Universität Kassel.

Bibliografische Information der Deutschen Bibliothek
Die Deutsche Bibliothek verzeichnet diese Publikation in der Deutschen Nationalbibliografie; detaillierte bibliografische Daten sind im Internet über http://dnb.ddb.de abrufbar.

ISBN 3-8001-4192-2

Wollgrasweg 41, 70599 Stuttgart (Hohenheim)
E-Mail: info@ulmer.de
Internet: www.ulmer.de
Lektorat: Dr. Angelika Eckhard
Herstellung: Jürgen Sprenzel
Layout und Satz: Katrin Kleinschrot, Stuttgart
Druck: Georg Appl, Wemding
Printed in Germany